Biografische Quellen
Band 1

Biografische Quellen
herausgegeben von der Bundesbeauftragten für die Unterlagen des Staatssicherheitsdienstes der ehemaligen Deutschen Demokratischen Republik, Abteilung Bildung und Forschung

Band 1

Redaktion:
Bernd Eisenfeld, Ehrhart Neubert, Jutta Levenhagen

Peter Eisenfeld

»... rausschmeißen...«

Zwanzig Jahre politische Gegnerschaft in der DDR

Edition Temmen

Bibliografische Information Der Deutschen Bibliothek

Eisenfeld, Peter:
... rausschmeißen : zwanzig Jahre politischer Gegnerschaft / Peter Eisenfeld. - Bremen: Ed. Temmen, 2002

ISBN 3-86108-342-6

Umschlaggestaltung:
Blaukontor unter Verwendung eines MfS-Dokuments (BStU, ASt Dresden, AOP 1900/87, Bd. 1, Bl. 61 ff.) und eines Privatfotos

Hohenlohestr. 21 - 28209 Bremen
Telefon 0421-348430 - Fax 0421-348094
email: info@edition-temmen.de

Umschlaggestaltung: www.blaukontor.de
Herstellung: Edition Temmen
ISBN 3-86108-342-6

Inhaltsverzeichnis

Vorwort

Dieses Buch dokumentiert zwanzig Jahre Selbstbehauptung, zwanzig Jahre kritische und oppositionelle Existenz im Sozialismus. Peter Eisenfeld bietet dem Historiker das nahezu idealtypische Bild eines Oppositionellen, der sich an der Grenze der Legalität in die gesellschaftlichen Verhältnisse und die aktuellen politischen Geschehnisse offen und öffentlich einmischte, demokratische Veränderungen einklagte und sich stets mehr Freiheiten nahm, als der SED-Staat seinen Bürgern zugestand. Ausgehend von den Erfahrungen eines Studenten der Geologie in der Sowjetunion in den sechziger Jahren bis hin zu den Auseinandersetzungen um die Perestroika in der DDR 1987 vermittelt die autobiographische Dokumentation, daß politologische und soziologische Generalisierungen nur begrenzt zur Rekonstruktion der Konflikte beitragen, in die Oppositionelle verstrickt waren.

Der Autor verzichtet zwar auf aufwendige oder gar pathetische Selbstdeutungen, zeigt aber in seinem Bericht um so eindrucksvoller, daß oppositionelles Verhalten auf ganz und gar individuellen Entscheidungen beruht. Dies ermöglichte Eisenfeld auch gemeinsames Handeln in oppositionellen Gruppen und trug ihm Solidarität unter Arbeitskollegen ein. Auf diese Weise wird die Persönlichkeit als geschichtsmächtiger Faktor betont, die in vorgegebenen Konstellationen Konflikte annimmt und zu bewältigen sucht. So wird der Leser mit einer unverwechselbaren oppositionellen Karriere konfrontiert, die als solche im gesellschaftlichen Alltag nicht typisch, sondern singulär ist.

Gesellschaftsgeschichtlich aufschlußreich sind die Briefwechsel Eisenfelds mit bekannten Schriftstellern und Geisteswissenschaftlern, Christa Wolf, Stephan Hermlin oder Jürgen Kuczynski. Eisenfeld fordert sie heraus, ihre Spielräume zu reflektieren, ihre politische Rolle als Prominente der DDR konkret auszufüllen. Indem er sie mit dem Menschlichen verstrickt, offenbaren sie die Art ihrer politischen Verstrickung.

Peter Eisenfeld stand einem Staat gegenüber, der sich von seinen Bürgern gefährdet sah, wenn diese selbständig dachten und öffentlich handelten. Dies zu unterdrücken oder einzudämmen war vornehmlich die Aufgabe des MfS. Die Stasi tauchte nur dann und wann aus dem

Dunkel der Konspiration auf. In welchem Maße sie aber im Hintergrund Einfluß auf unbotmäßige Menschen nahm, wurde erst durch die Offenlegung der Akten nach dem Ende der DDR sichtbar.

Der Autor, der seit dem Prager Frühling in das Räderwerk der Stasi und des Funktionärsapparates geriet, kommentiert »seine« Akte und verbindet damit zwei qualitativ unterschiedliche Arten historischer Quellen. Die Subjektivität der Zeitzeugenschaft, auch gestützt auf seine eigenen damals verfaßten schriftlichen Zeugnisse, setzt sich mit dem vom politischen Interesse geleiteten, von einer Ideologie beeinflußten Verwaltungsschrifttum auseinander, in dem die bearbeitete Person als feindliches Objekt reduziert ist. Diese Akten offenbaren den Charakter des realen Sozialismus, und nicht den Menschen, um den es in ihnen geht. In diesen Papieren stehen sich totalitäre Ansprüche und menschenrechtliche Anliegen gegenüber. Die Akten zeigen dem Leser und dem Historiker, wem die Menschen ausgeliefert waren, wie Vertrauen mißbraucht wurde und wo Möglichkeiten und Grenzen der Selbstbehauptung lagen. Insofern sind sie Quellen der Zeitgeschichte, wenngleich sie erst hermeneutisch erschlossen werden müssen. Das Selbstzeugnis und der Kommentar des Betroffenen leisten dazu einen unverzichtbaren Beitrag. Die von der Abteilung Bildung und Forschung der BStU herausgegebene und mit diesem Buch eröffnete Reihe »Biographische Quellen« zu Opposition und Widerstand will dies fruchtbar machen.

Der Band soll wie die nachfolgenden am Einzelfall veranschaulichen, warum im Kommunismus die Gesetze nicht wirkten, auf die er sich berief und mit denen er so viele Menschen beeindrucken konnte. Er ging wegen der vielen für ihn unbeherrschbaren Krisen unter. Am wenigsten aber gelang es, Menschen zu formen, die seiner kollektivistischen Vision entsprachen. Die meisten Menschen haben vieles passiv über sich ergehen lassen oder beteiligten sich in irgendeiner Form an der Aufrechterhaltung der Illusion. Eine Minderheit wehrte sich aktiv. Zu den Unentwegten, die Zivilcourage und eine starke politische Ethik mitbrachten, gehörten die Brüder Eisenfeld, der Maler Ulrich und Peters Zwillingsbruder Bernd. Die Bilder des Bandes zeigen die Verwobenheit des Privaten mit dem Politischen.

Die Wirkungen oppositionellen Handelns sind selten direkt nachzuweisen. Scheinbar obsiegte im Fall Peter Eisenfeld das MfS und der von der SED gesteuerte Staatsapparat. Er ging unter Druck 1987 in den Westen. Aber es war eine demaskierende Niederlage des SED-Staates. Während dieser an der Grenze schießen ließ, um die Bürger festzuhalten, hat er gleichzeitig Oppositionelle »rausgeschmissen«, ausgewiesen, nach der Haft in den Westen entlassen oder, wie im Fall von Eisenfeld, zur Ausreise genötigt. Doch ohne diese Vertriebenen ist die Revolution von 1989 nicht denkbar. Diese Revolution hatte eben eine lange Vorgeschichte mit Vordenkern, die ihren Beitrag für die gesellschaftliche Gegenwehr und die Formierung der Opposition leisteten.

Für Eisenfeld war diese Geschichte auch 1987 nicht zu Ende. Im Westen angekommen, mußte er um die Wahrnehmung als Oppositioneller ringen, nach 1990 noch einmal um die Anerkennung als politisch Verfolgter. Heute berät er Opfer der DDR, Häftlinge und Benachteiligte, damit sie zu ihrem Recht kommen.

Berlin, im November 2002 — Ehrhart Neubert

Offener Disput im Lichte des Prager Frühlings 1968

Vorfeldgeschehen – über fünf Jahre Aufenthalt in der Sowjetunion

Im Januar 1967 kehrte ich nach Abschluß eines Geologie-Studiums am Leningrader Bergbauinstitut in die DDR zurück. Bei meiner Reise in die ersehnten heimatlichen Gefilde hatte ich neben dem Diplom eines Bergbauingenieur-Geologen die Erfahrungen eines fünfeinhalbjährigen Aufenthaltes im Zentrum der kommunistischen Weltbewegung, viele widerspruchsvolle Erlebnisse und die Sehnsucht nach einem baldigen Wiedersehen mit meiner russischen Freundin Irina, die ich 1969 heiratete, im Gepäck.

Als ich am 22. August 1961 die Fahrt nach Leningrad, dem heutigen Sankt Petersburg, antrat, war die DDR gerade dabei, die zunehmende Fluchtbewegung von Ost nach West mit Mauerwerk, Stacheldraht und Schießbefehl aufzuhalten. Mit dem angeblichen »antifaschistischen Schutzwall« glaubte die DDR-Führung ihr 1959 gegebenes Versprechen, Westdeutschland bis 1961 in der Versorgung mit Lebensmitteln und Konsumgütern einzuholen, nun doch noch einlösen zu können. Ähnliche Pläne hatte die Sowjetunion gegenüber den USA. Da war ich natürlich auf das »Mutterland« des Kommunismus sehr gespannt, das der führenden westlichen Industrienation auf wirtschaftlichem Gebiet die Stirn zu bieten wagte. So verabschiedeten die sowjetischen Kommunisten kurz nach meiner Ankunft in Leningrad auf ihrem XXII. Parteitag ein Parteiprogramm, das dem Sowjetbürger das Überholen der USA in der Pro-Kopf-Produktion, den kürzesten Arbeitstag bis 1970 und den höchsten Lebensstandard der Welt ab 1980 versprach.

Wie es geschah, daß mir so plötzlich das »Mutterland« des Kommunismus vor Augen lag, ist mir noch heute eher rätselhaft. Nach einer dreijährigen Lehre im Steinkohlenbergbau Zwickau zum »Arbeiterkind« qualifiziert, war zunächst der Weg frei für die Arbeiter-

und-Bauern-Fakultät (ABF)[1] an der Bergakademie Freiberg. Nach zweijährigem Studium wurde ich - und dies als Parteiloser - für »würdig« befunden, einen von zwei freigewordenen Studienplätzen am Bergbauinstitut in Leningrad im Fach Erkundungsgeologie von Erzlagerstätten zu belegen. Diese Fachrichtung wurde damals an der Bergakademie Freiberg noch nicht gelehrt, obwohl es in der DDR einen Bedarf an Erkundungsgeologen gab. Da die Delegierung an das Leningrader Bergbauinstitut kurzfristig entschieden wurde, blieb mir der ansonsten übliche einjährige Ausbildungskurs an der ABF Halle erspart, wo neben dem fachlichen auch der sprachliche und politisch-ideologische Nachweis für ein Studium im Ausland erbracht werden mußte. Mir blieben für die Vorbereitung nur sechs Wochen, was einerseits die Vernachlässigung meiner politischen Überprüfung und andererseits meine miserablen Russischkenntnisse erklärte. Jedenfalls fiel mir die Verständigung in den ersten Wochen sehr schwer. Doch im Laufe der Zeit begann ich nicht nur russisch zu verstehen und zu sprechen, sondern auch zu denken und zu fühlen.

Ein baufälliges Studentenwohnheim in unmittelbarer Nähe des Finnischen Meerbusens sollte für über fünf Jahre meine neue Bleibe werden. An das im Winter nur schwer warmzuhaltende kleine Vierbett-Zimmer, ausgestattet mit zwei Doppelstockbetten, einem Schrank, einem Tisch und vier Stühlen, sowie an die neuen Lebensverhältnisse hatte ich mich schnell gewöhnt. Mit 70 Rubel Stipendium im Monat, das doppelte im Vergleich zu dem, was meine russischen Kommilitonen erhielten, ließ es sich als Student gut leben. Und da es 1961 zumindest in den Touristenmetropolen an Brot, Milchprodukten, Fleisch, Wurst, Fisch, Kaffee, Obst, Gemüse und Genußmittel zu für den Normalverbraucher erschwinglichen Preisen nicht mangelte, blieb sogar mancher Rubel für das reichhaltige kulturelle Angebot der architektonisch reizvollen Stadt, für preiswerte Bücher, Schallplatten und selbst für Sekt und Kaviar übrig. Kleidungsstücke, Schuhwerk und Kosmetikartikel aus russischer Produktion waren hingegen teuer und von schlechter Qualität. Trotzdem fiel mir auf, daß viele junge Menschen im Gegensatz zu den »Babuschkas« und »Deduschkas« gut und modern gekleidet waren.

---

[1] ABF: Die Arbeiter- und Bauernfakultät war eine an der Universität oder Hochschule angeschlossene Bildungseinrichtung, in der junge Arbeiter und Bauern bzw. Kinder von Arbeiter und Bauern die Hochschulreife (Abitur) erwerben konnten.

Unangenehm überrascht war ich vom unfreundlichen und kulturlosen Umgang der Menschen untereinander in der anonymen Masse auf den Straßen, in den Geschäften und Verkehrsmitteln. Da wurde lautstark beschimpft, beflucht, rücksichtslos geschubst, gedrängelt, auf die Füße getreten, unfreundlich und teilnahmslos bedient. Ebenso unvorbereitet traf mich der Anblick der Wodkaleichen. Als ich die ersten wie leblos am Straßenrand kauernden oder liegenden Menschen sah, verwunderte mich zunächst die Gleichgültigkeit und Sorglosigkeit der vorübergehenden Leute. Dem Schreck, daß da jemand dringend ärztliche Hilfe benötigte, folgte dann aber schnell die erleichternde, aber nicht weniger schockierende Erklärung, daß da nur ein Betrunkener seinen Rausch ausschläft. Um den ausländischen Gästen diese Realität des Lebens vorzuenthalten, wurden später in den Touristikstädten wie Leningrad Betrunkene rigoros »eingesammelt« und in sogenannte Ausnüchterungszellen verfrachtet.

Das wirkliche Leben in der Sowjetunion lernte ich jedoch erst bei meinen längeren Aufenthalten außerhalb der Großstädte kennen. Schon das erste Lehrpraktikum machte mir erschreckend deutlich, welche Armut und Trostlosigkeit nur knapp 300 Kilometer von Leningrad entfernt herrschten. Ich erinnere mich noch gut daran, als ich mit einem deutschen Studienfreund auf einem über zehn Kilometer langen und beschwerlichen Fußmarsch zum Praktikumsort unterwegs war. Hungrig und vom Durst geplagt, hielten wir lange Zeit vergeblich nach einer Herberge Ausschau. Schließlich erreichten wir ein Bauernhaus, das zwar arg heruntergewirtschaftet, aber bewohnt war. Das Hausmütterchen sah uns scheu und verängstigt an. Als wir ihr klarmachen konnten, daß wir etwas Eßbares kaufen wollten, konnte sie uns nicht einmal mit einem Stück Brot bedienen. Lediglich zwei Hühnereier hatte sie anzubieten, die wir dann im heißen Sand »weich kochten«.

Die jährlichen zwei- bis dreimonatigen Praktika in verschiedenen Teilen der Sowjetunion erschlossen mir die Weite, Vielgestaltigkeit und Schönheiten der Natur dieses an natürlichen Ressourcen reichen Landes, aber auch das so unterschiedliche, meist entbehrungsvolle und gleichzeitig genügsame Leben seiner Menschen.

In der kasachischen Steppe wurde ich mit dem leidvollen Schicksal der von Stalin vertriebenen und verfolgten Wolgadeutschen konfrontiert. Diese wollten zuerst nicht glauben, daß wir »echte« Deutsche waren. Wir wiederum konnten uns nicht vorstellen, daß die karge Steppenlandschaft einst zu den Kornkammern Kasachstans gehörte. Die großräumige Neuland-unterm-Flug-Politik Chruschtschows hatte dazu geführt, daß die ungeschützte Ackerkrume des fruchtbaren Humusbodens von den herbstlichen Stürmen schnell verweht wurde.

Bei meinen Expeditionen in den Kaukasus begegnete ich keinem Kaukasier, der seinen Landsmann, den Diktator und Verbrecher Stalin, nicht zutiefst verehrte. Ich spürte die allgemeine Russenfeindlichkeit dieser Menschen und war nicht wenig überrascht, als sich der eine oder andere als Hitlerfan zu erkennen gab. Während mich die schweigsamen Nordkaukasier schon bald in den Verschwörerkreis ossetischer Blutrache aufgenommen hatten, bekam mein russischer Kommilitone die verfehlte Nationalitätenpolitik der Russen am eigenen Leibe zu spüren. Er wurde in eine Messerstecherei verwickelt, die ihn über ein Jahr Gefängnis einbrachte. Nur mit Müh und Not gelang es den russischen Justizbehörden, den zu drei Jahren unschuldig Verurteilten freizubekommen.

Meine aus der Heimat mitgebrachte Vorstellung über die Sowjetunion und ihre Menschen geriet jedenfalls schnell ins Wanken, zumal die wohlklingenden Reden der Parteiführung auf dem XXII. Parteitag schon bald von der Realität des tatsächlichen Lebens eingeholt wurden. Statt der erhofften Verbesserungen wurden selbst in Leningrad die Milch- und Fleischprodukte teurer, das Brot knapp, hielt der allgemeine Mangel an Industriewaren, Sozial- und Dienstleistungen an und vergrößerte sich die ohnehin stattliche Anzahl der Trunkenbolde. All dies war wohl ausschlaggebend dafür, daß im Herbst 1964 das sowjetische Volk den überraschenden Sturz des urwüchsigen Chruschtschow, der immerhin als erster sowjetischer Führer die Aufarbeitung der Stalinschen Terrorherrschaft wagte, gelassen zur Kenntnis nahm.

Mit der Zeit machte ich aber auch die Erfahrung, daß sich hinter dem Augenschein ungefälliger Sowjetbürger in der anonymen Masse nicht selten großherzige, liebevolle und bescheidene Menschen verbargen. Bei näherer Bekanntschaft oder Freundschaft spürte ich dann auch etwas von der großen russischen Seele, wie sie uns in den Werken der klassischen russischen Literatur begegnen.

Der Lehrbetrieb am Bergbauinstitut unterschied sich im Vergleich zur DDR vor allem dadurch, daß er kaderpolitisch weniger abgesichert war. Jeder Sowjetbürger mit dem Abschluß der Zehn-Klassenschule konnte sich an einer Hochschule bewerben. Seine Immatrikulation hing in erster Linie vom Ergebnis der Aufnahmeprüfungen ab. In den besonders attraktiven Fachrichtungen spielten jedoch die persönlichen Beziehungen eine wichtige Rolle.

Am Leningrader Bergbauinstitut studierten zu dieser Zeit außer mir nur noch zwei Studenten aus der DDR, von denen einer schon bald in die DDR zurückkehrte. Mein Studienfreund H. L.[2] und ich wurden organisatorisch einer kleinen deutschen Philologen-Gruppe an der Leningrader Universität zugeordnet. Zu dieser FDJ-Gruppe gehörte auch die Tochter Walter Ulbrichts. So weit ich mich erinnere, nahm sie aber nur selten und sichtlich uninteressiert an den obligatorischen Versammlungen teil. Für mich war sie ein gutaussehendes Mädchen, das sich in Diskussionen sehr zurückhielt. Gute Erinnerungen bleiben an drei parteilose Aspirantinnen aus der DDR. Mit ihnen verstanden wir uns menschlich und politisch sehr gut und verbrachten so manche schöne gemeinsame Stunden. Erst als 1963 weitere neun DDR-Studenten am Bergbauinstitut ihr Studium aufnahmen, bildeten wir eine eigene FDJ-Gruppe, die mich zum Kultur- und Sportfunktionär wählte. Unter den Neuankömmlingen befand sich auch ein Genosse, der sich aber gegen die Dominanz der Parteilosen politisch nicht durchsetzen konnte. Diesen Tatbestand hielt die Stasi in einem Bericht aus dem Jahre 1971 fest, der auf den Aussagen dieses SED-Studenten beruht. Darin heißt es unter anderem:

> »Im weiteren Prozeß der Überprüfung seiner politischen Entwicklung besonders während seines Studiums in Leningrad wurde durch eine am 30.6.1970 geführte Befragung des ehem[aligen] Mitstudenten {...} folgendes erarbeitet: Während dieser Zeit stand der Verdächtige [damit war ich gemeint] in enger persönlicher Verbindung zu den damaligen DDR-Studenten {...}, {...}, {...} und {...}, welche gemeinsam eine selbständige FDJ-Gruppe bildeten.

[2] Soweit kein Einverständnis für den Abdruck des Namens vorliegt, werden aus datenschutzrechtlichen Gründen Drittpersonen in geschweiften Klammern {...} anonymisiert bzw. nur mit Initialen wiedergegeben.

In dieser Gruppe war die führende Rolle der Partei nicht gewährleistet. Bedingt war dies dadurch, daß nur der Befragte selbst Mitglied der SED war und der überwiegende Teil dieser Studenten bereits zu diesem Zeitpunkt dem ideologischen Einfluß des Verdächtigen unterlagen. Der Verdächtige brachte offen zum Ausdruck, daß unsere Weltanschauung dogmatisch und überholt sei, die Genossen nichts anderes könnten, als diese überholte Weltanschauung zu vertreten, da sie durch die Parteidisziplin gebunden seien. In Gegenwart anderer Genossen ist er jedoch nicht derartig in Erscheinung getreten, sondern diskutierte unter dem Mantel der Objektivität.
Er vertrat hierbei den Standpunkt, sich zur entwickelnden Intelligenz zu zählen, welche von ideologischen Zweifeln befallen sei und das Recht habe, alte Anschauungen zu überprüfen und nach der eigentlichen Wahrheit zu suchen.
Begünstigend für das Verhalten und Auftreten des Verdächtigen wirkte sich der Umstand aus, daß die tatsächliche Gefährlichkeit der ideologischen Haltung und Konzeption des Verdächtigen von den Genossen der Parteigruppe nicht erkannt wurde und die Auffassungen von diesen vertreten wurden, daß der Verdächtige noch jung sei, noch keinen Standpunkt habe und in der Praxis erzogen werden würde.
Auf Grund dieses Umstandes konnte der Verdächtige weiterhin in seinem Sinne wirksam werden und übte einen wesentlichen Einfluß auf die Bewußtseinsbildung seiner DDR-Mitstudenten aus. So war der Verdächtige bereits damals unter den angeführten Studenten ideologisch tonangebend, zog diese allmählich auf seine Plattform, unter anderem auch den FDJ-Gruppenleiter {...}.«[3]

---

3 Ergänzung zum Sachstandsbericht des Operativ-Vorgangs (OV) »Maler«; Die Bundesbeauftragte für die Unterlagen des Staatssicherheitsdienstes der ehemaligen Deutschen Demokratischen Republik (BStU), Außenstelle (ASt) Chemnitz, AOP 380/72, Bd. 3, Bl. 173 f. - Um die Lesbarkeit der zitierten Dokumente bzw. Dokumentenauszüge zu erleichtern, werden in eckigen Klammern einige Abkürzungen ausgeschrieben oder Erläuterungen vorgenommen.

In einer weiteren Stellungnahme des MfS vom Juli 1971 kamen durch nachträgliche Befragungen auch meine parteilosen deutschen Kommilitonen zu Wort:

> »Die befragten {...}, {...} und {...} sagten aus, daß [Eisenfeld] in den Grundzügen die Politik der sozialistischen Staaten bejaht und keinesfalls eine gegen die sozialistische Gesellschaftsordnung der Deutschen Demokratischen Republik gerichtete Haltung bezieht.
> Weiterhin sagten diese Personen aus, daß E. ›mit verschiedenen Maßnahmen nicht einverstanden gewesen sei‹ - beziehungsweise ›Fehlerdiskussionen‹ geführt habe. [...]
> Übereinstimmend brachten alle befragten ehemaligen Mitstudenten des E. zum Ausdruck, daß dieser durch das Studium philosophischer Schriften ›verwirrt‹ wurde.«[4]

Wieder zurück: Einforderung des Meinungsstreits

Das reale Leben in der Sowjetunion vor Augen, aber auch infiziert von der kurzen politischen Tauwetterperiode, suchte ich nach der Rückkehr in die DDR den freien Meinungsstreit.

Hier zeigte sich bald, daß die ideologischen Grenzen viel enger gezogen waren als in der Sowjetunion. Es entstand der Eindruck, als hätte es im Lande Ulbrichts eine Stalinistische Schreckensherrschaft nie gegeben. Und tatsächlich fielen 1963 auf der Kafka-Konferenz in Prag die DDR-Vertreter besonders durch ihre dogmatischen Beiträge auf. Auch wurden in der DDR sowjetische Bücher, die sich kritisch mit dem realen Sozialismus auseinandersetzten, nicht übersetzt. Einige sowjetische Gegenwartsfilme wurden sogar zensiert. Charakteristisch war das Ende 1965 einberufene 11. Plenum des ZK der SED. Dort attackierte die SED-Führung sogenannte revisionistische Tendenzen in den »Bruderländern«. Außerdem wurde scharfe Kritik an »dekadenten« Lebensformen des Westens, zum Beispiel in Gestalt

---

[4] Stellungnahme zum OV »Maler« vom 24.7.1971; ebenda, Beiakte zu Bd. 1, Bl. 34.

der Beatles, geübt. Darüber hinaus sagte die Parteiführung jeglichen weiteren Liberalisierungstendenzen in Politik und Kultur, die sich in den Personen Robert Havemann, Stefan Heym und Wolf Biermann widerspiegelten, einen unerbittlichen Kampf an. Wie wohltuend dagegen erinnere ich mich an die kulturpolitische Tauwetterperiode in Leningrad. Da konnte 1962 im Novemberheft der Zeitschrift »Nowy Mir« Alexander Solschenizyns aufsehenerregende Lager-Erzählung »Ein Tag im Leben des Iwan Denissowitsch« erscheinen. Vor mir sehe ich den leibhaftigen Jewtuschenko, als er in der überfüllten Aula des Leningrader Bergbauinstituts seine gesellschaftskritischen Gedichte wort- und gestikgewaltig rezitierte. Und nicht zuletzt erinnere ich mich an die tolerante Dozentin für Marxismus-Leninismus, die mich trotz widersprüchlicher Meinung in den Examina stets sehr gut benotete. Sie listete für mich sogar sämtliche in der Leningrader Bibliothek zugänglichen Kautsky-Schriften auf.

Die im Gegensatz dazu praktizierte Holzhammer-Politik der SED bekam ich auf meiner Arbeitsstelle sogleich zu spüren. Ich war gerade einen Monat bei meinem neuen Arbeitgeber, der SDAG Wismut[5], beschäftigt, da erteilte mir die Partei- und Betriebsleitung der Bohrabteilung Dresden (BAD) für die Erkundung von Uranlagerstätten des Zentralen Geologischen Betriebes (ZGB) Diskussionsverbot in der Gewerkschaftsgruppe. Den Hintergrund bildeten meine kritischen Äußerungen auf den sogenannten »Roten Treffs«.[6]

Was der Parteisekretär der Stasi verheimlichte, war demaskierend. Ich würde - so meinten die leitenden Genossen - mit meinen Diskussionen die Gruppenmitglieder, besonders die Jugendlichen, geistig überfordern. Sie schlugen mir deshalb vor, ich könne ja als Parteiloser am Parteilehrjahr teilnehmen und dort meine kritischen Positionen vortragen. Diesen Anbiederungsversuch, mir im erlauchten Kreis der Genossen die Meinungsfreiheit zuzubilligen, lehnte ich ab. Die Zielrichtung dieses Angebots lag auf der Hand. Entweder sollte ich durch die gemeinsame Aktion »klassenbewußter« SED-Mitglieder auf die offizielle politische Linie gebracht oder auf die-

---

[5] SDAG Wismut: selbständige Diensteinheit, die 1982 aufgelöst und in die Bezirksverwaltung Karl-Marx-Stadt einging.

[6] Roter Treff: obligatorische Kurzversammlung der Gewerkschaftsgruppe, auf der aktuelle politische Themen behandelt wurden.

Kopie

Am 3. 3. 1967 führte ich mit dem Assistenten EISENFELD der Geologischen Abteilung der BAD im Beisein des Gen. [redacted] ein Gespräch. Der Grund dazu war die Benachrichtigung durch den Genossen [redacted] und die Auskünfte des Genossen [redacted].

Beide teilten mir mit, der Kollege habe sich anläßlich eines Roten Treffs in negativer Weise zu einigen Fragen unserer Politik geäußert. In meinem Gespräch mit ihm erörterte er folgende Fragen:

Sozialismus ist eine gute Sache, jedoch ist er nicht mit dem Weg des Aufbaues des Sozialismus einverstanden. Seine Ansichten: Die persönliche Freiheit wird eingeschränkt, keine freie Meinungsäußerung möglich, keine allseitige Information möglich (warum hat unsere Regierung den Zeitungsaustausch mit Westdeutschland verhindert).

Zur Frage Vietnam bezog er folgende Stellung:
Er könne sich nicht darüber informieren, wer den Krieg begonnen hätte, deshalb ist ihm auch nicht klar, auf welcher Seite das Recht ist.

Ich habe diese Fragen unmißverständlich klargelegt und ihm auf die Schädlichkeit solcher Diskusionen in einem Kollektiv von jungen, noch nicht politisch gefestigten Mitarbeitern klargelegt und als er dafür kein Einsehen zeigte, weitere derartige Diskussionen in diesem Kollektiv untersagt.
Gleichzeitig habe ich ihm die Möglichkeit genannt, alle Unklarheiten mit unseren Genossen besprechen zu können. Weiterhin habe ich darauf hingewiesen, daß wir von leitenden Mitarbeitern eine klare Einstellung und Parteinahme zu den Beschlüssen unserer Partei und Regierung verlangen.

Er erwiderte, daß er seine sich erworbene Anschauung nicht ändern würde.

2 Ex. gef.
Fw. Jenke

Kritische Äußerungen bei der Wismut nicht erwünscht – Diskussionsverbot in der Gewerkschaftsgruppe

sem Wege kaltgestellt werden. Offensichtlich waren sich die leitenden Genossen der Schwäche ihrer Argumente bewußt und scheuten bzw. fürchteten die offene Auseinandersetzung unter Nichtgenossen.

Den Hütern der »allein wahren Lehre« störte damals aber nicht nur das, was ich im, sondern auch, was ich auf dem Kopf hatte, denn selbst meine etwas längeren Haare gerieten in die Schußlinie der Partei. Als angehender staatlicher Leiter sollte ich mir einen sozialistischen Haarschnitt zulegen und diesbezüglich dem guten Beispiel meines Vorgesetzten mit einem akkuraten Igelformhaarschnitt folgen. Da ich mich gegen die eine wie die andere Art Vormundschaft wehrte, war mir klar, daß fortan der Konflikt mit den Genossen auf der Tagesordnung stehen wird. Weniger bewußt war mir, daß die Funktionäre über einen jederzeit einsatzbereiten Sicherheitsapparat verfügten. So ahnte ich nicht im geringsten, daß mich die Stasi schon seit Anfang März 1967 ständig im Visier hatte. Am 9. März 1967 wurde von der Objektverwaltung »Wismut« (»W«) des MfS in Karl-Marx-Stadt wegen des Verdachts der Staatsverleumdung eine Operativ-Vorlaufakte (OVA)[7] mit folgenden Beschluß angelegt: »Die Person Eisenfeld steht im dringenden Verdacht auf der Grundlage einer negativen Grundeinstellung gegen unsere sozialistischen Errungenschaften und die SU zu hetzen. Er versuchte auf einer Kurzversammlung das Zentralorgan der SED ›Neues Deutschland‹ der Falschinformation zu bezichtigen«.[8]

Tatsächlich vertrat ich Anfang März auf dem »Roten Treff« offenherzig die Meinung, daß der Begriff »Freiheit« nicht klassengebunden sei. Außerdem schlug ich einen Zeitungsaustausch zwischen Ost- und Westdeutschland vor, damit sich der Bürger ein reales politisches Bild über die Gegenseite machen könne.

Der inoffizielle Mitarbeiter des MfS Dieter Kutschke mit dem Decknamen »Paul Schwertner«, ein parteiloser Diplom-Geologe, meldete diesen Vorfall pflichtgemäß der SED-Firma »Schild und

---

[7] OVA: Bezeichnung für die Bearbeitung eines Vorganges, der durch den Verdacht strafbarer Handlungen einer oder mehrerer Personen ausgelöst und durch Anlegen und Registrieren einer Akte dokumentiert wurde; nannte sich später laut Richtlinie I/76 Operativer Vorgang (OV).

[8] Beschluß für das Anlegen einer Operativ-Vorlaufakte vom 9.3.1967; BStU, ASt Chemnitz, AOP 380/72, Bd. 1, Bl. 8.

Schwert« (gemeint ist das MfS) und setzte in Abstimmung mit der SED einen Sicherheitsapparat in Bewegung, der bis zum Sommer 1972 insgesamt 27 hauptamtliche Mitarbeiter (HIM) vom Feldwebel bis zum Oberst, mindestens zwölf inoffizielle Mitarbeiter, vier gesellschaftliche Mitarbeiter Sicherheit (GMS) und eine ganze Reihe von Kontakt- und Auskunftspersonen (KP/AKP) mehr oder weniger intensiv beschäftigte und einen Aktenbestand von rund 1 000 Seiten hinterließ.

Die Hauptarbeit leistete dabei die selbständige operative Gruppe Königstein der Objektverwaltung »Wismut« des MfS. Der noch am 9. März aufgestellte Sofort-Maßnahmeplan sah die Aufklärung meiner Person im Wohngebiet, die Feststellung meines Verhaltens in Leningrad, die Aufklärung und Überprüfung der vorhandenen Zeugen und deren Vernehmung, die Zusammenfassung des Materials und dessen strafrechtliche Einschätzung vor.

Von diesem verdeckt agierenden Moloch spürte ich jedoch bis zum Herbst 1968 nichts und danach nur sehr wenig. Die politische Auseinandersetzung lief allein über Partei- und Staatsfunktionäre. Die Stasi konnte also nicht nur auf zahlreiche IM, GMS, KP und AKP, sondern auch auf die Zuarbeit anderer Helfer zurückgreifen. So auf die Abschnittsbevollmächtigten der Volkspolizei (ABV), auf Parteisekretäre, Kaderleiter, Betriebsleiter und linientreue Mitarbeiter (beispielsweise Hauptgeologen, stellvertretende Hauptgeologen und Reviergeologen). Sie alle waren bereit, zur Nachweisführung meines »feindlich-ideologischen Einflusses« willig und skrupellos mit dem MfS zusammenzuarbeiten. Dabei kam der stellvertretende Hauptgeologe Schwantner, SED-Genosse, zu einer, für die Genossen äußerst beschämenden Erkenntnis: »In der Einschätzung gab der Befragte an, daß der E. anhand von nicht so leicht widerlegbaren Argumenten aus der Geschichte die gesamten Diskussionen bestimmt und die progressiven Kräfte der Abteilung regelrecht an die Wand drückt.«[9]

Im August 1967 zog die Stasi in einem Sachstandsbericht eine erste Bilanz:

---

9 Ergänzung zum Bericht vom 17.3.1967 zur durchgeführten Befragung des Schwandtner über Peter Eisenfeld vom 21.3.1967; ebenda, Bl. 113.

»In der weiteren Bearbeitung des Verdächtigen, auf Grund seines Auftretens, konnte erarbeitet werden, daß er in öffentlichen Diskussionen seine Meinung weiterhin vertritt und auf diesbezügliche Aussprachen mit ihm von seiten leitender Funktionäre keine positive Reaktion zu erkennen war.
Es konnte jedoch bis zum heutigen Zeitpunkt noch nicht die subjektive Seite des Verdächtigen, die Zielstellung seiner zersetzenden Diskussion erarbeitet werden.
Es wurde noch nicht verstanden, durch Einsatz von inoffiziellen Kräften die politische Einstellung des Verdächtigen bei individuellen Gesprächen zu erkunden.
Das war dadurch bedingt, daß der Verdächtige ab April 1967 ständig im Außenrevier beschäftigt ist und keine Möglichkeit bestand, IM an diesen heranzuführen. [...]«[10]

Damals war ich mit der geologischen Kartierung im Raum Nossen-Wilsdruff für eine russische Spezialgruppe beschäftigt, die im Auftrag der Akademie der Wissenschaften der UdSSR bei der »Wismut« eingesetzt war. Ich arbeitete unter der Leitung eines sowjetischen Geologen, wobei mir zwei junge deutsche Mitarbeiter behilflich waren. Der Stasi ist es nicht gelungen, einen von ihnen für Spitzeldienste zu gewinnen und reagierte mit der Herauslösung aus der Melnik-Gruppe.

Als im März 1968 dem Volk der DDR der Entwurf einer neuen Verfassung zur Diskussion unterbreitet und - wie zumeist üblich - Zustimmungserklärungen eingeholt wurden, blieb davon auch die Geologische Abteilung nicht verschont. Ich lehnte es jedoch ab, die mir vorgelegte Entschließung über die »kollektive« Zustimmung zum Volksentscheid zu unterschreiben. Dies schon aus formalen Gründen, weil ich in der gemeinsamen offenen Stimmenabgabe die Verletzung des Wahlgeheimnisses sah. Den Parteigenossen war bei der Abstimmung nicht entgangen, daß es noch eine zweite Unterschriftsverweigerung gab. Sie kam von einem Jugendlichen, der mit mir in der Melnik-Gruppe zusammenarbeitete. Er signalisierte mir rechtzei-

[10] Sachstandsbericht zum Operativ-Vorlauf vom 5.8.1967; ebenda, Bl. 68.

tig seine Enthaltung und holte sich bei mir Rat. Sein Argument mußte unverfänglich sein. Da ein Nachspiel für ihn ausblieb, hatten wir wohl das richtige gefunden. Im entsprechenden Bericht heißt es dazu:

> »Am 29.3.68 fand innerhalb der Geologischen Abteilung der BAD ein ›Roter Treff‹ statt, in welchem der Volksentscheid im Mittelpunkt stand.
> Im Ergebnis wurde eine Entschließung erarbeitet, worin das Kollektiv zum Ausdruck brachte, der Verfassung zum Volksentscheid zuzustimmen.
> Von den anwesenden Personen verweigerten der Diplom-Geologe Eisenfeld und Kollektor {...} ihre Unterschrift zu dieser Entschließung. Der Eisenfeld begründete dies damit, daß er prinzipiell gegen derartige Entschließungen sei und die Wahl geheim wäre. Der {...} führte an, erst einmal den Verfassungsentwurf genau studieren zu wollen.
> Diese Angaben wurden durch den IM ›Paul Schwertner‹ bestätigt.«[11]

Zum anderen gab es meinerseits auch starke inhaltliche Vorbehalte. Meine diesbezüglichen Vorstellungen unterbreitete ich schon vorher in einem von meinem Zwillingsbruder Bernd und mir verfaßten siebenseitigen Diskussionsbeitrag zum Verfassungsentwurf an die zuständige Verfassungskommission und an offizielle Tageszeitungen der DDR.[12]

Eine Antwort der Verfassungskommission erhielten wir nicht. Das SED-Parteiorgan »Neues Deutschland« verzichtete auf einen Abdruck und verwies in seinem Antwortschreiben auf die bereits veröffentlichten Beiträge. Lediglich der Leiter der Zeitungsredaktion der Dresdener Sächsischen Zeitung (SZ) ließ sich mit meinem Bruder auf einen wechselseitigen nichtöffentlichen Dialog ein, den er allerdings einseitig und gespickt mit indirekter Drohung abbrach.

---

[11] Mündliche Mitteilung des IM »Kurt Günter« vom 29.3.1968; ebenda, Bl. 191.

[12] Siehe Dokument 1 im Dokumentenanhang, S. 367 ff.

Kopie

158

7. 2. 1968

Aktenvermerk

Eisenfeld, Peter - Diplom-Geologe - BAD:

Im Ergebnis der Überprüfung ob Genannter für die sowjetischen Genossen einliegt, teilte Gen. Oberstltn. Mittag mit, daß nach Rücksprache dieses nicht der Fall ist.

Durch Gen. Oberstltn. Mittag wurde vereinbart, daß Eisenfeld aus der Melnik-Gruppe herausgelöst wird und uns zum gegebenen Zeitpunkt eine Einschätzung über das Auftreten und Verhalten, besonders in politisch-ideologischer Hinsicht, von den sowjetischen Freunden uns zugeleitet wird.

Leiter der selbst.Op.-Gruppe

Laube
Hauptmann

Aktenvermerk zur Herauslösung aus der Melnik-Gruppe
(BStU, ASt Chemnitz, AOP 380/72, Bd. 1, Bl. 158)

REDAKTION
Leserbriefe

NEUES DEUTSCHLAND

ORGAN DES ZENTRALKOMITEES DER SOZIALISTISCHEN EINHEITSPARTEI DEUTSCHLANDS

Herrn
Bernd Eisenfeld

402 Halle
Hohenweidener Weg 6

★ Fernruf: Sammelnummer 22 03 41
Fernschreiber: Sammelnummer 011252
Bankkonto: Berliner Stadtkontor
1058 Berlin, Schönhauser Allee 144
Konto-Nr. 4/1898
Kenn-Nr. 600 000
Postscheckkonto: Postscheckamt Berlin 55509
Gerichtsstand Berlin-Mitte

★ 108 Berlin, Mauerstraße 39/40

Ihr Zeichen	Ihre Nachricht vom	Unser Zeichen	Tag
		L 1274/3 dö-sch	5.4.68

Werter Herr Eisenfeld!

Ihren Brief, in dem Sie uns einen Durchschlag eines Schreibens an die Verfassungskommission übersandten, haben wir mit Dank erhalten und zur Kenntnis genommen.

Wie Sie erfahren haben, haben sich über zwölftausend Bürger mit ihren Vorschlägen und Wünschen an die Verfassungskommission gewandt. Die Zuschriften wurden sehr sorgfältig überprüft und ausgewertet. Auf viele Fragen wurde z.B. in den Bürgervertreterkonferenzen und Großveranstaltungen Antwort gegeben. Eine Diskussion über die einzelnen Änderungswünsche in der Zeitung zu führen, war nicht möglich. Aber wir können Ihnen mitteilen, daß auch Ihre Zuschrift von der Verfassungskommission sorgfältig gelesen worden ist.
Wir möchten Sie besonders auf unsere Ausgabe vom 3.4. aufmerksam machen, da wir hier einmal kurz berichtet haben, wie die Verfassungskommission gearbeitet hat.
Da wir nicht wissen, ob Sie diese Ausgabe zur Verfügung haben, fügen wir sie diesem Brief bei.

Mit sozialistischem Gruß
NEUES DEUTSCHLAND
Abt. Leserbriefe

(Klingspohn)

204 BbG 043 9 66 60 5552

Prager Frühling

Der »Prager Frühling« 1968 sollte die politischen Fronten zwischen der SED und mir endgültig klären und meine künftige Stellung in der DDR bestimmen. In der geistigen Erneuerung der ČSSR sah ich den Ausweg aus der Krise des realen Sozialismus. Mit Begeisterung hörte ich damals in meinem kleinen Domizil in Dresden Radio Prag für Deutsche und verschlang förmlich die in der DDR an Zeitungskiosken erhältlichen Zeitschriften »Budapester Rundschau«[13] und »Weg und Ziel«[14].

Einen Artikel in der FDJ-Zeitung »Junge Welt« von Dr. Klaus Thielicke, Karl-Marx-Universität Leipzig über die Machtfrage in der Demokratie nahmen mein Bruder Bernd und ich zum Anlaß, unsere Grundpositionen zum demokratischen Aufbruch in der ČSSR darzulegen.

Wir nahmen die Aufforderung von Thielicke »Keiner sollte sich in sein Schneckenhaus zurückziehen und erklären, es ginge ihn nichts an« ernst und schickten ihm ein Streitpapier zum Demokratisierungsprozeß in der ČSSR zu. In dem Streitpapier führten wir aus, daß von sozialistischer Demokratie erst dann die Rede sein könne, wenn die bürgerlich-demokratischen Freiheiten (Informations- und Pressefreiheit, Rede- und Versammlungsfreiheit, freier Reiseverkehr und anderes) gewährleistet seien. Die Ausführungen von Klaus Thielicke werteten wir als ein Störmanöver gegen den Erneuerungsprozeß in der ČSSR.

Wir bemängelten, daß im Artikel der Demokratisierungsprozeß in der ČSSR unerwähnt bleibt, andererseits aber ganz offensichtlich in bezug auf den »Prager Frühling« kritischen Bürgern der DDR falsche Vorstellungen von Demokratie unterstellt werden und die bürgerliche Demokratie als »scheindemokratischer Rummel« abqualifiziert wird.

Zum Schluß baten wir Herrn Thielicke, die Veröffentlichung unseres Briefes zu befürworten. Eine Antwort erhielten wir nicht. Aus einem Lagefilm vom 11. Juli 1968 der BV XV (Karl-Marx-Stadt) ist zu entnehmen, daß dieser Brief offensichtlich an die BV Leipzig gelangt ist.

---

13 Budapester Rundschau: offizielle deutschsprachige Zeitung der Ungarischen Kommunistischen Partei.

14 Weg und Ziel: Zeitschrift der Österreichischen Kommunistischen Partei.

WOCHENENDBEILAGE DER JUNGEN WELT

Demokratie ist eine Frage der Macht

Keiner sollte sich in sein Schnekkenhaus zurückziehen und erklären, es ginge ihn nichts an

Historische 7. Sitzung der Volkskammer am 31. 1. 1968 — Beratung über den Entwurf der Verfassung des ersten sozialistischen Staates deutscher Nation

[illegible] gibt Tage im Leben jedes Menschen, die sich besonders einprägen. Der 6. April dieses Jahres war für viele von uns solch ein Tag, denn es ist in einem Menschenleben nicht oft Gelegenheit, über eine neue Verfassung mitzubestimmen. Außerdem handelt es sich nicht um irgendeine Verfassung. Solange wir auch in der Geschichte zurückblicken — noch nie wurde die Verfassung eines deutschen Staates so demokratisch ausgearbeitet und beschlossen. Das ist gewiß ein großes Erlebnis, aber trotzdem nur die eine Seite.

Diese Verfassung steht nämlich nicht auf hohem Podest. Sie ist nicht nur Fixierung des Standes der gesellschaftlichen Entwicklung, sondern auch Aufgabenstellung. Sie muß von uns verwirklicht werden. Jedem einzelnen erwachsen aus ihr im täglichen Leben Pflichten, und ob man es wahrhaben will oder nicht, auch oder gerade die großen Rechte, die dem Staatsbürger gewährt werden, sind verpflichtend.

Keiner sollte sich in sein Schnekkenhaus zurückziehen und erklären, es ginge ihn nichts an. Dabei ist es ja so, daß genaugenommen nur noch relativ wenige solche Schneckenhäusler unter uns leben.

[illegible]s ist Demokratie der [illegible]eislauf der Gesellschaft

In irgendeiner Weise ist heute schon fast jeder Bürger in das Netzwerk der sozialistischen Demokratie einbezogen. Es ist bereits so vielseitig und unentbehrlich als Blutkreislauf des von uns zu errichtenden entwickelten gesellschaftlichen Systems des Sozialismus, daß keiner unberührt bleibt. Allerdings sind die Intensität und der Wirkungsradius des einzelnen sehr unterschiedlich.

Der eine ist Abgeordneter der Volkskammer, eines Bezirkstages, einer Stadtverordnetenversammlung oder einer Gemeindevertretung. Der andere ist Mitglied des gesellschaftlichen Rates einer VVB, eines Aktivs im Handel, in der Schule oder in der Arbeiter- und Bauerninspektion. Der dritte arbeitet im Genossenschaftsvorstand oder -beirat, im Kooperationsrat oder im Ausschuß der Nationalen Front. Nicht zuletzt seien hier die Kontrollposten der FDJ erwähnt.

Das sind bei weitem noch nicht alle Formen eines wohldurchdachten Systems der Einbeziehung möglichst vieler Menschen in die Lenkung und Leitung des Staates auf den verschiedensten Ebenen. In unserem Staat wird mit wachsendem Erfolg versucht, jeden Bürger dort mitentscheiden zu lassen, wo er über die besten Sachkenntnisse verfügt und dank seiner politischen Einsicht in die Entwicklungsgesetze der Gesellschaft am fruchtbarsten sein Wissen und Können anwenden kann.

Das schreibt sich alles sehr leicht nieder, aber es ist eine der gewaltigsten und schwierigsten Unternehmungen, denn wir haben es mit 17 Millionen Individuen zu tun, die die unterschiedlichsten Entwicklungswege hinter und vor sich haben, die mit den verschiedensten Traditionen und Denkgewohnheiten belastet sind. Eine negative Denkgewohnheit zum Beispiel ist, daß in den Köpfen mancher Bürger noch völlig verzerrte Vorstellungen von Demokratie existieren.

Diese Vorstellungen fußen auf den Spiegelfechtereien des bürgerlichen Demokratie-Begriffs. Solange es Kapitalismus gibt, wird den Volksmassen nämlich eingeredet, Demokratie sei, wenn es ein Bäckerdutzend Parteien gibt, die sich in wilden Fehden, zumindest dem äußeren Schein nach, bekriegen, wenn bei den Wahlen die unterschiedlichsten Programme verkündet werden, die nach der Wahl in der Regel völlig vergessen sind, oder wenn jeder, der sich als Prophet berufen fühlt, auf dem Marktplatz seine Heilslehre verkünden kann.

Die englische Bourgeoisie ist sogar so weit gegangen, für die Unzufriedenen einen regelrechten Naturschutzbezirk im Londoner Hyde-Park einzurichten, in dem sie ihren Zorn abreagieren können, damit sie für die Herrschenden nicht wirklich gefährlich werden. Mancher fällt auf diesen Rummel noch herein.

In Westdeutschland blüht der scheindemokratische Rummel

Warum sagen wir Rummel zu dieser scheindemokratischen Betriebsamkeit? Weil wir wissen, daß es trotz all dieser angeblichen Möglichkeiten, seine Meinung kundzutun, im bürgerlichen Staat für die werktätigen Menschen keine wirkliche Mitbestimmung bei der Lösung der entscheidenden Lebensprobleme gibt. Sie können zwar die führenden Politiker hinter vorgehaltener Hand Hinz und Kunz nennen (und sie verdienen es in der Regel auch), vorausgesetzt, sie rühren nicht an den Fragen, die ihr Leben wirklich verändern können. Tun sie das, so setzt der kapitalistische Staat, und das zeigen deutlich die Ereignisse der letzten Tage in Westberlin und Westdeutschland, seine Knüppeltruppe und Wasserwerfer ein, um jede Aktion des Volkswillens zu unterdrücken.

Tabu ist das Wirtschaftsgeschehen. Die Monopolherren in Westdeutschland wehren sich wütend, wenn die Gewerkschaften Mitbestimmung in den Betrieben fordern. Aber gerade in dieser Wirtschaftssphäre spielt sich ein wesentlicher Teil des Lebens jedes arbeitenden Menschen ab. Hier schafft er den Reichtum der Nation mit, doch er ist ausgeschlossen, wenn festgelegt wird, was mit diesem Reichtum anzufangen ist bzw. wie er verteilt wird.

Unser Autor, Dr. Klaus Thielicke, gehört einem Kollektiv an der Fakultät für Journalistik der Karl-Marx-Universität Leipzig an, das unter der Leitung des Dekans dieser Fakultät, Prof. Dr. Emil Dusiska, wiederholt zu aktuellen Problemen des entwickelten gesellschaftlichen Systems des Sozialismus in der Jungen Welt schreibt.

Tabu sind die Gesetze, die in den Parlamenten beschlossen werden und oft einschneidend in das Leben des Bürgers eingreifen; denn der Abgeordnete ist im bürgerlichen Staat dem Wähler nicht verpflichtet. Er braucht seine Wahlversprechungen nicht einzuhalten, sondern ist nur seinem „Gewissen" verantwortlich. Er kann nicht abberufen werden, wenn er sich als Versager oder Betrüger entlarvt. Was bleibt also von der Demokratie übrig? Demokratie heißt doch eigentlich Herrschaft des Volkes. Und wenn das Volk von den entscheidenden Fragen ferngehalten wird, dann entlarvt sich das ganze Gerede von Freiheit der Meinungsäußerung als Farce, als Geschwätz.

Bei uns wird in der neuen Verfassung deutlich, daß wir die Demokratie ernst nehmen. Es heißt dort, daß das „Recht der Mitbestimmung und Mitgestaltung eine hohe moralische Verpflichtung für jeden Bürger" ist. In welch vielfältigen Formen wir dieses verpflichtende Recht wahrnehmen, wurde bereits angedeutet. Schon aus dieser Aufzählung ist klar zu ersehen, daß bei uns gerade darauf Wert gelegt wird, die Mitgestaltung jedes Bürgers in den entscheidenden Lebensbereichen, vor allem auch im Bereich der Wirtschaft, zu entwickeln. In der DDR ist kein Abgeordneter der Rechenschaftspflicht vor seinen Wählern ledig. Kommt er seinen Pflichten nicht nach, wird er ohne Ansehen der Person abberufen.

Warum gibt es verschiedene Auffassungen über Demokratie?

Wie kommt es zu diesen unterschiedlichen Auffassungen über Demokratie? Der wichtigste Grund liegt ohne Zweifel in den Machtverhältnissen. Wenn es der Arbeiterklasse eines Landes noch nicht gelungen ist, die politische und ökonomische Macht zu erkämpfen, dann hat zwangsläufig ihr Gegner diese Macht, und es ist illusionär anzunehmen, daß der Klassengegner den Arbeitern entscheidenden Einfluß auf die Geschicke des Landes zubilligt. Es ist illusionär, weil geschichtlich erwiesen, daß solch ein Fall noch nie eingetreten ist, so oft auch zum Beispiel Sozialdemokraten an bürgerlichen Regierungen beteiligt waren. Echte Demokratie kann es also tatsächlich nur dort geben, wo die Macht in den Händen des Volkes liegt.

Ja, könnte nun vielleicht einer sagen, das stimmt schon, aber hebt ihr diese Grundlage wirklicher Demokratie mit dem Prinzip des demokratischen Zentralismus nicht wieder auf oder schränkt es zumindest wesentlich ein? Wir sagen nein. Im Gegenteil, uns kommt es auf die wirkungsvollste Leitung und Führung der gesellschaftlichen Prozesse an. Wir halten es für falsch verstandene Demokratie, wenn jeder zu jedem Problem unausgegorenes Zeug redet, wenn jeder Beschluß durch endloses Hü und Hott zerredet statt verwirklicht wird; denn eine sozialistische Gesellschaft kann sich nur im schnellstmöglichen Tempo vorwärtsentwickeln, wenn sie als geordnetes, alle Seiten des gesellschaftlichen Geschehens umfassendes System betrachtet und entsprechend geleitet wird.

Der demokratische Zentralismus bedeutet nichts weiter als die konzentrierte und konsequente Verwirklichung vorher gründlich, sachkundig und unter Einbeziehung des Volkes beratener Beschlüsse. Der Betriebsleiter zum Beispiel entscheidet letztlich, was gemacht wird, aber er kann Beschlüsse, Weisungen, Anordnungen nur dann exakt und den jeweiligen Erfordernissen entsprechend treffen, wenn er sich vorher mit der Meinung möglichst vieler Mitarbeiter seines Betriebes vertraut gemacht hat. Der ökonomische Mechanismus ist heute so kompliziert, daß kein einzelner Mensch in der Lage ist, alle Verbindungen und Verflechtungen, alles Für und Wider zu überblicken. Jeder Leiter braucht den Rat der werktätigen Menschen, wenn er Fehlentscheidungen vermeiden und nicht in Handwerkelei verfallen will. Im heutigen Stadium unserer Entwicklung genügt es nicht mehr, nur den eigenen Bereich zu sehen. Es ist vielmehr erforderlich, weit vorausschauend zu prognostizieren und zu planen, Entwicklungstendenzen rechtzeitig zu erkennen und zu berücksichtigen. Ein Leiter, der das nicht erkennt, wird unweigerlich Schiffbruch erleiden.

Damit jeder sachkundig mitreden kann, wird von jedem ein hohes Wissen verlangt. Auch deshalb wird in unserem Staat so großer Wert auf ein hochentwickeltes Bildungs- und Weiterbildungssystem gelegt. Es geht nicht nur darum, dem einzelnen durch Qualifizierung den Erhalt seines Arbeitsplatzes oder die Anpassung an die Notwendigkeiten der wissenschaftlich-technischen Revolution zu ermöglichen. Ebenso wichtig ist unser Bildungsprogramm für die Verwirklichung der sozialistischen Demokratie.

Das Denken wurde bei uns zur ersten Bürgerpflicht

Nur so ist es möglich, jeden Bürger zur Wahrnehmung seiner verfassungsmäßigen Rechte zu befähigen. Wo hat es jemals auf deutschem Boden einen Staat gegeben, der das Denken zur ersten Bürgerpflicht erklärte, der nicht nur Mitgestaltung des gesellschaftlichen Lebens durch die Werktätigen zusicherte, sondern systematisch die Voraussetzungen für eine echte Mitwirkung des Bürgers schafft? Das sind nachprüfbare Tatsachen. An jedem von uns liegt es, die gegebenen Voraussetzungen voll zu nutzen.

Dr. Klaus Thielicke

Um die demokratische Entwicklung in der ČSSR vor Ort zu erfahren, fuhr ich mit meinen Brüdern Ulrich und Bernd Mitte Mai 1968 nach Prag, also mitten hinein in das Herz der »Konterrevolution«. Dort erlebten wir die Aufbruchstimmung der Menschen. Wir diskutierten mit Studenten der Prager Karls-Universität, waren beim Sender »Radio Prag« zu Gast, informierten uns in der Redaktion der deutschsprachigen Zeitschrift »Prager Volkszeitung« über die aktuelle Entwicklung und besuchten mehrere Kunstgalerien. Kurz und gut, wir genossen zum ersten Mal den Hauch von bürgerlicher Demokratie und Freiheit. Auch wenn uns die Einheimischen eine gewisse Skepsis und Angst spüren ließen, daß dies alles nicht überdauern würde, so traten wir dennoch beglückt und hoffnungsvoll die Rückfahrt vom freiheitlichen Prag an. Als Augenzeugen eines sich von Dogmen befreienden Volkes und bestärkt in dem Willen, den »Prager Geist« in der DDR verbreiten zu helfen, landeten wir wieder im tristen Alltag der DDR.

Erstaunlich, daß das MfS weder die Prag-Reise noch die damit verbundenen Aktivitäten erfaßte. Die Bearbeitung blieb betriebsintern und richtete sich auf einen schnellen Abschluß des entsprechenden operativen Vorlaufs. In einer Stellungnahme der Fachabteilung der Linie XX[15] des MfS Mitte Mai 1968 heißt es dazu:

> »Im einzelnen wurde zum Sachverhalt erarbeitet, daß der Verdächtige wiederholt in Diskussionen bei ›Roten Treffs‹ die sozialistische Entwicklung in der DDR sowie die Tätigkeit gesellschaftlicher Organisationen und staatlicher Einrichtungen verleumdet und seinen im Jahre 1967 abgeschlossenen Studienaufenthalt in Leningrad dazu ausnutzt, um die gesellschaftspolitischen Verhältnisse in der Sowjetunion verächtlich zu machen.
> Der Inhalt seines staatsverleumderischen Auftretens basiert vor allem auf der vom Gegner entfachten Ideologie der Durchsetzung eines ›Demokratisierungs- und Liberalisierungsprozesses‹ und ist besonders in der gegenwärtigen politischen Situation dazu geeignet, schädliche Tendenzen hervorzurufen.

---

15 Linie XX: zuständig für die Verhinderung bzw. Aufdeckung und Bekämpfung der »politisch-ideologischen Diversion« (PiD) und der »politischen Untergrundtätigkeit« (PUT).

Monatsschrift für Fragen der Demokratie und des wissenschaftlichen Sozialismus

Nummer 10 Oktober 1968

WEG und ZIEL

Probleme, Diskussionen, Schlußfolgerungen

Leopold Spira:
Der Wille zum Sozialismus und das Jahr 1918

Friedl Fürnberg:
Die KPÖ 1918 bis 1920

Romano Ledda:
Biafra — Klassen und Stämme

Monatlich 4 Schilling

PRÁCE

Všemu lidu Československé socialistické republiky

Včera dne 20. srpna 1968 kolem 23. hod. večer překročila vojska SSSR, Polské lidové republiky, Německé demokratické republiky, Maďarské lidové republiky a Bulharské lidové republiky státní hranice ČSSR. Stalo se tak bez vědomí presidenta republiky, předsednictva Národního shromáždění, předsednictva vlády i prvního tajemníka ÚV KSČ a bez vědomí těchto orgánů. V těchto hodinách zasedalo předsednictvo ÚV KSČ a zabývalo se přípravou XIV. sjezdu strany. Předsednictvo ÚV KSČ vyzývá všechny občany republiky, aby zachovali klid a nekladli postupujícím vojskům odpor, protože obrana našich státních hranic je nyní nemožná.

Proto ani naše armáda, Bezpečnost a Lidové milice nedostaly rozkaz k obraně země. Předsednictvo ÚV KSČ považuje tento akt za odporující nejen základním zásadám vztahů mezi socialistickými státy, ale za popření základních norem mezinárodního práva.

Všichni vedoucí funkcionáři strany a Národní fronty zůstávají ve svých funkcích, do nichž byli jako představitelé lidu a členy svých orgánů zvoleni podle zákonů a jiných nařízení, platných v ČSSR. Ústavními činiteli je okamžitě svoláno zasedání Národního shromáždění, vlády republiky, a předsenictvo ÚV KSČ svolává plénum ÚV strany k projednání vzniklé situace.

Předsednictvo ÚV KSČ

PEVNÁ JEDNOTA NAŠEHO LIDU!

Slovo ze závodů

Redakce PRÁCE svým čtenářům

Byli jsme a budem

Titelbild der Zeitschrift WEG und ZIEL: Appell des Präsidiums der KPTsch in der Nacht vom 21. August

Text des Appells:
An alle Bürger der Tschechoslowakischen Sozialistischen Republik

Gestern, am 20.

Stellungnahme kommunistischer Parteien zur Intervention der Warschauer-Pakt-Staaten in der ČSSR. Für die Intervention waren 21 Kommunistische Parteien aus Europa und Übersee, 9 waren dagegen: USA, Kuba, Luxemburg, Zypern, Chile, Syrien, Bundesrepublik Deutschland, Nordvietnam, Venezuela

RADIO ★ PRAHA

ČSSR

TSCHECHOSLOWAKISCHER RUNDFUNK

SENDUNGEN FÜR DEUTSCHE HÖRER

WIR SENDEN TÄGLICH:

PROGRAMM I:	9,00—10,30 auf Kurzwelle	31,56—9505 kHz
		49,55—6055 kHz
PROGRAMM II:	19,00—19,30 auf Mittelwelle	233,3—1286 kHz
PROGRAMM III:	20,00—20,30 auf Mittelwelle	233,3—1286 kHz
PROGRAMM IV:	21,00—21,30 auf Mittelwelle	233,3—1286 kHz

Werter Hörer!

Wir danken Ihnen herzlich für Ihr Schreiben. Es freut uns daß Sie mit Interesse das Geschehen in der Tschechoslowakei verfolgen.
Heute lassen wir Ihnen eine Publikation über die jüngsten Ereignisse des politischen Lebens in unserem Lande zukommen. Wir bemühen uns auch weiterhin, unsere Hörer in unseren Sendungen immer auf dem Laufenden zu halten.
Mit Interesse sehen wir Ihren Ansichten zu dem zugesandten Material entgegen.

Mit freundlichen Grüßen

Marie Redkovská
Referat für Hörerbriefe

UNSERE ANSCHRIFT:
RADIO PRAG
TSCHECHOSLOWAKEI

PRAHA
Prager Burg und Karlsbrücke
Prague Castle and Charles Bridge
Le Chateau de Prague et le pont Charles

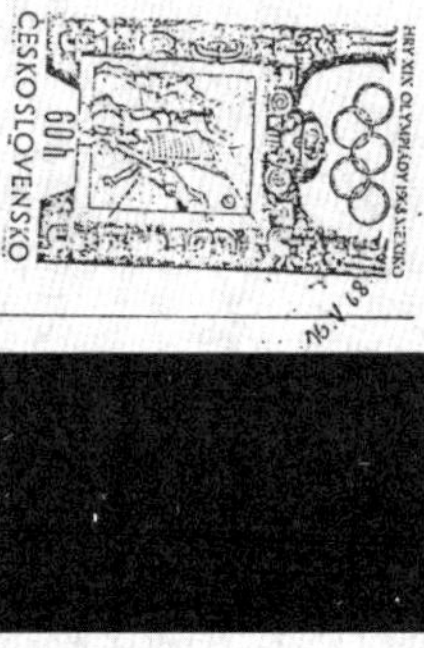

Herzliche Grüsse

von Radio Prag

[redacted]

> Die einzelnen Äußerungen von ihm tragen revisionistischen Charakter und sind darauf gerichtet, die marxistisch-leninistische Weltanschauung und die sozialistische Entwicklung in der DDR verächtlich zu machen. In strafrechtlicher Hinsicht bilden diese Handlungen von Eisenfeld nach dem gegenwärtigen Sachstand objektiv ein öffentliches Verleumden von Maßnahmen und der Tätigkeit staatlicher Einrichtungen sowie gesellschaftlicher Organisationen im Sinne des § 20 StEG. Es wird demzufolge vorgeschlagen, die Bearbeitung dieses Vorganges auf den Abschluß zu konzentrieren und dabei die Voraussetzungen für die Möglichkeit der Einleitung eines Ermittlungsverfahrens ohne Haft gegen den Verdächtigen Eisenfeld zu schaffen.«[16]

Von dieser Gefahr ahnte ich nichts. Allerdings hätte ich schon Anfang 1968 stutzig werden müssen, als mir der Kaderleiter des ZGB in einem sogenannten Kadergespräch die Aufhebung meines Arbeitsverhältnisses anbot. Dies hinge mit meiner politischen Meinung zusammen und geschehe im Interesse meiner Sicherheit - ließ er verlauten. In diesem Personalgespräch wollte ich mich eigentlich über die stagnierende berufliche Entwicklung, die der guten fachlichen Arbeit widersprach, beschweren. Die Planstelle eines Beauftragten für Geologie, die ich schon nach einem halben Jahr hätte bekommen müssen, billigte mir die Betriebs- und Parteileitung erst Anfang 1968 zu. Die damit verbundene Gehaltserhöhung betrug ganze 30 Mark. Warum die Wismut nicht schon damals mein Arbeitsverhältnis kündigte, geht aus einer Information der Stasi von Anfang August 1968 hervor. Sie belegt, wie sich die Partei- und Betriebsleitung mit ihren kaderpolitischen Entscheidungen zum eigenen Gefangenen gemacht hatte. In einer Zeit, da die Mitarbeiter des MfS die Einleitung eines Ermittlungsverfahrens vorbereiteten, wurde mir auf Geheiß eines »höheren Organs« durch die Kaderabteilung der Generaldirektion der Sowjetisch-Deutschen Aktiengesellschaft Wismut die Berechtigung zur Bearbeitung von geheimen Verschlußsachen erteilt.

---

16 Stellungnahme der Fachabteilung Linie XX zum geplanten Abschluß des Vorlauf-Operativ 61/67 vom 15.5.1968; BStU, ASt Chemnitz, AOP 380/72, Bd. 1, Bl. 189 f.

Kopie 168

Tonbandaufnahme

7. 8. 1968

Information

über EISENFELD - BAD

Der Eisenfeld wurde am 2. 7. 1968 mit Anordnung Nr. 87/68 für die Arbeit mit geheimen Verschlußsachen durch die Kaderabteilung der Generaldirektion bestätigt.

Im Zusammenhang wurde vertraulich folgendes in Erfahrung gebracht: E. war durch die II.Abteilung der GD angeblich abgelehnt worden. Der Leiter der II.Abteilung hat auf Weisung dann die Zustimmung erteilen müssen. Durch ein Gespräch mit diesen konnte in Erfahrung gebracht werden, daß zwischen einem höheren Organ und der Zentralen Kaderabteilung der GD Absprachen darüber geführt worden sind, daß es unmöglich sei, den E. aus dem Betrieb zu entfernen, daß man ihn trotz seiner negativen Einstellung die Verschlußgenehmigung erteilen müsse, da er selbst durch die GD zum Studium in die SU delegiert worden sei und niemand begreifen würde, wieso man ein solch negatives Element überhaupt delegieren konnte.
Angeblich sei höheren Ortes diese Frage gründlich beraten worden und die Entscheidung getroffen, E. die Berechtigung zum Bearbeiten von GVS zu erteilen.

gez. ....

2 Ex.gef.

»Eigentor« der BAD durch die GVS-Genehmigung
(BStU, ASt Chemnitz, AOP 380/72, Bd. 1, Bl. 168)

Inzwischen erlebte ich an meinem neuen Arbeitsplatz im osterzgebirgischen Altenberg, wie sich der Druck auf die Reformkräfte in der ČSSR nicht nur unter dem Einsatz aller möglichen propagandistischen, sondern auch militärischen Mittel verstärkte. Seit Mai/Juni tauchten in unserem Arbeitsgebiet immer häufiger russische Soldaten auf, und nächtliche Geräusche sich bewegender schwerer Militärfahrzeuge ließen böse Ahnungen aufkommen. So trat ich Anfang August mit sorgenvollen Gedanken meine Urlaubsreise in die SU an.

An dem Tag, als in Prag russische Panzer rollten, sonnte ich mich mit meiner russischen Freundin Irina am Schwarzen Meer, weit weg vom Ort des Geschehens und von der DDR, wo die Stasi an eben diesem Tag schon die Maßnahmen des Einsatzes von IM »Lutz«, IM »Paul Schwerdtner« und GMS »Kurt« nach meiner Rückkehr aus der Sowjetunion festschrieb. Laut Aktenvermerk der Stasi vom 21. August 1968, also am Tag des Einmarsches, erhielten der IM »Paul Schwerdtner« und der GMS »Kurt« unter anderem »gleichlaufend den Auftrag, im Zusammenhang der Erläuterung und Durchführung ökonomischer Aufgaben, mit dem Verdächtigen den Standpunkt unserer Partei zu den Ereignissen in der ČSSR und den Maßnahmen der fünf Bruderarmeen zum Zurückschlagen der Konterrevolution zu erläutern«. Zielvorgabe war, »die negativ-feindliche Konzeption des Verdächtigen zu erarbeiten und gleichfalls Zeugen zur Beweisführung zu schaffen«.[17]

Protest gegen die gewaltsame Unterdrückung des Prager Frühlings und »Rückendeckung« durch den Parteichef der Wismut

Für mich war damals der Gedanke, daß der in der ČSSR eingeleitete Reformprozeß mit Gewalt unterdrückt werden könnte, nur schwer nachvollziehbar. Ich meinte, daß ein solcher Gewaltakt die Glaubwürdigkeit der Kommunisten vor sich selbst und vor der Welt wohl endgültig begraben würde. Selbst der DDR, die in der Person ihres Chefideologen Kurt Hager die geistige Führungsrolle bei der ideolo-

[17] Aktenvermerk über festgelegte Maßnahmen des Einsatzes von IM und GMS nach Rückkehr des Verdächtigen aus der Sowjetunion vom 21.8.1968; ebenda, Bl. 197.

Kopie 172

Pirna, den 4.9.68

Mündliche Mitteilung des GMS "Kurt" über das Auftreten des Diplom-Geologen EISENFELD

Der GMS teilte Unterzeichneten mit, daß am 3.9.68 in der Bohrabteilung Dresden eine Aussprache über die derzeitige Situation in der CSSR von den Parteisekretär Gen. Zeisig und den PGO der Geologischen Abteilung - Gen. Wolf, Peter mit den Eisenfeld durchgeführt wurde.
Über den Inhalt und Ergebnis der Aussprache wurde der GMS kurz von den Gen. Wolf informiert.
In dieser geführten Aussprache beharrte der Eisenfeld trotz versuchter Überzeugungsarbeit durch die beiden Genossen weiterhin auf seinen alten Standpunkt und brachte dabei zum Ausdruck, daß er die Situation vor den Maßnahmen der 5 Bruderarmeen in der CSSR begrüßt und führte dabei weiter an, daß das tschechische Volk und die Regierung der CSSR gegen einen Einmarsch der 5 Bruderarmeen waren. Er selbst lehnte diese Maßnahmen vom 21.8.68 ab und würde eine derartige Situation in der DDR, wie sie vor den Maßnahmen der 5 Bruderarmeen in der CSSR war, begrüßen.
Des weiteren vertrat er dabei die Ansicht, daß das tschechische Volk auch allein mit den angeblich vorhandenen konterrevolutionären Kräften fertig geworden wäre.
Er trat weiterhin für einen offenen ideologischen Kampf auf und für eine Pressefreiheit, wie sie in der CSSR vorherrschte.
Seine Gedanken waren dabei, daß man in der Zeitung veröffentlich müßte, was man wolle und das nicht , wie es angebl. bei ihm der Fall gewesen wäre, an die Zeitung zur Veröffentlichung geschickte Artikel, nicht gedruckt werden.
In der Mitteilung schätzte der Gen. Wolf gegenüber den GMS ein, daß die geführte Aussprache mit den Eisenfeld wie in der Vergangenheit fruchtlos blieb, und er weiterhin auf seinen alten Standpunkt beharrte.

Der GMS "Kurt" erklärte anschließend, daß der Eisenfeld zusammen mit Geologen [redacted]
Mineralogin [redacted]
Assistent [redacted]
Kollektor [redacted]
- " - [redacted]
- " - [redacted]
in Außenrevier ist.
Der Kollektor [redacted] hat sich für die NVA beworben und will auf die Offiziersschule gehen.
Mit den Assistenten [redacted] hat der GMS vereinbart, daß er durch ihm über das Auftreten des Eisenfeld im Außenrevier informiert wird.

Bachmann
Bachmann
Oberfeldwebel

(BStU, ASt Chemnitz, AOP 380/72, Bd. 1, Bl. 172)

gischen Bekämpfung des Reformkurses der tschechoslowakischen Kommunisten übernommen hatte, traute ich diesen Schritt nicht zu. Um so mehr traf mich der hinterhältige Einmarsch. Mich befiel an diesem Tag ein unbeschreibliches Gefühl zwischen Wut und Trauer. Der Schlag der Mächtigen und das erdrückende Schweigen der Ohnmächtigen drangen tief in meine Seele. Doch hatte er auch sein Gutes: Er verschaffte mir endgültig Klarheit darüber, daß es der SED-Führung weniger um die Glaubwürdigkeit ihrer Lehre als vielmehr um Machterhalt und Sicherung der eigenen Privilegien ging.

Vom Urlaub zurückgekehrt, sprach ich mich in einer Betriebsversammlung und in einem Gespräch mit der Parteileitung der Bohrabteilung Dresden offen gegen diesen Gewaltakt aus. Durch den GMS ›Kurt‹ wurde die Stasi über mein Auftreten informiert.
Mein Aufbegehren war für mich wohl das einzige Mittel zur schadlosen Überwindung von Resignation und Beschämung. Die Funktionsträger von Partei und Staat hingegen sahen darin den endgültigen Beweis für meine Unverbesserlichkeit. Hinterhältig holte mich im September 1968 die SED-Gebietsleitung der SDAG Wismut, die den Status einer SED-Bezirksleitung hatte, auf einer Beratung in den Zeugenstand für Andersdenkende. Ich war völlig überrascht, als mich vor über 50 versammelten Partei- und Betriebskadern der damalige 1. Sekretär der SED-Gebietsleitung Wismut, ZK-Mitglied Kurt Kieß, aufforderte, meine Position zu den Ereignissen in der ČSSR vorzutragen. Heute kann ich mich nicht mehr genau erinnern, was ich damals im Detail alles sagte. Doch weiß ich, daß ich nur unter einer Bedingung zum Sprechen bereit war: Ich verlangte öffentlich die Zusage, daß mir aus meiner ehrlichen Meinung kein Schaden erwachsen dürfe. Der Parteichef der SDAG Wismut gab mir darauf vor versammelter Mannschaft sein Wort. Und das sollte für den Fortgang des Operativ-Vorlaufes Folgen haben. Dieser ungewollten Rückendeckung ist es möglicherweise zu verdanken, daß mir das erspart blieb, was meinem Zwillingsbruder Bernd widerfuhr. Weil er in Halle aus Protest gegen die Zerschlagung der Reformbewegung in der ČSSR selbstgeschriebene Flugblätter mit einem Lenin-Zitat über Annexion verteilte, mußte er für zweieinhalb Jahre ins Gefängnis. So kam zur allgemeinen Niedergeschlagenheit die direkte Betroffenheit über die unerbittliche und absolutistische Verfügungsgewalt des Staates über Andersdenkende hinzu. In meiner Verzweiflung fuhr ich nach Halle und erstritt mir Zutritt in das Amtszimmer des zuständigen Staatsanwalts.

D e n k   b i t t e   n a c h !

b i t t e ,   s c h w e i g   n i c h t !!

" Unter Annexion oder Aneignung fremder Territorein versteht die Regierung, im Einklang mit dem Rechtsbewußtsein der Demokratie im allgemeinen und der werktätigen Klassen im besonderen, jede Angliederung einer kleinen oder schwachen Völkerschaft an einen großen oder mächtigen Staat, ohne daß diese Völkerschaft ihr Einverständnis und ihren Wunsch unmißverständlich, klar und freiwillig zum Ausdruck gebracht hat.

Wenn irgendeine Nation mit Gewalt, entgegen ihrer zum Ausdruck gebrachten Wunsch, gleichviel, ob dieser Wunsch in der Presse oder in Volksversammlungen, in Beschlüssen der Parteien oder in Empörungen und Aufständen gegen die nationale Unterdrückung geäußert wurde - das Recht vorenthalten wird, nach vollständiger Zurückziehung der Truppen der annektierenden oder überhaupt der stärkeren Nation in freier Abstimmung über die Formen ihrer staatlichen Existenz ohne den mindesten Zwang selbst zu entscheiden,so ist eine solche Angliederung eine Annexion, dh. eine Eroberung und Vergewaltigung. "

(L e n i n - "Dekret über den Frieden")

Das Flugblatt, das Bernd Eisenfeld 30 Monate Haft kostete

Dieser hörte meine Fragen über den Verbleib meines Bruders schweigend und völlig teilnahmslos an. Ohne darauf einzugehen, verwies er mich mit den Worten: »Wenn Sie sonst nichts mehr zu fragen haben, so können Sie wieder gehen« aus dem Zimmer. Innerlich aufgewühlt, hilflos und verbittert fuhr ich nach Dresden zurück. Ich schrieb Beschwerden und Gesuche an das Ministerium des Innern und an den damaligen Staatsratsvorsitzenden Walter Ulbricht. Nach der Hauptverhandlung in erster Instanz, in der mein Zwillingsbruder zu 30 Monaten strenger Haft verurteilt wurde, schrieb ich ihm einen Brief in das Gefängnis, der allerdings nie ankam und erst wieder in meiner Stasi-Akte auftauchte. Ein paar ermutigende Worte gaben offensichtlich den Ausschlag. Folgende Stellen des Briefes sind markiert worden:

> »Die Entscheidung des Gerichts ist ein Urteilsspruch über eine sich - unabhängig davon - progressiv verändernde Welt. Die zukünftige Zeitgeschichte wird, wie schon immer, Richter über das Sein konkreter Zeiten bleiben. [...] Der Haß und die Ungerechtigkeit werden der Vernunft und Liebe zumindest auf unserem Kontinent mehr und mehr Platz überlassen müssen. [...] Leider ist es immer noch der Leidensweg, den die besten Söhne unserer großen Menschengemeinschaft beschreiten müssen, um allen Menschen die Freude eines glücklichen Lebens vor Augen zu führen. [...] Ich hoffe sehr, daß das Oberste Gericht in Berlin nochmals eingehend die Akten überprüft und Dir gegenüber das Vertrauen ausspricht, was Du in all Deinen Handlungen, die selbstlos dem Allgemeinwohl aller Menschen galten, der Regierung und Partei entgegenbrachtest. Es wäre eine bittere Enttäuschung für viele aufrichtige, ehrliche Menschen und würde der Sache des Sozialismus nicht dienlich sein, wenn man die Berufung beim Obersten Gericht ablehnen würde.«[18]

Schließlich nutzte ich meine »besondere Beziehung« zum Parteichef der Wismut. In einem Gespräch im März 1969 zusammen mit dem

---

[18] Brief von Peter Eisenfeld an Bernd Eisenfeld ins Gefängnis; Privatarchiv Peter Eisenfeld.

Parteisekretär des Betriebes, dem Genossen V., bot mir der Altkommunist Kieß Hilfe an, wenn ich mich entsprechend verhalten würde. »Schließlich« - so sagte er mir gönnerhaft beim Abschied unter vier Augen - »sind Kommunisten ja Humanisten, Herr Eisenfeld. Ich hätte sie ja auf der Generalversammlung vom Tisch weg verhaften lassen können.« Ich vertraute diesem Angebot und hielt mich in politischen Diskussionen zurück. Die Zeit aber belehrte mich über die wahren Absichten der Parteiführung: Ich sollte lediglich ruhiggestellt werden. Am Schicksal meines Bruders änderte das nichts. Da auch Bemühungen der Pfarrer Rudolf Albrecht und Werner Wedler erfolglos blieben, mußte er die zweieinhalb Jahre voll absitzen!

Heute weiß ich, daß es damals viel schlimmer hätte kommen können. Der im März 1967 wegen dringenden Verdachts der Staatsverleumdung eingeleitete Operativ-Vorlauf spitzte sich nach den Ereignissen in der ČSSR gefährlich zu. Ende November 1968 wurden Maßnahmen festgelegt, den Vorgang durch die weitere Dokumentation meines »feindlichen Auftretens« abzuschließen.

Dieser Plan scheiterte an der »besonderen Situation«, die durch mein Auftreten auf der Versammlung in der Parteizentrale der Wismut bei dem Genossen Kieß entstand.

Bedauernd heißt es in einem Sachstandsbericht vom 26. Mai 1971:

> »Durch Genossen Kieß wurde ihm die Antwort gegeben, ›wegen seiner Meinung wird keiner eingesperrt‹. Auf Grund dieses Sachverhalts konnte zu diesem Zeitpunkt die geplanten Maßnahmen des Abschlusses nicht durchgeführt werden, da die Möglichkeit bestand, daß der Verdächtige sich auf das geführte Gespräch mit dem 1. Sekretär der GPL bezieht.«[19]

Gründe zur weiteren Nachweisführung meines Auftretens mit »offenen revisionistischen Tendenzen« in der Geologischen Gruppe im Außenrevier Altenberg gab es freilich genug:

> »Die operative Bearbeitung erbrachte, daß der Verdächtige unter anderem die Zeitschrift der KP Österreichs ›Weg und

[19] Ergänzung zum Sachstandsbericht vom 26.5.1971; BStU, ASt Chemnitz, AOP 380/72, Bd. 3, Bl. 175.

Ziel‹ über den Postzeitungsvertrieb der DDR bezieht und in welcher er unter anderem seine feindlichen Argumente über die Maßnahmen der Bruderarmeen vom 21.8.68 herausnimmt, verbreitet und darüber hinaus diese Zeitschrift innerhalb der Geologischen Gruppe zum Studium herumreicht. In seinen Diskussionen dabei kommt zum Ausdruck, daß er die Situation vor dem 21.8.68 in der ČSSR als wünschenswert für die DDR hervorhebt, für eine Bildung einer selbständigen und von Einflüssen der gesellschaftlichen Organisationen unabhängigen Gewerkschaftsgruppe und der Gestaltung einer Wandzeitung im Kollektiv für die Popularisierung der ›individuellen Weltanschauung‹ eines jeden einzelnen eintritt.
Darüber hinaus konnte inoffiziell erarbeitet werden, daß der Verdächtige eine Stellungnahme zu den ›2 000 Worten‹[20] verfaßte und die gesellschaftliche Entwicklung in der SU als eine Rückentwicklung zur bürgerlichen Gesellschaft verleumdet.«[21]

Dieser Plan sah auch vor, daß ich auf der Grundlage eines entsprechenden Beschlusses der Parteigruppe der Geologischen Abteilung innerhalb der Geologischen Gruppe Altenberg im Monat Dezember eine Wandzeitung erstellen sollte, um meine revisionistische individuelle Weltanschauung zu dokumentieren. Außerdem war vorgesehen, den Umfang und die Tiefe meiner »revisionistischen Basis« zu erarbeiten. Hiermit wurde der IM »Lux« beauftragt, »welcher das Vertrauen zum Verdächtigen besitzt und selbst schriftstellerisch tätig

---

[20] Gemeint ist das so genannte »Manifest der 2 000 Worte«, das am 27. Juni 1968 von vier tschechoslowakischen Zeitungen gleichzeitig veröffentlicht und von 70 Personen, darunter namhafte tschechoslowakische Persönlichkeiten, unterschrieben wurde. In dieser Erklärung wird zur Sammlung von unabhängigen Kräftegruppierungen wie zum Beispiel »Bürgerausschüsse«, »Komitee zum Schutz der Meinungsfreiheit« und die Gründung von eigenen Presseorganen zur Verteidigung bürgerlich demokratischer Freiheiten aufgerufen. Im »Neuen Deutschland« wurde das Manifest als konterrevolutionäre Plattform für den Angriff auf die sozialistische Grundordnung und auf Partei- und Staatsfunktionäre der ČSSR bewertet (vgl. ND vom 3.7.; 12.7.; 13.7.1968).

[21] Operativplan zum Operativ-Vorlauf vom 26.11.1968; BStU, ASt Chemnitz, AOP 380/72, Bd. 2, Bl. 46.

Kopie 224

Abschrift Pirna, den 30. 9. 68

Mündliche Mitteilung des GMS "Kurt"über den Diplom-Geologen EISENFELD

Der GMS teilte mit, daß der EISENFELD am 22. 9. 68 beim 1. Sekretär der Gebietsparteileitung, Gen. Kieß, zu einer politischen Aussprache weilte. Der EISENFELD selbst habe bisher innerhalb des Kollektivs noch nicht über diese Aussprache berichtet und wurde diesbezüglich auch noch nicht bei dem GMS vorstellig. obwohl dieser den EISENFELD vor dieser Aussprache darauf aufmerksam machte, über den Verlauf bei ihm Bericht zu erstatten.

Durch den Gen. [redacted], welcher ebenfalls daran teilnahm, erfuhr der GMS über den Verlauf folgendes:

Bei Beginn dieser Aussprache über die politische Situation stellte der EISENFELD die Frage an den Gen. Kieß, ob er frei reden können, ohne entlassen oder verhaftet zu werden. Nachdem ihm dieses bestätigt wurde, hätte er seine bereits bekannte Stellungnahme zu der Situation in der CSSR und seine Begriffe über Freiheit und Demokratie offen dargelegt und am Schluß sich bei dem Gen. Kieß noch bedankt, seine Meinung offen dargelegt haben zu dürfen.

An dieser Aussprache sollen noch andere ehemalige Hochschulabsolventen teilgenommen haben. Die Reaktion der Anwesenden zu dem Auftreten des EISENFELD war demGMS nicht bekannt.

Der GMS führte in diesem Zusammenhang an, daß durch das Auftreten des EISENFELD gegenüber dem Gen. Kieß, der ihm in seinem Auftreten durch die Billigung noch im gewissen Sinne entgegengekommen wäre, EISENFELD somit eine gewisse "Rückendeckung" habe und die bewußten Mitglieder innerhalb der Geologischen Abteilung daraufhin nicht mehr gegen ihn auftreten könnten.

Des weiteren führte der GMS an, daß der Geologe FIEGERT gemeinsam mit dem EISENFELD im Außenrevier tätig ist, und nach Rücksprache mit diesem über das Auftreten des EISENFELD dort einen entsprechenden schriftlichen Bericht fertigen wird.

gez. Bachmann, Ofw.

Bemerkung
Progressive Kräfte müssen weiter gegen E. auftreten. Die Aussprache beim Gen. Kieß muß positiv im aktiven Sinne genutzt werden. So war die Aussprache auch gedacht. Bei E. muß die Quelle seiner Meinung erarbeitet werden. 10.10.68

(BStU, ASt Chemnitz, AOP 380/72, Bd. 2, Bl. 224)

ist«.[22] Seine Hauptaufgabe bestand darin, herauszufinden, wie ich den Einfluß der Kafka-Konferenz auf die kulturpolitische Entwicklung in der DDR einschätze. Die Befragung ausgewählter Zeugen sollte jedoch »erst nach erfolgtem Einleiten eines Ermittlungsverfahrens vorgenommen werden, da die Gefahr einer Dekonspiration und Beeinflussung durch den Verdächtigen besteht«.[23]

Im Operativplan vom 23. Januar 1969 kommt die Stasi zu dem Schluß, daß ich trotz der Aussprache mit dem 1. Sekretär, Kieß, meine revisionistischen und feindlichen Auffassungen weiterhin verbreite.

Daraufhin wurde unter anderem folgende Maßnahme festgelegt:

> »Der GMS K. wird mit Kenntnis der Parteileitung der BAD einen Brief an den 1. Sekretär, Genossen Kieß senden, in dem das Auftreten und die Verhaltensweise des Verdächtigen in kurzen wesentlichen Zügen dargelegt und darauf aufmerksam gemacht wird, daß trotz dieser Aussprache er seine politische Haltung nicht geändert hat und im Gegenteil die negativ-feindliche Haltung durch den Verdächtigen weiter vorhanden ist.
> Das Ziel dieser Maßnahme besteht darin, bei Abschluß des Vorganges dem Verdächtigen die Möglichkeit zu nehmen, sich auf die Unterredung mit dem Genossen Kieß zu berufen und darüber hinaus [ist] bereits gegenwärtig, daß durch den Genossen Kieß eine evtl. Verwarnung des Verdächtigen veranlaßt wird.«[24]

In einem entsprechenden Schreiben beschwerten sich der inzwischen als GMS »Kurt« registrierte stellvertretende Chefgeologe Schwantner und der als Parteigruppenorganisator fungierende Sachgebietsleiter {...} über mein unverändertes Verhalten und ersuchten den 1. Sekretär um Hilfe:

---

[22] Ebenda, Bl. 47.

[23] Ebenda.

[24] Operativplan vom 27.1.1969; ebenda, Bl. 53.

»Werter Genosse Kieß!

Wir Unterzeichnenden wenden uns heute an Sie, da wir der Meinung sind, daß nur Sie uns helfen können.
Konkret geht es um den Kollegen Peter Eisenfeld, der bei uns als verantwortlicher Geologe in der geologischen Abteilung der BA Struppen arbeitet.
Von Beginn seiner Tätigkeit bei uns (1966) beschäftigten sich viele Genossen und Kollegen betreffs seiner politischen Einstellung zur Politik unserer Partei und Regierung [mit ihm]. Es wurden viele persönliche Aussprachen und auch solche im Kollektiv geführt. In den ›Roten Treffs‹ unserer Abteilung erreichten wir selten unser Ziel, da unsere Gespräche bei den Begriffen ›Freiheit‹, ›Demokratie‹ usw. meist steckenblieben. Wir mußten feststellen, daß er diese Begriffe immer im bürgerlichen Sinne auslegte und daß es die wirkliche Freiheit und Demokratie nur in Westdeutschland gebe. Er behauptete andererseits, daß er ebenfalls für den Sozialismus sei, daß es aber diesen, den er meinte, weder bei uns noch in Westdeutschland gebe. [...] Wir wenden uns heute deshalb an Sie persönlich, um uns von Ihnen einen Rat zu holen, was wir weiter tun sollen. Wir sind der Meinung, daß die Arbeit in der SDAG Wismut und noch dazu als verantwortlicher Geologe eine Verpflichtung ist und einen klaren Klassenstandpunkt verlangt. Wir meinen, daß es unwürdig ist, mit solchen Unklarheiten im Kopf (oder vielleicht bewußtes Handeln) bei der SDAG Wismut arbeiten zu dürfen und daß der Gegner ein fruchtbares Betätigungsfeld finden könnte.«[25]

Daraufhin kam es im März 1969 zu einem Gespräch bei Kieß. Es war also nicht mein Ersuchen, was uns damals zusammenführte, sondern der Brief beunruhigter Genossen. Im Aktenvermerk des Führungsoffiziers Bachmann vom 24. März 1969 heißt es dazu:

---

[25] Schreiben beunruhigter Genossen an den Sekretär der Bezirksleitung, Kieß, vom 20.2.1969; ebenda, Bl. 69–71.

> »Genosse {...} informierte dabei Genossen {...}, daß bei der Aussprache beim Genossen Kieß, welche auf Grund des eingegangenen Briefes durchgeführt wurde, Eisenfeld nahe gelegt wurde, keinerlei Äußerungen mehr zu machen, da er ansonsten inhaftiert werden würde. Man hätte bisher schon lange die Möglichkeit gehabt ihn zu inhaftieren. Daraufhin versprach Eisenfeld in Zukunft keine derartige politische Diskussionen mehr zu führen. Der Genosse {...} informierte dabei den Genossen {...}, daß die Parteileitung und Betriebsleitung des ZGB beschlossen habe, den Eisenfeld in das ZGB zu versetzen, um ihn unter Kontrolle von zwei ausgesuchten Genossen zu stellen«.[26]

Eine derartig massive Drohung gab es meiner Erinnerung nach nicht. Ansonsten hätte ich wohl kaum die Angriffe sowjetischer Genossen schadlos überstanden, die in einem Bericht des Leiters der selbständigen operativen Gruppe Königstein, Hauptmann Laube, an Oberstleutnant Mittag, Stellvertreter Operativ der Objektverwaltung »W«, festgehalten sind. Demnach wurde ich auf einer Beratung sowjetischer Genossen vom Genossen {...} beschuldigt, »fortlaufend antisozialistische Äußerungen auszusprechen. [...] Genosse {...} brachte die Meinung auch anderer sowjetischer Genossen der BAD zum Ausdruck, indem sie sich wunderten, daß gegen das antisozialistische Auftreten [des] E. nichts getan würde. Durch operative Überprüfung wurde bekannt, daß der Genosse {...} über einen längeren Zeitraum unmittelbar mit E. zusammenarbeitete und auf Grund des vorliegenden Hinweises der Verdacht naheliegt, daß E. auch den sowjetischen Genossen negativ bis feindlich versuchte zu beeinflussen.«[27]

Vorgesehen war, den sowjetischen Kollegen {...} durch sowjetische Genossen ausführlich zu meiner Person zu befragen. Dazu ist es wahrscheinlich nicht gekommen. Ich erinnere mich lediglich daran, daß ich mit {...} nur geringe Zeit zusammenarbeitete. Er sprach sehr gut sächsisch und hatte viele deutsche Freunde. Wir sprachen offen miteinander, und ich bezweifle, daß er mich derart denunzierte. Dies

---

[26] Aktenvermerk des Führungsoffiziers Bachmann vom 24.3.1969; ebenda, Bl. 112.

[27] Information des Leiters der selbständigen Operativgruppe Königstein an den Stellvertreter Operativ, Oberstltn. Mittag der Objektverwaltung »W«, vom 14.4.1969; ebenda, Bl. 118.

auch deshalb, weil er später gegen seinen Willen in die Sowjetunion abkommandiert wurde. Damals hieß es, er hätte zu engen Kontakt mit Deutschen gepflegt.

Abgerundet wird das Bild über meinen negativen Einfluß auf andere Personen in einem 13seitigen vertraulichen Rechenschaftsbericht der Parteigruppe Geologie/Hydrogeologie. Da dieses Dokument mehrere taktische Varianten der politisch-ideologischen Einflußnahme und Erziehungsarbeit der SED sowie der Grenzen ihrer Wirksamkeit an der gesellschaftlichen Basis vor Ort aufzeigt, erscheint mir die Wiedergabe längerer Passagen sinnvoll:

> »Bei der Beantwortung der Frage: ›Ist die Parteigruppe der Motor in der geologischen Abteilung?‹, soll hier mit der Einschätzung der politisch-ideologischen Einflußnahme der Parteimitglieder auf die parteilosen Kollegen als eine der wichtigsten Aufgaben der Parteimitglieder begonnen werden. Die politisch-ideologische Einflußnahme sollte, entsprechend unserem Arbeitsprogramm, hauptsächlich auf den 14tägig durchzuführenden ›Roten Treffs‹, die [die] Veranstaltungen der Gewerkschaftsgruppe darstellen, erfolgen. Hier sollten die Kollegen auch mit den Beschlüssen von Partei und Regierung vertraut gemacht werden. Diese ›Treffs‹ wurden, wenn auch manchmal recht unregelmäßig, auf Grund der Initiative der Parteigruppe durchgeführt.
> In Parteigruppenversammlungen (oftmals Kurzversammlungen) wurde vorher die Art und Weise der Einflußnahme festgelegt bzw. hinterher wurden diese ›Roten Treffs‹ ausgewertet. Diese ›Roten Treffs‹ erreichten in ihrer größten Anzahl ihr Ziel nicht. Sie hatten aber den Vorteil, daß die politisch-ideologische Situation in der geologischen Abteilung relativ klargestellt werden konnte. Leider kann ungefähr so eingeschätzt werden. [sic!]
> Neben den Genossen gibt es eine Reihe von parteilosen Kollegen, die die Politik der Partei und Regierung aktiv unterstützen und die meist unseren Klassenstandpunkt vertreten. Dazu gehören zum Beispiel die Kollegen {...}, {...}, {...} und {...}. Demgegenüber existiert eine Gruppe von Kollegen, die entweder nie oder nur sehr selten positiv für unsere Sache Stellung beziehen oder zum Teil sogar Maßnahmen und Be-

schlüsse der Partei und Regierung (Verfassungsentwurf, 21. August, Maßnahmen Berlin) zumindest für falsch zum Teil erklären und in ihren Äußerungen offen dagegen auftreten. Für bestimmte wichtige philosophische Kategorien, wie z.B. Demokratie und Freiheit sind sie mit der marx[istisch]-leninistischen Auslegung nicht einverstanden und treten für eine idealistische Interpretation ein. Es geht zum Teil so weit, daß der Marxismus als Wissenschaft negiert wird. Zu dieser Gruppe, die man im speziellen Falle differenzierter betrachten muß, gehören zum Beispiel die Kollegen Eisenfeld, {...}, {...}, {...}, {...}, {...}, {...}, {...}, {...}. Auf den ›Roten Treffs‹ gerieten diese beiden Gruppen stark aneinander. Die Wortführung der zweiten Gruppe hatte meist der Kollege Eisenfeld, verschiedene Kollegen stimmten ihm meist zu.
Da von vornherein eine Kontrastellung dieser 2. Gruppe zu verzeichnen war, war kein Erfolg unserer Argumentation auf den ›Roten Treffs‹ zu verzeichnen. Um aber unsere ideologische Einflußnahme weiterhin gewährleisten zu können, wurde die Taktik geändert. Wir beschlossen, keine ›Roten Treffs‹ mehr durchzuführen und das individuelle politische Gespräch in den Vordergrund zu stellen. Wir gingen davon aus, daß ein einzelner für sich meist zugänglicher ist, als einer in einer Gruppe ›Oppositioneller‹. Es sollten auch Aussprachen auf Revier- und Arbeitsgruppenebene durchgeführt werden (zum Beispiel Rolle eines sozialistischen Leiters). Wir müssen aber heute einsehen, daß sich die Verhältnisse nicht gebessert haben. Worin liegen die Ursachen? Eine der bedeutendsten Ursachen ist in der Anwesenheit des Kollegen Eisenfeld in der BA Struppen zu sehen. Ihm ist es im Laufe der Zeit gelungen, seine meist von der bürgerlichen Ideologie geprägte Ansicht auf zahlreiche Kollegen in unterschiedlicher Intensität zu übertragen. Die Ursache dafür sehen wir zum Teil einmal in der Oberflächlichkeit und zum Teil politischer Uninteressiertheit vieler junger Kollegen, die aber meist eifrige Hörer westdeutscher Sender sind. Peter Eisenfeld ist für sie ein Vorbild, da er in der SU studierte und den Marxismus bzw. die Richtigkeit verschiedener Maßnahmen der Partei und Regierung usw. ›wissenschaftlich‹ und zum Teil

recht offen widerlegt. Er bedient sich dabei unter anderem verschiedener Zitate und Ausschnitte aus verschiedener, auch marxistischer Literatur usw., die er aus dem Zusammenhang herausgerissen anbietet. Eine weitere Ursache hierfür, daß der Kollege Eisenfeld bei diesen Kollegen einen so großen Einfluß besitzt, ist darin zu sehen, daß man ihm auf Grund dessen, daß [bei] ihm eine direkte bewußte Arbeit gegen unseren Staat nicht ausgeschlossen ist, aus Sicherheitsgründen in Verschlußmaterial nur in begrenztem Maße Einsicht gewähren kann. Dies bedingt wiederum seinen Einsatz im Außenrevier, fern von der Wirkungsstätte anderer Genossen Geologen. Hier arbeitet er und wohnt mit relativ vielen jüngeren parteilosen Kollegen zusammen. Von betrieblicher Seite her ist es aber bei dem Mangel an Geologen nicht möglich, nur für die Dokumentation von Bohrkernen bzw. Schürfen einen zweiten Geologen mit hinzuzugeben.
Auf Vorschlag der Parteigruppe wurde aber auch dieser Weg versucht. Es wurde in seiner Assistentenzeit für drei Monate der Genosse {...}, der ebenfalls in der SU studierte, in die Gruppe Altenberg-Nassau, in der [der] Kollege Eisenfeld arbeitete, geschickt. Genosse {...} wurde hier vollkommen isoliert. Einen weiteren Genossen hier hinzuzuziehen, geht wohl weit über die Möglichkeit der Abteilung.
Eine weitere Ursache für die zum Teil geringe Einflußnahme der Parteimitglieder auf verschiedene parteilose Kollegen könnte ein mangelndes theoretisches Wissen der Genossen darstellen. Wie sieht es hiermit aus? Die meisten Genossen der geologischen Abteilung absolvierten an der Hochschule ein gesellschaftswissenschaftliches Grundstudium. Ein umfassendes marxistisches Grundwissen ist außer bei den Genossen {...}, {...}, {...}, die dieses Wissen nicht in solch konzentrierter Form vermittelt bekamen, vorhanden. In der Auseinandersetzung mit Kollegen Eisenfeld mußten wir aber feststellen, daß das Wissen über die Theorie des Marxismus-Leninismus bei allen Genossen noch zu gering ist. Viel zu leicht ist es ihm möglich, uns mit verschiedenen Zitaten usw. auf das Glatteis zu führen. Es kann zwar niemand von uns verlangen, daß wir alle Zitate, die er irgendwo gelesen hat (wenn sie überhaupt in jedem

Fall aus der von ihm genannten Quelle stammen), kennen, um sie dann in ihren richtigen Zusammenhang wiedergeben zu können. Es ist aber trotzdem unbedingt notwendig, unser Wissen ständig zu erweitern. Abgesehen davon, daß in jeder Wissenschaft die Erkenntnisse zunehmen und wir uns keineswegs mit dem einmal angeeigneten zufrieden geben können, müssen wir vom Marxismus zumindest soviel wissen, daß wir zum Beispiel in einer Auseinandersetzung mit Peter Eisenfeld in der Lage sind, allgemein zu begründen, daß seine Auslegung einer Verdrehung der Tatsachen entspricht.
Weitaus schlechter als mit dem theoretischen Wissen des Marxismus sieht es in unserer Parteigruppe mit dem Verstehen und dem in seiner vollen Tragweite Erkennen der Beschlüsse und Dokumente der Partei aus. [...]
Untersuchen wir weiter das Auftreten und Verhalten der Genossen. Wie sieht es zum Beispiel mit dem Klassenstandpunkt und der Prinzipienfestigkeit aus? Wir können einschätzen, daß alle Genossen der geologischen Abteilung einen Klassenstandpunkt besitzen und diesen auch, zumindest innerhalb des Betriebes, konsequent vertreten. Am besten zeigte sich das immer dort, wo die Genossen mit der gegnerischen Meinung konfrontiert wurden (z. B. ›Rote Treffs‹). Auch in der Zeit um den 21. August 1968 gab es keinerlei revisionistische Tendenzen oder dergleichen in unserer Parteigruppe. Im Gegenteil, alle Genossen (soweit sie anwesend waren) waren sofort bereit, in den Reihen der Kampfgruppe unsere sozialistischen Errungenschaften zu verteidigen. [...]
Es soll hier aber auch bemerkt werden, daß ein Vertrauensverhältnis auf Gegenseitigkeit beruht. Wenn ein parteiloser Kollege von vornherein ablehnt, sich mit unseren politischen Problemen zu beschäftigen, dann wird er es immer als lästig empfinden, wenn er mit einem Genossen in ein politisches Gespräch verwickelt wird, zumal noch der Einfluß eines Kollegen Eisenfeld vorhanden ist. Wir dürfen auch nicht die Möglichkeit ignorieren, daß von bestimmten Kollegen in unserer Abteilung (z. B.Kollege Eisenfeld) das Vertrauen bewußt untergraben werden kann.

Ein weiterer Grund für das unbefriedigende Resultat der Einflußnahme liegt in der in mancher Beziehung zu geringen Aktivität der Genossen. [...]
Es wurde sogar beschlossen, daß bestimmte Genossen ({...}, {...}, {...}) die ›politische Patenschaft‹ über bestimmte Kollegen (z.B. {...}, {...}, {...}) übernehmen. Es muß heute kritisch eingeschätzt werden, daß wir in diesem Punkt etwas nachlässig gearbeitet haben. So fanden im Revier I unter der Leitung des Genossen {...}, wenn man von den Gesprächen des Genossen {...} absieht, keine von uns aus gesteuerten politischen Auseinandersetzungen statt, obwohl hier auch das Hauptbetätigungsfeld des Kollegen Eisenfeld lag. Es wurden hier keine erläuternden Gespräche über die Dokumente des 9. Plenums usw. durchgeführt, obwohl das sowohl in der Parteigruppe als auch in der ITP-Versammlung der geologischen Abteilung beschlossen wurde. [...]
Dabei mußte im Revier II in der letzten Zeit festgestellt werden, daß mit der Umsetzung des Kollegen Eisenfeld die negativen Beeinflussungen der parteilosen Kollegen erheblich zugenommen haben. [...]«[28]

Operativer Vorgang »Maler« und der Weg ins berufliche Abseits

Anfang 1969 wurde ich mit leeren Versprechungen hinsichtlich meiner beruflichen Tätigkeit und der Verbesserung meiner Wohnverhältnisse aus meinem Struppener Basiskollektiv in den Zentralen Geologischen Betrieb (ZGB) Karl-Marx-Stadt/Siegmar geholt und danach systematisch aus dem Betrieb gedrängt. Vergeblich mühte ich mich damals um einen Funktionsplan für meinen neuen unerwartet veränderten Tätigkeitsbereich. Von Plandiskussionen und Weiterbildungsveranstaltungen war ich ausgesperrt, und Anträge meines direkten Fachvorgesetzten auf eine höhere Planstelle wurden abgelehnt. Dabei gaben Partei- und Betriebsleitung hin und wieder unverhohlen zu verstehen, daß mir - zumal als Sowjetstudent - die Sprossenleiter zum

---

[28] Rechenschaftsbericht der Parteigruppe Geologie/Hydrogeologie; ebenda, Bl. 88-93.

beruflichen Aufstieg jederzeit offenstehe. Sie erwarteten von mir lediglich, daß ich den von der Partei geschaffenen und vorgegebenen Realitäten zustimme. Dieser Korruptionsversuch wurde mit schikanösen Attacken gestützt. So enthielt ein Schreiben des Betriebsdirektors des ZGB, von dem ich mir den Dank für meine zusätzliche freiwillige Übersetzungsarbeit von Jahresberichten erhoffte, einen Verweis wegen Verletzung der Arbeitsdisziplin. Angeblich hätte ich meinen Arbeitsort dreimal verlassen, ohne mich bei dem vorschriftsmäßig festgelegten Vorgesetzten abgemeldet zu haben. Das geschah zu einer Zeit, als ich von Karl-Marx-Stadt aus die geochemische Erkundung in drei weit auseinanderliegenden Außenstellen (Bohrabteilung Dresden, Oberschlema/Aue und Wermsdorf/Oschatz) betreute und täglich zehn bis zwölf Stunden unterwegs war. Mein Versuch, mit Hilfe der Konfliktkommission den Verweis rückgängig zu machen, scheiterte am Untertanengeist der Kommissionsmitglieder gegenüber ihrem Vorgesetzten. Nunmehr wurde mir klar, daß ich nicht nur am unmittelbaren Arbeitsort, sondern auch in den Außenstellen unter Beobachtung stand, und zwar von Personen, die offenbar mit einer Meldepflicht über den genauen Zeitpunkt meines Auf- und Abtauchens in ihrem Arbeitsbereich beauftragt worden waren.
Im November 1969 wurde der Operativ-Vorlauf zum Operativen Vorgang (OV) »Maler« erhoben. Grund war der Verdacht auf eine staatsfeindliche Gruppenbildung. Und dieser richtete sich, man mag es kaum glauben, auf ein Geschwistertrio, konkret auf meine Brüder Bernd, Ulrich und mich:

> »Daß die Handlungen des E. das Ergebnis einer gemeinsamen politischen Konzeption sind, welche sich die Brüder Peter, Bernd und Ulrich erarbeiteten, geht eindeutig aus dem Bericht über die Vernehmung des E., Bernd vom 3.3.1968[29], S. 2, 3, 4 hervor. Aus diesem Bericht zur Vernehmung ist gleichzeitig der Verdacht der Tätigkeit einer staatsfeindlichen Gruppe abzuleiten, der im Verlauf der weiteren operativen Bearbeitung unbedingt zu beachten ist.«[30]

---

[29] 1968: muß heißen 1969.

[30] Stellungnahme zum Überprüfungsvorgang vom 17.9.1969; BStU, ASt Chemnitz, AOP 380/72, Bd. 2, Bl. 183.

Die vorgesehenen Maßnahmen gegen uns schlossen außer den Beobachtungsberichten und der IM-Tätigkeit auch die konspirative Durchsuchung meiner Unterkunft in Karl-Marx-Stadt/Siegmar und meiner Wohnung in Dresden sowie den Einsatz eines Zelleninformators (ZI)[31] in der Untersuchungshaft-Zelle meines Zwillingsbruders ein. Mit welchem Aufwand die Observation betrieben wurde, läßt sich am Beispiel der Beobachtung eines Wohnhauses in Dresden ermessen. Laut Aktenlage fallen die Beobachtungsberichte in den Zeitraum August und Oktober. Im Oktober dauerte die Beobachtung des Hauses 14 Tage an, wobei an jedem Tag durchgängig von 6.30 Uhr bis 19.25 Uhr alle Personen, die dort ein- und ausgingen, minutiös erfaßt und mit einem Decknamen versehen wurden. Zu jeder Person erfolgte eine Personenbeschreibung, die der Identifizierung diente. Auf einem sogenannten Suchzettel sind dann die wichtigsten Daten dieser Personen, einschließlich Feststellungsergebnis »nicht - erfaßt - Archiv«, festgehalten worden. Die Beobachtungsberichte weisen »eine rege Begehung auf dem Grundstück« aus. Dies hing damit zusammen, daß sich meine Wirtsleute durch den Verkauf von Blumen und Gemüse ein Zubrot verdienten. Die Stasi schien in ihrem Eifer beim Auffinden »feindlich-negativer Verbindungen« erst relativ spät zu dieser Einsicht gekommen zu sein. In einer Anlage zum Beobachtungsbericht »Zwinger«, Grundstück Dresden, Bahnhofstraße 77, liest sich das folgendermaßen:

> »Im Grundstück Bahnhofstr. 77 befindet sich hinter dem Wohnhaus ein Gelände, was einer Gärtnerei ähnlich ist. In diesem Gelände sind sehr viele Blumen gepflanzt. Am Grundstück ist eine Tafel mit der Aufschrift ›Chrysanthemen und Zierpflanzen‹ angebracht. [...]
> Die Personen ›Selma‹, ›Martha‹, ›Hilma‹, ›Erna‹ und ›Anna‹ betraten das Grundstück wahrscheinlich nur, um hier Blumen zu kaufen. Bei ihnen handelte es sich meist um ältere Frauen«.[32]

---

[31] Zelleninformator: Untersuchungshäftling, der sich zur Zusammenarbeit mit dem MfS bereit erklärte und dazu eine schriftliche oder mündliche Verpflichtung einging.

[32] Anlage zum Beobachtungsbericht vom 21.10.1969; BStU, ASt Chemnitz, AOP 380/72, Bd. 2, Bl. 231.

Außer Zweifel blieb weiterhin mein »negativer« Einfluß auf die »Roten Treffs« und auf Jugendliche. Im Mai 1971 heißt es dazu:

> »Das offene und raffinierte antisozialistische Vorgehen zeigte sich bei dem Verdächtigen erneut am 8.4.1971 zum ›Roten Treff‹ im ZGB, wo die Personen Dr. {...}, {...}, {...}, {...} und andere anwesend waren.
> Nach grundlegenden Ausführungen des Genossen {...} zum XXIV. Parteitag der KPdSU trat sofort der Verdächtige mit der Frage auf, ob die VR China noch zum sozialistischen Lager gehöre. Nachdem dies bejaht wurde, stellte er die Frage, warum dann Auseinandersetzungen zwischen SU und VR China bestehen und keine Stellungnahmen dazu vom XXIV. Parteitag.
> Eine weitere Frage des Verdächtigen war, ob die Verträge WD mit der SU und VR Polen positiv zu werten sind. Nachdem dies bestätigt wurde, hob er die sozialdemokratische Führung in WD nachfolgend hervor:
> - positiv, daß SPD an die Macht gekommen ist;
> - SPD-Regierung entspricht der heutigen Zeit;
> - solche Leute wie Brandt vertreten den Fortschritt, was unserer Entwicklung zugute kommt;
> - Brandt ist der Mann des Sozialismus, der Sozialismus soll die Chance nutzen, die ihn von WD geboten wird.
>
> In diesem Zusammenhang sprach er ebenfalls die Frage Westberlin an und brachte zum Ausdruck, daß die DDR-Vertreter bei Verhandlungen zu harte Forderungen stellen würden, welche von der WD-Regierung und WB-Senat nicht unterstützt werden könnten. Die DDR sollte und müßte mehr Zugeständnisse machen und auf die Politik von WD und WB eingehen.
> Es käme dann auch zu einem Erfolg. [...]
> Im Prozeß der bisherigen operativen Bearbeitung des Verdächtigen ist sowohl im ehemaligen Arbeitsgebiet der BA Struppen als auch unter Personen seines Umgangskreises im ZGB in deren ideologischer Haltung zu erkennen, daß der Verdächtige auf Grund seines Auftretens einen wesentlichen Einfluß auf die Bewußtseinsbildung der Betreffenden ausübte bzw. noch ausübt.

Obwohl die feindliche Zielstellung des Verdächtigen hinsichtlich seines politisch-ideologischen Wirkens noch nicht umfassend erarbeitet werden konnte, ist jedoch unbedingt seine 1968 gegenüber dem IMV ›Lux‹ charakterisierte Verhaltensweise zu beachten.
Hierbei brachte er zum Ausdruck, daß das MfS an ihn nicht herankäme, da er sich im Rahmen der Gesetze bewege. Er hätte sich stets von Gruppierungen ferngehalten, da man ihm dann eine staatsfeindliche Tätigkeit nachweisen könne.
Er ›kämpfe‹ allein, ein Gedankenaustausch mit anderen Gleichdenkenden und versuche, andere von seinen Idealen zu überzeugen, jedoch nie in einer Gruppierung.
Im Ergebnis der operativen Bearbeitung kann jedoch nachgewiesen werden, daß er zum Beispiel während seiner Tätigkeit in der Geologischen Abteilung der ehemaligen BA Struppen in der Zeit von März 1967 bis März 1969 besonders enge Verbindungen zu den Personen der Geologischen Abteilung {...} (Diplom-Mineralogin), {...} (Diplom-Geologe), {...} (Kollektor), {...} (Diplom-Geologin), IMV ›Lux‹ unterhielt. [...]
Übereinstimmend wird von IM und GMS eingeschätzt, daß bei diesen Personen eine Beeinflussung seitens des Verdächtigen vorliegt und diese in deren ideologischer Grundhaltung zum Ausdruck kommt.
So war der Verdächtige eng mit dem derzeitig in U-Haft befindlichen Kollektor {...} befreundet und Letztgenannter sah den Verdächtigen als sein Vorbild und hob ihn ständig als den ›Kerl‹ hervor. [...]
Ebenfalls muß eingeschätzt werden, daß der Verdächtige im Kreise der Kollektoren mit seinen Argumenten Wirkung erzielte ({...}, {...}, {...}).
So wurde vom Verdächtigen in diesem Kreis die Zeitschrift ›Weg und Ziel‹ der KPÖ verbreitet. [...]
Der Kollektor {...} vertrat zu diesem Zeitpunkt die Meinung, daß der Verdächtige ein hohes politisches Wissen habe und die von ihm vorgebrachten Argumente nicht von der Hand zu weisen sind. Er sei von dem Auftreten und den Argumenten des Verdächtigen begeistert.

Das Auftreten und Wirken des Verdächtigen war mit bei dem Kollektor ausschlaggebend zur Absage, die Offiziersschule zu besuchen.
Das bereits eingeschätzte feindliche Auftreten des Verdächtigen, vor allem in seinem ehemaligen Kollektiv der Geologischen Abteilung der jetzigen BA Wermsdorf wird teilweise in offiziellen Betriebsbeurteilungen zu dem Verdächtigen bestätigt. Sein Wirken und sein Einfluß in diesem Bereich wird im Protokoll des Rechenschaftsberichtes der Partei 1969 voll bestätigt. Dieses Protokoll liegt als Beweismittel vor. [...]
Gleichzeitig wird eingeschätzt, daß er im Kollektiv eine gewisse Vorbildwirkung genießt und verschiedene ungefestigte Kollegen von seiner Meinung beeinflußt werden. Eine solche Einschätzung wurde erneut am 24.1.68 durch den Stellvertretenden Hauptgeologen erstellt und am 11.7.69 durch den Kaderleiter des ZGB [Zentralen Geologischen Betriebs], Genossen {...}.
Die in der Beurteilung vom 21.9.67 getroffene Einschätzung hinsichtlich einer gewissen Vorbildwirkung des Verdächtigen wurde auch in einer Aussprache am 17.9.69 durch den Genossen {...} vom ZGB bestätigt. Dieser führte an, daß der Verdächtige anläßlich einer Dienstfahrt im Gebiet Tellerhäuser von ehemaligen Lehrlingen aus Struppen äußerst herzlich begrüßt wurde und der Eindruck entstand, daß er von diesen als ›Idol‹ betrachtet wird. [...]«[33]

Der erwähnte Arbeitskollege {...} der BAD Dresden, mit dem ich nach meiner Versetzung in den ZGB Karl-Marx-Stadt auch weiterhin freundschaftlich verbunden war, wurde wegen Hörens von Westsendern am Arbeitsplatz und eines harmlosen Briefes an Willy Brandt von der Stasi verhaftet. Ich erlebte das damit verbundene Leid der direkt Betroffenen, die Angst der von der Stasi Verhörten und das heimliche Frohlocken des offensichtlichen Denunzianten. Daß mich die Stasi in der ganzen Sache unbehelligt ließ, ist mir noch heute unerklärlich.

---

[33] Ergänzung zum Sachstandsbericht des OV »Maler« vom 26.5.1971; ebenda, Bd. 3, Bl. 180-183.

Im Sommer 1971 hatte ich aber offensichtlich das Schlimmste überstanden. Die Einleitung eines Ermittlungsverfahrens schien nicht mehr opportun, »da der derzeitige Beweisstand, die erkennbare geistige und moralische Cleverness des Verdächtigen und seine eingegangene Ehe mit einer Sowjetbürgerin« zu »politischen Auswirkungen« hätte führen können. [34]

Anfang September 1971 sollten nochmals Maßnahmen vorgeschlagen werden, um über »den Abschluß des Vorgangs mit Einleitung eines Ermittlungsverfahrens wegen Verdachts der staatsfeindlichen Hetze gemäß § 106 StGB zu entscheiden«.[35]

Es blieb schließlich bei arbeitsrechtlichen Diskriminierungen. Die Betriebsleitung drohte 1972 mit einer Kündigung, falls ich die Versetzung in eine entlegene Außenstelle - ohne berufliche Perspektive und ohne Klärung meiner familiären Belange - nicht akzeptieren würde. Meine Beschwerde bei der Generaldirektion der Wismut blieb erfolglos. In meiner Ausweglosigkeit schrieb ich dem Mitglied des ZK der SED, Alfred Rohde, der den 1971 verstorbenen Kieß in der Funktion des 1. Sekretärs der Gebietsleitung Wismut der SED ablöste.

Daraufhin erhielt ich ein Schreiben von der SED-Gebietsleitung Wismut mit dem Hinweis, daß eine Überprüfung meines Falles veranlaßt wird. Auf das Prüfungsergebnis wartete ich vergeblich. Auch die Interventionsversuche meiner sowjetischen Fachkollegen, die Leistung und kritisches Denken mehr zu schätzen wußten als Parteizugehörigkeit und opportunistisches Verhalten, halfen nicht weiter. So war der Ausstieg aus meinem Beruf besiegelt. Das Interesse an einer Auflösung meines Arbeitsvertrages hatte die Kaderleitung des Zentralen Geologischen Betriebes (ZGB) schon früher bekundet. So heißt es in einer Aktennotiz der Kaderleitung vom 3. September 1970 über ein Kadergespräch mit dem Genossen Dr. {...}, stellvertretender Hauptgeologe des Zentralen Geologischen Betriebes der SDAG Wismut und IM, und dem Genossen {...}, Kaderleiter des ZGB:

> »In der Aussprache mußte mehrmals vom Genossen Dr. {...} und mir dem Kollegen E. einige sehr deutliche Bemer-

[34] Stellungnahme zum Operativ-Vorlauf »Maler« vom 24.7.1971; ebenda, Beiakte zu Bd. 1, Bl. 40.

[35] Stellungnahme zur Faktenanalyse OV »Maler« vom 8.9.1971; ebenda, Bl. 66.

> kungen und Richtigstellungen gegeben werden, wobei der Kollege E. in einer Art und Weise Forderungen stellt, die seinen bisherigen Entwicklungsstand keinesfalls rechtfertigen, und ihm wurde auch drei Mal deutlich gesagt, daß der ZGB an einer weiteren Mitarbeit kein Interesse mehr hat. Kollege E. führte aus, daß er nicht daran denkt vom Betrieb wegzugehen, sondern er will seine Forderungen im Betrieb durchsetzen.«[36]

Diese Absicht, mich loszuwerden, wird auch aus einer Beurteilung vom August 1979 deutlich:

> »Er vertrat die Meinung der persönlichen Gewissensfreiheit, nur diesem ordnet er sich unter. Da unsererseits alle Bemühungen die Situation nicht verbesserten, strebten wir bereits ab 1971 die Lösung des Arbeitsrechtsverhältnisses an. Per 31.7.1972 verließ Kollege Eisenfeld unseren Betrieb auf eigenen Wunsch mittels Aufhebungsvertrag. Eine Weiterbeschäftigung war in unserem Industriezweig auch deshalb nicht mehr möglich, da Kollege Eisenfeld für seine weitere Perspektive als Geologe der notwendige Vertraulichkeitsgrad nicht erteilt wurde.«[37]

Offenbar war auch für die Stasi meine Entlassung aus der SDAG Wismut schon beschlossene Sache. In einem Ermittlungsbericht aus dem Jahre 1974 zu meiner Schwester Brigitte kommt diese Absicht unmißverständlich zum Ausdruck: »Der zweite Bruder der E., ein Diplomingenieur, wurde wegen seiner negativen politischen Haltung aus der SDAG Wismut entlassen.«[38]

Bewahrte mich 1969/70 - freilich unbeabsichtigt - der 1. Sekretär der Gebietsleitung Wismut vor einer Verhaftung, so später die unzureichende subjektive Beweislage gegen einen als »objektiv enttarnten Feind«. Für die zuständigen Stasi-Offiziere jedenfalls schien meine

---

[36] Aktennotiz der Kaderleitung des ZGB vom 3.9.1970; BStU, ASt Chemnitz, AOP 380/72, Bd. 3, Bl. 211 f.

[37] Beurteilung vom 14.8.1979; Privatarchiv Peter Eisenfeld.

[38] Ermittlungsbericht vom 15.5.1974 der BV Karl-Marx-Stadt; ebenda.

verdeckte Abschiebung in einen anderen Betrieb wohl die bessere politische Lösung gewesen zu sein. Im Beschluß vom 26. September 1972 zur Einstellung des OV heißt es unter anderem:

> »Aufgrund der veränderten Vorgangssituation wurden Absprachen mit dem Stellv[ertreter] Operativ, Genossen Major Unger und der Abteilung IX entschieden, daß der Abschluß mit strafrechtlichen Maßnahmen zu dem verdächtigen E. nicht erfolgen kann. Die erarbeiteten Beweismittel liegen eine Zeit zurück und zum anderen ist der Verdächtige nicht mehr im Verantwortungsbereich tätig.«[39]

Die Vorgänge »im Interesse meiner Sicherheit« blieben mir damals verborgen. Die konspirative Tätigkeit der Stasi war bestens organisiert, auch wenn das Ergebnis dieser Sisyphusarbeit mehr als bescheiden ausfiel.

Die Konsequenz meines widerständigen Verhaltens allerdings bedeutete für mich die Aufgabe meines Ausbildungsberufes. Dies fiel mir nicht leicht, da mich zu dieser Zeit die geochemische Erkundung von Erzlagerstätten zu faszinieren begann.

---

[39] Beschluß zur Einstellung des OV vom 26.9.1972; BStU, ASt Chemnitz, AOP 380/72, Bd. 3, Bl. 265.

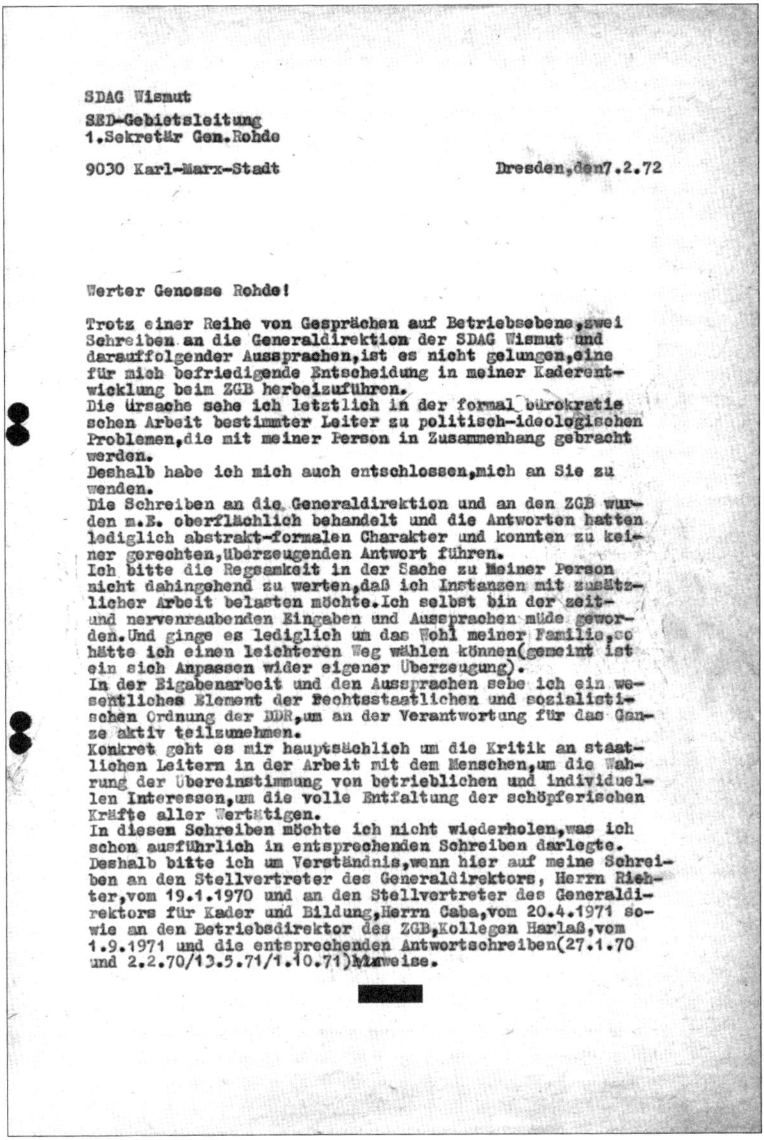

SDAG Wismut
SED-Gebietsleitung
1.Sekretär Gen.Rohde

9030 Karl-Marx-Stadt

Dresden,den7.2.72

Werter Genosse Rohde!

Trotz einer Reihe von Gesprächen auf Betriebsebene,zwei Schreiben an die Generaldirektion der SDAG Wismut und darauffolgender Aussprachen,ist es nicht gelungen,eine für mich befriedigende Entscheidung in meiner Kaderentwicklung beim ZGB herbeizuführen.
Die Ursache sehe ich letztlich in der formal bürokratischen Arbeit bestimmter Leiter zu politisch-ideologischen Problemen,die mit meiner Person in Zusammenhang gebracht werden.
Deshalb habe ich mich auch entschlossen,mich an Sie zu wenden.
Die Schreiben an die Generaldirektion und an den ZGB wurden m.E. oberflächlich behandelt und die Antworten hatten lediglich abstrakt-formalen Charakter und konnten zu keiner gerechten,überzeugenden Antwort führen.
Ich bitte die Regsamkeit in der Sache zu Meiner Person nicht dahingehend zu werten,daß ich Instanzen mit zusätzlicher Arbeit belasten möchte.Ich selbst bin der zeit- und nervenraubenden Eingaben und Aussprachen müde geworden.Und ginge es lediglich um das Wohl meiner Familie,so hätte ich einen leichteren Weg wählen können(gemeint ist ein sich Anpassen wider eigener Überzeugung).
In der Eigabenarbeit und den Aussprachen sehe ich ein wesentliches Element der Rechtsstaatlichen und sozialistischen Ordnung der DDR,um an der Verantwortung für das Ganze aktiv teilzunehmen.
Konkret geht es mir hauptsächlich um die Kritik an staatlichen Leitern in der Arbeit mit dem Menschen,um die Wahrung der Übereinstimmung von betrieblichen und individuellen Interessen,um die volle Entfaltung der schöpferischen Kräfte aller Werktätigen.
In diesem Schreiben möchte ich nicht wiederholen,was ich schon ausführlich in entsprechenden Schreiben darlegte.
Deshalb bitte ich um Verständnis,wenn hier auf meine Schreiben an den Stellvertreter des Generaldirektors, Herrn Richter,vom 19.1.1970 und an den Stellvertreter des Generaldirektors für Kader und Bildung,Herrn Caba,vom 20.4.1971 sowie an den Betriebsdirektor des ZGB,Kollegen Harlaß,vom 1.9.1971 und die entsprechenden Antwortschreiben(27.1.70 und 2.2.70/13.5.71/1.10.71)hinweise.

[redacted]

Mein Schreiben an den neuen 1. Sekretär der Wismut

Zusammenfassend möchte ich folgendes bemerken:
In den ersten zwei Jahren meiner Tätigkeit bei der SDAG Wismut habe ich im Interesse des Betriebes verschiedene Aufgaben übernommen,ohne jegliche Forderungen meinerseits an den Betieb gestellt zu haben.Ich habe in dieser Zeit ausschließlich in Außenrevier-Wohnlagern gelebt.Als man vor drei Jahren an mich herangetreten ist,Spezialaufgaben im ZGB zu übernehmen,habe ich zugesagt,obwohl sich meine persönliche Lage weder in materieller noch wohnlicher Hinsicht verbesserte. Ich war bestrebt,eine interessante und verantwortungsvolle Aufgabe mit einer Perspektive übernehmen zu können.Seither bemühte ich mich-in Anbetracht der Übersiedlung meiner Frau(sie ist Sowjetbürger)in die DDR-meine familären Belange mit dem Betrieb zu regeln,um das Einleben meiner Frau in der neuen Umwelt zu erleichtern.Es sollte ein kleiner Beitrag meiner Danksagung an das leidgeprüfte sowjetische Volk sein,mit dem ich mich sehr verbunden fühle.Dies wird mir allerdings durch den Betrieb schwer gemacht,da zu gegebener Zeit die Versprechungen hinsichtlich meiner Arbeit und meiner persönlichen Wünsche nicht eingehalten wurden.
Meine Bemühungen zur Klärung des Problems in Form einer Kompromißlösung zwischen meinen persönlichen und den betrieblichen Interessen führte letztlich zu einer Kündigungsandrohung durch den Betrieb,so ich nicht bereit bin,die betrieblichen Erfordernisse zu erfüllen.Diese Bereitschaft des Betriebes auf Verzicht meiner Mitarbeit wurde schon vorher in Form eines Aufhebungsvertrages erklärt.Für mich ist es unverständlich, daß es sich ein Betrieb leisten kann,langjährige Mitarbeiter mit Spezialkenntnissen(Geochemie,Russisch)zu bewegen,in einen anderen Betrieb zu arbeiten.
In meiner gegenwärtigen familären Situation sah ich mich gezwungen,den Forderungen des Betriebes nachzugeben.
Damit ist meine Perspektive wieder an einen Nullpunkt angelangt.Dies drückt sich u.a.darin aus,daß ich nach 5-jähriger Tätigkeit mit der Qalifikation eines Dpl.Ing. Geologen eine Beauftragtenstelle mit einem Bruttogehalt von 850.-Mark(bis Mitte 1970 waren es 800.-Mark)und drei Tagen weniger Urlaub beanspruchen kann.Damit wird m.E.nicht nur das Prinzip der materiellen Interessiertheit der Werktätigen verletzt;hierin sehe ich auch eine Diskriminierung meines Studiums und meiner Leistungen.
In diesem Zusammenhang ist es bemerkenswert,daß ich nach 4-jähriger Mitarbeit als Beauftragter für Geologie noch keinen Funktionsplan oder andere Entwicklungspläne vorgelegt bekam,für mich keine Qalifizierungslehrgänge bestätigt werden und daß ich während meiner Mitarbeit im ZGB weder zu Plandiskussionen noch anderen Produktionsberatungen hinzugezogen wurde.Andererseits werden mir

selbständige,verantwortungsvolle Aufgaben übertragen und zeitweise werde ich zu Übersetzungsarbeiten verpflichtet. Auch meine familiären Probleme sind bislang ungelöst.

Ich bitte um eine Überprüfung meiner Kaderentwicklung, um eine Klärung der dafür zugrunde liegenden Ursachen und um die Herbeiführung einer gerechten Entscheidung.

Hochachtungsvoll

(Peter Eisenfeld)

Sozialistische Einheitspartei Deutschlands

GEBIETSLEITUNG WISMUT

Fernsprecher 89171 Hausapparat
Bankkonto:
Stadtsparkasse Karl-Marx-Stadt / Siegmar
Konto-Nr. 32180

Kollegen
Peter Eisenfeld

8021 Dresden
Lauensteiner Straße 68

9030 KARL-MARX-STADT
Jagdschänkenstraße 29

Den 14. März 1972

Ihre Nachricht | Ihr Zeichen | Unsere Nachricht | Unsere Zeichen

Werter Kollege Eisenfeld!

Hiermit bestätigen wir den Erhalt Ihres Schreibens vom Februar 1972 und teilen Ihnen mit, daß von uns eine Klärung der von Ihnen aufgeworfenen Fragen veranlaßt wurde.
Die mit der Bearbeitung beauftragten Genossen werden sich mit Ihnen in den nächsten Tagen in Verbindung setzen.

Mit sozialistischem Gruß
SED-Gebietsleitung Wismut

i. V. J. Hüber

Leiter der Abtlg. Wirtschaft

III-6-77 KvGD 208 E 3414/66

Betriebsleiter des ZGB

Koll.Harlaß

Peter Eisenfeld

Geologische Abteilung

ZGB

Betrifft:Versetzung in die BA Wermsdorf

Am 31.8.wurde mir vom Kaderleiter des ZGB, Koll.Richter,auf Anweisung durch den Stellvertreter des Hauptgeologen des ZGB,Koll.Dr. Fahr,ein Änderungsvertrag vorgelegt,der meine Umbesetzung in die BA Wermsdorf vorsieht.

Aus familären Gründen kann ich jedoch diese Umbesetzung nicht annehmen.

Meine Frau,die seit über einem Jahr in Dresden wohnt,erwartet Anfang Januar ein Kind und ist auf meine Unterstützung im Haushalt angewiesen.Außerdem wirkt sich unsere Trennung erschwerend auf den physischen und psychischen Gesundheitszustand meiner Frau-ich bitte zu berücksichtigen,daß sie sowjetischer Staatsbürger ist-aus.

Seit einiger Zeit bemühen wir uns deshalb um eine Übersiedlung nach Karl-Marx-Stadt.

Aufgrund der oben erwähnten Umstände bitte ich Sie,meinen Verbleib im ZGB zu bewilligen, zumal die Erfüllung der mir übertragenen Aufgaben(im noch nicht bestätigten Funktionsplan enthalten)im vollem Umfang und im Kontakt mit den Bearbeitern in den BA gewährleistet ist.

Hochachtungsvoll

Peter Eisenfeld

Wermsdorf,d.1.9.71

SDAG Wismut – ZGB   Grüna, den 27.09.71

Änderungsvertrag

Der zwischen dem Kollegen

Name	Vorname	geb. am	Wismut seit
Eisenfeld	Peter	09.01.41	16.02.67

und der SDAG Wismut abgeschlossene Arbeitsvertrag wird im beiderseitigem Einvernehmen dahingehend geändert, daß der Kollege / ~~Kollegin~~ Eisenfeld, Peter

mit Wirkung vom 01.09.1971 als (Arbeitsaufgabe) BA für Geologie

mit Geh.-Gr. / Lohnst. BJ 2+WZ/RKV in der SDAG Wismut, ZGB

Betriebsteil BA Wermsdorf weiterbeschäftigt wird.

Grund: Besetzung der Planstelle

~~Die neue Tätigkeit ist bergmännisch Untertage / bergmännisch (Buchstabe i) versichert.~~

Der Jahresurlaub wird auf der Grundlage des gültigen Rahmenkataloges gewährt.

Zusätzliche Vereinbarungen: ~~Arbeitsort bis 31.03.1972 im ZGB Leitung Grüna~~

Arbeitsort ab 01.04.1972 in BA Wermsdorf

Peter Eisenfeld
Unterschrift des Werktätigen

Kaderabteilung Betrieb ZGB

Kaderabteilung Betrieb

AGL- / BGL-Mitglied, Koll. Hahn am 27.09.71 verständigt.

Wanke

III-6-77 KG 44/M 1383/71

SDAG WISMUT

ZENTRALER GEOLOGISCHER BETRIEB

Postanschrift: 9125 Grüna (Sachs.), Karl-Marx-Straße 13

ZGB-Wismut
Ausg.Nr. DS 127 Bl. 2
Datum 5.10.1971

Geologische Abteilung

Koll. E i s e n f e l d, P.

Ihre Zeichen	Ihre Nachricht vom	Unsere Nachricht vom	Unsere Zeichen	9125 Grüna (Sachs.) Karl-Marx-Straße 13
			DK-Ri/Sch	1. 10. 1971
				3 Ex.

Betreff:

Werter Kollege Eisenfeld!

Durch den Genossen Dr. [redacted] und den Kaderleiter, Gen. [redacted], wurde ich von dem Ergebnis des stattgefundenen Kadergespräches am 27. 9.1971 zwischen Ihnen und den o.g. Vertretern der Leitung des ZGB in Kenntnis gesetzt.

Wie Sie wissen, kam das Kadergespräch deshalb zustande, weil Sie in Ihrem Schreiben vom 1. 9. 1971 den Antrag an mich stellten, die Versetzung als Beauftragter für Geologie nach der BA Wermsdorf rückgängig zu machen.

Ich möchte Ihnen deshalb nochmals meinen Standpunkt zu Ihrem an mich gerichteten Antrag darlegen:

1. Die von mir getroffene Entscheidung, Ihren Antrag zu bewilligen, ist ausschließlich unter Berücksichtigung Ihrer spezifischen familiären Bedingungen - Ihre Frau ist sowjetische Staatsbürgerin und Sie erwarten Familienzuwachs - erfolgt.
Aus diesem Grund komme ich Ihrem Antrag in dem Sinne nach, daß ich einer Beschäftigung in Grüna bis 31. 3. 1972 zustimme.

2. Einer Versetzung nach dem Leitungsbereich in Grüna kann ich nicht zustimmen. Den Grund haben wir Ihnen bereits mehrfach erläutert. Sie wissen genau, daß hier in Grüna weder die entsprechende Arbeit noch die Planstelle vorhanden ist.
Aus diesem Grund kann ich Ihnen auch aus dem Wohnungskontingent für die Jahre 1972/73, das dem ZGB zur Verfügung gestellt wird, keine Wohnungszuweisung versprechen.
Wie Sie wissen, gibt es in unserem Betrieb viele hervorragende, über viele Jahre bei uns beschäftigte Leitungskader, die jahrelang mit dem Schichtbus nach Grüna gefahren werden oder auch während der Woche eine Zweitwohnung im Gästehaus haben. Diesen Kadern möchten wir nach so vielen Jahren endlich eine Wohnung im Arbeitsgebiet übergeben. Ich hoffe, daß Sie dafür Verständnis haben.

3. Ich möchte Ihnen in diesem Schreiben nochmals mitteilen, daß für Sie eine Beschäftigung für jetzt und auch für die Zukunft in der

b.w.

Fernsprecher: 8 91 71 Hausapparat: Bankkonto: IHB Karl-Marx-Stadt, Konto-Nr. 6211-10-282

Betriebsabteilung Wermsdorf, Sitz Wermsdorf, möglich ist, weil, wie Sie ja selbst als Fachmann wissen, die geochemischen Untersuchungen und Aufnahmen nicht im Leitungsbereich möglich sind, sondern nur in einer Expedition.
Diese Tatsache wurde Ihnen in den vielen Gesprächen, die mit Ihnen geführt wurden, mehrfach unterbreitet und mitgeteilt.

4. In der Aussprache am 27. 9. 1971 wurde Ihnen durch den Kaderleiter der Änderungsvertrag mit dem Inhalt der unter Punkt 1 dieses Briefes gemachten Ausführungen zur Unterzeichnung vorgelegt.
Sie haben jedoch die Unterschrift verweigert. Falls dies Ihre letzte Entscheidung in dieser Angelegenheit gewesen ist, dann muß ich Ihnen leider mitteilen, daß ich keine Möglichkeiten für die Aufrechterhaltung des Arbeitsrechtsverhältnisses mit Ihnen mehr sehe.

Ich möchte am Schluß meiner Ausführungen zusammenfassend noch folgendes zum Ausdruck bringen; wir haben mit Ihnen in der Vergangenheit viele Aussprachen geführt mit dem Ziel, Ihnen eine Arbeitsstelle in unserem Betrieb zuzuweisen, die in Übereinstimmung mit den betrieblichen Erfordernissen und Ihrer fachlichen Qualifikation steht.
Dabei ließen wir uns davon leiten, daß diese Arbeitsstelle in Abhängigkeit von Ihren Leistungen Ihnen Entwicklungsmöglichkeiten bietet.

Ich möchte Sie daran erinnern, daß die Leitung des ZGB auf viele Ihrer Forderungen eingegangen ist, das beweist nicht zuletzt die positive Entscheidung auf die in Ihrem Gesuch vorgetragene Bitte. Auf Ihren persönlichen Wunsch bemühte sich der Zentrale Geologische Betrieb um eine Arbeitsstelle beim VEB-GFE BT Dresden, die Ihrer Qualifikation entspricht. Diese Ihnen angebotene Arbeitsstelle lehnten Sie mit neuen Gründen und Bedingungen ab.

Ich erwarte von Ihnen, daß Sie mir im Sinne dieses Schreibens Ihre endgültige Entscheidung über die Aufnahme des Arbeitsverhältnisses in Wermsdorf baldmöglichst mitteilen.

Harlaß
Betriebsdirektor
des ZGB

ZGB
Zu Eing. Nr. 1058.

Betriebsdirektor des ZGB
Kollegen Harlaß
9125 Grüna, Karl-Marx-Str.13

Peter Eisenfeld
8046 Dresden,
Therese-Malten-Str.28

Werter Kollege Harlaß!

Hiermit bestätige ich Ihre Nachricht vom 1.10.71 betreffs meiner Umbesetzung in die BA Wermsdorf.
In meiner gegenwärtigen Situation kann ich eine Kündigung meines Arbeitsrechtverhältnisses durch den Betrieb nicht riskieren und sehe mich daher gezwungen, den mir unterbreiteten Änderungsvertrag zu unterschreiben.
In diesem Zusammenhang möchte ich jedoch darauf hinweisen, daß ich Ihre Entscheidung als eine herzlose, formal-bürokratische Lösung meiner persönlichen Schwierigkeiten werte.

Peter Eisenfeld

Bildteil I

An der Newa

Eremitage

Durchblick von der Peter-Pauls-Festung zur Eremitage

Bergbauinstitut

Auf dem Weg zum ersten Praktikum – Eierkochen im Sand, 1962

Karge Steppenlandschaft in Kasachstan, 1963

Praktikumsort in der Kasachischen Steppe, 1964

Mit deutschstämmigen Kindern in Kasachstan, 1964

Praktikumsort im ossetischen Kaukasus, 1965

Im Kaukasus. Mein russischer Kommilitone –
Opfer der Nationalitätenpolitik der Russen

Standesamtliche Hochzeit in Leningrad, 1969

Im Leningrader Hochzeitspalast

2. September 1978,
Andrejs Einschulung

Familie Eisenfeld, 1982

Dolmetscheinsatz in Jaroslawl, 1973

Betriebsausflug der Arbeitsgruppe Intertext Dresden im Spreewald, 1977

Gewerkschaftsgruppe in Königstein/Sächsische Schweiz, 1978

Mitglieder der Gewerkschaftsgruppe
in Moritzburg, 1981

Gewerkschaftsgruppe Intertext,
Wanderung durch die Edmundsklamm/ČSSR, I1983

Von l.n.r.: Irinas Geschwister Jaroslaw und Veronika;
Irina mit Alexander und ich
im Sommer 1985

Alltagsprobleme, Eingaben und Wortmeldungen zur Gesellschafts- und Kulturpolitik

Neue Sozialisation mit Hindernissen

Ende 1972 wurde in der Folge des 1971 abgeschlossenen Berlin-Abkommens der vier Großmächte der Grundlagenvertrag zwischen den beiden deutschen Staaten unterzeichnet. Für die DDR-Führung bedeutete dieser Vertrag in erster Linie die Anerkennung der Souveränität und Grenzen der DDR. Die Bundesregierung hingegen sah in diesem Vertrag die Grundlagen für gutnachbarliche Beziehungen, die letztlich Schritt für Schritt zur Einheit Deutschlands führen sollten. Die nach der Entmachtung Ulbrichts angetretene Honecker-Mannschaft begegnete diesem Ansinnen unter dem Namen der »Normalisierung der Beziehungen zwischen den beiden deutschen Staaten« mit einer verstärkten Abgrenzungspolitik. Letztere ging einher mit einer Absage an die deutsche Nation, was sich zunächst in der Umbenennung der Begriffe »Deutschland« und »deutsch« in »DDR« bei allen möglichen Institutionen der DDR und 1974 in der Tilgung des Begriffes »deutsche Nation« in der Verfassung der DDR äußerte. Die beim Machtantritt von Honecker in Aussicht gestellten sozialpolitischen Verbesserungen, das groß angelegte Wohnungsbauprogramm, die Fristenregelung bei Schwangerschaft, die Liberalisierung der Jugendpolitik und ein größerer Freiraum für Schriftsteller und Künstler bei gleichzeitiger sichtlicher Zurückhaltung in Repressionen gegen Andersdenkende sollten diesen Kurs nach innen und außen absichern. So durften Anfang der siebziger Jahre Reiner Kunzes Gedichtband »brief mit blauen Siegel« mit bislang nur in der Bundesrepublik veröffentlichten kritischen Gedichten und drei bis dahin in der DDR verbotene und in der Bundesrepublik schon publizierte gesellschaftskritische Romane von Stefan Heym in der DDR[40] erscheinen.

---

[40] Es handelt sich um folgende Werke: »Die Schmähschrift«, »Lasalle«, »König David Bericht«.

Im Herbst 1972 nahm ich meine neue Tätigkeit als Übersetzer und Dolmetscher für Russisch in der Außenstelle Dresden des Fremdsprachenbetriebes Intertext[41] auf. Die neue Arbeitsstelle vermittelte mir meine Frau, die dort nach ihrer 1970 vollzogenen Übersiedlung von Leningrad nach Dresden als Sprachmittlerin arbeitete.

Wir hatten im August 1969 in Leningrad geheiratet. Das klingt einfach. Aber was war einfach im Überwachungsstaat DDR? Eine Richtlinie zur Bearbeitung von Anträgen auf Eheschließung mit einer Ausländerin sah vor, daß dazu der letzte Arbeitgeber eine ausführliche Stellungnahme abzugeben hatte. In meinem Fall sollte das bis spätestens 5. Juni 1969 passieren. Doch tatsächlich schaffte es die »Wismut« erst im September. Zu diesem Zeitpunkt aber hatten wir die Eheschließungszeremonie im prunkvollen Leningrader »Heiratspalast« an der Newa bereits hinter uns. Möglicherweise war es diese verspätete Auskunft, die diese Heirat rettete. Wäre die Beurteilung meiner Person rechtzeitig auf dem Tisch beim Rat der Stadt gelandet, wer weiß... Denn in den Augen der Genossen war ich für eine solche Verbindung - wie die folgenden Faksimile zeigen - eigentlich nicht geeignet.

Das Übersiedlungsverfahren für meine Frau verlief zwar ohne größere Komplikationen, jedoch zeigen die hierzu in meinen Stasi-Unterlagen vorgefundenen Dokumente, daß durch eine über die Berichterstattung des ABV hinausreichende Stasi-Überprüfung die Übersiedlung möglicherweise verhindert worden wäre.

Wesentlich schwieriger gestaltete sich damals unsere Wohnungssuche. Solange meine Frau noch in Leningrad lebte, hatte ich keinen Anspruch auf eine Wohnung. Nach meiner Rückkehr in die DDR wohnte ich zunächst in Untermiete in Struppen, versuchte aber ständig in Dresden Fuß zu fassen. Dies gelang mir erst, als mein Bruder Ulrich in eine andere Wohnung umzog und sein Wohnraum frei wurde. Die von mir »besetzte« Wohnung mußte ich zwar nach kurzer Zeit wieder räumen, aber immerhin hatte ich erreicht, daß mir in Dresden eine Bleibe zugewiesen wurde. Es handelte sich um ein kleines Mansardenzimmer ohne Küche, Toilette und Bad. Der Wasseranschluß befand sich außerhalb des Wohnraumes, und als Heizgerät nutzte ich einen alten eisernen Küchenherd, der sich ebenso schnell aufheizte wie abkühlte. So-

[41] Intertext: Parteibetrieb mit Hauptsitz in Berlin und Außenstellen in mehreren Bezirksstätten. Der Aufgabenbereich umfaßte in erster Linie wissenschaftlich-technische und politische Übersetzungs- und Dolmetschleistungen in verschiedenen Sprachen.

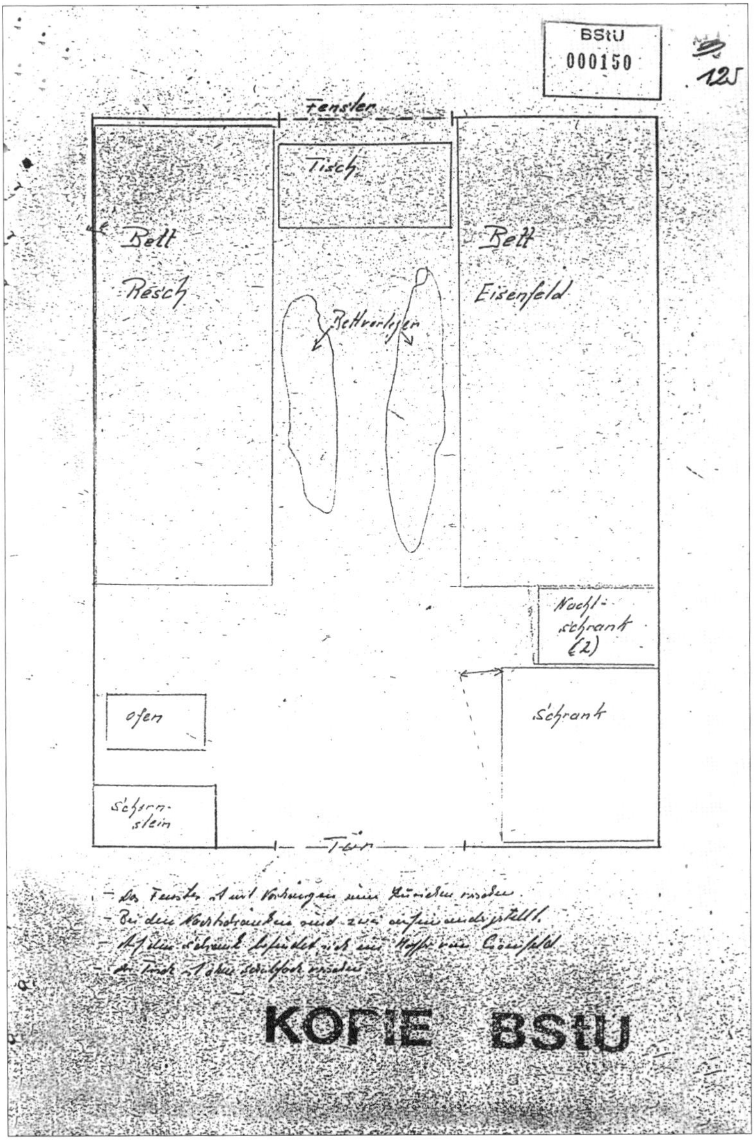

Mein erster, von der Stasi observierter Wohnraum in Struppen bei Pirna (BStU, ASt Chemnitz, AOP 380/72, Bd. 1, Bl. 150)

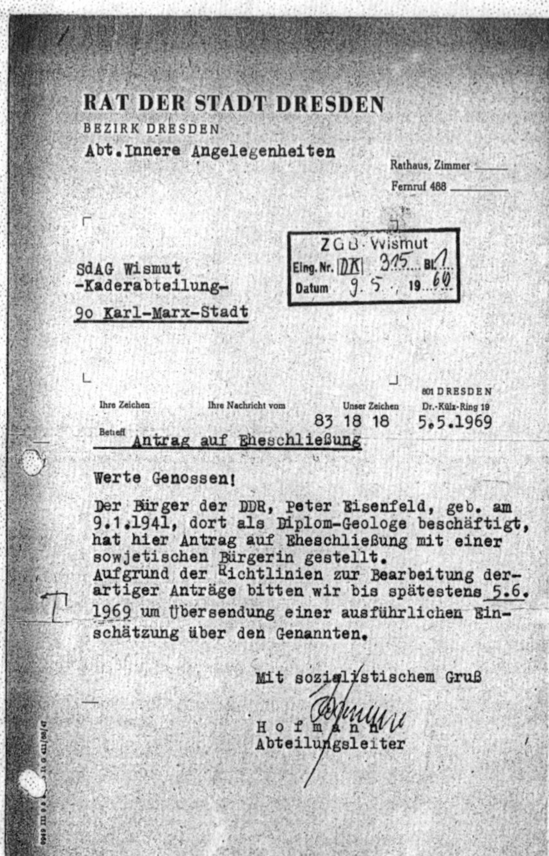

RAT DER STADT DRESDEN
BEZIRK DRESDEN
Abt. Innere Angelegenheiten

Rathaus, Zimmer
Fernruf 488

ZGB Wismut
Eing. Nr. DK 315 Bl. 1
Datum 9.5. 19 69

SdAG Wismut
-Kaderabteilung-
9o Karl-Marx-Stadt

801 DRESDEN
Dr.-Külz-Ring 19

Ihre Zeichen	Ihre Nachricht vom	Unser Zeichen	
		83 18 18	5.5.1969

Betreff Antrag auf Eheschließung

Werte Genossen!

Der Bürger der DDR, Peter Eisenfeld, geb. am 9.1.1941, dort als Diplom-Geologe beschäftigt, hat hier Antrag auf Eheschließung mit einer sowjetischen Bürgerin gestellt.
Aufgrund der Richtlinien zur Bearbeitung derartiger Anträge bitten wir bis spätestens 5.6. 1969 um Übersendung einer ausführlichen Einschätzung über den Genannten.

Mit sozialistischem Gruß

H o f m a n n
Abteilungsleiter

422
418

- Abschrift/11.9.1969 -

- Kaderabteilung -

Rat der Stadt
Dresden
Abt. Innere Angelegenheiten

801 D r e s d e n
Dr.-Külz-Ring 19

Kollegen Peter EISENFELD, geb. 9. 1. 1941

Werte Genossen!

Der KOllege Peter Eisenfeld arbeitet seit dem 15. 2. 1967 in unserem Betrieb als Dipl.-Geologe.
Vorher hat er von 1961 bis 1967 in der SU am Bergbauinstitut Leningrad, Fachrichtung Geologie studiert.
In seiner rein fachlichen Tätigkeit hat sich Koll. Eisenfeld sehr schnell eingearbeitet und ist bemüht, die ihm übertragenen Aufgaben ordnungsgemäß und zur Zufriedenheit des Betriebes auszuführen. Seine guten Kenntnisse in der russischen Sprache haben es ihm ermöglicht, daß er seine gute und schnelle Verbindung mit den sowjetischen Mitarbeitern erreichen konnte, die ihm half, daß er sich auf fachlichem Gebiet in einer relativ kurzen Zeit einarbeiten konnte.

Sein Verhalten ist sehr kritikfreudig und er neigt dabei zu einer gewissen Disziplinlosigkeit. Koll. EISENFELD gibt sich als Individualist und Pazifist aus.
Obwohl Kollege Eisenfeld 5 Jahre in der SU studierte, besitzt er zu vielen politischen Grundproblemen noch unklare und falsche Einstellungen, wie z. B. zu Fragen des Marxismus-Leninismus, der internationalen Solidarität, des Vietnam-Krieges,

 423 419

- 2 -

Probleme der CSSR und andere. Deshalb mußte sich das Kollektiv des ZGB, die Partei- und Betriebsgewerkschaftsleitung usw. in der Vergangenheit oft mit ihm auseinandersetzen.

Auf die positive Gestaltung seines Kollektivs nahm er bisher keinen Einfluß, sondern versuchte im Gegenteil, seine negativen Anschauungen den Mitarbeitern darzulegen und begreiflich zu machen.

Kollege Eisenfeld hat bisher noch keine entsprechenden Schlußfolgerungen für sein Verhalten gezogen und zeigt auch keinerlei Bemühungen, seine Ansichten über o.g. Probleme zu ändern.

Nach der bisherigen Entwic lung des Kollegen Eisenfeld in unserem Betrieb und den genannten Tatsachen, wäre es angebracht sehr genau zu überprüfen, inwieweit eine Eheschließung beim Koll. Eisenfeld mit einer sowjetischen Bürgerin gerechtfertigt ist.

Mit sozialistischem Gruß!

gez.: [redacted]
Leiter der [redacted]
des ZGB

GENERALKONSULAT
DER DEUTSCHEN DEMOKRATISCHEN REPUBLIK

BStU
000048

Leningrad, den 16. 12. 1969

VPKA Dresden
Eingang
15. JAN. 1970

Volkspolizei-Kreisamt

80 Dresden

Betrifft: Antrag auf ständige Einreise in die DDR der sowjetischen Staatsbürgerin Irina Ssacharowa

In der Anlage übersenden wir Ihnen Unterlagen zur Beantragung der ständigen Einreise in die Deutsche Demokratische Republik für die sowjetische Staatsbürgerin Irina Ssacharowa, geb. am 23. 11. 1943, wohnhaft in Leningrad, Fontanka Nr. 29, Wohnung Nr. 1.

Frau Ssacharowa, die nach der Eheschließung ihren Geburtsnamen behielt, beantragt die Übersiedlung zu ihrem Ehemann Peter Eisenfeld, Dresden, Bahnhofstr. 77.

Die Antragstellerin beendet im Juni 1970 ihr Studium als Dipl. Philologe und möchte in der DDR eine Tätigkeit ergreifen, in welcher sie ihre deutschen Sprachkenntnisse verwenden kann. Sie hinterläßt in der UdSSR keine unterhaltspflichtigen Angehörigen.

Da es sich um eine Familienzusammenführung handelt befürworten wir diesen Antrag und bitten um entsprechenden Bescheid.

Kolasa
Konsul

Anlagen

3 Karteikarten
1 Fragebogen
1 formloser Antrag

Volkspolizei-Kreisamt Dresden
Abt. Paß- und Meldewesen

VPKA Dresden
- VPR Ost -
Eingang / Ausgang
22. JAN. 1970
Tagebuch-Nr.:

Dresden, den 19.01.1970
Fi

Revier: Ost

Termin: 29.01.1970
bitte unbedingt einhalten

Betr.:
Ermittlungsbericht zum Zwecke der Übersiedlung aus der UdSSR von Irina, Ssacharowa geb. 23.11.1943

BStU
000049

Name, Vorname: Eisenfeld, Peter geb. 09.01.1941

Wohnhaft: Dresden, Bahnhofsstr. 77

Beruf: Geologe Arbeitsstelle: Wismut Karl-Marx-Stadt

Vorstrafen:
Reisen nach dem Ausland:
Reisen aus dem Ausland:

Foldende Angaben sind zu ermitteln:

Leumund, gesellschaftliche Mitarbeit im Wohngebiet, Einstellung zur DDR, Einstellung zur Arbeit, Verbindung zum Ausland bzw. WD.
welchem Personenkreis Umgang, illeg. Verzüge,
Bericht in doppelter Ausfertigung erbeten. Bogen bitte nicht kürzen.
Persönliche Stellungnahme des ABV.

F.d.R.
rger
. d. VP

gez. Mittag
Oberstltn. d. VP

VP- Revier Ost
Abschnitt 65

Dresden, d. 27.1.1970

Der Bürger Eisenfeld hat hier seinen II. Wohnsitz. Sein Haupt-Wohnsitz ist Falkenstein, Kr. Auerbach, Bahnhofstr.53.
E. ist auf Grund seiner Arbeit als Geologe sehr viel unterwegs. Er hält sich nur über das Wochenende in seiner Wohnung (2 kleine Zimmer) auf. Er wohnt hier in einem älteren Einfamilienwohnhaus. In seinem Verhalten ist er den Bewohnern gegenüber sehr nett, verhält sich aber sonst sehr zurückhaltend.
Die Wohnungseinrichtung soll sehr primitiv sein nach den Angaben der Hauswirtin. Finanziell lebt er in geordneten Verhältnissen, unterstützt seinen in Dresden-Niedersedlitz wohnenden Bruder finanziell. Außer seinem Bruder erhält er praktisch wenig Besuch. Als Gaststättengänger ist er nicht bekannt, wie er in polizeilicher Betenung noch nicht in Erscheinung getreten ist.
Laut der Wohnungsgeberin soll E. seit dem Sommer 1969 mit der sowj. Staatsbürgerin schon verheiratet sein. Z.Zt. ist sie aber zu Besuch, aber auch nur über das Wochenende. Gesellschaftliche Arbeit wird von E. nicht geleistet. Da E. hier sehr wenig bekannt ist kann vom ABV keine Stellungnahme gegeben werden. ./. ./.

lange ich allein war, ließ es sich in der kleinen Wohnung aushalten. Zu zweit und um einige Sachen meiner Frau Irina, darunter ein robuster russischer Kühlschrank, bereichert, wurde es aber unerträglich eng. Irina hatte mit ihrer Übersiedlung nicht nur das Leben in einer lebendigen Großstadt mit dem Leben in der ruhigen »Kleinstadt« Dresden getauscht, sondern auch ihr geräumiges fernbeheiztes Zimmer direkt am Newski Prospekt mit einem kleinen ofenbeheizten Gemach am Rande Dresdens. Obwohl sie sich in der Leningrader Vier-Zimmer-Wohnung mit noch drei Familien die Küche, Dusche und Toilette teilen mußte, bedeuteten für sie die nunmehr notdürftig hergerichtete Koch- und Waschgelegenheit sowie der weite Hofgang zum unbeleuchteten Toilettenhäuschen eine schwer erträgliche Zumutung. So waren wir froh, als uns nach ungefähr einem halben Jahr eine kleine provisorische Parterre-Einraumwohnung zugewiesen wurde. Sie hatte weder Bad noch Innentoilette, aber immerhin gab es eine kleine Küche nebst Waschbecken, Wohnzimmer mit Kachelofen und ein nur drei Hausstufen entferntes, wenn auch im Winter eisgekühltes Plumpsklo. Das Provisorium wurde allerdings zum ernsten Problem, als unser erster Sohn seine baldige Geburt ankündigte. Die feuchte und im Winter nur schwer warmzuhaltende Wohnung bereitete meiner Frau zunehmend gesundheitliche Probleme, und die geringe Wohnfläche reichte selbst für das Aufstellen eines Kinderbettes nicht aus. Den leitenden Mitarbeitern der Wohnungsverwaltung, die uns eine baldige Verbesserung unserer Wohnverhältnisse versprochen hatten, kümmerte das wenig. Erst nach einer Eingabe an Honecker, in der ich auch auf meine besondere Fürsorgepflicht für Sowjetbürger hinwies, kam Bewegung in den Apparat der Wohnungsvergabe. Nachfragen verfingen sich aber weiterhin in nebulösen Andeutungen. Die Lösung in letzter Minute hatten wir schließlich einem Rentnerehepaar zu danken, das kurzfristig in die Bundesrepublik ausreisen durfte. Sie hatten uns als Nachmieter ausfindig gemacht und wunderten sich, warum wir uns nicht rührten. Doch weder sie noch wir konnten wissen, daß uns die Wohnungsverwaltung die Glücksmeldung vorenthielt. Nur gut, daß wir kurz entschlossen und im Einvernehmen mit dem Rentnerehepaar den Wohnungsschlüssel einfach in Beschlag nahmen. So landeten wir schließlich mit unserem frischgeborenen Sohn Andrej glücklich in einer ofenbeheizten, mit Bad, Innentoilette und Balkon ausgestatteten Zwei-Zimmerwohnung.

Daß mich Intertext einstellte, hing offensichtlich mit dem Mangel an Sprachmittlern für Russisch zusammen. Beim Einstellungsgespräch mit dem damaligen Außenstellenleiter R. sprach ich auch meine ungebrochene Einstellung zu den tschechoslowakischen Ereignissen 1968 an. Ich wollte von Anfang an klare Verhältnisse und ging davon aus, daß mein Gesprächspartner über meine politische Vergangenheit gut informiert war. Vorsorglich hatte ich bei der Wismut darauf bestanden, meine kritische Einstellung zur Politik von Partei und Regierung in meine Abschlußbeurteilung aufzunehmen. Begeisterung löste diese Forderung bei den leitenden Genossen nicht aus. Politische Einstellungen und Verhaltensweisen der Bürger gehörten zum Herrschaftswissen der SED. Außerdem mußte es ein schlechtes Licht auf einen Arbeitgeber werfen, der es nicht verstand, alle Beschäftigten auf politischen Kurs zu halten bzw. zu bringen. Wir einigten uns schließlich auf eine für beide Seiten annehmbare Formulierung: »Weltanschaulichen Fragen zeigt er sich aufgeschlossen gegenüber, wobei die Schlußfolgerungen nicht in allen Fragen mit den Beschlüssen von Partei und Regierung übereinstimmen.«[42]

Trotzdem stellte mich der damalige Außenstellenleiter von »Intertext« ein. Doch er konnte sich nicht verkneifen, mir seine Erwartungen anzukündigen: »Sie sind doch mit einer Sowjetbürgerin verheiratet, was soll denn da schiefgehen«.

Reichlich zwei Jahre, etwa bis 1975 gab es für mich bei »Intertext« keine besonderen Konflikte. Ich wurde zwar von Arbeiten ferngehalten, die Verschlußsachen und Parteidokumente betrafen, doch das Dolmetschen auf wissenschaftlich-technischem Gebiet war mir selbst im RGW-Rahmen erlaubt. Diese Tätigkeit brachte etwas Abwechslung in die geistige Fließbandarbeit an der Schreibmaschine und zusätzlich einen Hundertmarkschein. Ohne Dolmetschleistungen erhielt ich einen Bruttolohn von rund 1 000 Mark. Dazu waren immerhin acht bis neun Normseiten pro Arbeitstag in die deutsche Sprache eigenverantwortlich zu übersetzen. So war ich ganz froh, wenn ich durch Dolmetschreisen diese routinemäßige Schreibtischtätigkeit unterbrechen konnte. Als Einsatzort wurde mir zwar meistens das Mutterland der russischen Sprache zugeteilt, doch brachten die neuen Begegnungen mit Land und Leuten einen Zuwachs an Erfahrungen und Erlebnissen auf offizieller Ebene. Und je höher der Rang der Delegationsmitglieder war, desto weniger Facharbeit fiel an. Diese wurde durch Trinksprüche und

[42] Beurteilung vom 16.6.1972; Privatarchiv Peter Eisenfeld.

Witze kompensiert, die eigentlich das politische Strafrecht der DDR hätten herausfordern müssen. Die Delegationsleiter der DDR wußten sich in solchen Fällen geschickt zu schützen: »Den Witz hat mir der Minister erzählt«. Auch in meiner Dolmetschtätigkeit suchte ich häufig das offene politische Gespräch und hielt mit Kritik am realen Sozialismus nicht zurück. Dabei kam es mit Leitern oder Mitgliedern der Delegation zum Meinungsstreit unter vier Augen. Dieser offene Gedankenaustausch endete aber gewöhnlich mit der Grenzüberschreitung zur DDR. Dort machte das vertraute zwischenmenschliche Gespräch sehr schnell der kurzbündigen harten Funktionärssprache Platz. Es ist wahrscheinlich, wenn auch nicht dokumentiert, daß diese Gespräche Hinweise lieferten, die meine ab 1975 erfolgte berufliche Diskriminierung bei »Intertext« einleitete.

So sollte ich Anfang 1975 auf Wunsch der Russischgruppe Gruppenleiter werden. Die damalige Sprachgruppenleiterin Frau Harzbecker unterstützte diesen Vorschlag und gab der Leitung eine entsprechende Empfehlung. Ich ließ sie zuvor wissen, daß die Übernahme dieser Funktion durch mich an keine politischen Bedingungen gebunden sein darf. Eine Aktennotiz vom 18. Februar 1975 hielt diese Option fest:

> »Kollege Eisenfeld ist, nachdem
> - gegenwärtig kein Nachfolger da ist,
> - alle Mitglieder der Gruppe nichts dagegen hätten, wenn Kollege Eisenfeld der Gruppenleiter werden könnte,
>
> bereit, wenn sich niemand anderes findet, diese Funktion zu übernehmen, um keine wesentliche Störung im Gesamtablauf des Gruppengeschehens aufkommen zu lassen.
> Vorangehen müßte jedoch ein Vorgespräch mit dem Außenstellenleiter zu grundsätzlichen Dingen (politische Anschauung und ähnlichem).«[43]

In dem daraufhin geführten Gespräch mit dem Außenstellenleiter stellte ich klar, daß von mir mit der Übernahme dieser Leitungsfunktion ein opportunistisches Verhalten im Hinblick auf meine politische

---

[43] Aktennotiz des Sprachgruppenleiters 01 über ein am 18.2.1975 mit Kollegen Eisenfeld geführtes Gespräch über den evtl. Nachfolger des Sprachgruppenleiters 01; Privatarchiv Peter Eisenfeld.

Überzeugung nicht erwartet werden kann. Nach einer längeren offenen Diskussion über verschiedene politische Probleme entließ er mich, ohne auf meine Bereitschaft zur Übernahme des Gruppenleiteramtes einzugehen. Erwartungsgemäß entschied sich die Betriebsleitung von »Intertext« gegen mich. Gruppenleiterin wurde eine Sprachmittlerin aus einem anderen Betrieb. Als Parteilose erfüllte sie zwar widerspruchslos ihre Rolle eines staatlichen Leiters, doch gab sie dem politisch aufmüpfigen Kern der Gruppe bald zu verstehen, daß sie politisch nicht das dachte, was sie offiziell von sich gab. Die Betriebs- und Parteileitung durchschaute dieses Spiel, scherte sich aber nicht darum. Ihr kam es nicht auf die tatsächliche Gesinnung, sondern auf die gehorsame Weitergabe der offiziellen politischen Meinung an. Als sich jedoch die Gruppenleiterin 1980 aufgrund einer Antragstellung auf Ausreise zu ihren in die Bundesrepublik verzogenen Eltern aus ihrer Funktion zurückzog und freiwillig den Betrieb verließ, bekam sie den Mißbrauch des in sie gesetzten Vertrauens zu spüren. Vier lange Jahre mußte sich die alleinstehende Mutter als Putzfrau verdingen, ehe sie ausreisen durfte. Einige Kolleginnen unserer Russischgruppe, auch meine Familie, hielten den persönlichen Kontakt mit der ehemaligen Kollegin aufrecht, obwohl das von der Partei- und Betriebsleitung mit Argusaugen verfolgt wurde.

Anfang Dezember 1975 erfuhr ich zufällig, daß ich für Dolmetscheinsätze im RGW-Rahmen gesperrt wurde. Der Auslöser hierfür war wahrscheinlich die pflichtgemäß gemeldete Kontaktaufnahme zu Westverwandten. Die Betriebsleitung von Intertext in Berlin nahm die Gelegenheit wahr, um mich und später auch meine Frau von weiteren Dolmetscheinsätzen zu »befreien«. Unterrichtet wurde ich von dieser Ende 1975 getroffenen Entscheidung nicht. Erst als sich ein früherer Auftraggeber nach mir erkundigte, teilte mir der amtierende Außenstellenleiter W. zwischen Tür und Angel mit, daß ich für Dolmetscheinsätze im Rahmen des RGW gesperrt sei. In einem von mir geforderten Kadergespräch blieb es bei den Anschuldigungen.

In einer Eingabe wertete ich das Verbot des Dolmetschens als Einschränkung meiner beruflichen Entwicklungsmöglichkeiten und als Verletzung des durch die Verfassung der DDR garantierten sogenannten sozialistischen Grundsatzes »Jeder nach seinen Fähigkeiten, jedem nach seiner Leistung«. Außerdem verwies ich auf die Einbuße von monatlich circa 100 Mark.

Der Direktor von Intertext bestätigte lediglich die vom amtierenden Dresdener Außenstellenleiter gegebene Begründung. Inzwischen umfaßte das Dolmetschverbot auch das Inland. Da »Intertext« ein Parteibetrieb war, was mir erst während des Kadergesprächs bewußt wurde (in meinem Arbeitsvertrag aus dem Jahre 1972 ist der Betrieb »Intertext« als staatliches Organ definiert), beschwerte ich mich beim ZK der SED. Dort ließ man die Katze aus dem Sack. Unverblümt wurde mir offenbart, daß ich aufgrund meiner von der Partei abweichenden politischen Meinung als Dolmetscher nicht mehr geeignet sei. Dabei berief sich der Direktor von Intertext auf das zwischen mir und den betrieblichen Vertretern geführte Kadergespräch:

»Aktennotiz über ein Gespräch mit Kollegen Eisenfeld:

Am 22.1.76 fand auf Wunsch des Kollegen Eisenfeld ein Gespräch mit dem Unterzeichnenden [Stellv. Außenstellenleiter W.] im Beisein der BGL-Vorsitzenden, Genossin B. statt.
Kollege Eisenfeld stellte die Frage, warum er nicht mehr als Reisekader eingesetzt wird.
Vorausgegangen war meinerseits eine Mitteilung an Kollegen Eisenfeld, daß er zunächst nicht als Reisekader eingesetzt wird, nachdem er die Kaderabteilung davon informierte, daß sein Bruder legal nach Westberlin übergesiedelt sei und er nunmehr mit einem ihm Nahestehenden Westverbindung habe.
Im Verlaufe des 3/4stündigen Gesprächs stellte es sich heraus, daß sein Bruder im Zusammenhang mit den Ereignissen 1968 in der ČSSR Flugblätter oder ähnliches gegen das Eingreifen der befreundeten Staaten verbreitet hat und deshalb im Gefängnis war. Später war seinem Antrag auf Ausreise aus der DDR entsprochen worden.
Auf die Frage, warum sein Bruder[44] die DDR verlassen hat, ›er ist Finanzwirtschaftler und hat hier die Fachschule

[44] Mein Zwillingsbruder Bernd, der zweieinhalb Jahre in unterschiedlichen Gefängnissen verbrachte und im Frühjahr 1971 aus der Haft in die DDR entlassen wurde, durfte nach langem Kampf um die Ausreise im August 1975 legal mit seiner Familie nach Westberlin übersiedeln.

besucht‹, sagte Kollege Eisenfeld, ›daß dieser hier keine Perspektive habe‹. Auf die Frage an Kollegen Eisenfeld, was er als ehemaliger SU-Student unternommen habe, um seinen Bruder von seinem falschen Weg abzubringen, sagte er sinngemäß: ›Mein Bruder kann selbst denken, ich hatte keine Veranlassung auf ihn einzuwirken, ich bin Humanist und lasse dessen Meinung gelten.‹
Auf den Einwand, daß doch das Leben bestätigt hat, daß das Eingreifen in der ČSSR richtig war und verhindert hat, daß sich dort der Kapitalismus wieder restauriert, antwortete er: ›Das sei noch nicht erwiesen. Die ganze Partei hat doch Dubcek gewählt, er wisse das besser. Im übrigen habe das nichts mit seiner Frage zu tun, weshalb er nicht mehr reisen dürfe.‹
Von mir wurde dem Kollegen Eisenfeld dargelegt, daß der Betrieb entscheidet, wen er für Reisen einsetzt und daß dies vor allem solche Kader sind, die unsere DDR überall würdig vertreten und unsere Politik erläutern können. Immerhin sind wir Parteibetrieb und repräsentieren mit die führende Kraft in der DDR.
Wenn wir ihn nicht reisen lassen, dann geschieht das unter anderem auch zu seiner Sicherheit, um ihn vor evtl. Fehlern zu bewahren, wenn ihn sein Bruder einmal besucht.
Auf meine Frage, ob er am Vortage den Film im Fernsehen über Spanien gesehen hätte, erklärte er, daß seine Familie keinen Fernseher hat. Ich erläuterte ihm, daß zu Francos Begräbnis neben Pinochet auch der westdeutsche Bundestagspräsident Gerstenmaier anwesend war und die BRD halbmast für den Henker der spanischen Arbeiter geflaggt hatte. Kollege Eisenfeld meinte hierzu, daß er das auch verurteile. Er wollte aber nicht einsehen, daß sein Bruder durch seine Übersiedlung nach dem Westen dem Imperialismus dient und unserer Sache schadet, indem er diesen Leuten durch sein Verhalten Argumente liefert.
Die Frage, warum er, Kollege Eisenfeld, nicht am Gewerkschaftszirkel teilnimmt, beantwortete er, daß er zu oft in Einsätzen war.
Im Gespräch gab Kollege Eisenfeld zu verstehen, daß auch er keine Perspektive habe. Bereits in seinem vorigen Betrieb

sei er benachteiligt gewesen, was aus der Kaderakte ersichtlich wäre. Jetzt dürfe er nicht mehr reisen und würde dadurch weniger verdienen. Ihm wurde nachgewiesen, daß er mit am höchsten eingestuft ist und durch entsprechende Leistungen auch mehr verdienen kann. Zum Beispiel gibt es in seiner Gruppe drei Kolleginnen, die viel länger im Betrieb sind und hohe Leistungen bringen, aber zur Zeit noch 100 Mark weniger verdienen als er. Auch könne seine Frau (Irina Sacharowa) doch voll arbeiten, da sie einen Kindergartenplatz hat, für den der Staat viel Zuschuß zahlt. ›Das wolle aber seine Frau nicht, um sich mehr dem Kinde widmen zu können. Dadurch, daß er nicht mehr reisen könne, sei er auch in seiner Entwicklung gehemmt.‹
Kollege Eisenfeld forderte am Ende des Gesprächs, einen Gewerkschaftsvertreter seiner Gruppe hinzuzuziehen. Von mir erhielt er die Antwort, daß das bei Kadergesprächen nicht üblich sei, im übrigen sei die BGL-Vorsitzende von mir hinzugezogen worden. Auf seine abschließende Frage, wer für die getroffene Entscheidung ihn nicht mehr einzusetzen, verantwortlich sei, da er sich weiterwenden (bis zur höchsten Stelle) will, erhielt er von mir die Auskunft, daß diese Entscheidung vom Betrieb, d. h. vom Direktor getroffen wird und daß die Leitung der Außenstelle hinter dieser Entscheidung steht.
Sein ganzes Verhalten bestätigte die tiefen ideologischen Unklarheiten, die im vergangenen Jahr bereits vom Genossen R. in einem Gespräch mit Kollegen Eisenfeld festgestellt wurden, als er mit ihm über einen evtl. Einsatz als Leiter der Sprachgruppe sprach.«[45]

Daß auch die Stasi im Bilde war, belegt eine Information vom 2. April 1976 für die MfS-Bezirksverwaltung Dresden:

»Auf die Frage, was er getan habe, seinen Bruder von seiner falschen Einstellung und Handlungsweise abzubringen,

---

[45] Aktennotiz über ein Gespräch des stellvertretenden Außenstellenleiters mit Peter Eisenfeld am 22.1.1976; Privatarchiv Peter Eisenfeld.

> antwortete Kollege Eisenfeld, daß es noch nicht bewiesen sei, daß der damals in der ČSSR beschrittene Weg so falsch gewesen sei. Weitere Gespräche mit ihm zur Klärung seiner politischen Grundhaltung und Überzeugung sind vorgesehen.
> Für seine Ablehnung als Reisekader zeigt er kein Verständnis.«[46]

Meine Bitte, mir eine protokollarische Niederschrift vom Gespräch beim Direktor von Intertext zu überlassen, wurde abgelehnt. Da mir dort im Beisein eines Mitarbeiters des ZK mitgeteilt wurde, daß das Dolmetschverbot aufgrund meiner politischen Einstellung erfolgte, beschritt ich den Weg durch alle möglichen Rechtsinstanzen. Einen gewissen Erfolg erhoffte ich mir in der ersten Instanz - der Konfliktkommission des Betriebes. In ihr arbeiteten einige mir wohlgesinnte Leute, für die das Politikum des Falls klar auf der Hand lag. Die Betriebs- und Parteileitung erkannte offenbar die heikle Situation und instruierte den Vorsitzenden der Konfliktkommission. Dieser teilte mir auf meinen Einspruch an die Konfliktkommission zu meiner Überraschung mit, »daß die Entscheidung, in welchem Tätigkeitsbereichen der Werktätige auf Grund politisch-fachlicher Einschätzungen eingesetzt werden kann, eine Leiterentscheidung ist, die nicht der Behandlung durch die Konfliktkommission unterliegt«.[47]

Auf meinen Widerspruch hin hat das Kreisgericht die Verneinung der Zuständigkeit der Konfliktkommission zwar als fehlerhaft anerkannt, aber zugleich wissen lassen, daß »deshalb durch das Kreisgericht sofort zu entscheiden war«. Die vom Kreisgericht als offensichtlich unbegründet abgewiesene Klage wurde auf das Weisungsrecht des staatlichen Leiters abgestellt. Das Wort »politisch«, das im Schreiben des Vorsitzenden der Konfliktkommission noch vorkommt, taucht in den weiteren Gerichtsunterlagen nicht mehr auf. Obwohl ich mich keinen Illusionen über den Ausgang der Klage in den nächsten Instanzen hingab, hielt ich es für sinnvoll, die eindeutig berufliche Dis-

---

[46] Abschrift einer IM-Information vom 2.4.1976; BStU, ASt Dresden, AOP 1900/87, Bd. 2, S. 48 (MfS-Zählung).

[47] Antwortschreiben des Vorsitzenden der Konfliktkommission vom 8.2.1977; Privatarchiv Peter Eisenfeld.

Konfliktkommission
Intertext
Außenstelle Dresden

Peter Eisenfeld
8021 Dresden,
Lauensteiner Str.68

Betrifft: Einspruch gegen die Entscheidung der Betriebsleitung, meine Tätigkeit als Sprachmittler einzuschränken.

Seit Ende 1975 bin ich für Dolmetscheinsätze sowohl im Ausland als auch im Inland gesperrt. Meine Bemühungen, die Gründe für diese Entscheidung zu erfahren, währen nun schon über ein Jahr und brachten für mich bislang kein zufriedenstellendes Ergebnis. Der vorläufige Abschluß meiner Sache bestand in einem Gespräch zwischen einem Mitarbeiter des ZK der SED, dem Direktor von Intertext, Herrn Graul, und mir, das am 21.1. 1977 in Berlin stattfand. In dieser Aussprache wurde die von der Leitung des Betriebes getroffene Entscheidung bestätigt.
Die Begründung erfolgte diesmal jedoch nicht im Zusammenhang mit der Übersiedlung meines Bruders nach Westberlin, wie dies in der ersten Aussprache vom 21.1. 1976 durch den damals amtierenden Außenstellenleiter Herrn Wolf zum Ausdruck gebracht und im Antwortschreiben vom 23.4. 1976 auf meine Eingabe vom 4.4. 1976 durch Herrn Graul ausdrücklich bestätigt wurde, sondern unter Berücksichtigung der erhöhten Anforderungen an die Mitarbeiter des Parteibetriebes Intertext.
Da ich zu bestimmten Problemen der Entwicklung unserer Gesellschaft eine von der Parteilinie abweichende Meinung vertrete (wie ich in der erwähnten Eingabe anführte), sind nach Ansicht von Herrn Graul bestimmte Voraussetzungen nicht gegeben, um meine Tätigkeit als Dolmetscher zu befürworten.
Auf meine Anfrage, woher der Leitung von Intertext meine politische Meinung bekannt sei, wurde von Herrn Graul in erster Linie auf die erwähnte Aussprache mit Herrn Wolf und der BGL-Vorsitzenden der Außenstelle Dresden, Frau Balluch, verwiesen, das ihm in schriftlicher Form vorlag. Dieses Schriftstück ist mir unbekannt und nach dem von Herrn Graul kurz zitierten Auszug muß ich die Richtigkeit der Wiedergabe dieses Gesprächs anzweifeln.
In diesem Zusammenhang wurde die beiderseitige Bereitschaft erklärt, ein vertrauensvolles politisches Gespräch zwecks Kennenlernen meiner politischen Meinung auf der Grundlage des von mir an das ZK der SED eingereichten Diskussionsbeitrages zum Programmentwurf der SED, der meinen Gesprächspartnern unbekannt war, ohne Nachteile für meine Person aufzunehmen.
Übereinstimmend wurde von meinen Gesprächspartnern festgestellt, daß die getroffene Entscheidung rechtsmäßig und ohne Nachteile für mich sei.
Es bleibt zu diesem Gespräch noch erwähnenswert, daß meiner Bitte, mir einen schriftlichen Beleg über die geführte Aussprache und ihre Ergebnisse zukommen zu lassen, nicht entsprochen wurde.

Dies zum Verlauf und zu den Ergebnissen meiner Bemühungen (s.auch beigefügte Schriftstücke).

Meiner Ansicht nach ist die getroffene Entscheidung verfassungsmäßig und arbeitsrechtlich nicht gerechtfertigt, da sie meine berufsgebundenen Fähigkeiten und Entwicklungsmöglichkeiten ein-

Mein Schreiben an die Konfliktkommission von Intertext

- 2 -

schränkt und mit einem materiellen Verlust für mich verbunden ist.

In der Verfassung der DDR heißt es im Artikel 19(3):

"Frei von Ausbeutung, Unterdrückung und wirtschaftlicher Abhängigkeit hat jeder Bürger gleiche Rechte und vielfältige Möglichkeiten, seine Fähigkeiten in vollem Umfang zu entwickeln und seine Kräfte aus freiem Entschluß zum Wohle der Gesellschaft und zu seinem eigenen Nutzen in der sozialistischen Gemeinschaft ungehindert zu entfalten."

Was den neuerlichen Ausgangspunkt der Entscheidung betrifft, so möchte ich darauf hinweisen, daß der Leitung von Intertext seit meiner Einstellung bekannt ist, daß ich zu bestimmten Problemen der gesellschaftlichen Entwicklung der DDR eine von der Parteilinie abweichende Meinung vertrete. Darauf habe ich in meinem Einstellungsgespräch hingewiesen. Außerdem geht dies aus der damals eingereichten Beurteilung hervor. In der von mir auch später offen und ehrlich bekannten Meinung sehe ich jedoch keine Verletzung meiner Pflichten als Sprachmittler oder Staatbürger der DDR, zumal ich die Lösung der Meinungsverschiedenheiten in Form von Diskussionsbeiträgen und Eingaben an übergeordnete Instanzen (ZK der SED, Außenministerium usw.) oder von Aussprachen mit Staats- und Parteifunktionären suchte, wobei leider die ersteren überhaupt nicht oder nur teilweise beantwortet wurden und letztere mehr zu meinem Schaden als zur Klärung der mich bedrückenden Probleme führte, obwohl laut Verfassung der DDR selbst aus frei und öffentlich bekundeten verfassungsgemäßen Meinungen keinerlei Nachteile entstehen dürften.

Dazu heißt es im Artikel 27(1) der Verfassung der DDR:

"Jeder Bürger der Deutschen Demokratischen Republik hat das Recht, den Grundsätzen dieser Verfassung gemäß seine Meinung frei und öffentlich zu äußern.
Dieses Recht wird durch kein Dienst- oder Arbeitsverhältnis beschränkt. Niemand darf benachteiligt werden, wenn er von diesem Recht Gebrauch macht."

Arbeitsrechtlich steht der Entscheidung folgendes entgegen:

Laut Arbeitsvertrag vom 18.7. 1972 und Änderungsvertrag zum Arbeitsvertrag vom 8.1. 1976 ist meine Tätigkeit als Übersetzer, Redakteur und Dolmetscher für Russisch festgelegt, und zwar mit der ausdrücklichen Arbeitsaufgabe: Erledung von schriftlichen und mündlichen sprachmittlerischen Arbeiten.

Im Gesetzbuch der Arbeit, Kapitel 3(2) heißt es dazu:

"Durch den Arbeitsvertrag verpflichtet sich der Werktätige, die Arbeitsaufgaben des vereinbarten Arbeitsbereiches zu erfüllen, die sozialistische Arbeitsdisziplin einzuhalten, insbesondere das sozialistische Eigentum zu fördern

- 3 -

und zu mehren, sowie die Regeln der kameradschaftlichen Zusammenarbeit und gegenseitigen sozialistischen Hilfe zu achten; der Betrieb verpflichtet sich, dem Werktätigen Arbeiten des vereinbarten Arbeitsbereiches zu übertragen und ihm Lohn nach seiner Leistung zu zahlen, alle Bedingungen für eine hohe Arbeitsleistung zu schaffen und ihm die schöpferische Teilnahme an der Ausarbeitung und Erfüllung des Planes und an der Leitung des Betriebes zu ermöglichen."

Ich bin mir keiner Verletzung meiner Pflichten als Sprachmittler bewußt, noch wurde ich bisher darüber in Kenntnis gesetzt (s. auch Einschätzungen von Dolmetscheinsätzen durch die Auftraggeber).
Dies betrifft auch die Pflichten, die mir aus der Tätigkeit in einem Betrieb des Parteiapparates erwachsen (s. Arbeitsvertrag), was letztlich auch gemäß Änderungsvertrag vom 8.1. 1976 durch die Leitung von Intertext bestätigt wurde. Dazu s. auch Art. 27(1) der Verfassung der DDR.

Ich bitte um Überprüfung der Rechtsmäßigkeit meiner Tätigkeitseinschränkung als Sprachmittler.

Da mir aus dieser Einschränkung ein finanzieller Verlust von durchschnittlich 100 Mark monatlich entsteht, bitte ich gleichzeitig zu prüfen, ob der Betrieb zu einer Ausgleichszahlung verpflichtet ist.

Peter Eisenfeld

Dresden, d. 28.1. 1977

Diesem Schreiben sind beigefügt:

1. Eingabe vom 4.4. 1976 an den Direktor von Intertext
2. Abschrift der Antwort vom 23.4.1976 zur Eingabe vom 4.4.1976
3. Eingabe vom 15.8. 1976 an das ZK der SED
4. Abschrift der Antwort vom 24.9. 1976 zur Eingabe vom 15.8.1976
5. Eingabe an das ZK der SED vom 14.12. 1976

FREMDSPRACHENDIENST
DER DEUTSCHEN DEMOKRATISCHEN REPUBLIK
AUSSENSTELLE DRESDEN
- Konfliktkommission -

Intertext

INTERTEXT, 801 DRESDEN, ELSA-FENSKE-STRASSE 11

Koll.

Peter E i s e n f e l d

- im Hause -

Ihre Zeichen	Ihre Nachricht vom	Unsere Zeichen	Datum
	28.1.77		8.2.77

Sehr geehrter Koll. Eisenfeld!

In Ihrem Antrag an die Konfliktkommission der INTERTEXT - Außenstelle Dresden (mir von Ihrer Frau persönlich am 2.2. d.J. übergeben) bitten Sie um Überprüfung der Rechtmäßigkeit Ihrer, wie Sie sich ausdrücken, Tätigkeitseinschränkung als Sprachmittler.

Dazu ist zu sagen, daß die Entscheidung, in welchen Tätigkeitsbereichen der Werktätige auf Grund politisch-fachlicher Einschätzungen eingesetzt werden kann, eine Leiterentscheidung ist, die nicht der Behandlung durch die Konfliktkommission unterliegt.

Die Konfliktkommission ist daher für Ihre Angelegenheit nicht zuständig. Alle von Ihnen eingereichten Unterlagen (6 Schriftstücke) werden in der Anlage zurückgereicht.

[redacted]

[redacted]
Vorsitzender der KK

ANLAGEN

Fernruf: 4867417 Drahtwort: Intertext Dresden Bankkonto: Berliner Stadtkontor 8651-12-626
Betriebsnummer: 00003126

(94) BmG 039/74/75 3-

Kreisgericht Dresden
– Stadtbezirk Mitte –
8016 Dresden
Lothringer Straße 1
Fernsprecher: 60780

Ausfertigung

Kreisgericht Dresden
- Stadtbezirk Mitte -

Mitte A 22/77

Herrn
Peter E i s e n f e l d
8o21 Dresden
Lauensteiner Straße 68

B e s c h l u ß

der Kammer für Arbeitsrechtssachen des Kreisgerichts Dresden, Stadtbezirk Mitte, vom 19. April 1977

In dem Rechtsstreit

des Herrn
Peter E i s e n f e l d ,
8o21 Dresden, Lauensteiner Straße 68,
Kläger,

g e g e n

den Fremdsprachendienst der DDR,
1o8 Berlin, Friedrichstraße 169-17o,
Verklagten,

wegen Arbeitsaufgaben aus dem Arbeitsvertrag

erkennt die Kammer für Arbeitsrechtssachen:

Die Klage wird als offensichtlich unbegründet

a b g e w i e s e n .

G r ü n d e :

Gemäß § 28 ZPO hat das Gericht zu prüfen, ob der in der Klageschrift dargelegte Sachverhalt geeignet erscheint, den Klageantrag zu rechtfertigen.
Nach Prüfung der Sach- und Rechtslage ist das Gericht zu der Feststellung gelangt, daß das Klagebegehren offensichtlich unbegründet ist.
Lt. Arbeitsvertrag vom 18.7.1972 ist der Kläger bei dem Verklagten als Übersetzer - Redakteur - Dolmetscher für Russisch tätig. Die Vergütung erfolgt zuletzt in Höhe von 1.ooo.-- M. Der Kläger hat entsprechend dieses Arbeitsvertrages die Arbeitsaufgabe

- 2 -

(§ 2o Abs. 2 GBA), schriftliche und mündliche sprachmittlerische Arbeiten in Russisch zu erfüllen. Wie die im Arbeitsvertrag vereinbarte Arbeitsaufgabe realisiert wird, liegt im Weisungsrecht des staatlichen Leiters des Verklagten begründet (§ 9 GBA). Der Inhalt der Klageschrift und der Klagerwiderungsschrift läßt erkennen, daß der Verklagte dem Kläger Arbeitsaufgaben im Rahmen der mit ihm vereinbarten Arbeitsaufgabe überträgt. Das hat der Kläger offensichtlich selbst erkannt, wie die Klageschrift ausweist. Ein Rechtsanspruch jedoch auf Zuweisung bestimmter spezieller Aufgaben im Rahmen der Arbeitsaufgabe, wie vom Kläger gefordert, besteht nicht. Daraus folgt, daß die Rechtsauffassung des Klägers, der Verklagte verletze schuldhaft Pflichten aus dem Arbeitsvertrag, unbegründet ist.

Die Konfliktkommission hat aus unzutreffenden Gründen ihre Zuständigkeit verneint. Deshalb war gemäß Ziffer 6.1.1o der Richtlinie Nr. 28 des Plenums des Obersten Gerichts der Deutschen Demokratischen Republik zum Zusammenwirken der Gerichte mit den Konfliktkommissionen vom 24. März 1976 (Gesetzblatt Sonderdruck 871) durch das Kreisgericht sofort zu entscheiden.

<u>Rechtsmittelbelehrung:</u>

Gegen diesen Beschluß ist die Beschwerde zulässig. Sie ist innerhalb einer Frist von 2 Wochen nach Zustellung beim Kreisgericht Dresden, Stadtbezirk Mitte, einzulegen.

Ullrich Starke Hoberg

Ausgefertigt am 29. April 1977
Der Sekretär beim Kreisgericht Dresden
– Stadtbezirk Mitte –

Deutsche Demokratische Republik – Kreisgericht Dresden – 19

kriminierung aus politischen Gründen bis in die oberste richterliche Instanz rechtsverbindlich festzunageln. Niemand sollte einst behaupten können, daß die Entscheidung lediglich das Fehlurteil eines kleinen Richters gewesen sei. In meinen Schreiben an das Bezirksgericht, an die Kassationsantragsabteilung des Obersten Gerichts und an den Verfassungs- und Rechtsausschuß der Volkskammer berief ich mich auf die entsprechenden Artikel der Verfassung der DDR über die freien Entfaltungsmöglichkeiten und die Meinungsfreiheit des Bürgers sowie auf die Verletzung meines Arbeitsvertrages (dort waren meine Funktionen als Übersetzer, Dolmetscher und Redakteur arbeitsrechtlich festgeschrieben). Während sich die übergeordneten Gerichtsinstanzen der Begründung des Kreisgerichts anschlossen, erklärte sich der Volkskammerausschuß für gesetzlich nicht befugt, rechtskräftige gerichtliche Entscheidungen zu überprüfen. Der politisch-ideologische Hintergrund dieser kaderpolitischen Entscheidung blieb dabei völlig im dunkeln. Welchen Aufwand dieser Vorgang auslöste, belegt die folgende Abfolge des Geschehens:

- Eingabe an den Direktor von Intertext vom 4. April 1976;
- Antwortschreiben von »Intertext« vom 23. April 1976;
- Beschwerde vom 15. August 1976 an das ZK der SED über die Bearbeitung meiner Eingabe;
- Antwortschreiben des ZK der SED vom 24. September 1976 zur Eingabe vom 15. August 1976 mit Einladung zu einem persönlichen Gespräch;
- Beschwerdeschreiben an das ZK der SED vom 14. Dezember 1976 wegen Verschleppung des Gesprächsangebots;
- Schreiben an die Konfliktkommission der Intertext-Außenstelle Dresden vom 2. Februar 1977;
- Antwortschreiben der Konfliktkommission vom 8. Februar 1977;
- Schreiben an den Direktor von Intertext vom 4. Februar 1977;
- Antwortschreiben des Direktors von Intertext vom 12. Februar 1977;
- Klageschrift an das Kreisgericht Dresden, Stadtbezirk Mitte, vom 22. Februar 1977;
- Schreiben des Kreisgerichts Dresden, Stadtbezirk Mitte, vom 8. März 1977;
- Schreiben an das Kreisgericht Dresden vom 8. März 1977;

- Erklärung des Direktors für Kader und Bildung zum Rechtsstreit an das Arbeitsgericht Dresden-Mitte vom 30. März 1977;
- Schreiben vom 24. April 1977 an das Kreisgericht wegen Verzögerung der Bearbeitung;
- Beschluß der Kammer für Arbeitsrechtssachen des Kreisgerichts Dresden vom 19. April 1977;
- Beschwerde vom 8. Mai 1977 gegen den Beschluß des Kreisgerichts;
- Beschluß des Bezirksgerichts vom 2. Juni 1977;
- Beschwerde an das Oberste Gericht vom 7. August 1977 gegen den Beschluß des Bezirksgerichts;
- Antwortschreiben des Obersten Gerichts vom 30. August 1977;
- Schreiben des Obersten Gerichts vom 2. September 1977;
- Eingabe an den Leiter des Rechts- und Verfassungsausschusses der Volkskammer, Professor Weichelt;
- Antwortschreiben des Sekretariats der Volkskammer, Abteilung Ausschlüsse
- Eingaben vom 6. Juni 1978.

Die Partei- und Betriebsleitung verfügte noch über weit subtilere Methoden der beruflichen Diskriminierung. Anläßlich des 1. Mai 1977 bot sich für unsere Gruppe wieder einmal die Möglichkeit, die Auszeichnung des staatlichen Titels »Aktivist der sozialistischen Arbeit« zu beantragen. Die Gewerkschaftsgruppe und Sprachgruppenleiterin gönnten zwar auch mir einmal diese mit 200 bis 300 Mark verbundene Auszeichnung. Allerdings wußten wir, daß ein solcher Vorschlag von der Betriebs- und Parteileitung aus politischen Gründen nicht bestätigt werden würde. Die Gruppe schlug also eine andere Kandidatin vor und beantragte für mich eine Geldprämie, die ich dann tatsächlich erhielt. Die Besonderheit bestand freilich darin, daß mir die Prämie nicht wie alle anderen Auszeichnungen anläßlich der 1. Mai-Feierstunde, sondern zwei Tage vorher überreicht wurde. Da erschien kurz vor Arbeitsschluß der Außenstellenleiter überraschend in meinem Arbeitszimmer und übergab mir zusammen mit dem obligatorischen Blumenstrauß auch ein formales Schreiben ohne die ansonsten üblichen Unterschriften der Partei- und Gewerkschaftsleitung. Offensichtlich sollte damit verhindert werden, daß ich im Rahmen der geplanten Veranstaltung ins Rampenlicht gerückt werde. Da ich dahinter ein verdecktes kaderpolitisches Manöver vermutete, beschwerte ich mich beim Intertext-

Direktor in Berlin. Die mir eingeräumte Sonderrolle im Auszeichnungsverfahren wurde von ihm zurückgewiesen, jedoch fand ich sie in meiner 1989/90 politisch bereinigten Personalakte bestätigt. Auf dem am 29. März 1977 vom Außenstellenleiter abgezeichneten Antragsformular für den »Vorschlag zur Auszeichnung« befindet sich noch dessen handschriftlicher Vermerk: »anläßlich des 1. Mai 1977«.

Auch mein Versuch, mich über ein Fernstudium auf dem gesellschafts-, kultur- oder rechtspolitischen Gebiet anderen Betätigungsfeldern zuzuwenden, scheiterte. Für ein solches Studium benötigte ich die Befürwortung und Delegierung meines Arbeitgebers. Wie erwartet erhielt ich vom Direktor Kader/Bildung eine Absage. Während solche Weiterbildungswünsche bei »guten« Genossen in Form von persönlichen Kaderentwicklungsplänen von der Partei wohlwollend gefördert und gesponsert wurden, gab die Betriebsleitung in meinem Fall rein wirtschaftliche Gründe vor, »da für die Tätigkeit als Sprachmittler ein solches Studium nicht Voraussetzung und Bedingung ist«.[48]

Zwischenzeitlich nahm ich mir den Entwurf des neuen Arbeitsgesetzbuches (AGB) vor. Ich befürchtete, daß mit dieser gesetzlichen Neuregelung eine Kündigung des Arbeitsplatzes aus politischen Gründen, in der Hauptsache für Ausreiseantragsteller, gesetzlich abgesichert werden sollte. Unter gleichzeitiger Anwendung mehrerer Paragraphen und bei entsprechender Auslegung solcher nicht näher erläuterter Termini wie »Tätigkeitsverbot« und »nicht geeignet« war dies tatsächlich möglich. In meinem Schreiben an die Redaktion der Tribüne vom 13. März 1977 wies ich darauf hin, daß die gesetzlichen Bestimmungen des Entwurfs den Grundrechten in der Verfassung der DDR und in den internationalen Menschenrechtspakten widersprechen. So hieß es im Gesetzentwurf zum Verantwortungsbereich der Leiter und leitenden Mitarbeiter: »Er trägt die Verantwortung dafür, daß die Werktätigen ihre Fähigkeiten voll entfalten und ihre Arbeit effektiver, produktiver und zu ihrer persönlichen Zufriedenheit gestalten können und ihr Denken und Handeln von der Weltanschauung der Arbeiterklasse geprägt wird.« Ich schlug vor, die Grundrechte im Entwurf des Arbeitsgesetzbuches in Übereinstimmung mit den entsprechenden Grundrechtsartikeln der Verfassung der DDR und

48 Schreiben des Direktors für Kader und Bildung an Peter Eisenfeld vom 3.8.1979; ebenda.

den Bestimmungen der Internationalen Konvention über wirtschaftliche, soziale und kulturelle Rechte zu definieren. Die Konvention wurde 1973 von der DDR ratifiziert, was mit der Verpflichtung verbunden war, das innerstaatliche Recht den Bestimmungen der Konvention anzupassen. In ihr ist beispielsweise festgelegt, daß das Grundrecht auf Arbeit ohne jegliche Diskriminierung aus Gründen der politischen Überzeugung garantiert werden muß.

Außerdem forderte ich ein entscheidendes Mitspracherecht der Arbeitnehmervertreter bei der Wahl leitender Mitarbeiter, bei Vorschlägen zur Qualifizierung, Berufung und Auszeichnung von Werktätigen. Unter Verweis auf den Gleichheitsgrundsatz der Verfassung schlug ich vor, den besonderen Kündigungsschutz für Wehrpflichtige auch den Bürgern zuzubilligen, die vom gesetzlich fixierten Recht auf waffenlosen Armeedienst als sogenannte Bausoldaten Gebrauch machten.

Die Antwort vom Abteilungsleiter der Rechtsabteilung des Bundesvorstandes des FDGB verwies in der Frage nach der politischen Erzieherrolle der staatlichen Leiter auf die führende Rolle der Arbeiterklasse, weshalb jeder Leiter »im Interesse dieser fortschrittlichen, für alle Werktätigen wirksamen Anschauungen der Arbeiterklasse wirken« muß.[49]

Auf die politisch brisanten Fragen wird nur mit zwei kurzen Sätzen eingegangen:

> »Es ist nicht Aufgabe des Arbeitsgesetzbuches, die in der Verfassung enthaltenen Grundsätze nochmals bis ins einzelne darzulegen. Der Absatz 2 des § 1 AGB nimmt Bezug auf diese Grundrechte und weist darauf hin, daß sie durch das sozialistische Arbeitsrecht weiter ausgestaltet werden.«[50]

---

[49] Antwortschreiben des Leiters der Rechtsabteilung im Bundesvorstand des FDGB vom 29.11.1977 auf den Diskussionsbeitrag zum Entwurf des Arbeitsgesetzbuches vom 13.3.1977; ebenda.

[50] Ebenda.

Die Helsinki-Akte beim Wort genommen

Die seit 1972 verstärkte Abgrenzungspolitik vor allem gegenüber der Bundesrepublik Deutschland erfolgte auch im Hinblick auf den Abschluß der Helsinki-Akte im Jahre 1975. Die DDR-Führung erkannte schon bald, daß mit ihrer Unterschrift unter dieser Akte Probleme im humanitären Bereich zu erwarten waren. So verstand sie rechtzeitig, vorbeugende Maßnahmen einzuleiten. Die nach außen betriebene Entspannungspolitik wurde deshalb schon bald nach innen konterkariert. Die Propaganda malte den Teufel vom verschärften Klassenkampf, der Zunahme der ideologischen Diversion durch den Westen und von der damit einhergehenden Erhöhung der Klassenwachsamkeit gegenüber inneren und äußeren Feinden der DDR an die Wand.

Durch die Übersiedlung meines Zwillingsbruders im August 1975 nach Westberlin lebte von den fünf eng verbundenen parteilosen Eisenfeld-Geschwistern der erste auf der anderen Seite Deutschlands. Da kam meinem Bruder Ulli und mir der Abschluß der Helsinki-Akte gelegen. Mit der Beantragung einer Besuchsreise zu unserem Bruder stellten wir die Verbindlichkeit der Unterschrift Honeckers unter diesem Dokument auf die Probe. Laut Korb 3 der Helsinki-Akte hatten sich die Teilnehmerstaaten verpflichtet, Gesuche auf Reisen wohlwollend zu prüfen, und zwar »mit dem Ziel, Personen zu erlauben, in ihr Territorium zeitweilig und wenn gewünscht, regelmäßig einzureisen oder aus ihm auszureisen, um Mitglieder ihrer Familien zu besuchen«.

Auf den für Reiseangelegenheiten zuständigen Polizeiämtern wurden wir bei unserer Nachfrage nach entsprechenden Reiseanträgen kurz und bündig mit der Begründung abgewiesen, daß solche Anträge sowieso nicht bearbeitet würden. Daraufhin führten wir Anfang November 1975 zunächst beim Ministerium des Innern Beschwerde, der eine Vorladung vom Polizeikreisamt folgte. Dort wurden wir dahingehend aufgeklärt, daß für solche Reisegenehmigungen erst noch vertragliche Regelungen mit Westberlin und der Bundesrepublik getroffen werden müßten. Nachdem der Außenminister der DDR, Oskar Fischer, auf einer Pressekonferenz in Schweden erklärte, daß für die DDR-Bürger Westreisen möglich sind, wandten wir uns im Mai 1976 mit einem entsprechenden Gesuch an ihn. Vom Ministerium für Auswärtige Angelegenheiten erhielten wir folgende Antwort:

> »Sehr geehrte Herren!
>
> Wir wurden beauftragt, Ihr an den Minister für Auswärtige Angelegenheiten gerichtetes Schreiben vom Mai ds. Jahres zu beantworten.
> Zu Ihrem Anliegen einer zeitweiligen Besuchsreise nach Westberlin können wir Ihnen mitteilen, daß Genehmigungen zu besuchsweisen Ausreisen aus der DDR nur die jeweils zuständigen Dienststellen der Volkspolizei auf der Grundlage innerstaatlicher Bestimmungen erteilen. Diese Bestimmungen wurden in den Gesetzblättern der DDR, Teil II, Nr. 61, vom 17.10.1972 und Teil I, Nr. 28, vom 21.6.1973 veröffentlicht.
> Das Ministerium für Auswärtige Angelegenheiten hat keine Möglichkeit, Ihnen die Genehmigung zur besuchsweisen Ausreise nach Westberlin zu erteilen.«[51]

Mit keinem Wort ging man auf die Äußerungen des DDR-Außenministers Fischer und auf die Vereinbarungen der Helsinki-Akte ein. Deshalb wandten wir uns an den Vorsitzenden des Staatsrates, Erich Honecker, um eine der staatlichen Eingabeverordnung entsprechende, sachbezogene Bearbeitung unseres Gesuches zu bewirken. Im Antwortschreiben des Staatsrates, Abteilung Eingaben, Sektion IV, wurden wir auf das Schreiben des Ministeriums für Auswärtige Angelegenheiten verwiesen. »Wir möchten deshalb eine nochmalige Bearbeitung Ihres Anliegens nicht veranlassen. Sollten Sie jedoch noch weitere Fragen haben, so empfehlen wir Ihnen, beim Leiter des VPKA vorzusprechen.«[52]

Eine neuerliche Beschwerde an die Adresse des Staatsrates fiel noch dürftiger aus: »Wir sehen keine Veranlassung, eine nochmalige

---

[51] Antwortschreiben von Scheffler, HA Konsularische Angelegenheiten, Sektor IV, im Ministerium für Auswärtige Angelegenheiten der DDR vom 15.6.1976 auf die Eingabe vom 11.5.1976; ebenda.

[52] Antwortschreiben des Staatsrates, Abteilung Eingaben, Sektion IV vom 2.9.1976 auf die Eingabe vom 18.7.1976; ebenda.

Bearbeitung Ihres Anliegens zu veranlassen und sehen damit Ihre Eingabe als abschließend beantwortet an.«[53] Wir gaben jedoch nicht auf und beschwerten uns in einem Schreiben vom 16. Oktober 1976 beim Zentralkomitee der SED über die bürokratische und verantwortungslose Arbeitsweise von Staatsorganen im Umgang mit Bürgereingaben und baten nochmals um Befürwortung unseres Gesuches. Die Antwort aus dem Ministerium des Innern, Büro für Paß- und Ausländerangelegenheiten, kam einen Monat später.

Nach über einem Jahr standen wir sozusagen wieder am Anfang. Der Kreis hatte sich geschlossen; die Helsinki-Akte erwies sich in diesem Punkt als Farce. Hinter den Kulissen hatte man »fleißig« gearbeitet: In meinen Stasi-Akten fand sich ein Schreiben des amtierenden Direktors von Intertext an den Genossen Hauptmann Smerat, Volkspolizei-Kreisamt Dresden-Stadt, Abteilung Paß- und Meldewesen, vom 11. November 1976:

> »Stellungnahme zur besuchsweisen Ausreise unseres Mitarbeiters Peter Eisenfeld nach Berlin/West
>
> Werter Genosse Smerat!
>
> In Ihrem Schreiben vom 9.11.76, bei uns eingegangen am 11.11.76, ersuchen Sie um eine Stellungnahme zur beantragten Besuchsreise unseres Mitarbeiters Peter Eisenfeld nach Berlin/West.
> Wir stimmen einer derartigen Besuchsreise aus folgenden Gründen nicht zu:
> - Herr Eisenfeld unterschrieb am 7.11.1974 eine VVS-Verpflichtung und ist somit, entsprechend den gesetzlichen Bestimmungen, Geheimnisträger.
> - Bis zum 8.11.1975 war Herr Eisenfeld als Dolmetscher im sozialistischen Ausland und im RGW-Bereich eingesetzt.
>
> Unser Mitarbeiter Eisenfeld hat sich zu dem Motiv der im August 1975 erfolgten Ausreise seines Bruders Bernd nach

---

[53] Antwortschreiben des Staatsrates, Abteilung Eingaben, Sektion IV auf die Eingabe an das ZK der SED vom 5.10.1976; ebenda.

> Westberlin, Anfang dieses Jahres, gesprächsweise in unserer Außenstelle Dresden dahingehend geäußert, daß dieser in der DDR keine Perspektive habe.«[54]

Soweit ich mich erinnere, habe ich zu keiner Zeit eine VVS-Verpflichtung unterschrieben.

Meine Stasi-Akte enthält außerdem noch ein Formblatt der Kreisdienststelle des MfS Dresden-Stadt, auf dem der Reiseantrag schon am 1. November 1976 registriert und der Termin der Entscheidung auf den 8. November 1976 festgelegt worden waren. Außerdem lag ein Bericht des ABV des Wohngebietes über meinen Bruder Ulli vom 9. November 1976 vor. Im Bericht ist auf der Grundlage von Auskunftspersonen unter anderem festgehalten, daß mein Bruder es ablehnte, eine Fahne am Wohnungsfenster anzubringen und seine Stimme zur Wahl am 17. Oktober 1976 nicht abgab. Abschließend heißt es: »Im Zuge der Ermittlungsführung wurden keine Hinweise bekannt, daß die Reise zum ungesetzlichen Verlassen der DDR genutzt werden soll. Es wurde jedoch von den Befragten geäußert, daß der E. unsere Republik im Ausland nicht würdig vertreten wird.«[55]

Wir hatten den Westreiseversuch abgehakt und vertrösteten uns auf das regelmäßige Wiedersehen in der DDR. Aber auch dieser Möglichkeit des Wiedersehens wurden bald Grenzen gesetzt. Seit Februar 1977 durfte unser Bruder und ein halbes Jahr später auch seine Frau nicht mehr in die DDR einreisen. Unsere Familie und besonders natürlich unsere Mutter haben diese von der DDR-Seite betriebene gewaltsame Familientrennung als sehr schmerzlich empfunden. Ein Gesuch an den Staatsratsvorsitzenden Erich Honecker, diese Einreiseverbote aufzuheben, endete genau dort, wo einst unser Gesuch auf eine Besuchsreise nach Westberlin seinen Anfang nahm. »In unserem vorangegangenen Antwortschreiben teilten wir Ihnen bereits mit, daß für die Bearbeitung dieser Anträge nur die Organe der Volkspolizei zuständig sind. Wir haben daher Ihr Schrei-

---

[54] Stellungnahme des amtierenden Direktors von »Intertext« zum Reisegesuch Peter Eisenfelds vom 11.11.1976; ebenda.

[55] Wohngebietsbericht vom 9.11.1976 zu Ulrich Eisenfeld; BStU, ASt Dresden, AOP 1900/87, Bd. 2, Bl. 60.

Abschrift

MINISTERRAT

DER DEUTSCHEN DEMOKRATISCHEN REPUBLIK
Ministerium des Innern

Büro für Paß- und Ausländerangelegenheiten

Der Leiter

Postanschrift: Ministerium des Innern - 108 Berlin - BPAA

Herren
Peter und Ulrich Eisenfeld

8021 D r e s d e n
Lauensteiner Str. 68

re 16. Nov. 1976

Betreff:

Sehr geehrte Herren Eisenfeld!

Ihr Schreiben an das Zentralkomitee der Sozialistischen Einheitspartei Deutschlands wurde dem Ministerium des Innern zuständigkeitshalber zur Bearbeitung übergeben.

Dazu teile ich Ihnen mit, daß Ihrem geschildertem Anliegen nicht entsprochen werden kann, weil die Voraussetzungen, wie sie in der Anordnung vom 17. 10. 1972 über Regelungen im Reiseverkehr von Bürgern der DDR (GBl. II, Nr. 61, S. 653) in der Fassung der Anordnung Nr. 2 vom 14.06. 1973 (GBl I, Nr. 28, S. 269) festgelegt sind, nicht vorliegen.

Hochachtungsvoll

(Unterschrift)
....
Meißner

Ablehnung einer Besuchsreise nach Westberlin

ben weitergeleitet und bitten Sie, den verbindlichen Bescheid abzuwarten.«[56]

Anfang August 1977 wurde uns in einem Gespräch im Volkspolizeikreisamt mitgeteilt, daß laut 2. Durchführungsbestimmung zum Paßgesetz vom 16. September 1963 Einreiseverbote nicht begründet werden müssen. Eine nochmalige Beschwerde an den Staatsrat, in der wir insbesondere auf die Verpflichtungen aus der Helsinki-Akte im Hinblick auf die Entwicklung von Kontakten auf der Grundlage familiärer Bindungen verwiesen, wurde uns abschließend mitgeteilt: »Auf Grund Ihrer vorangegangenen Eingabe hatten wir eine Prüfung veranlaßt. Wir bitten Sie, die daraufhin erfolgte Entscheidung als verbindlich zu betrachten.«[57]

Diese Absage erfolgte im Dezember 1977. Was die Reiseverbotspraxis angeht, so sollte es knapp zwei Jahre später noch schlimmer kommen. Am 20. Oktober 1979 wurden mein Bruder Ulli und ich auf dem tschechischen Grenzbahnhof Decin von DDR-Organen an einer Weiterreise nach Karlovy Vary zum Treff mit unserem Westberliner Bruder gehindert und ohne Begründung nach Dresden zurückgeschickt. Für uns seien alle Grenzübergänge in die ČSSR für längere Zeit gesperrt und wir könnten uns bei der Volkspolizei beschweren, lautete die Auskunft auf unsere Fragen.

Im Bericht des Leiters der Paßkontrolleinheit Bad Schandau heißt es dazu: »Beide Bürger wurden entsprechend der angewiesenen Maßnahmen zurückgewiesen.«[58]

Für meinen Bruder Ulli bedeutete dies den Entzug einer in seiner Malerei wichtig gewordenen Landschaft. Er ließ unmittelbar nach dem Reiseverbot seine Bilder aus der Kunstausstellung des Bezirkes Dresden entfernen und stellte einen Antrag auf Übersiedlung nach Westberlin.

Ansonsten blieb wieder einmal nur der mühsame Weg der Beschwerde, um zumindest versuchsweise den Hintergrund für diese

---

[56] Antwortschreiben des Staatsrates vom 12.7.1977 auf das Gesuch vom 4.6.1977 gegen das Einreiseverbot unseres Bruders; Privatarchiv Peter Eisenfeld.

[57] Antwortschreiben des Staatsrates vom 21.12.1977 auf die Beschwerde vom 27.11.1977; ebenda.

[58] Bericht des Leiters der Paßkontrolleinheit Bad Schandau zum Fahndungsobjekt Nr. 590066 vom 21.10.1979; BStU, ASt Dresden, AOP 1900/87, Bd. 2, Bl. 73 (MfS-Zählung.

Entscheidung zu erfahren. Entsprechende Eingaben schickten wir an das Ministerium des Innern, den Vorsitzenden des Ministerrates und an den Vorsitzenden des Verfassungs- und Rechtsausschusses der Volkskammer, Professor Dr. Weichelt. Das Ergebnis kam uns bekannt vor: Aus- bzw. Einreiseverbote bedürften laut Gesetz keiner Begründung.

In den Gesprächen bei der Kreis- und Bezirksbehörde der Volkspolizei räumten die beauftragten Polizeimitarbeiter immerhin ein, daß nach Prüfung der Sachlage durch die Volkspolizei gegen uns nichts vorläge, was gegen eine Weiterreise gesprochen hätte. Damit ließen sie durchblicken, daß diese Maßnahme nicht von ihrer Behörde zu verantworten war.

Was wir damals nur ahnen konnten, ist in einem Schreiben des Stellvertreters des Ministers des MfS, Mittig, an Renckwitz von der Abteilung Sicherheitsfragen des ZK der SED vom 13. Februar 1980 zu einer Eingabe meines Bruders Ulli im Zusammenhang mit seinem Ausreiseantrag festgehalten:

> »Die im Oktober 1979 verfügte Ausreisesperre in die ČSSR war eine zeitweilig notwendige vorbeugende Maßnahme zur Unterstützung der Sicherheitsorgane der ČSSR bei der Bekämpfung der konterrevolutionären Bewegung ›Charta für Menschenrechte‹. Die Maßnahme erfolgte in Abstimmung mit den zuständigen Organen der ČSSR im Zusammenhang mit der Durchführung der Strafprozesse gegen staatsfeindliche Kräfte der ČSSR. Herr Eisenfeld wurde wegen seiner oppositionellen Grundeinstellung und feindlich-negativen Verbindungen wie auch anderen bekannten feindlich-negativen Personen des Bezirkes Dresden vorübergehend für die Ausreise in die ČSSR gesperrt.«[59]

Meine Reisesperre stand möglicherweise schon vorher fest. In einem vom Tonband übertragenen Bericht der Informantin Anne Seifert an die Bezirksverwaltung Dresden, Abt. XX, vom 14. Mai 1979, soll ich Fluchtabsichten angedeutet haben:

---

[59] Schreiben des Stellvertreters des Ministers des MfS, Mittig, an Renckwitz, Abteilung Sicherheitsfragen des ZK der SED vom 13.2.1980; ebenda, Bd. 2, S. 206 (MfS-Zählung).

»In der letzten BGL-Versammlung äußerte sich der E. dahingehend, daß er bei einem Nichteinsatz als Dolmetscher einen Weg finden wird, der ihm dazu verhelfen wird, doch wieder als Dolmetscher eingesetzt zu werden. Er sieht einen weiteren Einsatz in der Hinsicht, daß er die gesamten Verbindungen nach dem NSW (konkret zu seinem Bruder) abbrechen wird. Ist auch dann kein Einsatz als Dolmetscher mehr möglich, wird er den Weg finden, wo er sich wieder frei bewegen kann. Damit spielte er auf den freien Westen an, weil er seinen Bruder ins Gespräch brachte und seine Freiheit anpries. Es ist anzunehmen, daß der E. auch einen ungesetzlichen Grenzübertritt in Betracht ziehen würde, um endlich seine wahre Freiheit, die im Sozialismus nicht gegeben ist, zu erreichen.«[60]

Stellungnahme zum neuen Programm der SED und Herausforderungen an prominente Schriftsteller und Künstler

Der IX. Parteitag der SED im Mai 1976 beschloß ein neues Programm, in dem viel von der weiteren Stärkung der Führungsrolle der SED im nunmehr »entwickelten« oder »reifen« Sozialismus und wenig von Demokratisierung der gesellschaftlichen Verhältnisse die Rede war. Die SED-Führung stellte auf dem Parteitag klar, daß sie auch in Zukunft an ihrer Machtstellung nicht rütteln lassen werde. Die Ideologie der Herrschenden diente schon längst nicht mehr zur Indoktrination, sondern viel eher zur Demontage des Gewissens und zur Selbstentmündigung des über die Westmedien vergleichsweise gut informierten DDR-Bürgers. Der verstärkte Anspruch der Führungsrolle der SED in der Gesellschaft beruhte nicht auf redlicher Überzeugungsarbeit ihrer Mitglieder, sondern diente der elitären Führungsschicht dazu, den geltungsbedürftigen, karriere- oder machtbedachten Funktionsträgern die Argumente für die Agitation sowie den mutlosen, konfliktscheuen, verunsicherten, eigen- oder familiennützigen Bürgern die Anpassung an entwürdigende und demütigende Verhältnisse zu erleichtern.

---

60 IM-Bericht (Tonbandabschrift) vom 14.5.1979; ebenda, S. 61 (MfS-Zählung).

Ende 1976 setzte in der DDR eine neue Repressionsphase in der Gesellschafts- und insbesondere der Kulturpolitik ein, die einen beispiellosen Exodus von kritischen Schriftstellern, Künstlern und anderen Bürgern aus der DDR nach sich zog. Die SED-Führung enttäuschte wieder einmal die mit der außenpolitischen Entspannungsphase verbundenen Hoffnungen der DDR-Bürger auf mehr Freiräume im Inneren. Der Exodus Andersdenkender bedeutete vor allem eine erhebliche Verarmung der Kulturlandschaft der DDR an den ohnehin nur spärlich vorhandenen Schriftstellern und Künstlern, die ihren Geist und ihre Kunst in den Dienst der Wahrheit stellten. Für Kurt Hager war es nicht mehr als ein »reinigendes Gewitter«, denn die SED-Führung konnte sicher sein, daß trotz der entwürdigenden öffentlichen Behandlung selbst prominenter Vertreter der deutschen Kultur von der künstlerischen Intelligenz und erst recht von den anderen Werktätigen nur wenig Protest zu erwarten war. Hatte es die Kulturpolitik der Machthabenden doch über die Jahre verstanden, die meisten Künstler und Schriftsteller nach dem Motto: »Wes Lied ich sing, des Brot ich eß« in ihren Dienst zu stellen sowie durch eine selektive Privilegierungspolitik untereinander und mit anderen Bevölkerungsgruppen weitgehend zu entsolidarisieren. Und selbst unter den kritischen Schriftstellern und Künstlern in der DDR fanden sich nur wenige, die mehr wollten als nur eine Vergrößerung des eigenen künstlerischen Freiraums. Mit der Ausbürgerung von Wolf Biermann und der erzwungenen Ausreise von Reiner Kunze und Jürgen Fuchs befreite sich die DDR-Führung nicht nur von kritischen Schriftstellern, sondern auch von Menschen, die das SED-System generell und in Hinblick auf die Achtung der Würde des Menschen in Frage stellten.

An Beispielen demonstrierte die SED, daß nicht die Gesinnung diszipliniert, verfolgt oder bestraft wurde, sondern das offene Bekenntnis des mündigen Bürgers. Es war das auf Angst und Drohung aufgebaute Netz von Lügen und Halbwahrheiten, das die sittliche Selbstbestimmung des Menschen verhindern und das realsozialistische System vor seinem Zusammenbruch schützen sollte. Verbunden damit war eine weitere Verschärfung der politisch-ideologischen Abgrenzungspolitik. 1980 verband Honecker Fortschritte der Entspannung mit der Anerkennung der DDR-Staatsbürgerschaft, Umwandlung der Ständigen Vertretung in eine Botschaft, Abschaffung der Zentralen Erfassung für in der DDR begangene politische Straftaten und Festlegung des Grenzverlaufs in der Strommitte der Elbe.

Die Aufforderung zur Diskussion des Entwurfs des neuen Parteiprogramms der SED im Vorfeld ihres IX. Parteitags 1976 nahm ich zum Anlaß, um meine Erfahrungen und Erkenntnisse an der gesellschaftlichen Basis der Parteiführung zu unterbreiten. In einem 16 Seiten umfassenden »Beitrag eines Parteilosen«[61] verglich ich im ersten Teil einige Passagen des neuen Entwurfs mit dem alten Programm, hinterfragte den Inhalt der neuen Wortfindung »entwickelte sozialistische Gesellschaft«, bemängelte die unterlassene Fehlerdiskussion in Partei und Gesellschaft, kritisierte das von der SED beanspruchte Monopol auf die Wahrheit und wies auf die Erscheinungen und Folgen der betriebenen Schlagwort-Ideologie in der DDR hin. Im zweiten Teil versuchte ich, das von Marx und Engels hinterlassene Gedankengut an der Ideologie und Praxis des realen »entwikkelten« Sozialismus zu messen. Dabei kam ich unter anderem zu folgenden Ergebnissen:

- Marx und Engels haben ihre Lehre nicht als Dogma mit endgültigen Wahrheiten oder Gesetzen, sondern als Anleitung zur kritischen und selbstkritischen Wahrheitsfindung verstanden.
- Marx und Engels sahen im Kommunismus nicht einen Idealzustand, den es anzustreben galt oder wonach die Wirklichkeit sich zu richten habe, sondern als die reale Bewegung, die den jeweiligen Zustand aufhebe.
- Marx und Engels seien weit davon entfernt gewesen, das gesellschaftliche Eigentum an Produktionsmitteln dem Staatseigentum an Produktionsmitteln gleichzusetzen. Deshalb seien die Fragen nach den Produktionsverhältnissen und der damit verbundenen inneren Einstellung der Menschen (gesellschaftliches Bewußtsein) über Freiheit und Demokratie in der DDR neu zu stellen.
- Rosa Luxemburg, die Verfasserin des ersten Parteiprogramms der KPD, lieferte in ihrer Kritik an der russischen Revolution zu den Fragen der sozialistischen Demokratie Antworten, die der im Programmentwurf geforderten Verstärkung der Führungsrolle der SED und des sogenannten demokratischen Zentralismus direkt widersprechen.[62]

---

[61] Siehe Dokument 2 im Dokumentenanhang, S. 375.

[62] Vgl. Beitrag eines Parteilosen zum IX. Parteitag der SED vom 10.5.1976; Privatarchiv Peter Eisenfeld.

Meine Interpretation des Denkens von Marx und Engels, die ich dem ZK nicht als letzte Wahrheit, sondern als Diskussionsstoff zur Wahrheitsfindung anbot, blieb unbeantwortet.

Trotzdem war die Arbeit nicht umsonst. Konnte ich mich auf diese Weise doch wenigstens von einem Teil der Last meiner Erfahrungen befreien, die mich aus dem Widerspruch von Theorie und Praxis bedrückte.

Als Leser des »Neuen Deutschland« (ND) verfolgte ich mit Interesse die Diskussion zum Entwurf des neuen Parteiprogramms und registrierte sorgfältig alle Wortmeldungen zum Problem Demokratisierung der Gesellschaft. Die abgedruckten Beiträge des Bildhauers Fritz Cremer und der Schriftstellerin Anna Seghers zum Programmentwurf nahm ich zum Anlaß, um Persönlichkeiten der DDR, von denen ich mir eine Einflußnahme auf die Demokratisierung des SED-Systems erhoffte, mit meinen Erfahrungen an der Basis vertraut zu machen. Den entsprechenden Schreiben fügte ich meinen Diskussionsbeitrag an das ZK bei.

Fritz Cremer schwieg. Im Jahre 1973 hatte ich ihm schon einmal im Zusammenhang mit seiner Unterschrift unter einer Manifestation von Künstlern und Schriftstellern zu den X. Weltfestspielen der Jugend und Studenten in Berlin geschrieben. In dieser Manifestation bekannten sich die Unterzeichnenden dazu, mit ihrer Kunst »die Wahrheit über unser Zeitalter [zu] verbreiten, die den arbeitenden Menschen dient«. Daraufhin führte ich mit Cremer einen kleinen Disput über den dienenden Charakter der Wahrheit. Dabei verrieten die einleitenden Worte seines Briefes eine gewisse Verängstigung bzw. Verunsicherung: »Ich weiß nicht recht, warum ich beim Lesen Ihres Briefes ein ungutes Gefühl habe«.[63] Ich war ihm damals für seine Antwort sehr dankbar, enthielt sie doch einen Satz, der mich seither nicht mehr losließ: »Die Wahrheit ist konkret, heißt es bei K. Marx«.

Frau Seghers bestätigte zumindest den Empfang meines Briefes und ließ mich wissen, daß sie jetzt und in nächster Zeit nicht zum Lesen des Manuskripts käme, da sie sich für die »eigene Arbeit mit Mühe und Not die nötige Zeit erkämpfen muß«. Sie kam aber drei Jahre später bei der Durchsicht alter unbeantworteter Post noch einmal auf mein Manuskript zurück. In einem kurzen Schreiben vom Juni 1979 teilte sie mir mit, daß sie sich »irgendwie um den Inhalt bemühe«.

---

[63] Schreiben von Fritz Cremer an Peter Eisenfeld vom 7.9.1973; ebenda.

Peter Eisenfeld
8021 Dresden
Lauensteiner Str. 68

Dresden, d. 17.6.1976

Werter Herr Prof. Cremer!

Es ist nun schon das zweite Mal, daß ich Ihre Zeit in Anspruch nehme. Unser erster kleiner Disput betraf das Problem der Wahrheit in der Kunst, und ich bin Ihnen für Ihre Antwort dankbar.

Diesmal sind es Ihre Wortmeldung zum Entwurf des Programms der SED (abgedruckt im ND) und mein Wunsch, auch dazu gehört zu werden, die mich bewogen haben, Ihnen zu schreiben. Gleichzeitig soll Ihnen der diesem Schreiben beigefügte Beitrag zum Programmentwurf der SED (bislang noch unbeantwortet) meine Person und geistige Haltung transparenter machen.

In Ihrem Diskussionsbeitrag nehmen Sie zum Problem Freiheit und Demokratie Stellung. Es ist ein Problem, das mir sehr am Herzen liegt. Ich sehe in der Verwirklichung gerade der von Ihnen übergangenen, im jahrhundertelangen Kampf erworbenen sogenannten bürgerlichen Freiheiten und Rechte (Rede-, Presse-, Versammlungs-, Informations-, Reisefreiheit usw.), die m.E. im Sozialismus bestehen bleiben und auf der Grundlage der neuen Produktionsverhältnisse eine Erweiterung erfahren müssen, die Grundvoraussetzung für ein friedliches Nebeneinanderleben der unterschiedlich entwickelten Völker, besonders in unserer Zeit.

Ich möchte Sie an die Opfer und Folgen der Stalinzeit erinnern, an ein System, daß ebenfalls auf die Verwirklichung der von Ihnen angeführten "unseren demokratischen Freiheiten" ("grundsätzlich antikapitalistisch, frei von Ausbeutung, frei von Hunger und Not, frei von verstecktem Kolonialismus und Revanchismus und frei von Rassenwahn oder Religionsstreit") verweisen kann. Die Ursachen, die maßlosen Leiden, unzähligen Opfer und die mit ihnen verbundenen Schuld-und Rechtsfragen werden dem Volk vorenthalten. Die wahren Helden dieser Zeit werden verschwiegen, sie sind nicht erwähnens-, geschweige denn denkmalwürdig.

- 2 -

Auch die Entwicklung in China und der friedensgefährdende Konflikt zwischen der SU und China, also zwischen zwei Staaten, in denen die sozialistischen Produktionsverhältnisse gesiegt haben und die von Ihnen angeführten Freiheiten als verwirklicht gelten, müßten besonders den Kommunisten dazu bewegen, die Rolle der Demokratie im Sozialismus neu zu überdenken.

Natürlich möchte ich Ihnen damit nicht unterstellen, daß die von Ihnen angeführte Gewalt so zu verstehen ist, aber nicht selten wird diese "dialektische Einheit von Sanftheit und Gewalt" im Sinne einer Stalinzeit ausgelegt und praktiziert.

Es genügt eben nicht, den noch unbehauenen Stein lediglich ins Rollen zu bringen. Man muß auch die Kraft und den Mut aufbringen, seine Richtung zu ändern, wenn er Wege einschlägt, die ihn scharfkantig und gefährlich machen.

Mit guten Wünschen für Sie

Peter [illegible]

P.S. Ich erwarte von Ihnen keine ausführliche Antwort, und wäre Ihnen auch schon für die Bestätigung dieser Sendung dankbar. Es liegt mir mehr daran, wenn unser Disput in Ihrem Werk seine künstlerische Umsetzung erfährt.

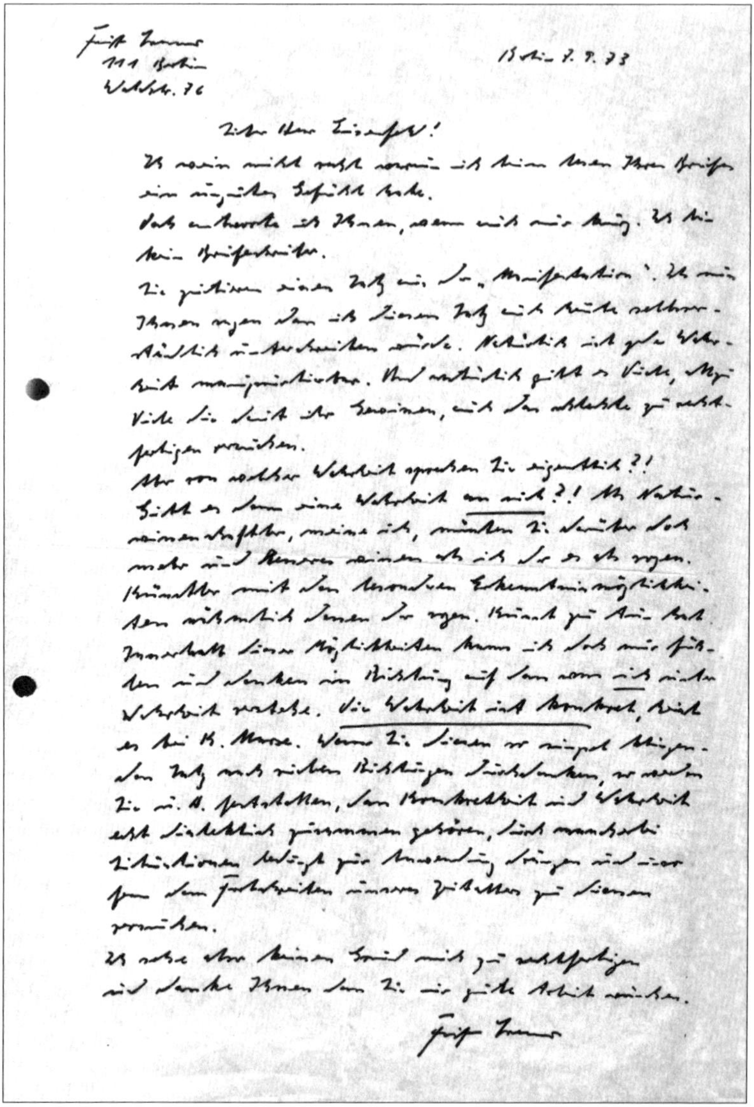
Fritz Cremer
111 Berlin
Waldstr. 76

Berlin 7.9.73

Lieber Herr Eisenfeld!

Ich weiß nicht recht warum ich beim Lesen Ihres Briefes ein ungutes Gefühl habe.
Doch antworte ich Ihnen, wenn auch nur kurz. Ich bin kein Briefschreiber.
Sie zitieren einen Satz aus der „Manifestation“. Ich muß Ihnen sagen daß ich diesen Satz auch heute voll unterschreiben würde. Natürlich ist jede Wahrheit manipulierbar. Und natürlich gibt es Leute, [illegible] Leute die jederzeit ihre Gesinnung, mit der [illegible] zu rechtfertigen versuchen.
Aber von welcher Wahrheit sprechen Sie eigentlich?!
Gibt es denn eine Wahrheit an sich?! Als Naturwissenschaftler, meine ich, müßten Sie darüber doch mehr und Besseres wissen als ich der es als [illegible] sagen.
Künstler mit den besonderen Erkenntnismöglichkeiten [illegible] [illegible] sagen. Kunst zu [illegible]. Innerhalb dieser Möglichkeiten kann ich doch nur fühlen und denken in Richtung auf den was ich unter Wahrheit verstehe. Die Wahrheit ist konkret, heißt es bei K. Marx. Wenn Sie diesen so simpel klingenden Satz nach vielen Richtungen durchdenken, so werden Sie u. A. feststellen, daß Konkretheit und Wahrheit echt dialektisch zusammen gehören, [illegible] Situationen bedingt zur Anwendung drängen und immer fern den Starrheiten unseres Zeitalters zu dienen versuchen.
Ich habe aber keinen Grund mich zu rechtfertigen und danke Ihnen daß Sie mir gute Arbeit wünschen.

Fritz Cremer

Abschrift

Fritz Cremer
111 Berlin
Waldstr. 76

Berlin 7.9.73

Lieber Herr Eisenfeld!
Ich weiß nicht recht warum ich beim Lesen Ihres Briefes ein ungutes Gefühl habe.
Doch antworte ich Ihnen, wenn auch nur kurz. Ich bin kein Briefeschreiber.
Sie zitieren einen Satz aus der "Manifestation". Ich muß Ihnen sagen, daß ich diesen Satz auch heute selbstverständlich unterschreiben würde. Natürlich ist jede Wahrheit manipulierbar. Und natürlich gibt es Viele, allzu Viele, die damit ihr Gewissen, auch das schlechte zu rechtfertigen versuchen.
Aber von welcher Wahrheit sprechen Sie eigentlich??
Gibt es denn eine Wahrheit an sich?! Als Naturwissenschaftler, meine ich, müßten Sie darüber doch mehr und besseres wissen als ich, der es als sogenannter Künstler mit den besonderen Erkenntnismöglichkeiten, nämlich denen der sogenannten Kunst zu tun habe. Innerhalb dieser Möglichkeiten kann ich doch nur fühlen und denken in Richtung auf das, was ich unter Wahrheit verstehe. Die Wahrheit ist konkret, heißt es bei K. Marx. Wenn Sie diesen so simpel klingenden Satz nach vielen Richtungen durchdenken, so werden Sie u.a. feststellen, daß Konkretheit und Wahrheit erst dialektisch zusammengehören, durch mancherlei Situationen bedingt zur Anwendung drängen und insofern dem Fortschreiten unseres Zeitalters zu dienen versuchen.
Ich sehe also keinen Grund, mich zu rechtfertigen und danke Ihnen, daß Sie mir gute Arbeit wünschen.

gez. Fritz Cremer

(Abschrift)

Peter Hirnfeld
8021 Dresden
[illegible] Str. 68

16

Dresden, d. 11.6.1976

Werte Frau Seghers!

Es ist die Zuflucht zu einer international und national geehrten Persönlichkeit und zudem zu einem mir indirekt vertrauten Menschen, den ich um ein offenes Wort bitte, nachdem das von E. Honecker im Rechenschaftsbericht an den 9. Parteitag verkündete offene Ohr für alle Ideen, Vorschläge und Anregungen bislang eben nur Ohr mit Fragezeichen geblieben ist.

Natürlich bin ich mir der Anmaßung bewußt, Ihre wertvolle Zeit mit dem trockenen Stoff zu unterhalten, der diesem Schreiben beigefügt ist. Andererseits sehe ich jedoch die Notwendigkeit, daß sich zumindest politisch organisierte Kunstschaffende auch für die Probleme zuständig fühlen, die ich in meinem Diskussionsbeitrag zum Entwurf des Programms der SED anführe.

Wie ich dem ND (vom 10.3. 1976) entnahm, haben auch Sie sich zum Programmentwurf im Rahmen Ihres "Fachs" geäußert. Wenn ich Sie richtig verstanden habe, so geht es Ihnen um die allseitige Einbeziehung der Kunst als Mittel der Vermenschlichung des Menschen bei der Entwicklung der sozialistischen Gesellschaft. Dieses Anliegen bejahe ich aus vollem Herzen. Die Menschheit braucht zu ihrem Glück Menschen, die nicht nur so wissenschaftlich wie möglich, sondern vor allem verantwortungsbewußt produzieren. Diese Verantwortung, die eine hohe Ethik einschließt und besonders dem Wissenschaftler und Politiker eigen sein muß, wird eben durch und in der Kunst dem Menschen bewußter gemacht. Zugleich werden durch das Kunsterlebnis im Menschen schöpferische Kräfte geweckt, die seine Arbeitsproduktivität stimulieren. Im wahren Kunstschaffenden wiederum glaube ich den Vorboten des von Marx angedeuteten sich selbst befreienden Menschen zu erkennen.

- 2 -

Die Grundvoraussetzung für eine freie Entwicklung der Kunst einerseits und ihre erzieherische Wirkung andererseits sehe ich jedoch letztlich in der Lösung der von mir angeführten Probleme.

Nicht selten widerspiegelt sich in den Werken des Kunstschaffenden der DDR der Kniefall und die Verbeugung vor einer Macht, die ihm Zügel an die Flügel legt, sobald er versucht, sich frei in den Himmel zu erheben. Es ist besonders der Schriftsteller, der sich redlich müht, diesem neuen Herrn nicht zu zürnen und milde zu stimmen; nur den Göttern zeigt er offen seine Stirn, denen er nicht dienen braucht. Obwohl die Augen des wahrhaftigen Kunstschaffenden mehr sehen, seine Ohren besser hören und sein Herz feiner fühlt als die Beschauer, Hörer und Mitfühlenden seiner Werke, so ist seine Sprache in den meisten Fällen zu stumpf, zu zaghaft, zu wissenschaftlich und oberflächlich, um dem mit den alltäglichen Sorgen belasteten Lohnarbeiter und Gehaltsempfänger im sogenannten real existierenden Sozialismus gerechter, fried- und wahrheitsliebender, mitfühlender, hilfsbereiter, liebenswürdiger, selbstbewußter und mutiger zu machen.

Ist es denn nicht eher der erhobene Zeigefinger, der die meisten Menschen seit der Kindheit verfolgt, der ihnen den Mund, die Augen und Ohren verschließt und das Herz, das Sinnbild der Seele, krank oder kalt werden läßt?
Sind die meisten Genossen, die uns die Zukunft erleuchten sollen, nicht die Objekte eines materialisierten Glaubens mit Gewehr ohne Gewähr?
Und die werktätige Masse, die der Neonleuchte brav folgen soll, ist sie nicht schon blind geworden?

Mit herzlichen Grüßen

Peter Eisenfeld

P.S. Sollten Sie aus bestimmten Gründen meine Bitte nicht erfüllen können, so wäre ich Ihnen für die Bestätigung dieser Sendung dankbar.

ANNA SEGHERS

Berlin, den 21.6.1976

Herrn
Peter Eisenfeld

Lauensteiner Str. 68

8021 Dresden

Sehr geehrter Herr Eisenfeld,

ich bestätige die Ankunft Ihrer Ausführungen mit dem Begleitbrief vom 11. 6.

Leider kann ich Ihr Manuskript jetzt nicht lesen und werde auch in der nächsten Zeit nicht dazu kommen, da ich mir für meine eigene Arbeit mit Mühe und Not die nötige Zeit erkämpfen muß.

Die besten Grüße fügt hinzu

Ihre Anna Seghers

ANNA SEGHERS Berlin, den 26.6.1979

Herrn
Peter Eisenfeld

Lauensteiner Str. 68

8021 Dresden

Sehr geehrter Herr Eisenfeld,

ich bin in Begriff ältere und alte unbeantwortete Post zu ordnen. Denn kurz nach meiner Heimkehr, von der ich Ihnen in meinem letzten, allerdings schon Jahre altem Brief schrieb, mußte ich ins Krankenhaus zurück und bin jetzt, im Grunde genommen, schlechter dran, als ich es vor ein paar Jahren war.

Sie schickten mir damals die Kopie eines Briefes mit dem Titel "Beitrag eines Parteilosen zum IX. Parteitag der SED." Dieser Brief war an Honecker gerichtet.

Ich war damals nicht gesund genug, um in irgendeiner Form zu reagieren. Und inzwischen steht es leider nicht viel besser mit mir.
Ich will Ihnen aber sozusagen zum Zeichen, daß ich Ihren Brief erhalten habe und mich irgendwie um den Inhalt bemühte, das Manuskript wieder zurückschicken.
Entschuldigen Sie bitte, daß es durch meinen schlechten Gesundheitszustand nie zu einer befriedigenden Antwort gekommen ist.

Die besten Grüße fügt hinzu

Ihre Anna Seghers

Die Ausbürgerung von Wolf Biermann und die Verleumdung weiterer prominenter kritischer Schriftsteller bedeutete für alle auf Mündigkeit bestehenden Bürger der DDR eine Herausforderung. Auch ich fühlte mich von diesen Entscheidungen der SED-Führung und ihrer Helfer und Helfershelfer betroffen. Seinen unheilvollen Anfang nahm die politische Verfolgung von Schriftstellern und Künstlern mit dem Ausschluß von Reiner Kunze aus dem Schriftstellerverband. Mein Protestschreiben richtete ich damals an das Präsidium des Schriftstellerverbandes:

> »Aus dem ND konnte ich entnehmen, daß der Schriftsteller Reiner Kunze am 29. Oktober 1976 auf Beschluß des Bezirksverbandes Erfurt/Gera aus dem Schriftstellerverband der DDR ausgeschlossen wurde. Dieser Beschluß ist dann am 3. November 1976 durch das Präsidium des Schriftstellerverbandes der DDR bestätigt worden.
> Laut dieser Mitteilung erfolgte der Ausschluß ›wegen mehrfachen gröblichen Verstoßes gegen das Statut des Verbandes‹.
> Mir ist R. Kunze durch seine Arbeiten als wahrheitssuchender und kritischer Autor bekannt. Es dürfte kein Geheimnis sein, daß die Bücher von R. Kunze, soweit sie in der DDR veröffentlicht wurden, ungewöhnlich schnell vergriffen waren. Auch in den Bibliotheken kramt man vergeblich nach seinen Arbeiten. Diese Tatsache spricht unbestreitbar von der Lebensnähe seines schriftstellerischen Werkes, das meines Erachtens die DDR-Literatur stark belebt und für eine gesunde Entwicklung (die nur aus Widerspruch hervorgehen kann) unserer Gesellschaft unentbehrlich ist.
> Leider läßt die obengenannte Begründung des Ausschlusses alle Fragen offen, die zumindest den Leserkreis R. Kunzes zu dieser nicht nur kulturpolitisch schwerwiegenden Entscheidung interessieren.
> Ich bitte deshalb um eine ausführliche Aufklärung über die konkreten Umstände des Ausschlusses und wäre sehr dankbar, wenn Sie im Interesse Ihrer Brotgeber dieses

Schreiben und Ihre Antwort dazu in einem entsprechenden Presseorgan (ND) veröffentlichen würden.«[64]

Im Falle Wolf Biermann schrieb ich an das ZK der SED und zweimal an Hermann Kant. Mein Protest an das ZK der SED vom 18. November 1976 lautete:

»Die zwangsweise Ausbürgerung von Wolf Biermann, eines DDR-Bürgers, der in der DDR leben will und sich - ausgehend von seinem Sozialismusverständnis - mit den Erscheinungen der gesellschaftlichen Entwicklung kritisch auseinandersetzt, bewerte ich als einen groben Verstoß gegen die Menschenwürde, als eine Entscheidung gegen die Humanisierung und Demokratisierung der Gesellschaft. Sie belastet das Vertrauensverhältnis zwischen dem Staatsbürger und seinen Repräsentanten, sie bedeutet Wasser auf die Mühlenräder des Radikalismus und der Reaktion, sie ist letztlich gegen die DDR selbst gerichtet.
Es wäre der Sache des Sozialismus im nationalen und internationalen Maßstab sehr dienlich, wenn Wolf Biermann in seine Heimat zurückkehren dürfte, es wäre meines Erachtens eine lobenswerte und verständnisvolle Reaktion auf eine übereilte politische Fehlentscheidung.

PS: Wie grotesk diese Art Ausbürgerung aus anderer Sicht ist, zeigt folgender Tatbestand:
Nachdem mein Bruder legal nach Westberlin übergesiedelt war, wurde mir in einem Kadergespräch, von dem ich Aufklärung (auf die ich noch heute warte) über die getroffene Entscheidung zur Einschränkung meiner beruflichen Tätigkeit erhoffte, von einem leitenden Genossen der Vorwurf gemacht, daß ich meinen Bruder dem Klassenfeind überließ.«[65]

---

[64] Schreiben von Peter Eisenfeld an das Präsidium des Schriftstellerverbandes zum Ausschluß des Schriftstellers Reiner Kunze vom 11.11.1976; ebenda.

[65] Schreiben von Peter Eisenfeld an das ZK der SED zur Ausbürgerung Wolf Biermanns vom 18.11.1976; ebenda.

Hermann Kant schrieb ich am 10. Dezember 1976 einen längeren Brief. Von ihm wollte ich auf seine Replik im ND vom 20./21. November 1976 unter anderem gern wissen, »wer, wie und warum wer vor Biermann schutzbedürftig ist, wogegen sich wer vor ihm schützen muß, wie der Schutzmann heißt«. Ich fragte ihn, warum ihm und anderen Befürwortern der Ausbürgerung unbegrenzt viel Platz in den Medien eingeräumt würde, während der Protest gegen die Ausbürgerung nicht zu Wort käme. Ich fragte ihn auch, ob diese Art Informationspolitik davon ausgehe, daß das Volk etwas glaube, was es nicht wisse, oder etwas weiß, was es nicht wissen darf und ob es nicht besser wäre, wenn sich die sozialistischen Übermittlungs- und Verstärkungsanlagen den Problemen der Bürger selbst annehmen würden, statt sie den kapitalistischen Medien zu überlassen.

Eine Antwort blieb aus. Als Kant dann in einem Offenen Brief im ND vom 24. Mai 1978 gar noch behauptete, daß nur Bürger Antwort erwarten können, die sich in ihrem Anliegen nicht der Westmedien bedienten, bat ich ihn um die Höflichkeit, mir doch einen der folgenden Verdachtsmomente zu bestätigen, ob er »entweder meinen Brief vom 10. Dezember 1976 (adressiert an den Schriftstellerverband) noch immer nicht erhalten habe oder meine darin geäußerten Vorstellungen nicht falsch findet oder mich mit meinen falschen Vorstellungen herumlaufen lassen möchte«.[66] Aber selbst mit diesen Fragen ließ sich der Vorsitzende des Schriftstellerverbandes der DDR nicht aus der Reserve locken.

Zwischenzeitlich (am 27. Mai 1979) hatte ich den Schriftstellerverband in einem Protestbrief an sein Präsidium aufgefordert, sich von der öffentlichen Verleumdung anerkannter Schriftstellerkollegen zu distanzieren. Der Schriftsteller Dieter Noll hatte in einem Brief an Honecker, veröffentlicht am 22. Mai 1979 im ND die Schriftsteller Stefan Heym, Joachim Seyppel und Rolf Schneider als »kaputte Typen« und »Klüngel sogenannter Literaten« bezeichnet. Wiederum wurden ohne Aufhellung der politischen Zusammenhänge und Hintergründe Schriftsteller in aller Öffentlichkeit diffamiert und in ihrer Würde verletzt, nur weil sie einen kritischen Brief über die Kulturpolitik der DDR im Westen inoffiziell veröffentlichten. Meine bislang unbeantwortet gebliebenen Schreiben waren für mich Rechtfertigung

---

[66] Schreiben von Peter Eisenfeld an Hermann Kant vom 25.5.1978; ebenda.

Hermann Kant

ND, 20/21.11.1976

Einige meiner Kollegen — darunter solche, denen ich seit langem befreundet bin, und darunter niemand, dessen künstlerischer Leistung ich meinen Respekt versage — haben es für angemessen oder erforderlich gehalten, sich in Sachen Biermann an die Regierung unseres Landes zu wenden, zu protestieren und gleichzeitig um gelassenes Bedenken anzusuchen.

Ich will nicht verhehlen, dies rasch zu sagen, daß ich Herrn Biermann ganz gut ausgehalten habe und auch weiterhin ausgehalten hätte; mich brauchte man nicht vor ihm zu schützen.

Meine Sorge geht anders: Wer oder was gewinnt, und wer oder was verliert etwas, wenn sozialistische Künstler, die ihrer sozialistischen Regierung eine Mitteilung zu machen wünschen, sich kapitalistischer Übermittlungs- und Verstärkeranlagen bedienen? Wie behauptet sich Gelassenheit im Medienlärm? Wer kann etwas bedenken in diesem Triumphradau? Woran erkennt man seine Freunde, wenn sie dem Feinde Worte in den Mund legen, die ihm beinahe schon ausgegangen waren?

Und, übrigens, haben meine Genossen und Kollegen, die solchen Brief zu schreiben wußten, Herrn Biermann um Gelassenheit, Bedenken oder gar Zurückhaltung gebeten? Ist nicht wenigstens dem einen oder anderen von ihnen die Idee gekommen, über Maßnahmen könne sich erst reden lassen, wenn auch der Verursacher dieser Maßnahmen mit sich reden lasse und gewisse Reden lasse?

Ich glaube nicht, auch dies im Gegensatz zu meinen protestierenden Kollegen, daß die DDR Wolf Biermann zu Zwecken der ständigen Selbstreinigung nötig hat, aber ich glaube sehr, daß sie eine sozialistische und also und also und also kritische Kunst nötig hat. Wollen wir nicht lieber bei dieser Sache bleiben und das, was ihretwegen auszufechten ist, miteinander und untereinander tun? Einer aus unserer Zunft, der besonders scharf wußte, wie man sich im Klassenkampf zu halten hat, schrieb uns die Worte der Viborger Häuslerin auf: „Mein Athi im Gefangenenlager hat einen Fisch und Butter nicht genommen, weil ich's bei der Gutsherrin gebettelt hab, und er nimmt nichts von denen."

Man nimmt nichts von denen — daß man denen nichts gebe, so meinte wohl Brecht, brauchte man in dieser Welt nicht mehr zu sagen.

18. November 1976

Hermann Kant

KULTUR

ND: 22.5.1979

Brief von Dieter Noll an Erich Honecker

Der Schriftsteller Dieter Noll hat sich in einem Brief an den Generalsekretär des Zentralkomitees der Sozialistischen Einheitspartei Deutschlands, Erich Honecker, gewandt, der folgenden Wortlaut hat:

Sehr verehrter Genosse Erich Honecker!

Angesichts der Hetzkampagne, die von den Feinden unserer sozialistischen Gesellschaft gegenwärtig mit ungewöhnlicher Intensität geführt und auch in unser Land hineingestrahlt wird, ist es mir ein Bedürfnis, Ihnen ein paar impulsive Zeilen zu schreiben. Denn der Gegner gibt ja mit unverschämter Anmaßung vor, im Namen vieler oder gar aller Schriftsteller unseres Landes zu sprechen. Davon, lieber Genosse Honecker, kann überhaupt keine Rede sein!

Die gesetzlichen Verordnungen, die sich gegen die subversive Tätigkeit der feindlichen Massenmedien richten, und die notwendige Konsequenz, die diesen Maßnahmen Respekt verschafft, wurden von mir und meinen Freunden mit Genugtuung zur Kenntnis genommen. Und ich möchte Ihnen versichern, daß die übergroße Mehrheit meiner Berufskollegen dies ebenso sieht wie ich. Einige wenige kaputte Typen wie die Heym, Seyppel oder Schneider, die da so emsig mit dem Klassenfeind kooperieren, um sich eine billige Geltung zu verschaffen, weil sie offenbar unfähig sind, auf konstruktive Weise Resonanz und Echo bei unseren arbeitenden Menschen zu finden, repräsentieren gewiß nicht die Schriftsteller unserer Republik. Die Partei kann auch überzeugt sein, daß die überall in den Betrieben arbeitenden Menschen unseres Landes die Maßnahmen unserer Regierung billigen und kein Verständnis dafür aufbringen, wie da ein kleiner Klüngel von sogenannten Literaten verzweifelt von sich reden machen will, indem er sich vor den Karren des Westfernsehens spannen läßt oder die Partei mit unverschämten offenen Briefen traktiert: Davon habe ich mich im Gespräch mit meinen Lesern während der letzten Wochen allerorts, zwischen Prora und Meiningen, überzeugen können.

Die Mehrheit der Schriftsteller denkt hingegen wie ich: Wir sollten uns nicht durch dreiste Einmischung der bürgerlichen Journaille in unserer Kulturpolitik stören lassen. Und die Kulturpolitik des VIII. und IX. Parteitages ist uns kostbar und teuer, denn sie hat uns eine neue Dimension künstlerischer Schaffensfreiheit erschlossen. Wir — meine Kollegen und ich — werden bemüht sein, eine dieser Kulturpolitik adäquate neue Qualität tieferer künstlerischer Eigenverantwortung künftig immer besser zu zeigen und entschlossener zu verwirklichen, zum Wohl der kulturellen Weiterentwicklung dieses unseres Staates, dessen wachsende sozialistische Wirklichkeit unserem Willen und Wollen entspricht.

Sehr verehrter Genosse Erich Honecker, es ist viel Zeit vergangen, seit Sie mir einmal anerkennende Worte über meinen „Werner Holt" gesagt haben. Ich habe versucht, diese Zeit optimal zu nutzen, auch, wenn es zeitweilig still um mich geworden war. Heute nun, da mein neuer Roman den Bürgern unseres Landes vorliegt und einiges Interesse erweckt hat, gebe ich der impulsiven Regung nach, Ihnen diese Zeilen zu schreiben, damit Sie noch fester überzeugt sein können: Meine Schriftstellerkollegen und ich sind und bleiben der Partei für immer in Treue verbunden.

Ich schließe mit den besten Wünschen für Ihr persönliches Wohlergehen und bin

aufrichtig

Ihr

Dieter Noll

ND, 24.5.1978

Offener Brief (mit Vorspruch) an Mr. Straus und Mr. Hill

Am vergangenen Donnerstag meldete die Hamburger Wochenschrift „Die Zeit", der US-amerikanische Verleger Roger W. Straus habe in einem Schreiben an mich gegen „die Ausladung" von Christa Wolf vom Schriftstellerkongreß protestiert.

Ich kenne den Brief von Herrn Straus noch nicht und muß mich daher an die „Zeit" halten, was ich aus mehreren Gründen ungern tue. Wenigstens zwei der Gründe will ich nennen: Erstens entnehme ich an mich gerichtete Schreiben lieber meinem Briefkasten als einer Zeitung, und zweitens gebe ich nicht viel auf die Verläßlichkeit der „Zeit"; ich habe sie erst neulich bei einer Fälschung erwischt.

Doch nehmen wir einmal an, die „Zeit" zitiere Herrn Straus richtig. Dann hätte Herr Straus mir geschrieben, Christa Wolf sei vom Kongreß „verbannt" und „bestraft" worden. Ich will gern darauf eingehen, möchte aber zunächst erklären, warum ich, der ich nicht allzuviel von Offenen Briefen halte, hier einen Offenen Brief an jemanden schreibe, der mir einen Brief geschrieben haben soll. Weil an jenem Donnerstag, an dem die „Zeit" mir Post von Herrn Straus ankündigte, tatsächlich Post eines amerikanischen Verlegers bei mir eingetroffen ist. Freilich hieß der Absender nicht Straus, sondern Hill, und freilich sorgte er sich weniger um Christa Wolf (die in dem Brief als Christa Wolfe vorkommt), als vielmehr um Stefan Heym, dessen „Schmähschrift" er verlegt hat und den er auf dem Schriftstellerkongreß der DDR (die in dem Brief als „Ostdeutschland" vorkommt) zu sehen wünscht.

Nun wäre das immer noch kein Grund, daß ich mir das Wochenende verderbe und die Öffentlichkeit mit einem Offenen Brief behellige. Ein zwingender Grund stellt sich erst mit folgendem her: Im sogenannten Verteiler des Schreibens von Lawrence Hill an mich (das übrigens in freundlichem Ton gehalten ist und mich in seiner Freundlichkeit gar zum Dr. ernennt), im Verteiler des Hill-Briefes werden drei Personen und zwei Institutionen aufgeführt, welchen Kopien des Briefes von Lawrence Hill an „Dr. Herman Kant" zugestellt wurden.

Die Personen sind vielleicht nicht so wichtig, obwohl die eine, siehe da, Roger Straus heißt; wichtiger sind der PEN und die amerikanische Verlegerzeitschrift „Publishers Weekly". Der eine hat eine Menge Mitglieder, und die andere hat womöglich eine Menge Leser. Und wenn von diesen Mengen sich auch nur geringere Teile von dem Beispiel der Herren Straus und Hill inspirieren ließen und mir Briefe ähnlichen Inhalts schrieben, dann bekäme ich viel Post, was ich zwar gern habe, aber nicht so gern, wenn ich sie beantworten muß. Doch diese Post müßte ich beantworten, weil ich ihre Verfasser nicht mit falschen Vorstellungen herumlaufen lassen möchte. – Mein Beruf ist u. a. gegen falsche Vorstellungen da.

Ende des Vorspruchs, Anfang des Offenen Briefes:

Werte Herren, Sie haben in der „New York Times" etwas gelesen, das zwar nicht stimmt, Sie aber gleichwohl an mich schreiben ließ. Sie, Herr Straus, protestieren gegen etwas, das Sie eine „Ausladung" genannt haben sollen, und Sie sollen Ihren Protest mit der Vermutung begründet haben, Christa Wolf sei „bestraft" und „verbannt" worden.

Hätten Sie nicht, bevor Sie Ihre Sekretärin zum Diktat bemühten, bei meiner Kollegin, die Ihre Autorin ist, anfragen können, was es mit dieser „Ausladung" auf sich habe? Sollte man nicht einem Protest eine Prüfung vorausschikken? Setzt Sie die Lektüre der „New York Times" immer so schnell in Gang? Und ist das nicht reichlich riskant in einem Lande, wo die Verurteilung wegen „libel", also Verleumdung, ziemlich ins Geld zu gehen pflegt?

Vor Gericht, werter Herr Straus, wäre Ihnen eine Verurteilung wegen „libel" sicher, aber keine Sorge, wir werden kein Gericht mit diesem Kram behelligen.

Ich jedoch werde Sie behelligen, und zwar mit der Mitteilung, daß Sie Unsinn reden und ohne Grund Protestbriefe versenden. Denn hätten Sie Christa Wolf, deren „Aufrichtigkeit" (das steht hier in Anführungsstrichen, weil es, laut „Zeit", ein Zitat aus Ihrem Schreiben an mich ist) Sie so zu rühmen wissen, gefragt, dann hätte Ihnen die Kollegin Wolf in aller Aufrichtigkeit sagen müssen, daß sie weder ausgeladen noch bestraft noch verbannt worden ist.

Aber ich räume die Möglichkeit ein, daß Sie versucht haben, Christa Wolf zu erreichen, und für diesen Fall sage ich Ihnen, daß Sie Ihre Autorin aus dem gleichen Grunde nicht gefunden haben, aus dem sich auch erklärt, warum sie nicht auf unserem Kongreß zu finden sein wird.

Es geht Sie zwar nicht das Geringste an, aber ich gebe Ihnen die Auskunft, weil ich hoffe, Sie ein wenig damit zu ärgern – ein bißchen nachtragend wird man wohl doch noch sein dürfen. Christa Wolf befindet sich zur Zeit in Schweden, und zur Zeit unseres Kongresses wird sie sich in Stockholm befinden. Wenn Sie das weiterhin Verbannung nennen wollen, müssen Sie sehen, wie Sie den Schweden das erklären.

Ich aber erkläre Ihnen, obwohl es Sie ganz und gar nichts angeht, Herr Straus: Wir haben Christa Wolf nicht nur nicht ausgeladen, wir haben versucht, sie einzuladen, aber sie hat es ausgeschlagen, weil sie einer anderen Einladung folgen zu müssen glaubte. Eben der nach Stockholm.

Fragen Sie Ihre Autorin, Herr Straus, und fragen Sie sie auch, ob ich, der Beinahe-Empfänger Ihres Protestschreibens, sie erst kürzlich um ihre Mitwirkung im Schriftstellerverband gebeten habe. Auch das geht Sie eigentlich nichts an, werter Herr Straus, aber ich habe Christa Wolf weder ausgeladen noch bestraft noch verbannt; ich habe sie um Mitwirkung gebeten.

So liegen die Dinge, Herr Straus, und ich sehe Ihrer Entschuldigung geduldig entgegen.

Doch nun zu Ihnen, lieber Lawrence Hill. Zwar scheint mir, daß ich Ihnen und Ihrer Aktivität (siehe den Verteiler Ihres Briefes) den Protest von Herrn Straus und den Verlust eines Wochenendes und wer weiß was noch zu verdanken habe, aber da Sie mir freundlichen Tones geschrieben haben, will ich Ihnen in freundlichem Tone antworten.

Sie teilten mir mit, Sie hätten aus der „New York Times" erfahren, „Heym, Christa Wolfe und verschiedene andere prominente ostdeutsche Autoren" seien „nicht eingeladen worden, am Kongreß des ostdeutschen Schriftstellerverbandes teilzunehmen", und Sie schlossen Ihren Brief mit dem Satz: „Ich fordere Sie eindringlich auf („I urge you ..."), Ihren Einfluß zu benutzen („to use your influence"), um den Schriftstellerkongreß diesen Autoren zu öffnen wie auch allen anderen, die an ihm teilzunehmen wünschen."

Nun ja, lieber Herr Hill, wie sage ich es Ihnen am besten? Am besten sage ich es Ihnen recht übersichtlich, also:

1) Wie es um Christa Wolfs Teilnahmewunsch und meinen Versuch, meinen „Einfluß zu benutzen", gestanden hat, habe ich Ihrem Kollegen Straus eben erzählt, obwohl es ihn nichts angeht.

2) Was „andere prominente ostdeutsche Autoren" betrifft, will ich hier nicht mit Ihnen bereden, weil unser beider Auffassungen über Prominenz womöglich auseinandergehen.

3) Im Falle Stefan Heym gehen sie vielleicht gar nicht so auseinander, nur tut das nichts zur Sache, denn Stefan Heym ist von seinem Bezirksverband, der in geheimer Abstimmung seine Kongreßdelegierten gewählt hat, weder delegiert noch überhaupt erst nominiert worden. Sein Name ist auf dieser Versammlung gar nicht gefallen, obwohl eine Reihe seiner engeren Freunde anwesend waren. Hingegen nicht anwesend war Stefan Heym selbst, so daß nicht einmal sicher ist, ob er überhaupt delegiert zu werden wünschte.

Ich weiß nicht, lieber Herr Hill, ob Sie in den USA eine Methode entwickelt haben, mit der man jemanden in den Kongreß schicken kann, der weder nominiert noch gewählt worden ist noch sich zur Sache geäußert hat – wir jedenfalls haben eine solche Methode nicht; bei uns geht es ganz altmodisch demokratisch zu: Offene Aussprache hin und her, Nominierung, Kandidatur, geheime Abstimmung, Mehrheit siegt.

Diese Prozedur ist im Falle Heym gar nicht erst in Gang gekommen; niemand hat sie in Gang gesetzt, Ihr Autor auch nicht.

4) Unter solchen Umständen, unter demokratischen Umständen also, hilft auch mein von Ihnen vermuteter Einfluß nichts. Ihre dringliche Aufforderung, lieber Lawrence Hill, klingt geradezu absurd. Stellen Sie sich vor, ich forderte Sie in meiner Eigenschaft als Freund der Bücher Norman Mailers, der Stücke Edward Albees oder der Reportagen und Glossen von Tom Wolfe auf, Sie sollten, nach einer Wahl zum Repräsentantenhaus, Ihren Einfluß geltend machen, daß nun auch noch Mailer und Albee und Wolfe Congressmen würden. Stellen Sie es sich vor, und dann wissen Sie ungefähr, wie mir nach Ihrem Briefe war.

Ja doch, ich weiß auch, daß unser Schriftstellerkongreß nicht mit Ihrem Repräsentantenhaus und unsere Delegierten nicht mit Ihren Congressmen zu vergleichen sind; es ging mir um die Absurdität Ihrer Aufforderung. Und es geht mir darum, Ihnen zu sagen, daß der Schriftstellerverband der DDR weder so etwas wie die Panamakanal-Zone ist, noch eine Bananenrepublik, die in Wahrheit der United Fruit Company oder jener anderen famosen „Company" gehört.

Regiert wird dieser Verband von seinen gewählten Körperschaften; er wird demokratisch regiert, und dabei soll es bleiben.

Aufrichtig Ihr

20. V. 78 *Hermann Kant*

genug, nun die Inanspruchnahme von Westmedien zu verteidigen. Das ließ ich in meinem Schreiben an das Präsidium, als dessen Präsident im Mai 1978 Hermann Kant gewählt wurde, unmißverständlich durchblicken:

> »Leider zeigt die Wirklichkeit, daß sich der DDR-Bürger mit vom Staats- und Parteidenken abweichender Meinung erst an die bürgerliche Presse wenden muß, um überhaupt ein Echo von den um Antwort ersuchten Instanzen und Personen zu erhalten. Diesen Menschen daraus den Vorwurf zu machen, ›mit dem Klassenfeind zu kooperieren‹ (D. Noll), ist Demagogie und bedeutet die Verwechslung von Ursache und Wirkung.«[67]

Auch auf dieses Schreiben dauerte das große Schweigen an. Erst als ich Hermann Kant Anfang 1981 im Hinblick auf seinen Beitrag »Schreiber, Leser und Verbände« im Heft 5/80 von »Sinn und Form« beim Wort nahm, sah er sich offenbar zu einer Antwort genötigt. In diesem Beitrag monierte er:

> »Wer sich der politischen Mittel des Gegners bedient, wird nach Zwecken nicht gefragt. Hat er seine Post über die Relais der Gegenseite laufen lassen, wird ihr die Annahme meist verweigert. Denn, so heißt es bei den eigentlich gemeinten Empfängern, es kann nicht gut sein, was sie bringt. Was immer die Absichten des Absenders waren, die Absichten des Vermittlers sind bekannt. Wenn er die Sendung beförderte, muß sie ihm in die Sendung passen. Also unbesehen zurück mit dem Zeug!
> Mag nun, wer so reagiert, recht haben oder nicht - die Beschreibung ist aus dem Leben gewonnen. Der Umweg durch die Westkurve ist weniger als ein Umweg, er ist eine Sackgasse.«[68]

---

[67] Schreiben von Peter Eisenfeld an das Präsidium des Schriftstellerverbandes zum Brief von Dieter Noll an Erich Honecker vom 27.5.1979; ebenda.

[68] Hermann Kant: »Schreiber, Leser und Verbände«. In: Sinn und Form, 5 (1980); ebenda.

SCHRIFTSTELLERVERBAND
DER DEUTSCHEN DEMOKRATISCHEN REPUBLIK

108 Berlin, Friedrichstraße 169
Telegrammadresse: Schriva Berlin
Bankkonto: BSK Berlin Nr. 6651-17-662
Postscheckkonto: Berlin Nr. 5382
Betriebs-Nr. 00257 011
Telefon: 237

Herrn
Peter Eisenfeld

8053 Dresden
Schubertstraße 30

Ihr Zeichen
Unser Zeichen K/Wi

Berlin, den 12. Januar 1981

Lieber Herr Eisenfeld!

Wie ich aus Ihrem Schreiben ersehe, gehören Sie zu den vielen Bürgern unseres Landes, die sich gelegentlich an unseren Verband mit Fragen wenden oder gewandt haben.

Aus meinen Unterlagen geht hervor, daß ich Ihnen auf Ihre Erkundigung in Sachen Dieter Noll geantwortet habe. Der Brief scheint in der Tat in irgendeiner Sackgasse gelandet zu sein, wofür ich aber nicht verantwortlich gemacht werden möchte. Im übrigen ist der von Ihnen genannte Aufsatz aus "Sinn und Form" in seiner Ganzheit als eine Art Generalantwort auf viele Briefe zu verstehen. Ich müßte zum professionellen Briefeschreiber werden, wenn ich meine Post anders beantworten wollte.

Mit freundlichen Grüßen

Hermann Kant

Nun, ich hatte auch eine aus dem Leben gewonnene Beschreibung, die sich von der des Schriftstellers Kant nur dadurch unterschied, daß meine Post an ihn und an den Schriftstellerverband auf gradlinigem Ostweg schneller und ohne jede Replik in der Sackgasse landete. In meiner Antwort stimmte ich seinem: »Ja, der publizistische Umgang, den wir miteinander treiben, ist zu engherzig, ist überängstlich, wird von Empfindlichkeiten und Befürchtungen bestimmt und bemessen, die so in dieser Welt nicht gelten sollten. Es könnte, es müßte mehr Streitiges veröffentlicht werden. Es warten ganz andere Prüfungen auf uns, da sollten wir uns vor abweichender Ansicht fürchten?«[69] aus vollem Herzen zu. Dieses Mal hielt ich schon nach zehn Tagen die Antwort in der Hand.

Die Sackgasse könnte natürlich die Stasi gewesen sein, denn auch meine Schreiben an den Schriftstellerverband fanden sich bis auf den Schriftwechsel 1981 in meinen Stasi-Akten zum OV »Erz« (1985 bis 1987) als gesammeltes Material aus dem Jahre 1979 wieder.

Von der Stasi nicht erfaßt war mein Diskussionsbeitrag zur 8. Kunstausstellung der DDR, den ich Anfang 1978 der kulturpolitischen Zeitung »Sonntag« zum Abdruck anbot. Darin faßte ich meinen Eindruck von der Ausstellung und meine Erwartungen an die Kulturpolitik in sechs Thesen zusammen:

> »1. Die im Vergleich zu früheren Ausstellungen dieser Art auffallende Vielfalt der Handschriften ist offensichtlich darauf zurückzuführen, daß mehr Künstler zu Wort kommen als bislang üblich war. Nicht das Bewußtsein der Künstler und ihre Ausdrucksformen haben sich also kurzfristig geändert (in diesem Zusammenhang wird zur Zeit oft von einer erfolgreichen Bilanz der Kunstentwicklung in den letzten fünf Jahren gesprochen), sondern das Verhältnis der Parteiführung zur Kunst und zum Künstler.
>
> 2. Fraglich erscheint, ob man in technisch perfekt anmutenden althergebrachten Formen Inhalte einer hauptsächlich gesellschaftlich veränderten Welt ausdrücken kann (Werner Tübke, Heinz Zander, Heinz Plank, Volker Stelz-

[69] Schreiben von Peter Eisenfeld an Hermann Kant vom 1.1.1981; ebenda.

mann, Arno Rink, Horst Sakuloweski, Christoph Wetzel und andere). Viele Bilder dieser Künstler sind zugleich durch Sinnbilder stark verschlüsselt (Heinz Zander, Werner Tübke, Volker Stelzmann, Heinz Plank).
Hier scheint mir der Zugang zum Bild einerseits durch die Zerstörung der Dialektik von Inhalt und Form und andererseits durch die Umschreibung (Verschleierung) der Wahrheit versperrt zu sein. Die Wirklichkeit wird meines Erachtens in diesen Fällen in erster Linie logisch abstrakt statt sinnlich konkret widergespiegelt.

3. Die vom Künstler mitgeteilte Wahrheit über die Wirklichkeit sollte schlicht und klar, vor allem über den sinnlichen Genuß zugänglich sein (Heinrich Tessmer, Hans-Peter Hund, Hans Vent, Werner Wittig, Claus Weidensdorfer, Hans Jüchser, Harald Kretzschmar, Charlotte Pauly, Nuria Quevedo, Fritz Cremer, Bernd Boeske, Hermann Glöckner, Manfred Richard Böttcher, Carlfriedrich Claus und andere).
Diese Arbeiten sind nicht weniger mensch- oder gesellschaftsbezogen (auch wenn sie auf den ersten Blick als solche nicht in Erscheinung treten) als beispielsweise Brigadebilder. In der Intensität der Verinnerlichung des zu bewältigenden Gegenstandes liegt die Kraft, die den Betrachter mobilisiert, sich und die Gesellschaft zu vervollkommnen, nicht aber in der Fülle dargebotenen Diskussionsstoffes, der nicht selten für jeden eine Lösung oder Selbstbestätigung bereithält.

4. Die augenscheinlich politisch motivierten und aufklärerischen Bilder sind meines Erachtens bis auf wenige Ausnahmen (zum Beispiel Cremer, Boeske) künstlerisch nicht bewältigt. Hier scheint das Bild als Mittel verstanden zu werden, das in erster Linie belehren soll, was und wer gut oder böse ist. Die Schaffensweise erfolgt wahrscheinlich nach dem bewährten Erfolgsmotto: der Zweck heiligt die Mittel (Willi Sitte, Bernhard Heisig, Ulrich Hachulla, Lea Grundig, Siegfried Besser, Günter Tiedecken, Kurt Pers, Willi Neubert, Kandt-Horn, Walter Womacka, Knut K.

Müller und andere). In diesen und thematisch anderen Arbeiten fehlt entweder die Sinnlichkeit völlig (Kandt-Horn, Fritz Dähn, Ulrich Hachulla, Rolf Schubert, Hans Grundig, Gerhard Bondzin, Dieter Bock und andere) oder wird die Reizschwelle des sinnlichen Genusses überschritten (Willi Sitte, Sighard Gille, Bernhard Heisig).

5. Vordringlichste Aufgabe der Kunstpolitik sollte vor allem darin bestehen, das bislang künstlerisch einseitig geund verbildete breite Publikum durch viele kleine Einzelausstellungen der unterschiedlichsten Handschriften in einen aufnahme- und verständigungsbereiten, selbstbewußten und kunstbedürftigen Betrachter zu verwandeln. Nur so kann der gesellschaftliche Auftrag an den Kunstverwalter und Künstler verstanden werden. Kunst muß in erster Linie Bedürfnisse wecken, nicht aber befriedigen.

6. Der beschrittene Weg auf dem Gebiet der Kunst sollte Anlaß sein, auch anderen Formen der Reflexion der Wirklichkeit (Literatur, Gesellschaftswissenschaften und anderes) mehr Raum zu geben, um auch hier die der Gesellschaft innewohnenden vielfältigen geistigen Kräfte zur Entfaltung kommen zu lassen.
Grundsätzlich bin ich der Auffassung, daß sich die Kunst und andere schöpferische Formen des gesellschaftlichen Bewußtseins frei entwickeln und der Gesellschaft zugänglich gemacht werden müssen, nicht aber von einer kleinen elitären Menschengruppe gesteuert werden dürfen. Denn erst eine allseitige Aufdeckung und Verbreitung dieser Bewußtseinsformen der Gesellschaft schaffen das wirklichkeitsnahe Spiegelbild der natürlichen und gesellschaftlichen Umwelt, sind die Voraussetzung für die Selbstentfaltung und -verwirklichung des Individuums und der Gemeinschaft.«[70]

---

[70] Thesen zur Kulturpolitik von Peter Eisenfeld an die Redaktion des »Sonntag« vom 1.1.1978 zur 8. Kunstausstellung der DDR; ebenda.

Im Antwortschreiben behielt sich die stellvertretende Chefredakteurin, Dr. Chr.-M. F. vor, »eventuell den einen oder anderen Aspekt zu veröffentlichen«. Das war's dann auch.

Die Stasi sondiert mein neues Umfeld

Für den Zeitraum zwischen 1972 und 1979 liegen mir nur relativ wenige Stasi-Unterlagen vor. Der Vorgang »Maler« aus meiner Wismut-Zeit wurde zwar der MfS-Bezirksverwaltung Dresden übergeben, die aber legte offensichtlich keinen Wert auf eine weitere operative Bearbeitung. Abgesehen von den schon genannten Informationen der Bezirksverwaltung über das Dolmetschverbot und sein gerichtliches Nachspiel sowie über das Reiseverbot nach Westberlin sind dennoch einige andere Aktivitäten erwähnenswert. Ein Bericht der Bezirksverwaltung für Staatssicherheit Karl-Marx-Stadt, Abteilung XX, vom Mai 1974, gewährt einen Stasi-Einblick in das Familienalbum der Eisenfelds. Dabei handelte es sich um einen Ermittlungsauftrag zu meiner Schwester Brigitte, die in dieser Zeit an der Oper in Karl-Marx-Stadt als Sängerin engagiert war. Dort heißt es unter anderem:

> »Die E. unterhält familiären Kontakt zu ihren Brüdern, die alle dem MfS bekanntgeworden sind:
>
> - Ein Bruder der E. ist in Dresden freiberuflich als Maler tätig und wird durch die KD [Kreisdienststelle] Dresden unter operativer Kontrolle gehalten. Er vertritt einen negativen politischen Standpunkt. In seinen Werken widerspiegeln sich antisozialistische und dekadente Auffassungen. Durch operative Maßnahmen wurde in der Vergangenheit die Veröffentlichung seiner Werke verhindert. Der Bruder der E. bezeichnet sich selbst als ›Regimeopfer‹.
> - Der zweite Bruder der E., ein Diplomingenieur, wurde wegen seiner negativen politischen Haltung aus der SDAG Wismut entlassen. Die operative Bearbeitung nach § 106 StGB erfolgt durch die Wismutdienststelle Königstein.

- Der dritte Bruder der E., Finanzökonom in Halle, wurde 1968 wegen Beteiligung an einer Flugblattaktion durch die BV Halle inhaftiert.
- Der vierte Bruder, Nachrichtensprecher beim Rundfunk Berlin, wurde dem MfS durch seine homosexuellen Beziehungen bekannt.«[71]

Ein Bericht der Abteilung II (Spionageabwehr) der Bezirksverwaltung Karl-Marx-Stadt an die Kreisdienststelle Auerbach/Vogtland befaßte sich mit meiner angeblichen Verbindung zur chinesischen Botschaft in der DDR:

> »Entsprechend des Fernschreibens des Genossen Minister über verstärkte maoistische Aktivitäten vom 4.3.1976 ist das Material in der Diensteinheit VSH-mäßig zu sichern. Sollte genannte Person inzwischen verzogen sein, bitten wir um Weiterleitung des Materials an die zuständige Diensteinheit und telefonische Information an die Abteilung II/3, Telefon 5694.«[72]

Hintergrund dieser Meldung dürften meine Briefe an die Botschaften Jugoslawiens, Koreas und Chinas gewesen sein. Ich hatte um Informationsmaterial gebeten, um mir über den Konflikt Chinas mit der SU ein eigenes Bild machen zu können. Eine Antwort auf diese Briefe erhielt ich nicht.

Anfang Mai 1978 wurde ich in den Operativen Vorgang (OV) »Wachberg« einbezogen, in dem die Stasi-Kreisdienststelle Dresden-Stadt meinen Bruder Ulli »operativ bearbeitete«. Ein Stasi-Informant aus Westberlin hatte den Staatssicherheitsdienst auf die »Feindtätigkeit« meines Zwillingsbruders Bernd im Berliner Gesamtdeutschen Institut und auf den Besuch eines kunstinteressierten Mitarbei-

---

[71] Ermittlungsauftrag der BV Karl-Marx-Stadt vom 15.5.1976; Privatarchiv Brigitte Eisenfeld.

[72] Schreiben der BV Karl-Marx-Stadt, Abteilung II an die BV Karl-Marx-Stadt, KD zur Verbindung des Peter Eisenfeld zur chinesischen Botschaft vom 3.4.1976; BStU, ASt Dresden, AOP 1900/87, Bd. 1, S. 91 (MfS-Zählung).

ters dieser Westberliner »Feindorganisation« bei meinem Bruder in Dresden hingewiesen. Die entsprechende Zuarbeit für die Dresdener Kreisdienststelle erfolgte durch die Abteilung XV (Auslandsaufklärung) der Bezirksverwaltung Potsdam des MfS. Dieser OV wurde aufgrund unzureichender strafrechtlicher Relevanz Ende Mai 1978 von der Hauptabteilung XX[73] in eine operative Personenkontrolle (OPK) mit dem Ziel der »Nachweisführung einer feindlichen Tätigkeit gemäß § 100 StGB und Prüfung gemäß § 97 StGB« umgewandelt, »um den E. [gemeint ist mein Bruder Ulrich] sowie seine Verbindungen in einem OV zielgerichtet weiter[zu]bearbeiten und zu liquidieren«.[74] Da keine Verdachtsgründe entsprechend der Zielstellung durch die Kreisdienststelle Dresden-Stadt erarbeitet werden konnten und mit der Übersiedlung meines Bruders Ulli im August 1975 die Gründe für die Einleitung des operativen Vorgangs entfielen, wurde die Operative Personenkontrolle im November 1981 mit einer Einreisesperre in die DDR abgeschlossen.

Was meine Eingaben betraf, so schien das MfS erst durch meine Petition im Mai 1979 in Bewegung geraten zu sein, und dies auch nur auf Geheiß der SED. Dies verwundert schon, wenn man bedenkt, daß seit 1976 mein Protest und gesellschaftspolitisches Engagement gegen die verlogene SED-Politik in einer Phase der allgemeinen innenpolitischen Verhärtung an Intensität zunahmen. Ein Großteil meiner Beschwerden und Eingaben sind von der Stasi lediglich gesammelt und erfaßt worden, bevor sie als »provokatorische Anfragen, Eingaben, Petitionen« in das Aktenmaterial zum Operativen Vorgang »Erz« (1985 bis 1987) eingingen.

In dieser Petition, die ich an das ZK der SED schickte, bat ich aus Anlaß des 30. Jahrestages der DDR und ausgehend von der Achtung der Menschenwürde um die Freilassung der politischen Häftlinge und ergänzte:

> »[...] ob es nicht an der Zeit ist, einen Demokratisierungsprozeß einzuleiten, der den durch politisch-ideologisch

---

[73] Hauptabteilung XX: federführend bei der Aufdeckung und Bekämpfung »politisch-ideologischer Diversion« (PiD) und »politischer Untergrundtätigkeit« (PUT).

[74] Übersichtsbogen zur OPK von Eisenfeld, Ulrich vom 30.5.1978; BStU, ASt Dresden, AOP 1900/87, Bd. 1, S. 135 (MfS-Zählung).

motivierte Zwangsmaßnahmen des Staates direkt oder indirekt betroffenen Menschen die Möglichkeit gibt, das gesellschaftliche Leben [innerhalb] der Gesellschaft in Übereinstimmung mit ihrem Gewissen aktiv mitbestimmen und mitgestalten zu können. Dies würde die zunehmende Kluft zwischen theoretischem Anspruch und Wirklichkeit, zwischen der breiten Masse und den Leitern/Funktionären, zwischen Denken/Fühlen und Handeln der Menschen schließen und somit die politisch-moralische Einheit der Staatsbürger festigen helfen, dem Ansehen der DDR im Ausland dienlich sein und letztlich zur Stärkung der DDR und zur internationalen Entspannung beitragen.«[75]

In offensichtlicher Erkenntnis der SED, daß über Andersdenkende die Stasi am besten Bescheid wisse, wurde die Eingabe vom Leiter der Abteilung Sicherheitsfragen der SED-Bezirksleitung Dresden, Hoffmann, an den Generalmajor Rolf Markert, Leiter der Dresdener Bezirksverwaltung des MfS, weitergeleitet:

»Beiliegende ›Eingabe‹ des Bürgers Peter Eisenfeld, 8053 Dresden, Schubertstr. 30, wurde uns durch die Abteilung Staats- und Rechtsfragen des ZK zur weiteren Bearbeitung übersandt.
Wir bitten Dich, eine Überprüfung zur Person vornehmen zu lassen (sofern er überhaupt existiert).
Eine Antwort auf seine provokatorischen Äußerungen und Forderungen sollte vorläufig nicht erteilt werden.
Der Eingang dieser ›Petition‹ wurde durch die Genossen des ZK nicht bestätigt.
Das Ergebnis der Prüfung teile uns bitte mit.«[76]

---

75 Petition zur Freilassung aller politischer Häftlinge in der DDR an das ZK der SED vom 9.5.1979; Privatarchiv Peter Eisenfeld.

76 Schreiben von Hoffmann, Leiter der Abteilung Sicherheitsfragen der SED-BL Dresden an den Leiter der BV Dresden des MfS, Generalmajor Rolf Markert, zur Petition vom 7.6.1979; BStU, ASt Dresden, AOP 1900/87, Bd. 1, S. 103 (MfS-Zählung).

Die Überprüfung fiel laut Schreiben vom 20. Juni 1979 an Hoffmann äußerst mager aus. Generalmajor Markert teilte mit, daß ich viel zu Hause arbeite, zurückgezogen lebe und mich gesellschaftlich nicht beteiligen würde. Nach Rückfrage bei der SED-Bezirksleitung über das weitere Vorgehen heißt es in einem handschriftlichen Vermerk vom 30. Juni 1979 von Stasi-Oberst Anders, BV Dresden: »Partei unternimmt nichts. Wir können bearbeiten«.[77]

Die »Bearbeitung« korrespondiert mit einem Wohngebiet-Ermittlungsbericht vom 19. Juni 1979 der Abteilung III/2 (Observierung und Ermittlung) der BV Dresden. Dieser Bericht entlastet mich von allen »Missetaten«. Über mich und meine Familie ist nur Gutes festgehalten. So sei ich aus der Wismut aus unbekannten Gründen ausgeschieden und würde mein Wahlrecht anstandslos wahrnehmen.[78] Mein Gesamtverhalten spräche dafür, daß ich den Staat anerkenne, allerdings hätte ich im Wohngebiet keine Verbindung, die meine politische Grundhaltung einschätzen könne. Wahrscheinlich sei ich ein politisch mehr desinteressierter Mensch und würde mir darüber auch wenig Gedanken machen, genieße persönlich einen tadellosen Ruf usw. usf.

Der Bericht stützt sich wahrscheinlich nur auf Aussagen von Auskunftspersonen der Staatssicherheit im Wohngebiet. Kurz vorher, am 8. Juni 1979, erfuhren wir von unseren Wohnungsnachbarn, daß sie über unsere Familie befragt wurden. Sie erklärten sich sogar bereit, dies notwendigenfalls zu bezeugen. Auf diese Weise gegen den Vorwurf einer unbewiesenen »Verleumdung« abgesichert, wandte ich mich wegen des Verdachts der Nachrichtensammlung über meine Familie durch uns unbekannte Personen und der Vorbereitung einer Straftat an die Meldestelle der Volkspolizei meines Stadtbezirkes. Das daraufhin geführte Gespräch in der Kreisbehörde der Volkspolizei entbehrte nicht einer gewissen Komik. Wußte doch auch mein Gesprächspartner, daß mit den mysteriösen Nachrichtensammlern die Stasi gemeint war. Vollen Ernstes teilte er mir mit, daß in diesem Fall nichts unternommen werden könne, da noch kein Tatbestand einer

---

[77] Schreiben des Generalmajors Markert an den Leiter der Abteilung Sicherheitsfragen vom 20.6.1979 mit handschriftlichen Zusatz vom 30.6.1979 von Oberst Anders; ebenda, Bl. 118.

[78] Tatsächlich gab ich nach meiner Rückkehr aus der Sowjetunion in die DDR zunächst zweimal meine Nein-Stimme ab, danach war ich nur noch Nichtwähler.

strafbaren Handlung vorliege. Auch von vorbeugenden Maßnahmen werde abgesehen. Als ich ihn jedoch mit der Frage konfrontierte, daß möglicherweise meine sowjetische Frau gefährdet sei, antwortete er ganz spontan, »mit ihrer Frau hat dies bestimmt nichts zu tun«. Er wußte also mehr, als er zuzugeben bereit war. Ich begnügte mich mit diesem Ergebnis und machte lediglich geltend, daß ich mich im Wiederholungsfall wieder melden würde. Die Stasi war seither mehr auf Konspiration bedacht. Denn als wir unseren früheren Nachbarn - ein liebenswürdiges Rentnerehepaar - von den Befragungen erzählten, bekannten sie reuevoll, daß auch sie schon früher von einer fremden Person über uns mehrfach befragt worden seien. »Aber uns ist doch eine Schweigepflicht auferlegt worden, und wir haben ja nur Positives über Euch berichtet«, rechtfertigten sie sich. Wir glaubten ihnen und haben nach der Lektüre des Wohngebietsermittlungsberichts allen Grund, dies auch heute noch zu tun.

Im Zeitraum 1976 bis 1979 versuchte ich vor allem, die SED-Führung und Persönlichkeiten der DDR durch Eingaben und Diskussionsbeiträge in die Verantwortung für die von mir kritisierten gesellschaftlichen Verhältnisse mit einzubeziehen. Davon versprach ich mir zugleich Schutz vor kleinkarierten Angriffen unterer Partei- und Staatsfunktionäre und vor willkürlichen Eingriffen der Staatssicherheitsorgane. Ich mied bewußt spektakuläre und konspirative Aktionen sowie den Anschluß an eine oppositionelle Gruppe, um die Gesprächsbereitschaft meiner Adressaten sowie mein Erfahrungs- und Wirkungsfeld in der Schule meines Sohnes Andrej und im Betrieb nicht zu gefährden. Die dabei gesammelten Erfahrungen und Belegdokumente bildeten eine wichtige Grundlage für meine kritische Auseinandersetzung mit dem SED-System in den achtziger Jahren.

Gesellschaftliches Engagement und gescheiterte Dialog- und Veröffentlichungsversuche

Möglichkeiten und Grenzen des Einflusses als Gewerkschaftsvertrauensmann und Mitglied des Elternaktivs

Im Zwölfjahresrhythmus - nach dem Aufstand in Ungarn 1956 und dem Prager Frühling 1968 - kam 1980 in Polen die historische Wahrheit über den realen Sozialismus ans Licht. Die Mitte des Jahres begonnene Streikbewegung von Arbeitern ließ die SED-Führung wieder einmal das Fürchten lernen. Der solidarische Verbund zwischen Arbeitern und kritischer Intelligenz entblößten mit aller Deutlichkeit die nicht legitimierte Einparteiendiktatur in den realsozialistischen Ländern und die mühsam im Westen aufgebaute Lüge von der Stabilität dieses Systems. In den offiziellen Medien der DDR fanden die polnischen Ereignisse nur geringe Resonanz. Die SED-Ideologen bekämpften den polnischen Bazillus auf verdeckte Weise, indem sie den »polnischen Zuständen« das »Wirtschaftswunder DDR« entgegenhielten. Gleichzeitig nutzten sie die Gelegenheit, um die schon vor der Polenkrise spürbaren wirtschaftlichen Schwierigkeiten den streikenden »arbeitsscheuen« Polen anzulasten. Mit dieser Stimmungsmache, die von Meldungen und Gerüchten spekulativer Massenaufkäufe subventionierter DDR-Waren durch polnische Bürger begleitet war, erreichte die DDR-Führung, daß den weitaus meisten DDR-Bürgern die Vorreiterrolle von Solidarnosc für Freiheit und Demokratie erst gar nicht in den Sinn kam. Trotzdem mußte die SED-Führung damit rechnen, daß der freiheitliche Funken von Polen jederzeit auch auf die DDR überspringen konnte.

Als ich im Herbst 1981 angesichts der Solidarnosc-Bewegung in Polen gegen den Willen der Partei- und Betriebsleitung wiederum zum Gewerkschaftsvertrauensmann in meiner Russischgruppe gewählt wurde, bedeutete dies für die Staats- und Parteifunktionäre wie schon 1980 eine ungewöhnliche Herausforderung. In ihren Augen war ich nicht nur ein Sympathisant dieser polnischen Revolution von unten, sondern ein Gewerkschaftsfunktionär, der in den Gruppen- und Belegschaftsversammlungen eine von der SED-Führung abweichende politische Meinung vertrat und den plakativen »Volksvertreterwahlen« sowie 1. Mai-Aufmärschen demonstrativ fernblieb. Gleichfalls nahm ich die mit dieser Funktion verbundenen Aufgaben der Interessenvertretung der Gewerkschaftsmitglieder ernst. Die in der Gewerkschaftsversammlung offen angesprochenen Probleme zum Arbeitsrecht, zu den Arbeits- und Lebensbedingungen sowie zur Plandiskussion und Planerfüllung reichte ich in Form von Berichten mit Zustimmung meiner Gewerkschaftsgruppe an die Betriebsgewerkschaftsleitung, notwendigenfalls in Form von Eingaben an den FDGB-Kreisvorstand oder in Form von Vorschlägen an die Betriebsleitung weiter. Den jährlichen Rechenschaftsbericht nutzte ich, um die ungelösten oder unbeantwortet gebliebenen Probleme kritisch zu werten und der Betriebsgewerkschaftsleitung zu überantworten. Da ein solcher Bericht einen Blick in die Gewerkschaftsarbeit und damit zugleich in die Arbeitswelt der DDR vermittelt, sollen nachfolgend Auszüge aus den Rechenschaftsberichten für den Zeitraum 1980 bis September 1981 wiedergeben werden. Der Bericht enthielt fünf Punkte:

- Erfüllung der Wettbewerbsverpflichtungen, darunter des Kultur- und Bildungsplanes;
- Verbesserung der Arbeits- und Lebensbedingungen;
- Vorschläge und Initiativen der Gewerkschaftsgruppe und Stand ihrer Realisierung;
- kritische Hinweise;
- Kassierung und Solidaritätsspenden.

Bei den Punkten 1 und 2 ging es mir vor allem darum, die erbrachten Arbeitsleistungen und ihre entsprechende Vergütung zu kontrastieren. Denn obwohl unsere Gruppe damals den 1. Platz im Leistungswettbewerb belegte, blieb die erwartete materielle Anerkennung aus. Sie lag sogar mit ein Prozent weit unter dem Durchschnitt für den Gesamtbetrieb und dem offiziell bekanntgegebenen durchschnittlichen Lohnzuwachs in der DDR (1979 circa 3 bis 4 Prozent). Unter Punkt 2 führte ich dazu aus:

> »Im Jahre 1980 betrug der Lohnzuwachs trotz sehr guter Leistungen der Gruppe im Jahre 1979 nur 250 Mark (1 Prozent). Mehrleistungsprämien wurden in einer Gesamt-

höhe von 3 475 Mark ausgezahlt, was 128 Mark pro Vollbeschäftigteneinheit entspricht und erheblich unter dem Durchschnitt von ›Intertext‹ liegt (303 Mark - laut Äußerung von Herrn G. auf der Belegschaftsversammlung Anfang 1981).
Sofort- bzw. Anerkennungsprämien wurden in Höhe von 350 Mark ausgezahlt.
Im Jahre 1981 betrug der Lohnzuwachs 410 Mark (1,7 Prozent). Mehrleistungen wurden bisher (für den Zeitraum Januar bis März) in Höhe von 400 Mark ausgezahlt, Sofort- und Anerkennungsprämien 250 Mark. Eine Kollegin wurde mit dem Titel ›Aktivist‹ ausgezeichnet.« [79]

Unsere Gruppe war nicht nur leistungsstark. Wir unternahmen und feierten auch viel, und dies auf freiwilliger Basis, was wir dann allerdings unter »Erfüllung des Kultur- und Bildungsplanes« zur sogenannten »Festigung des Kollektivs« verbuchten. Im genannten Berichtszeitraum gehörten dazu immerhin zwei Gartenfeste und zwei gesellige Abende (einer mit Lichtbildervortrag von einer Kollegin über ihre Heimat Griechenland), ein gemeinsames Beisammensein in einer Gaststätte anläßlich des Internationalen Frauentages, eine Fahrt nach Bautzen mit Museumsbesuch, Vortragsveranstaltungen im Brecht-Haus in Berlin und in der Sächsischen Landesbibliothek sowie vier Wandertage, darunter eine Kutschfahrt für die Kinder der Gruppenmitglieder.

Zu den anderen Punkten sind im Betriebskollektivvertrag-Entwurf 1981 unter anderem folgende Vorschläge festgehalten:

»1. Mitspracherecht der Werktätigen bzw. des Vertrauensmannes bei der Verteilung der Mehrleistungsprämien.
Vorschlag wurde ohne zureichende Begründung abgelehnt und fand nicht die erforderliche Unterstützung durch die Betriebs-, Partei- und BGL-Leitung, so daß ich mich gezwungen sah, die Rechtsstelle des Kreisvorstandes des FDGB um Unterstützung zu bitten. Aus der Antwort der

[79] Rechenschaftsbericht von dem Vertrauensmann der Gruppe 01, Peter Eisenfeld, für den Berichtszeitraum 1980 bis September 1981 vom 20.9.1981; Privatarchiv Peter Eisenfeld.

Rechtsstelle geht hervor, daß das Mitspracherecht im gegebenen Fall gewährt werden muß (siehe Anlage 2).

2. Aufnahme des Lohnfondszuwachses in den BKV.
Vorschlag blieb unbeantwortet.

3. Terminlich abgestimmte Diskussion zu den Ergänzungsvorschlägen für den BKV in den Gewerkschaftsgruppen.
Vorschlag wurde akzeptiert und im Pkt. 7.3.3 des BKV 1981 aufgenommen.

4. Prüfung der Möglichkeit eines Vertragsabschlusses zur Teilnahme von Werktätigen in Zirkeln des künstlerischen Volksschaffens.
Vorschlag wurde abgelehnt, da zu unkonkret. Daraufhin folgte lt. BGL-Beschluß die Meldung der Kollegen, die Interesse haben (Protokollnotiz an den Vorsitzenden der BGL vom ...). Derzeitiger Stand unbekannt.

Sonstige Vorschläge der Gruppe, die in Form von Protokollniederschriften an den Vorsitzenden der BGL weitergeleitet wurden:
1. Organisation der Fahrkarten und Abrechnung der Reisekosten für Dolmetscher soll über die Dolmetschleitstelle erfolgen (Protokoll 4.6.80).
Bislang keine entsprechende Regelung.

2. Überführungen in die höhere Lohngruppe, besonders von Kollegen, die schon das entsprechend Gehalt besitzen.
Abgelehnt, da erforderliche Planstellen fehlen.

3. Einleitung von Maßnahmen zur Klärung und Verbesserung der Auftragslage (Protokoll vom 28.1. und 11.3.81).
Wurde von der Leitung aufgegriffen und realisiert.

4. Statt Mehrleistungsprämien Lohn neu festlegen (Protokoll vom 7.5.81).
Bislang keine befriedigende Beantwortung der Fragen zur Lohnentwicklung. Jahrelange Vertröstung unter Hinweis auf die Erarbeitung eines neuen RKV [Rahmenkollektivvertrag].

4. Kritische Hinweise

1. Unzureichendes Mitspracherecht des Vertrauensmanns bei Lohnvorschlägen, Änderungsverträgen, Delegierungen und besonders bei Sondereinsätzen von Gruppenmitgliedern.

2. Unzureichendes Mitspracherecht der Gruppe bei Beurteilungen und Leistungseinschätzungen.

3. Fehlen des neuen Rahmenkollektivvertrages, wodurch die Durchsetzung gewerkschaftlicher Rechte erschwert wird.

5. Kassierung und Solispenden [Solidaritätsspenden].
Die Kassierung der FDGB-Beiträge erfolgte im Jahre 1980 regelmäßig und ohne Verzug (Kontrolle der Mitgliedsbücher bis Dezember 1980).
Der Solispendenbeitrag betrug im Durchschnitt 1,5 Prozent von der Beitragshöhe. Die Spendenaktion anläßlich der Auszahlung der Jahresendprämie betrug 421 Mark, darunter 151 Mark für UNICEF. Zwei Kolleginnen (K., B.) spenden regelmäßig Blut.
Die Beitragskassierung für 1981 ist durch Arbeitskraftausfall in Verzug geraten. Zur Zeit ist bis einschließlich Juli abgerechnet.
Der Rechenschaftsbericht wurde auf der Gruppenversammlung am 23.9.1981 einstimmig gebilligt.«[80]

[80] Ebenda.

Eingegangen
am 27 MAI ...
Intertext
Außenstelle Dresden

Herrn
Ressel
Außenstellenleiter

Betr.: Antrag auf Bewilligung einer Gruppenfahrt am 29.5.81 in Erfüllung des Kultur- und Bildungsplanes der Gruppe 01

Für die Gewerkschaftsgruppe 01 konnte für den 29.5.81 der Besuch des Brecht-Hauses in Berlin vereinbart werden. In diesem Zusammenhang bitte ich um Ihr Einverständnis, daß die unten angeführten Kolleginnen bzw. Kollegen an diesem Tag unter Inanspruchnahme des Haushaltstages oder durch Abfeiern von geleisteten Überstunden bzw. eingearbeiteter Arbeitszeit freigestellt werden.

Die erforderlichen betrieblichen Aufgaben sind an diesem Tag durch entsprechende arbeitsorganisatorische Maßnahmen abgesichert.

[illegible]
Vertrauensmann der
Gruppe 01

Palen, Zimmermann, Klemm, Milios, Bauer, Schulze, Richter, Jurk, Sacharowa, Eisenfeld

Die beantragte Maßnahme entspricht dem Kultur- und Bildungsplan der Gruppe 01. Evtl. anfallende Arbeiten für Partei- und Staatsapparat sind abgesichert. Der Antrag wird befürwortet.

[redacted]
Gruppenleiter 01

Zugestimmt.
[illegible]
ASL
27.5.81

Kellerrestaurant
ERNST BARLACH
Bildhauer, Zeichner, Graphiker und Dichter · 1870 in Wedel/Holstein geboren · Studium in Hamburg und Dresden · seit 1910 in Güstrow ansässig · nach 1933 als „entarteter" Künstler diffamiert · 1938 in Rostock gestorben
Werke und Werkentwürfe aus fünf Jahrzehnten
Ausstellung der Akademie der Künste der DDR und der Staatlichen Museen zu Berlin, Hauptstadt der DDR, im Alten Museum vom 10. April bis 14. Juni 1981
DER RÄCHER 1914, Bronze nach Originalmodell, H. 44 cm, Rostock, Kulturhistorisches Museum
1937
Die faschistischen Ausschreitungen gegen seine Kunst häufen sich
Der Kieler GEISTKÄMPFER wird abgerissen, der Güstrower ENGEL aus dem Dom entfernt
Ausstellung „Entartete Kunst" in München, auf der u. a. Barlachs Plastik DAS WIEDERSEHEN als ein Beispiel „kulturbolschewistischer Verfallskunst" gezeigt wird
Brecht-Zentrum der DDR
Zur Diskussion im Brecht-Zentrum:
Brecht über die Moskauer Prozesse und die Angeklagten:
„Die falsche politische Konzeption hat sie tief in das gemeine Verbrechen geführt. Alles Geschmeiß des In- und Auslandes, alles Parasitentum, Berufsverbrechertum, Spitzeltum hat sich bei ihnen eingenistet: mit allem diesem Gesindel hatten sie die gleichen Ziele. Ich bin überzeugt, daß dies die Wahrheit ist, und ich bin überzeugt, daß diese Wahrheit durchaus wahrscheinlich klingen muß, auch in Westeuropa, vor feindlichen Lesern." (aus Schriften zur Politik und Gesellschaft, Aufbau-Verlag Berlin-Weimar 1968, S. 173)
PUNTILA ZU SEINEM KNECHT:
Ich habe einmal gelesen, der erste Schritt zur Enthaltsamkeit ist: keinen Alkohol kaufen. Das ist viel zu wenig bekannt. Aber wenn er da ist, muß er wenigstens vernichtet werden. Brecht 1941
Berliner Pilsner Spezial 0,5 l 1,60
bis 19.00 Uhr
Klosterkräuterlikör 10,95
mit Ananas 3,15
Grauer Mönch 12,60
„Wenn Fehler begangen gemacht worden, bestrafte man, die sie kritisiert hatten; aber die, die sie begangen hatten, blieben in ihren Ämtern." (Aus Me-ti. Buch der Wendungen)
Rückfahrt nach Dresden:

Solidaritätsspende anläßlich der Zahlung der Jahresendprämie 1980

Name	Betrag	
Eisert	30,- M	
Pallen	15,- M	für UNICEF
[illegible]	20,- M	für UNICEF
[illegible]	15,- M	
Harnhecker	20,- M	
Milios	15,- M	
Starruß	10,-- M	für UNICEF
Zimmermann	10,- M	für UNICEF
Koleski	5,-	
Koschtial	20,- M	für UNICEF
André	20.- M	~~für UNICEF~~ (+ kostenl. Blutsp.
Sacharowa	20,- M	für UNICEF
[illegible]	5,- M	
Briesosky	18,- M	
[illegible]	10,- M	für UNICEF
[illegible]	[illegible]	
Taul	10.-	
Rielke	20.-	für UNICEF
Grünfeld	20.-	für UNICEF
Juik	8,-	für UNICEF
Bauer	20.-	(+ 1 kostenlose Blutspende)
Schulze	15,-	
Tegeler	25,-	
Jeppe	10,-	
	Gesamt 401,-	
	davon allgemein 243,-	
	davon für UNICEF 158,-	
	401	
Unbekannter Spender	5,-	
	406,-	
Böhme	15,-	

Solidaritätsspende – auch für UNICEF

Die Spannungen durch die Ausübung meiner Gewerkschaftsfunktion nahmen beträchtlich zu, als 1980 ein gerade ausgedienter Major der Volksarmee in der Außenstelle Dresden die Funktion des ehrenamtlichen Parteisekretärs und gleichzeitig des staatlichen Leiters unserer Russischgruppe übernahm. Seine anfängliche Zurückhaltung in der Polenfrage sollte nur bis zum Militärputsch Ende 1981 anhalten. Die SED-Funktionäre waren offensichtlich beauftragt, die Polendiskussion an der gewerkschaftlichen Basis nur wirtschaftspolitisch zu führen. An diesen Grundsatz hielt sich auch der damals für eine Belegschaftsveranstaltung gewonnene Referent, der sich sehr ausführlich über die hohen Schulden Polens im Westen ausließ. Meine Frage bezüglich einer Westverschuldung der DDR tat er mit den Worten ab, daß es sich hierbei nicht um Schulden, sondern um ganz normale gegenseitige Verbindlichkeiten handele.

Der neue Gruppenleiter konnte seinen tiefen Haß gegenüber der polnischen Solidarnosc-Bewegung nur schwer verbergen. Er ließ sogar einmal durchblicken, daß er solche Leute wie Walesa nicht dulden würde. Jedenfalls schien er den Ehrgeiz mitgebracht zu haben, Ordnung in unsere politisch aufmüpfige Gewerkschaftsgruppe zu bringen. Immerhin lehnten die meisten Gruppenmitglieder trotz finanzieller Verlockungen den »Kampf« um die Titel »Kollektiv der sozialistischen Arbeit« und »Brigade der Deutsch-Sowjetischen Freundschaft« ab. Mehrheitlich waren wir der Meinung, daß Titel dieser Art nicht nach einem für alle verbindlichen worthülsenreichen Plan »erkämpft«, sondern für schon nachweislich erbrachte vorbildliche Leistungen bei der Erfüllung des Arbeits-, Kultur- und Bildungsplans verliehen werden sollten. Außerdem behielt sich unsere Gruppe vor, jedes FDGB-Mitglied freiwillig und alternativ an der alljährlichen Solidaritätsspendenaktion teilnehmen zu lassen. So spendete ein Teil von uns nicht wie gefordert für Vietnam, sondern gegen den Willen der Partei-, Betriebs- und Gewerkschaftsleitung Geld für das Kinderhilfswerk UNICEF. Den Drahtzieher für diese Art Verweigerung verordneten Gehorsams glaubte der erfahrene Führungskader der SED in meiner »feindgesteuerten« Person zu erkennen. Der stalinistisch geprägte Parteisekretär schien jedoch bei seinen Attacken gegen mich die mir teils offene, teils schweigend entgegengebrachte Sympathie und Solidarität der meisten Gruppenmitglieder zu unterschätzen. Selbst eine Genossin (von insgesamt drei Parteimitgliedern in unserer Gruppe) spielte bei dem Versuch, mich sicherheitspolitisch zu »zersetzen«, nicht mit. Weil sie meiner Wahl zum Vertrauensmann zustimmte, mußte sie sich gegenüber der Parteileitung verantworten. Da sie sich nicht einschüchtern ließ, wurde sie aus der Parteileitung ausgeschlossen und zu einer schriftlichen Stellungnahme über ihr Votum zu meiner Wahl verpflichtet. Obwohl sie von der Parteileitung zum Schweigen über diesen Vorgang angehalten wurde, fand sie den Mut, mit mir darüber zu sprechen. Ja, sie befürwortete sogar meine Absicht, die Hintergründe dieses Parteileitungsbeschlusses in Form einer Eingabe aufzuklären. Allerdings scheiterte dieses Vorhaben an der Ängstlichkeit ihres damaligen Ehemannes, ein Genosse in mittlerer Leitungsfunktion, der kurz vor dem Abschluß seiner Dissertation stand. Er befürchtete wegen Weitergabe parteiinterner Informationen Konsequenzen für seine Frau und möglicherweise auch für sich.

Trotzdem versuchte es der Parteisekretär immer wieder, mich in politischen Diskussionen gegen die Gruppe auszuspielen. Andererseits kam er als Gruppenleiter nicht umhin, meine Arbeit als Übersetzer und Gewerkschaftsvertrauensmann in den jährlichen Leistungseinschätzungen sachgerecht zu würdigen. Noch 1982 mußte er mir bescheinigen:

> »Seine durch mehrjährigen Aufenthalt in der Sowjetunion und die Hochschulausbildung auf dem Gebiet der Geologie erworbenen allgemeinen und speziellen Kenntnisse befähigen ihn, alle Arbeiten in Reinschrift und eigenverantwortlich auszuführen und die Kostenvorgaben auch für Übersetzungen auf anderen als den genannten Fachgebieten stets zu unterbieten.
> Kollege Eisenfeld ist als Gewerkschaftsvertrauensmann des Kollektivs gewählt und leistet in dieser Funktion eine gute Arbeit im Interesse der Mitarbeiter.«[81]

Zum offenen Bruch kam es im April 1983, als er mir auf einer Gruppenversammlung wegen meiner politischen Meinung demonstrativ das Vertrauen in meine Funktion als Gewerkschaftsvertrauensmann absprach. Ich reagierte mit einer Eingabe an die Betriebsgewerkschaftsleitung, hier ein Auszug:

---

[81] Leistungseinschätzung des Gruppenleiters für Peter Eisenfeld vom 23.6.1982; ebenda.

»Als Vertrauensmann der Gewerkschaftsgruppe bin ich auf eine vertrauensvolle Zusammenarbeit mit der staatlichen und Parteileitung sowie auf deren Unterstützung und Hilfe bei der Interessenvertretung der Gewerkschaftsmitglieder angewiesen. Meinerseits bin ich bemüht, die Interessen der Gewerkschaftsgruppe und einzelner Gewerkschaftsmitglieder im Rahmen der gegebenen Möglichkeiten zu vertreten und konstruktiv durchsetzen zu helfen, was mir allerdings durch ein gewisses gestörtes Vertrauensverhältnis zwischen der Leitung und meiner Person (betrifft die mir gegenüber praktizierte Informationspolitik) schwer gemacht wird. In meiner Tätigkeit als Vertrauensmann kann ich mich, soweit mir bekannt, auf das Vertrauen fast aller Gewerkschaftsmitglieder der Gruppe (mit Ausnahme von Herrn E. und Frau H.) stützen. Die Ausübung meiner Funktion entbindet mich jedoch nicht von dem Recht und der Pflicht, meine Meinung zu politischen Problemen auf der Grundlage einer eigenen politischen Urteilsfähigkeit frei und offen zu äußern, auch wenn sie mit der Meinung der Partei nicht voll übereinstimmt. Diese meine Offenheit dürfte der Leitung von ›Intertext‹ schon lange bekannt sein. Persönlich sehe ich darin den Erhalt meiner Würde und als Vertrauensmann die moralische Verpflichtung, mich auch diesbezüglich den Gewerkschaftsmitgliedern der Gruppe zu verantworten. Die Kritik an ehrlich bekundeten Meinungen bei Gefahr ihrer falschen Auslegung ist nicht dazu angetan, eine freie Meinungsbildung zu fördern, die erforderlich ist, um Probleme und Widersprüche vertrauensvoll aufzudecken und friedlich beizulegen. Unter den gegebenen Bedingungen bin ich und ist die Gewerkschaftsgruppe Belastungen ausgesetzt, die der innergewerkschaftlichen Demokratie und Festigung des Kollektivs nicht dienlich sein können.«[82]

Zehn Tage später erhielt ich die Antwort der BGL-Vorsitzenden K., die den offenkundig gewordenen Widerspruch der Interessenlage zwischen Betriebs- und Parteileitung einerseits und den »Werktäti-

[82] Eingabe von Peter Eisenfeld an die BGL vom 17.5.1983; ebenda.

FREMDSPRACHENDIENST
DER DEUTSCHEN DEMOKRATISCHEN REPUBLIK
AUSSENSTELLE DRESDEN

Intertext

INTERTEXT, 801 DRESDEN, ELSA-FENSKE-STRASSE 11

Koll.
Peter Eisenfeld

8053 D r e s d e n
Schubertstr. 30

Ihre Zeichen	Ihre Nachricht vom	Unsere Zeichen	Datum
	17.5.1983	Ko	27.5.1983

Betr.: Beantwortung der Eingabe vom 17.5.1983

Die BGL bestätigt den Empfang Ihrer Eingabe und dankt Ihnen für das darin zum Ausdruck kommende Bemühen, Ihre Funktion als Vertrauensmann im Interesse Ihrer Gruppe in enger, vertrauensvoller Zusammenarbeit mit der staatlichen Leitung auszuüben. Dies liegt ebenso im Interesse der BGL wie auch der Außenstellenleitung.
Unsererseits erfolgte eine Aussprache zu dem von Ihnen angeführten Problem mit Genossen [redacted]. Er hat erkannt, daß er in seiner Meinungsbildung, basierend auf den von Ihnen gemachten Äußerungen zu politischen Ereignissen, vorschnell gehandelt hat. Seinerseits besteht die Bereitschaft, durch eine nochmalige Aussprache mit Ihnen im engeren Rahmen (BGL-Vorsitzende, Stellvertreterin, Außenstellenleiter) eine erste Grundlage für die Schaffung eines Vertrauensverhältnisses für eine bessere Zusammenarbeit mit Ihnen zu schaffen. Die BGL sieht dies ebenfalls als Voraussetzung für eine Normalisierung Ihrer Stellung zueinander an und bittet Sie, uns möglichst bald einen Termin für dieses Gespräch vorzuschlagen.

Kotsur
BGL-Vorsitzende

Fernruf: 4867417 — Drahtwort: Intertext Dresden — Bankkonto: Berliner Stadtkontor 6651-12-626, Betriebsnummer: 00003126

(94) BmG 039/74/75 3

Die Antwort der BGL-Vorsitzenden

gen« andererseits wieder ins Lot zu bringen versuchte. Immerhin hatte ich die Rückendeckung meiner Gewerkschaftsgruppe, die doppelt so viele Mitglieder umfaßte wie die Parteigruppe der Außenstelle, deren Chef mein politischer Gegenspieler war. Außerdem war mir die neue BGL-Vorsitzende mehr gesonnen als ihre Vorgängerin B. Letztere hatte auf meine Frage, was sie denn als Vorsitzende der Betriebsgewerkschaftsleitung zu meinem Dolmetschverbot sage, geradezu empört geantwortet: »Ich bin Genossin!, Herr Eisenfeld«. Die Antwort der neuen BGL-Vorsitzenden sah ein klärendes Gespräch vor.

Das Gespräch war kurz und endete mit der Übereinkunft, die gegenseitige Meinung zu respektieren. Die erste Kraftprobe hatte ich also mit Rückendeckung meiner Gewerkschaftsgruppe gut überstanden. Ja, wir konnten sogar einen kleinen Sieg feiern. Die Betriebsleitung sah sich angesichts der Konfliktkonstellation aus taktischen Gründen genötigt, den ehrenamtlichen Parteisekretär noch im selben Jahr von seiner Funktion als Gruppenleiter zu entbinden. Die Nachfolgerin, Gruppenleiterin E. B., war damals noch parteilos und besaß mehr Vertrauen in der Gruppe. In politischen Diskussionen hatte sie sich zurückgehalten. Wir spürten aber schon bald, daß sie sich immer mehr als Marionette des Parteisekretärs entpuppte. Kurz nach ihrer Amtsübernahme konnte sie für die SED und 1985 auch noch für die Stasi gewonnen werden. Der abgesetzte Parteisekretär agierte nunmehr in den Gruppenversammlungen aus dem Hintergrund. Ich ahnte, daß er mir seine Niederlage irgendwann heimzahlen würde. Der Generalangriff erfolgte im Jahre 1985. Mit Rückendeckung der Gruppenleiterin und der Betriebsleitung gelang es ihm, mich zur Aufgabe meiner Funktion als Gewerkschaftsvertrauensmann zu veranlassen. Auf diesen Vorgang werde ich später zurückkommen.

Die Funktion als Elternaktivvertreter war im Vergleich zu meiner Gewerkschaftsarbeit ein Ruheposten. Meine Bereitschaft, im Elternaktiv mitzuwirken, meldete ich 1978 bei der Einschulung meines Sohnes Andrej an. Auf diese Weise wollte ich einen hautnahen Zugang zum Bildungs- und Erziehungssystem der DDR und ihren Trägern gewinnen und gleichzeitig meinen Einfluß auf das geistige Wohl nicht zuletzt auch des eigenen Kindes sichern helfen. Die Mitglieder des Elternaktivs, einschließlich der Klassenlehrerin, fanden sich monatlich in gemütlicher Runde bei Kerzenschein und Wein in unseren Wohnungen zusammen. Da wurden neben rein schulischen und außerschulischen Problemen unserer Kinder auch heikle tagespolitische

Fragen offen diskutiert. Von den insgesamt acht Mitgliedern des Elternaktivs teilten sechs meine politischen Grundpositionen. Der einzige Genosse in unserem Kreis hatte da in politischen Diskussionen eine schweren Stand. Er gehörte zu den augenscheinlich ehrlich überzeugten und streitbaren Genossen. Die anderen Eltern waren mit unserer Arbeit zufrieden und wußten anzuerkennen, daß wir uns für die völlige Gleichberechtigung der drei Nichtpioniere in der Klasse und für kindergerechte Nachmittage, Fahrten und Wanderungen engagiert einsetzten. Im schulischen Bereich nutzten wir im stillen Einvernehmen mit der toleranten Klassenlehrerin alle Möglichkeiten, um die von Staat und Partei verordnete einseitige politisch-ideologische Erziehung und Bildung der Kinder zumindest punktuell abzuschwächen. Die meisten Eltern lehnten die von oben verordnete feindbildorientierte Kindererziehung innerlich ab, was nicht ausschloß, daß sie sich in entscheidenden Situationen anders verhielten als sie dachten. Mir war auch klar, daß ich die anderen Elternaktivmitglieder überfordert hätte, meine in Eingaben vertretenen offenen Positionen, wie zum Beispiel zur Einführung des Wehrkundeunterrichts, zur Feindbildvermittlung in Schulbüchern und zum Jugendweihegelöbnis mitzutragen. Trotzdem versuchte ich auch in Einzelfällen zu helfen. Aber was konnte ich einer alleinstehenden Mutter raten, die um das Seelenwohl ihres Kindes bedacht war, als sie von der Schulleitung in ihrer Entscheidung Jugendweihe oder Konfirmation unter Druck gesetzt wurde? Die Berufung auf den christlichen Glauben ließ die Schulleitung nicht gelten. Konkret ging es um das Jugendweihe-Gelöbnis. Die Mutter wollte nicht, daß ihr Kind sich zur Treue zum Staat und zur führenden Partei verpflichtet, kapitulierte aber im Interesse ihres Sohnes.

Welche Antwort konnte ich einer späteren Klassenlehrerin meines Sohnes auf die sie bedrängenden Fragen geben? Sie war mit Leib und Seele 15 Jahre Lehrerin und grämte sich, ihren Anspruch als Lehrerin nicht mehr einlösen zu können, weil ihr wichtige Zeit für die Unterrichtsgestaltung durch die vielen Versammlungen geraubt wurde und sie sich dabei wider dem eigenen Gewissen in die politisch-ideologische Pflicht genommen sah. Eine alternative Berufsausübung gab es für sie nicht. Ein Ausreiseantrag kam für sie aus familiären Gründen nicht in Frage. Also mußte sie sich ihrem »Schicksal« fügen.

Wie konnte ich dem Leiter eines medizinischen Dienstes der Medizinischen Akademie Dresden helfen, der als Wissenschaftler zunehmend überfordert war, immer die verlogenen Erfolgsmeldungen mitzuverantworten? Auch für ihn stand ein Ausreiseantrag nicht zur Diskussion. Die unkalkulierbaren Risiken, die sich damit für ihn und seine Familie auftaten, erschienen ihm zu hoch.

Was sagt man einer »klassenbewußten Direktorin«, die sich in einer Elternbeiratsversammlung zum Thema Wehrerziehung und Militärberufswerbung bitter darüber beschwerte, daß es viele Genossen Eltern nicht genügend zu schätzen wußten, wenn ihre Zöglinge für eine Offizierslaufbahn als würdig befunden worden waren? Sie wollte den darin zum Ausdruck kommenden Widerspruch zwischen Wort und Tat der Genossen ihrer Partei nicht wahrhaben.

Und was konnte man einem Menschen antworten, der Geldleistungen für die Mitgliedschaft in der Gesellschaft für deutsch-sowjetische Freundschaft (DSF) verweigerte und erfahren mußte, daß das Kollektiv die Lücke füllte, um die Erfolgsbilanz und die daran hängende Geldprämie zu sichern? So weit also war die kollektive Solidarität schon gediehen.

Was sollte ich denjenigen entgegenhalten, die aus Ohnmacht gegenüber den aus politischen Gründen privilegierten Systemträgern das Anzapfen von Stromleitungen außerhalb der eigenen Wohnung oder anderen Schädigungen des staatlichen Eigentums als eine Form des politischen Widerstands empfanden?

Ja, wie konnte ich all die resignierten Menschen zum aufrechten Gang ermutigen, wenn sie im Alltag ständig mit dem Tatbestand konfrontiert wurden, daß ein auf politische Offenheit und Ehrlichkeit beruhendes Leben nur Nachteile für sie und ihre Kinder bringen? War ich nicht ein abschreckendes Beispiel?

Diese auf eigenen Erfahrungen beruhenden Beispiele ließen sich beliebig fortsetzen. Sie machen nur allzu deutlich sichtbar, wo kritisches gesellschaftliches Engagement in der DDR an Grenzen stieß. So auch, als ich mich im Zusammenhang mit einer vom Elternbeirat der Schule organisierten Veranstaltung über Wehrerziehung und Offizierswerbung als einsamer Rufer in der Wüste fühlte. Ich war der einzige, der das feindbildgeprägte Einführungsreferat eines hohen Militärs kritisierte. Die Direktorin, Lehrer und Elternvertreter der Schule schlugen daraufhin mit geballter Kraft auf mich zurück. Wo, fragte ich mich damals, engagieren sich eigentlich die friedensbewegten Christen?

Doch gab es auch ermutigende Erlebnisse: 1981 setzten wir die Wiederwahl des Elternaktivmitgliedes Bärbel Scholze durch, obwohl es mit Familie einen Ausreiseantrag in den Westen gestellt hatte. Die Ausreisewillige sollte auf Wunsch der SED auf eine Wiederwahl verzichten, lehnte das aber ab. Von der Elternversammlung wurde sie dann ohne Gegenstimme wiedergewählt. Die Partei- und Schulleitung schwieg dazu, weil sie eine Diskussion über das tabuisierte Thema »Ausreise« auf einer Elternversammlung fürchtete. Außerdem mußte die Schulleitung damit rechnen, daß die Abwahl von der Elternschaft nicht unterstützt worden wäre. Wußte sie doch, daß sich das mit meiner Familie befreundete Ehepaar Scholze seit der ersten Klasse im Elternaktiv besonders engagierte. Die Ehefrau verblieb im Kreis unseres Elternaktivs bis kurz vor der Ausreise Anfang 1982. Den freigewordenen Platz nahm ein Parteigenosse ein, wodurch erstmals mit zwei SED-Mitgliedern die interne parteipolitische »Quotenregelung« in der Zusammensetzung des Elternaktivs erfüllt war. Der zweite Genosse hielt sich mit politischen Äußerungen stark zurück und erschien uns deshalb nicht gerade vertrauenswürdig. Insofern störte er das gute Klima in der Gruppe. Unser stiller Verdacht, es könnte der Stasi zu Diensten stehen, wird jedoch durch meine Aktenlage nicht bestätigt. Sie liefert keinen einzigen Hinweis darüber, daß in unserem Kreis Spitzel tätig waren. Nachdem ich Ende 1985 selbst einen Ausreiseantrag gestellt hatte, verzichtete ich 1986 freiwillig auf eine nochmalige Kandidatur für das Elternaktiv. Aufgrund meines anderweitigen aktiven widerständigen Verhaltens und mit der Alternative der Ausreise hätte ich mich gegenüber den Verbliebenen in der Elternaktivarbeit - besonders in Hinblick auf politisch-ideologische Fragestellungen und Entscheidungen - befangen gefühlt.

Als »Funktionär« in der Gewerkschaft und im Elternaktiv machte ich die Erfahrung, daß ein Bürger mit einer von der Parteilinie offen vertretenen abweichenden politischen Meinung durchaus die Möglichkeit hatte, sich als Gruppenvertreter wählen zu lassen. Es gab zwar für die Besetzung dieser Basisfunktionen von der SED angeheuerte Vorabkandidaten und im Falle der Elternaktive auch eine gewissen SED-Quotenregelung, aber im Grunde genommen konnten die Gewerkschaftler und Eltern über ihre Interessenvertreter an der Basis frei entscheiden. Da für die meisten Bürger der DDR trotz allgemeiner Zunahme von Opportunismus und Resignation solche Tugenden wie Offenheit und Ehrlichkeit gerade wegen der verlogenen Politik der SED-Führung geschätzt waren, hatte ein parteiloser engagierter Vertreter dieser Tugenden die besten Chancen, auch gegen den Willen der SED gewählt zu werden. Wurde diese Basisfunktion sachlich und ohne Polemik, aber konsequent vertreten, so sahen sich die Verfechter der »allein wahren Lehre« schnell von den meisten parteilosen Mitbürgern verlassen. Hier sah ich für engagierte Parteilose eine Möglichkeit, sich aktiv in die Gesellschaftspolitik der SED mit mehr Gewicht einzumischen. Dabei war mir bewußt, daß ich in der Verantwortung gegenüber den Mitgliedern der jeweiligen Gruppe die menschlich verständlichen Grenzen ihres solidarischen Verhaltens nicht überschreiten durfte. Natürlich ließ sich ein solches Engagement nicht mit dem Anspruch verbinden, das SED-Regime aus den Angeln heben zu können, erst recht nicht in einem Umfeld, wo solche Solidargemeinschaften zur Ausnahme gehörten. Doch zeigte es sich, daß mit Rückendeckung der Gruppe ein derartiges Engagement das SED-System mehr aufweichen konnte als die Tätigkeit allein in einer kirchlichen Gruppe Gleichgesinnter. Als Besucher von Friedensseminaren in Leipzig, Dresden und Meißen befiel mich immer das unbefriedigende Gefühl, daß die dort geleistete Arbeit über die Nische Kirche nicht hinauskam und nur eine relativ geringe Anzahl von Christen erreichte. In meinem Wirkungsbereich im Betrieb und in der Schule erlebte ich jedenfalls, daß ich mit meiner offen und ehrlich vertretenen Meinung andere Menschen ermutigte, einen Schritt aus der Anonymität ihres politischen Denkens eigenverantwortlich zu wagen. Dies bestärkte mich in der Überzeugung, daß mit zunehmender Anzahl zivilcouragierter Bürger die Politik und Ideologie der SED-Führung immer mehr in Bedrängnis geraten mußte. Deshalb bedauerte ich, wenn sich aktive Christen aus der staatlichen Arbeitsabhängigkeit in die kirchliche begaben. Ein solcher Schritt war zudem mit einem Verlust an Realitätssinn für die tatsächlichen Bedürfnisse, Interessen und Wünsche vor allem gegenüber Nichtchristen verbunden, was sich in der Friedensarbeit der Kirche niederschlug.

Individuelle Friedensarbeit - Hinterfragung der Friedensdiskussion

Im Schatten der Helsinki-Akte hatte die Sowjetunion militärisch intensiv aufgerüstet und militärstrategische Tatsachen für eigene neue »Friedensinitiativen« geschaffen.[83] Die NATO fühlte sich damals herausgefordert und reagierte mit dem Doppelbeschluß über die Stationierung von Mittelstreckenraketen in Westeuropa. Dies kam nun wiederum den Warschauer Pakt-Staaten gelegen, um mit ihrer Friedens- und Abrüstungsstrategie viele Politiker und engagierte Bürger im Westen vom inneren Unfrieden im Machtbereich des realen Sozialismus auf die Gefahren eines neuen Weltkrieges ablenken zu können. Selbst die Intervention der Sowjetunion in Afghanistan Ende 1979 wirkte sich nur unerheblich auf die vom Ostblock weltweit initiierte Friedens- und Abrüstungskampagne aus. Das 1979 von Egon Bahr kreierte Konzept der »Sicherheitspartnerschaft«, dessen Denkansatz in den Folgen und nicht in den Ursachen der Kriegsgefahr lag, sollte forthin die Innen- und Außenpolitik der beiden deutschen Staaten bestimmen. So wurde beispielsweise die polnische Solidarnosč-Bewegung 1980/81 von vielen einflußreichen Politikern in Ost und West als Gefahr für den Frieden und die Entspannung in Europa bewertet. Auf die in dieser Zeitphase in der DDR zugenommenen Aktivitäten von staatsunabhängigen Friedensengagierten wie die Initiativen »Frieden schaffen ohne Waffen«, »Schwerter zu Pflugscharen« und »Sozialer Friedensdienst« sowie auf die Zunahme von Friedens- und Umweltgruppen reagierte die Parteiführung mit unnachgiebiger Härte. Durch Verhaftung, Isolierung und zwangsweise Ausbürgerung eines Teils ihrer Initiatoren gelang es ihr, daß sich Ende 1983 eine allgemeine Resignation und Hoffnungslosigkeit nicht nur unter den Friedensengagierten, sondern auch unter der Bevölkerung ausbreitete. Entsprechend nahm die Anzahl der Ausreiseantragsteller weiter zu. Daß sich unter ihnen auch viele Christen befanden, verdeutlicht die sichtliche Zurückhaltung der Evangelischen Kirchenleitung bei der Auseinandersetzung zwischen politisch Andersdenkenden und der Staats-

---

[83] Vgl. Ilse Splittmann: »Heute wird von sowjetischer Seite offen zugegeben, daß es ein Fehler war, in den siebziger Jahren mitten im Entspannungsprozeß aus überzogenen Sicherheitsansprüchen die SS 20 aufzustellen und in Reykjavik die Vernichtung der Mittelstreckenraketen an Bedingungen zu knüpfen.« In: Deutschland Archiv 1 (1988), S. 2.

macht. In den Augen der SED-Führung dürfte sich damit zum ersten Mal die im Jahre 1978 zwischen der Evangelischen Kirchenleitung und Honecker vereinbarte Sicherheitspartnerschaft im angeblichen Interesse der zu erhaltenen Friedensordnung in Europa bewährt haben.

Mit der Friedens- und Abrüstungsproblematik bin ich durch meinen Zwillingsbruder Bernd schon 1965 und später auch durch meinen Freund Rudolf Albrecht, Pfarrer der Dresdener Trinitatiskirche, konfrontiert worden. Beide gehörten zu jenen Bausoldaten des Jahrgangs 1965/66, aus deren Reihen die Begründer der Friedensarbeit der DDR an der kirchlichen Basis hervorgingen. Ich hatte das Glück, von einem längeren Wehrdienst verschont geblieben zu sein. Meine Zustimmung zum Studium in Leningrad (heutige Sankt Petersburg) ersparte mir 1961 eine zweite vierwöchige militärische Grundausbildung. Die ersten vier Wochen im Jahre 1960 ertrug ich schadlos. Schlechte Erinnerungen sind kaum geblieben. Das verdanke ich einem höheren Stabs-Offizier, der mein mäßiges Zeichentalent eigennützig in den Dienst seiner Leidenschaft für Pferde stellte. Während meine Truppe das Exerzieren, Robben und Schießen übte, war ich häufig im warmen Kämmerlein mit dem Abmalen von Pferden beschäftigt. So blieb ich einfacher Soldat der Reserve, der für die vermeintlich bevorstehende kriegerische Auseinandersetzung mit dem Klassenfeind völlig ungeeignet erscheinen mußte.

Trotzdem befürchtete ich ständig eine Einberufung als Reservist, besonders seit 1980, als unserer Russischgruppe der militärerprobte Parteisekretär als Gruppenleiter vorgesetzt wurde. Ein Wink des aktiven Reserveoffiziers der Volksarmee an das Wehrkreiskommando oder an eine andere Machtinstanz des Partei- und Staatsapparates hätte genügt, um meinem kritischen gesellschaftspolitischen Engagement im Betrieb und in der Schule ein vorläufig schnelles Ende zu bereiten. Aber allem Anschein nach war dem ausgedienten Major schon allein der Gedanke zuwider, mich als Reservist für den Ehrendienst in »seiner« Armee zu sehen.

Als ich 1983 eine Vorladung des Wehrkreiskommandos erhielt, befiel mich die böse Ahnung, daß ich nunmehr fällig sei. Zu meiner Erleichterung überreichte man mir jedoch lediglich einen Mobilmachungsschein mit der Aufforderung, mich in ständiger Einsatzbereitschaft zu halten. Ich nahm die Gelegenheit wahr, meinen längst gefaßten Beschluß über das Einfordern des seit 1964 in der DDR möglich gewordenen Bausoldatenstatus zu bekunden. Der verantwortliche Offizier notierte sich lediglich mein Anliegen und entließ mich ohne besonderes Aufheben. Wenige Wochen später wurde ich abermals zum Wehrkreiskommando bestellt. Dort wurde zu meinem Erstaunen und zu meiner Freude mein Mobilmachungsschein von einem Offizier kommentarlos vor meinen Augen zerrissen. Seither hatte ich vor der »sozialistischen Streitmacht« Ruhe.

Mein Friedensengagement beschränkte sich zunächst auf die Teilnahme an Friedensseminaren, die von ehemaligen Bausoldaten-Aktivisten organisiert wurden. Zur aktiven Einmischung ermunterten mich jedoch vor allem die unheilvollen Erziehungsversuche des Staates an Kindern. 1975 überraschten mich die Lernerfolge meines ersten Sohnes im staatlichen Kindergarten: »Ich möchte Faschist sein, die sind die stärksten«. Das war wohl der kontraproduktive Auswuchs der Erziehung von Vorschulkindern zum »Frieden«. Und als ich Protest gegen die Forderung meines vierjährigen Knirpses nach Fahnenschmuck anläßlich des 1. Mai anmeldete, sagte er vorwurfsvoll: »Frau W. hat gesagt, wer die Fahnen nicht gerne hat, der ist gegen die Republik«. Nicht weniger betroffen machte mich 1977 die Auskunft meines fünfjährigen Sohnes, daß der Weihnachtsmann im Kindergarten Soldaten, Panzer und Baracken zum Spielen auspackte.[84]

Im Juli 1978 schrieb ich an Honecker eine Eingabe gegen die beabsichtigte Einführung des Wehrkundeunterrichts in den 9. und 10. Klassen der allgemeinbildenden polytechnischen Oberschule. Als Alternativen schlug ich vor:

> »1. Einen Volksentscheid über die Einführung oder Nichteinführung des Faches Wehrkunde durchzuführen.
>
> 2. Im Falle der Einführung des Wehrunterrichts:
> - das Fach Wehrkunde in Friedenskunde umzubenennen,
> - dieses Fach auf den theoretischen Unterricht zu beschränken,
> - den theoretischen Unterricht auf einen aktiven Friedensdienst im obengenannten Sinne zu orientieren.

[84] Die hierbei gemachten Erfahrungen werden im Kapitel 1984 bis 1985 zur Friedenskreisarbeit erläutert.

3. Im Falle der Einführung der praktischen Ausführung: rechtlich abzusichern, daß die Ablehnung der Ausbildung mit Waffenumgang zu keinen Nachteilen für die Jugendlichen und deren Eltern führen darf.«[85]

Die Eingabe blieb zunächst unbeantwortet. In weiteren Nachfragen und Beschwerden bestand ich auf einer rechtsmäßigen Eingabenbearbeitung. Nach über acht Monaten erhielt ich vom Stadtschulrat die Einladung zu einem Gespräch. Es erschöpfte sich im Austausch der gegenteiligen Positionen zur Friedenspolitik der DDR. Da er mir zur inhaltlichen Gestaltung des Wehrunterrichts nichts sagen konnte, wollte er mir in nächster Zeit einen Wehrkundelehrer als Gesprächspartner vermitteln. Ein Jahr nach meiner Eingabe, deren Vorgang insgesamt zwölf Dokumente umfaßt, gab ich das inzwischen sinnlos gewordene Anliegen auf.
Die im Oktober 1979 von oben verordnete Unterschriftensammlung zur »Willenserklärung der Deutschen Demokratischen Republik« zu Abrüstungsvorschlägen von Breshnew nahm ich als Gelegenheit wahr, mein Friedensverständnis in die Diskussion um Abrüstung und Entspannung zwischen den Militärblöcken einzubringen. Ich verband meine Zustimmung zu dieser Willenserklärung mit einer eigenen Erklärung an den Präsidenten des Nationalrates der Nationalen Front der DDR, Professor Erich Correns. In dieser Erklärung begrüßte ich die Vorschläge der UdSSR und wertete sie als ein gutwilliges Verhandlungsangebot zur Rüstungsbegrenzung. Andererseits machte ich folgende Bedenken geltend:

»Dem Unterzeichner des Appells wird zugleich eine Verantwortung übertragen (›Jeder trägt persönliche Verantwortung dafür‹ – siehe Leitartikel im ND vom 2.11.79), die seine Entscheidungskompetenz, die entsprechende Informationen, Mitbestimmungs- und Mitgestaltungsrecht voraussetzt, weit übersteigt. Deshalb setze ich in meine Unterschrift auch die Hoffnung auf die Einleitung eines Demokratisierungsprozesses, der allen Bürgern die Möglichkeit eröffnet, aktiv und gleichberechtigt (unabhängig seiner poli-

[85] Eingabe von Peter Eisenfeld an Erich Honecker zur Einführung des Wehrkundeunterrichts vom 2.7.1978; Privatarchiv Peter Eisenfeld.

tischen Überzeugung) im Sinne der Lebenserhaltung und -bereicherung am Kampf für Frieden teilzunehmen. Daß dies bislang nicht praktiziert wurde, zeigen zum Beispiel die Einführung des neuen Verteidigungsgesetzes und des Wehrkundeunterrichts.

Zudem offenbart sich in der Willenserklärung ein Dilemma, das dem gesamten Abrüstungsproblem immanent ist: Der Appell zur Abrüstung, ja zur Vernunft und zum guten Willen richtet sich letztlich an einen Militärblock, der laut offizieller Einschätzung des anderen Militärblockes dem Wesen nach menschenfeindlich, aggressiv und expansiv ist. [...]

Der Frieden muß in einen Komplex von Maßnahmen eingebettet werden, die die auf der Helsinki-Konferenz angenommenen Vereinbarungen gleichberechtigt sowie meß- und erlebbar für jeden einzelnen in die Praxis umsetzen. Der aktive Beitrag des Staates und seines willigen Bürgers bei der Bestellung dieses Feldes des Friedens sind wirkliches Bekenntnis zum Frieden, sind seine Unterschrift wert.

Deshalb soll meine Unterschrift auch meine Bereitschaft bekunden, aktiv in entsprechenden Organisationen (Friedensrat der DDR, Komitee für Menschenrechte) im Sinne meines dargelegten Verständnisses vom Frieden wirksam zu sein.

In Erwartung einer Antwort mit einer Empfehlung zur angebotenen Mitarbeit.«[86]

Daraufhin teilte mir der Sekretär des Stadtbezirksausschusses Dresden-Mitte der Nationalen Front in einem Schreiben mit, daß er beauftragt wurde, den Termin für einen persönlichen Besuch eines Vertreter der Nationalen Front mit mir zu vereinbaren. Am 19. Dezember 1979 kam es dann zu einem etwa zweieinhalbstündigen, offenen und freundlichen Gespräch mit einem Mitarbeiter des Sekretariats der »Nationalen Front«. Er ließ sich mein Anliegen nochmals vortragen und zeigte Verständnis für meinen Friedenswillen und meine Bereitschaft zur Mitarbeit. Meine Anregung, im Rahmen der Nationalen Front Friedenskreise Andersdenkender aufzubauen, wollte er prüfen lassen. Danach folgte das große Schweigen. Trotz Anmahnungen kam

[86] Schreiben von Peter Eisenfeld an den Nationalrat der Nationalen Front vom 10.11.1979; ebenda.

Proletarier aller Länder, vereinigt euch!

TSCHLAND

ISTISCHEN EINHEITSPARTEI DEUTSCHLANDS

Sonnabend/Sonntag,
27./28. Oktober 1979
34. Jahrgang / Nr. 255

B-Ausgabe
Einzelpreis 15 Pf

Redaktion und Verlag 1017 Berlin, Franz-Mehring-Platz 1, Telefon: 58 50 (Sammelnummer). Abonnementspreis monatlich 3,30 Mark.

nalrates der Nationalen Front in Berlin

Bürger der DDR:
Zeichnet diesen Appell mit Eurem Namen!

Nationalrat der Nationalen Front der DDR

Willenserklärung
der Deutschen Demokratischen Republik

Für unser Land, für alle Völker und Staaten, geht es um Entscheidungen von enormer Tragweite.

Von Berlin aus ergriff Leonid Breshnew eine große Initiative. Im Einvernehmen mit der DDR und den anderen Staaten des Warschauer Vertrages verringert die Sowjetunion einseitig ihre Streitkräfte in Mitteleuropa. Sie ist bereit, die Anzahl ihrer Mittelstreckenraketen in den westlichen Gebieten der UdSSR zu reduzieren – vorausgesetzt, daß durch die NATO in Westeuropa keine zusätzlichen amerikanischen Mittelstreckenraketen stationiert werden.

Wenn es um die Sicherung des Friedens geht, darf es kein Zögern geben. Wir haben unser Land nicht aus Ruinen aufgebaut, damit noch einmal alles in Trümmer sinkt. Was unser Fleiß schuf, darf nicht wieder zerstört werden. Wir unterstützen die Friedensinitiative Leonid Breshnews. Wir brauchen überall Vernunft und guten Willen statt Rüstungswahn und Kriegspolitik. Wir fordern:

Keine neuen Atomraketen in Westeuropa – dafür Schritte zur Abrüstung!

Kein Wettrüsten – dafür Fortsetzung der Entspannung!

Berlin, im Oktober 1979

Diese Willenserklärung wird den Bürgern der DDR in den nächsten Tagen und Wochen durch die Ausschüsse der Nationalen Front in ihren Wohngebieten zur Unterzeichnung unterbreitet

Neues Deutschland / 2. November 1979 / Seite 4

Für die Willenserklärung der DDR

Darum unsere Unterschrift!

Ein Ruf geht durch das ganze Land: Zeichnet mit Eurem Namen gegen Rüstungswahn und Kriegspolitik! Fordert mit Eurer Unterschrift: Keine neuen Atomraketen in Westeuropa – dafür Schritte zur Abrüstung! Kein Wettrüsten – dafür Fortsetzung der Entspannung! Erhebt Eure Stimme für den Frieden!

Seit gestern liegt allen Bürgern die Willenserklärung der Deutschen Demokratischen Republik zur Unterschrift vor. Jeder muß und kann mitentscheiden, daß es keine weitere Bedrohung des Lebens heute und in Zukunft gibt. Jeder trägt persönlich Verantwortung dafür. Zwei Weltkriege haben die Völker mitmachen müssen. Es waren zwei zuviel. Einen dritten darf es nicht geben.

Der Appell geht durch das ganze Land, findet Widerhall in jedem Ort, jeder Gemeinde, jeder Stadt. Er wird beantwortet in jedem Haus, in jeder Familie. Eine große, wichtige, eine lebenswichtige, weil lebenserhaltende politische Aktion ist im Gange. Überall Gespräche, in die Erfahrungen unseres Kampfes für den Frieden, gegen Imperialismus und Krieg einfließen; Erkenntnisse aus arbeitsreichem Leben, aber auch Gedanken, Wünsche und Erwartungen der jungen Leute, die den Krieg glücklicherweise nur aus Büchern und Filmen kennen. Gespräche, diktiert allein von der gemeinsamen Verantwortung in der Frage aller Fragen: Krieg oder Frieden.

Wir sind für den Frieden, weil wir für das Leben sind. Was unser Fleiß schuf, darf nicht wieder zerstört werden. **Deshalb engagieren wir uns** mit unserer Unterschrift für die Friedensinitiative, die mit der Rede Leonid Breshnews von Berlin ausging. Noch fehlt eine positive Antwort des Westens. Noch beharren die Scharfmacher der NATO auf den abenteuerlichen Plänen, in Westeuropa zusätzliche amerikanische Mittelstreckenraketen zu stationieren.

Doch sie werden unsere Stimme, unsere Forderungen nicht überhören können, wenn wir sie nur laut genug erheben. Sie werden sie nicht negieren können, weil hinter unseren Unterschriften unsere Taten stehen werden. Wir lassen uns nicht beschwichtigen mit Redensarten wie der, die uns weismachen will, es handle sich bei den neuen Atomwaffenplänen um ein „Nachrüsten". Uns kann man kein X für ein U vormachen. Wir wissen: Seit 1945 drohten die USA in insgesamt 215 Fällen bei außenpolitischen Aktionen mit dem Einsatz ihrer militärischen Macht oder wandten sie an. In der gleichen Zeit unterbreitete die Sowjetunion über einhundert konkrete und realistische Vorschläge für Abrüstung und Entspannung.

Keine Frage also, von wo dem Frieden, dem Glück, dem Leben Gefahr droht. Um so notwendiger, daß die neue historische Chance für die Sicherung des Friedens, die mit der Berliner Initiative Leonid Breshnews gegeben ist, genutzt wird.

Deshalb zählt jede Unterschrift. Weder das Alter, die Zugehörigkeit zu unterschiedlichen Klassenschichten, noch verschiedene weltanschauliche Positionen sind hier von Belang. Frieden ist die natürlichste Lebensform aller Menschen. Um ihn zu erhalten, zu festigen, zu verteidigen, **geben wir unsere Unterschrift!**

D. B.

Kopie 112

Berlin, den 19. Dezember 1979

Aktenvermerk über das Gespräch mit Peter Eisenfeld, Dresden, am 17. Dezember 1979 betreffs seines Schreibens an Prof. Dr. Dr. Correns vom 10. November 1979, das der Abteilung Christliche Kreise am 10. Dezember 1979 zur Bearbeitung übergeben worden ist.

Der Bürger Eisenfeld ist als russisch-deutscher Übersetzer bei Intertext in Dresden, Else-Frenske-Str. 11, tätig. Er ist etwa 35 Jahre alt und mit einer Bürgerin aus der UdSSR verheiratet.

Seinen politisch-weltanschaulichen Standort bezeichnete er in dem Gespräch als materiell-marxistisch und revisionistisch. Befragt nach der Motivation seines Schreibens an den Präsidenten des Nationalrates antwortete er, daß er im Kampf um Frieden die ideologische Abrüstung für dringender als die militärische Abrüstung hält. Bei einer ideologischen Abrüstung würde die militärische Abrüstung von selbst erfolgen.
Trotz aller Beweisführungen für die bleibende ideologische Unversöhnlichkeit zwischen Sozialismus und Imperialismus zeigte sich der Bürger Eisenfeld uneinsichtig, dies anzuerkennen. Auch bei der Frage des antiimperialistischen Kampfes der Völker von Afrika und Lateinamerika sowie des Kampfes der Arbeiterklasse in den kapitalistischen Staaten vertrat er eine klare revisionistische Haltung, indem er meinte, alle bisherigen Revolutionen seien keine wahren sozialistischen Revolutionen, da sie von den Völkern nicht mit eigener Kraft siegreich geführt worden sind, sondern auf die Hilfe anderer angewiesen seien. Er halte den Kapitalismus für so sozialreformerisch, daß in diesen Ländern die sozialistische Revolution allein auf friedlichem Wege beschritten werden kann.

Er halte den Sozialismus als das erstrebenswerte Ziel der Menschheit, aber gegen dem realen Sozialismus in der DDR habe er große Vorbehalte und Bedenken. So würden die Menschen nicht überall in die demokratische Entscheidungsfindung, wie z.B. über Einführung des Wehrkundeunterrichts, Reisemöglichkeiten in die BRD einbezogen.

(BStU, ASt Dresden, AOP 1900/87, Bd. 1, Bl. 112–114)

Kopie. 113

- 2 -

Schließlich erklärte er, daß er auch in der DDR nicht die Möglichkeit habe, seine politische Haltung zur Abrüstungsdiskussion, die von der "offiziellen Linie" abweiche, anderen Mitbürgern bekanntzugeben, mit ihnen in Gedankenaustausch zu treten. Seit 1973 (Weltkongreß der Friedenskräfte) befasse er sich intensiv mit der Friedensfrage und habe seine Gedanken bereits mehrfach brieflich an das MfAA, ZK, den Friedensrat usw. mitgeteilt. Darauf habe er selten Antworten erhalten. Nun ist er der Meinung, daß sich sein Engagement nicht nur auf das Breifeschreiben beschränken lassen kann, sondern er möchte mit seinen Ideen und Gedanken aktiv werden, spüren, daß sie in die Gesamtbemühungen des Staates eingehen. Deshalb möchte er in einem entsprechenden Friedensgremium mitarbeiten. Wenn dies auf Grund seiner politischen Haltung nicht möglich sei, dann müßten Möglichkeiten eröffnet werden, daß Menschen, die politisch wie er denken, sich zusammenfinden können.

Ich erklärte ihm, daß über eine Mitarbeit im Friedensrat bzw. DDR-Komitee für Menschenrechte nur die Organisationen selbst befinden können. Sodann erläutert ich ihm den organisatorischen Aufbau der Nationalen Front und die vielfältigen Formen des gesellschaftlichen Mittuns. Ich sagte ihm, daß er, wenn er in der Nationalen Front mitarbeiten wolle, dies zuerst in einer HGL oder in einem WBA tun könnte. Doch dies lehnte er ab mit der Begründung, er suche eine Möglichkeit, wo er sich spezifisch zur Friedensfrage engagieren kann. Er unterbreitete den Vorschlag, daß in der Nationalen Front Arbeitsgruppen für Frieden und Abrüstung gegründet werden sollten. Er bat mich, dies als Vorschlag dem Nationalrat zu unterbreiten und erwartet eine schriftliche Antwort.

Durch Vermittlung des Sekretärs des Stadtbezirksausschusses Dresden-Mitte der Nationalen Front führte ich ein Gespräch mit dem Leiter von Intertext in Dresden, Koll.Ressel. Er erklärte mir, daß Peter Eisenfeld als ein politisch schwieriger Mensch bekannt sei. Der Betrieb könne ihn wegen seiner politischen

Unzuverlässigkeit nicht mehr für mündliche Übersetzungsdienste einsetzen. Er bestätigte meinen Eindruck, daß Eisenfeld danach trachtet, Bestätigungen dafür zu erhalten, daß er als politisch Andersdenkender in unserem Staat keinen Platz habe, daß er in seinen Rechten eingeschränkt oder benachteiligt werde.

Auf Grund des nach dem Gespräch mit dem Leiter von Intertext erhärteten Gesamteindruckes von Peter Eisenfeld, daß er bewußt revisionistische Positionen bezieht und in dem zweieinhalbstündigen Gespräch in keiner Weise gezeigt hat, daß er gewillt ist, seine eigene Haltung im Bedenken anderer Argumente und Meinungen zu verändern, sondern starr auf ihr beharrt, und anbetracht der Tatsache, daß er gezielt Plattformen zur Propagierung seiner politischen Einstellung fordert, schlage ich vor, jede weitere Gesprächsführung mit ihm einzustellen.

Da uns von der Kirchenreferentin von Dresden-Mitte mitgeteilt worden war, daß Peter Eisenfeld Gemeindekirchenratsmitglied der Heilig-Geist-Kirche sei, erkundigte ich mich bei ihm, ob er religiös oder konfessionell gebunden sei. Dies verneinte er und fügte hinzu, daß er bei seinen Friedensstudien in jüngster Zeit auf die Aktivitäten der Kirchen und der CFK gestoßen sei.

[redacted]
([redacted])

keine Antwort. Offensichtlich war die »Nationale Front« für eine solche Initiative in ihren Reihen nicht zu begeistern. In die andere Richtung war man weniger zurückhaltend. Ein Aktenvermerk vom 9. Dezember 1979 - aufgefunden in meinen Stasiakten - führt auf die Spuren zurück. Danach war der Vertreter des Nationalrates, Herr {...} gar nicht so freundlich und entgegenkommend wie ich ursprünglich dachte. Er setzte sich nach dem Gespräch mit dem damaligen Außenstellenleiter von »Intertext« in Verbindung und berichtete über mich.

Der Außenstellenleiter meines Arbeitgebers sah sich daraufhin veranlaßt, den Vorgang an die Stasi weiterzuleiten, was in einem Aktenvermerk vom 5. Januar 1980 festgehalten ist: »In einem Gespräch mit dem Genossen {...} berichtete dieser, daß der Übersetzer Eisenfeld, Peter, im Rahmen der Unterschriftensammlung zur Willenserklärung ein Schreiben an den Genossen Correns gerichtet hat.«[87] Im März 1980 schrieb ich nochmals an Professor Correns. Eine Antwort blieb aus.

Auf der Suche nach Unterstützung eines Friedensverständnisses, das den inneren und äußeren Frieden als Einheit verstand, wandte ich mich anläßlich des Ende 1981 stattgefundenen »Schriftstellertreffen[s] für den Frieden« in Ostberlin auch an den »Veranstalter« Stephan Hermlin. Um jedes Mißverständnis von vornherein auszuschließen, soll der Schriftwechsel in voller Gänze wiedergegeben werden.

»Werter Herr Hermlin!

Mir ist zu Ohren gekommen, daß in diesen Tagen auf Ihre Initiative hin ein deutsch-deutscher Friedenskongreß stattfinden soll. Ich begrüße diese Art Friedensdienst, weil damit überstaatlich und ideologieüberschreitend Eigenes zum Problem Frieden vermittelt werden kann. Zudem bin ich guter Hoffnung, daß auf diesem Kongreß auch mein bislang ohnmächtig vertretenes Verständnis von Frieden und Abrüstung (siehe beigefügte Schreiben) durch die zu Wort kommenden Repräsentanten der Kultur und Wissenschaft nicht zu kurz kommt.
Ich wünsche gutes Gelingen und wäre Ihnen für eine Bestätigung des Erhaltes meines Schreibens dankbar.

---

87 Aktenvermerk von Feldwebel Boche, MfS, vom 5.1.1980; BStU, ASt Dresden, AOP 1900/87, Bd. 2, o. Pag.

Nationalrat der Nationalen
Front der DDR
Prof. Dr. Dr. h.c. E. Correns

Peter Eisenfeld
8053 Dresden
Schubertstr. 30

Werter Herr Prof. Dr. Dr. h.c. Correns!

In Beantwortung meiner an Sie am 10.11. 79 gerichteten Erklärung zu meiner Unterschrift unter die "Willenserklärung der Deutschen Demokratischen Republik" fand am 17.12. 1979 ein ungefähr zweistündiges Gespräch mit Herrn Hennig, Mitarbeiter im Sekretariat des Nationalrates der Nationalen Front der DDR, statt. Im Ergebnis dieses Gespräches sind wir übereingekommen, daß meine Anregung geprüft werden soll, Arbeitsgruppen zum Problem Abrüstung und Frieden im Rahmen des Nationalrates ins Leben zu rufen, die all den Bürgern guten Willens und unterschiedlicher Überzeugung offenstehen, die ihren bekundeten Willen zur Abrüstung und zum Frieden durch aktives Engagement im Sinne ihres Friedensverständnisses bekräftigen und gleichberechtigt in die Friedensbewegung einbringen wollen. Damit wäre auch die Friedensbewegung in der DDR auf eine breitere Basis gestellt.
In Anbetracht der Ereignisse in Afghanistan und deren Folgeerscheinungen bin ich in der Überzeugung von der Notwendigkeit der Bildung solcher Arbeitsgruppen bestärkt worden.
Ich bitte deshalb um die Mitteilung, ob und inwieweit meine Vorstellungen fruchtbare Wirkungen zeigen.

Mit freundlichen Grüßen

Peter Eisenfeld

Dresden, d.09.3. 1980

....
(Peter Eisenfeld)

Mein zweiter Brief an Correns

Anbei: Ein Schreiben an den Vorsitzenden des Staatsrates vom 2.7.78, zwei Schreiben an den Nationalrat der Nationalen Front vom 10.11.79 und 9.3.80, ein Diskussionsbeitrag vom 24.8.81.«[88]

Da Stephan Hermlin nicht antwortete, rief ich bei ihm an und bat um ein Gespräch. Dabei erwähnte ich meinen Brief an ihn. Da er sich daran nicht zu erinnern schien, machte ich ihn auf das beigefügte Protestscheiben an Honecker gegen die Einführung des Faches Wehrkunde aufmerksam. Daraufhin brach er das Telefonat ab und ließ mich wissen, daß er für ein Gespräch mit mir keine Zeit hätte.
Nach Abschluß des deutsch-deutschen Friedenskongresses teilte ich ihm am 5. März 1982 mit:

»Werter Herr Hermlin!

Nach meinem Brief vom 8.12.81 und unserem Telefongespräch möchte ich mich nochmals in Erinnerung bringen. Üben Sie Nachsicht mit einem engagierten Parteilosen, der auf diese Weise sein Friedensverständnis einbringen und seine Meinung zur ›Berliner Begegnung‹ äußern möchte.
Meine Hoffnungen waren wohl etwas übersteigert, wenn ich mehr Publizität und Anregungen erwartet habe. Die offensichtlich interessanten Beiträge werden der Öffentlichkeit bislang vorenthalten. Unter diesen Bedingungen bleibt die Wirksamkeit eines solchen Treffens auf einen kleinen elitären Kreis beschränkt. Dadurch verliert zugleich der Umstand, daß dieses Friedensforum in der Hauptstadt der DDR mit staatlicher Genehmigung stattfinden konnte, gänzlich an gesellschaftspolitischer Bedeutung. Der aufmerksame ND-Leser muß sich fragen und der Veranstalter fragen lassen, warum diese Zurückhaltung zu einem Thema, bei dem in letzter Zeit wahrlich nicht mit Druckerschwärze gespart wird. Der Realitätssinn verrät, daß eben hier die Grenzen sichtbar werden, die es meines Erachtens – und damit möchte ich an mein erstes Schreiben an Sie anknüpfen – abzubauen gilt,

[88] Schreiben von Peter Eisenfeld an Stephan Hermlin vom 8.12.1981; Privatarchiv Peter Eisenfeld.

um wirklichen Frieden schaffen zu können. Es sind die Grenzen, die nicht nur zwischen den Systemen (Gefährdung des äußeren Friedens), sondern auch in ihnen und in uns (Gefährdung des inneren Friedens) bestehen. Wenn wie bislang das militärische Kräfteverhältnis und der Rüstungswettlauf in den Mittelpunkt der allgemeinen Friedensdiskussion gestellt werden, so besteht die Gefahr, den Frieden mit stereotypen Schlagwörtern zu zerreden. Denn in diesen Fragen sieht sich der selbständig denkende und verantwortungsbewußte Bürger ohne die notwendigen objektiven Informationen überfordert, die Wahrheit zu ergründen. Wer also glaubt, dazu etwas sagen zu können, muß letztlich blindes Vertrauen in eine staatlich sanktionierte Militärpolitik haben, die die Bedrohung durch die andere Seite als gegeben voraussetzt. Diese Einäugigkeit bei der Beurteilung der Bedrohung muß sich auch Herr Professor Dr. Heinz Kamnitzer nachsagen lassen, der unter Anrufung von Fachleuten behauptet: ›Auf jeden Fall ist es eindeutig, wer allen Grund für Gegenmaßnahmen hat, wie überhaupt, von der Atombombe bis zu den Marschflugkörpern die SU niemals vorgerüstet, sondern stets nachgerüstet hat.‹ (ND vom 26.8.81) Dies widerspricht zum Beispiel den Aussagen des bis 1976 gültigen Programms der SED: ›Solange die imperialistischen Kräfte das Wettrüsten betreiben, sich dem Verbot der Kernwaffen, der Auflösung ihres aggressiven Militärblocks und der allgemeinen Abrüstung widersetzen, ist die militärische Überlegenheit des sozialistischen Lagers für die Erhaltung des Friedens und den Schutz des sozialistischen Aufbaus unerläßlich.‹
›Wenn in den Jahren 1953 bis 1957 der Gleichstand der Kernwaffenentwicklung zwischen der SU und den USA erreicht wurde, so errang die SU in den Jahren danach die Überlegenheit. Hinzu kommt, daß die SU parallel mit den Kernsprengköpfen auch die erforderlichen Trägermittel entwickelte.‹ (Aus: ›Kernwaffen und Kernwaffenschutz‹, von M. Hoffmann, Militärverlag der DDR, Berlin, 1973, S. 36)
›Die sowjetische Raketenwaffe, an deren Entwicklung viele Betriebe der Industrie, der Wissenschaft und Technik, ungezählte Techniker, Konstrukteure und Arbeiter beteiligt sind, erreicht ein Niveau, daß der UdSSR einen Vorsprung

vor den imperialistischen Mächten einbringt.‹ (Aus: ›Vom Säbel zur Rakete‹ von S. Schröder, Militärverlag der DDR, Berlin 1978, S. 183)
›Im Jahre 1955 wurde zum erstenmal von einem sowjetischen U-Boot aus eine ballistische Rakete gestartet. [...] Mitte der fünfziger Jahre begann der Aufbau einer modernen raketentragenden und kernwaffengetriebenen Seekriegsflotte für Handlungen auf den Ozeanen.‹ (Aus: Kurzer Abriß der Geschichte der Streitkräfte der UdSSR von 1917-1972 von J. I. Korabljow und anderen, S. 290)
›Daran kann auch die jüngst im ND veröffentlichte Dokumentation des Verteidigungsministeriums der UdSSR nichts ändern, in der der Nachweis einer Vorrüstung der USA um durchschnittlich fünf Jahre seit Mitte der 40er Jahre bei strategisch wichtigen Waffen erbracht wird (zum Beispiel für Atom-U-Boote mit ballistischen Raketen: USA 1960 drei, UdSSR 1960 keine - siehe ND vom 26.1.82), was ja andererseits auch gegen die Aggressionslust des Vorrüsters spricht.‹
Welche Gründe für derartige widersprüchliche Verlautbarungen auch vorliegen mögen, sie tragen jedenfalls nicht zur Entlastung des Vertrauensverhältnisses bei. Aber wie gesagt, die Beweisführung und Aufrechnung der Schuld am Wettrüsten kann nicht in den Händen der Teil-Wissenden liegen. Zudem hat sich gezeigt, daß auch die Wissenden mit einem staatlich sanktionierten Friedensverständnis den Frieden trotz des sehr umfangreichen auf Gewaltverzicht, Entspannung und Verständigung beruhenden Vertragswerkes zwischen den Staaten nicht sicherer gemacht haben. E. Honecker stellte sogar fest, ›daß der Weltfrieden nach Ende des zweiten Weltkrieges noch nie so stark bedroht war wie gegenwärtig.‹ (3. ZK-Tagung, November 1981)
Ohne eine Vertrauensbasis, die den Friedenswillen beider Seiten voraussetzt, kann es meines Erachtens keine Einstellung des Wettrüstens oder gar Abrüstung geben, höchstens Rüstungspausen, die für neue Rüstungsanstrengungen genutzt werden.
Die ›Berliner Begegnung‹ hat zweifellos ein Zeichen in Richtung Vertrauensförderung gesetzt, doch ohne Einbeziehung breiter Bevölkerungskreise in diese Art Friedensdiskussion

ist die Ernsthaftigkeit einer aktiven Friedensbereitschaft in Frage gestellt. Ein Engagement für den Frieden schließt auch den Willen ein, vor Ort öffentlich für ihn zu streiten und sich überall dort einzusetzen, wo innerer Friede gefährdet ist. Innerer und äußerer Frieden bilden eine dialektische Einheit, bedingen einander. Die jüngste Geschichte (Polen) legt davon Zeugnis ab. Eine Vertrauensbasis, die Unterschiede in Weltanschauung und politischer Überzeugung nicht ausschließt, sollte auch die Basis der Friedensbewegung in der DDR sein, das heißt die Friedensbewegung muß demokratisiert werden, auch und gerade dort, wo es gewichtige Stimmen gibt, die die Bemühungen um einen sozialen Friedensdienst als ›friedens-, sozialismus- und verfassungsfeindliche Aktionen‹ (W. Walde auf der 3. ZK-Tagung) werten und wo ein deutliches Nein durch den Staat zur Losung ›Frieden schaffen ohne Waffen‹ ausgesprochen wird. ›Das Recht auf Leben ist auch mit dem Problem des Rechts verbunden, sich zu weigern, anderen das Leben zu nehmen‹, heißt es im Kommuniqué des Weltkongresses der Friedenskräfte in Moskau (1973). Die Friedensansprüche von DDR-Bürgern in dieser Richtung werden nicht nur durch die Menschenwürde, die Gewissens- und Glaubensfreiheit einschließt, sondern auch dadurch legitimiert, daß die Gegenseite solche Ansprüche im eigenen Machtbereich gelten läßt, wodurch Parität und gleiche Sicherheit für beide Seiten gewährleistet sind. Schriftsteller, Künstler und Wissenschaftler haben kraft ihres schöpferischen Denkens und ihrer gesellschaftlichen Stellung eine besondere Verantwortung. Sie sollten diese Verantwortung auch zu den Problemen des Friedens nicht an den staatlich vorgegebenen Grenzen und zugebilligten Privilegien messen, sondern an der Lebensnähe und Lebenskraft ihrer Worte im Volk.

P.S. Ich wäre Ihnen dankbar, wenn Sie mir mit Bestätigung dieses Schreibens auch evtl. vorliegendes Material zur ›Berliner Begegnung‹ zuschicken könnten. Interessiert bin ich auch am Wortlaut des Appells der Schriftsteller Europas.«[89]

---

[89] Schreiben von Peter Eisenfeld an Stephan Hermlin vom 5.3.1982; ebenda.

STEPHAN HERMLIN
1110 BERLIN-NIEDERSCHÖNHAUSEN
KURT-FISCHER-STRASSE 39

18. März 1982

Sehr geehrter Herr,

Ich habe den Eindruck, dass die Einäugigkeit, die Sie anderen vorwerfen, in hohem Maße Ihr eigenes Problem ist.

Dass Sie der Berliner Begegnung jede gesellschaftspolitische Bedeutung absprechen, ist Ihre Sache. Ich erlaube mir nur den Hinweis, dass das Echo dieser Veranstaltung auch jetzt noch unvermindert anhält, dass es weit über die europäischen Grenzen hinausgeht, dass hunderte von Briefen aus der Bevölkerung der DDR Ihrem Brief widersprechen.

Der Veranstalter hat seine eigenen, auf seine persönlichen Erfahrungen sich gründenden Vorstellungen. Sie hatten von vornherein nichts zu schaffen mit Chimären von einer Massenbewegung, die unser kleines Treffen auslösen sollte oder könnte. Sie sollte ein Zeichen setzen. Sie sollte anderen Anlass sein zu Überlegungen, wie man in seinem Kreis zum Gespräch über den Frieden kommen könnte. Ganz unangebracht ist Ihr dekretierender Ton, ich hätte mich jetzt erst einmal an das - offenbar von Ihnen vertretene - Volk zu wenden. Ich habe keine Anlagen zum Führer.

Gänzlich abwegig ist das von Ihnen erdachte "dialektische Verhältnis" von "innerem" und "äusserem" Frieden. Das ist barer Unsinn. Diese Dinge miteinander zu vermengen, heisst dem Krieg Tür und Tor öffnen.

Mit vorzüglicher Hochachtung

Stephan Hermlin

Das Antwortschreiben von Stephan Hermlin ist datiert vom 18. März 1982.

Als ich dieses Schreiben las, war mein erster Gedanke, daß möglicherweise die Stasi als Verfasser in Frage käme, da es die Sprache der Herrschenden verriet. Meine Enttäuschung war groß. Ich ließ etwas Gras über die »Berliner Begegnung« wachsen und wandte mich knapp drei Monate später noch einmal an Hermlin:

> »Werter Herr Hermlin!
>
> Ihren Brief vom 18.3. habe ich erhalten. Der Inhalt besagt, daß Sie sich meiner Person und ihres Anliegens möglichst schnell entledigen wollen.
> Zu Ihrer Entlastung bitte ich Sie, die meinem Schreiben an Sie beigefügten Unterlagen alsbald zurückzuschicken.
> Überdies bitte ich den von Ihnen empfundenen ›dekretierenden Ton‹, der, so überhaupt, Sie nicht treffen sollte, zu entschuldigen. Mir geht es um die Sache, das heißt um Anregungen (Informationen) und mögliche ressort- und institutionsüberschreitende Solidaritäten bei der Förderung eines Friedensverständnisses, das Sie (mein ›erdachtes‹ dialektisches Verhältnis von innerem und äußerem Frieden wäre ›barer Unsinn‹ und würde ›dem Krieg Tür und Tor öffnen‹) ohne jegliche Gegenargumentation für mich unverständlich gedeutet haben.
> Das mag an unserer unterschiedlichen Stellung in diesem Staat liegen, wo jeder seine Würde und Freiheit nur auf seine Weise verteidigen und verantworten kann (Ansprüche wie Führerschaft und Volksvertreter sind von mir nicht gedacht worden).«[90]

Eine Antwort habe ich nicht erhalten. In meinen Stasi-Akten fand ich zu diesem Vorgang lediglich eine Kopie des Schreibens von Stephan Hermlin und des entsprechenden Briefumschlags.

[90] Schreiben von Peter Eisenfeld an Stephan Hermlin vom 1.6.1982; Privatarchiv Peter Eisenfeld.

Der an Stephan Hermlin mitgelieferte Diskussionsbeitrag betraf eine schriftlich eingereichte Anfrage an das Forum des Ökumenischen Rates am 24. August 1981 in Dresden:

> »Bei den weltweiten Diskussionen um die Erhaltung des Friedens ist vor allem von der materiellen Abrüstung, das heißt von der Abrüstung der Waffen die Rede. So wird der Eindruck geweckt, als wären allein die Waffen daran Schuld, daß es zu Kriegen kommt. Ich messe aber der geistigen Abrüstung, der Abrüstung des Geistes, der zur Produktion dieser Waffen führt, keine geringere Bedeutung bei, ja sehe in der geistigen Abrüstung, konkret im Abbau von Mißtrauen, Feindbildern und Angst zwischen den Völkern unterschiedlicher Gesellschaftssysteme eine notwendige Voraussetzung für die materielle Abrüstung.
> Meine Frage lautet: Wie beurteilt die Kirche die Wechselbeziehung zwischen geistiger und materieller Abrüstung, welche Initiativen entwickelt sie in bezug auf die geistige Abrüstung und sieht sie Möglichkeiten, diesbezüglich zwischen den sich feindlich gegenüberstehenden weltlichen Mächten zu vermitteln?«[91]

Das versammelte Forum in der Kreuzkirche ging auf diese Frage nicht ein. Später, anläßlich des Kirchentages 1983 in Dresden, versuchte ich noch einmal, der Evangelischen Kirchenleitung ein klärendes Wort zu ihrem Friedensverständnis und Friedensdienst abzuringen. Auf einem Diskussionsforum in der Kreuzkirche ließ ich deshalb durch meinen Freund, Pfarrer Albrecht, an Generalsuperintendenten Günter Krusche folgende schriftlich formulierte Fragen übergeben:

> »Die politisch-ideologische Konzeption von der Unversöhnlichkeit der beiden Gesellschaftssysteme und die damit verbundene militärisch-strategische Konzeption von der Frie-

[91] Diskussionsbeitrag auf dem Forum des Ökumenischen Rates am 24.8.1981 in Dresden; ebenda.

denssicherung durch mehr und bessere Rüstung hat für alle Menschen den Frieden nicht sicherer gemacht.

1. Welche alternative Friedenskonzeption hat dazu die DDR-Kirche anzubieten?

2. Wo liegen die Gemeinsamkeiten und Differenzen zwischen dem staatlich und dem kirchlich vertretenen Friedensverständnis?
Ein alternatives Friedensverständnis kann sich in der DDR nur im kirchlichen Rahmen manifestieren.

3. Wie verhält sich unter diesen Bedingungen die Kirche zu den konfessionell nicht gebundenen DDR-Bürgern, die aus pazifistischer Gesinnung ihr Problembewußtsein von Frieden und Abrüstung in die Friedensbewegung einbringen wollen?

4. Übt die Kirche Solidarität mit DDR-Bürgern, die aufgrund der öffentlichen Bekundung ihrer pazifistischen Gesinnung in Bedrängnis kommen?

5. Wie beurteilt zum Beispiel die Kirche den Umgang des Staates mit Mitgliedern der Jenaer Friedensgruppe?«[92]

Von Generalsuperintendent Günter Krusche erhoffte ich mir - wenn schon keine öffentlich vorgetragene, so doch eine schriftliche Beantwortung. Doch auch dieser Versuch scheiterte. Ich hatte damals allen Grund für diese Fragen. Denn in der politischen Auseinandersetzung in den Gewerkschaftsversammlungen zum Problem Frieden und Abrüstung berief sich der Parteisekretär mit sichtlicher Genugtuung immer wieder auf die grundsätzliche Übereinstimmung zwischen der DDR-Führung und der Evangelischen Kirchenleitung in der Friedenspolitik, wobei er auf entsprechende öffentliche Bekundungen verweisen konnte. Mir fiel es da sichtlich schwer, das allgemein verbreitete pauschale

[92] Fragenkatalog von Peter Eisenfeld anläßlich eines Diskussionsforums des Kirchentages in der Dresdener Kreuzkirche (1983); ebenda.

Bild von einer ideologisch angepaßten und staatshörigen Kirche unter den partei- und konfessionslosen Mitarbeitern meiner Gewerkschaftsgruppe dank meiner Erfahrungen in der Friedensarbeit unter dem Dach der Kirche zu korrigieren. Dort war ich seit 1980 im lockeren Friedenskreis der Trinitatiskirche in Dresden-Johannstadt unter der Leitung von Pfarrer Albrecht engagiert. Zum Kirchentag 1983 in Dresden beteiligten wir uns mit einem Informationsstand, wo wir den Besuchern unter anderem ein Plakat »Das ist eine böse Bombe« - »Das ist eine gute Bombe«[93] zum Mitnehmen und Nachdenken anboten. Mit diesem mehrdeutig auslegbaren Plakat wollten wir die Friedens- und Abrüstungspolitik des realsozialistischen Systems karikieren, die auf einem staatlich verordneten politisch-ideologischen Feindbild vom angeblich gesetzmäßig zum Untergang verurteilten und deshalb jederzeit zur Aggression bereiten kapitalistischen System beruhte. Zwei seriös gekleidete Herren erkundigten sich zwar über die Herkunft des Plakats, doch blieb es unangetastet und für seine Autoren sowie seine Verbreiter folgenlos.

Die völlige Übereinstimmung des Friedensverständnisses zwischen Staat und Kirche schien - zumindest vermittelt durch die Medien - dann auch tatsächlich gegeben zu sein, als Honecker in einen Brief an den Bundeskanzler Helmut Kohl im Oktober 1983 den Begriff der »Koalition der Vernunft« kreierte. Diese Vernunftskoalition sollte laut Honecker »das Abgleiten der Menschheit in eine nukleare Katastrophe verhindern«. Was mich an dieser »Vernunft« störte, war die damit verbundene kalte Drohgebärde an den vermeintlichen Partner, die mich zu einem Schreiben an Honecker veranlaßte. Darin bekundete ich ebenfalls den Herzenswunsch nach einer Koalition der Vernunft und wertete die damaligen zahlreichen Begegnungen zwischen ihm und Politikern sowie Wirtschaftsexperten der Bundesrepublik Deutschland als ein sichtbares Zeichen der politischen Entspannung. Ich schrieb unter anderem:

> »Dagegen habe ich mit Besorgnis Ihre Heraufbeschwörung ›einer neuen Eiszeit in den Beziehungen zwischen der Deutschen Demokratischen Republik und der Bundesrepublik Deutschland‹, die dazu führen könnte, daß ›das bisher Er-

[93] Das Plakat wurde nach meiner Idee durch den befreundeten Maler/Grafiker Manfred Richard Böttcher künstlerisch umgesetzt und gedruckt.

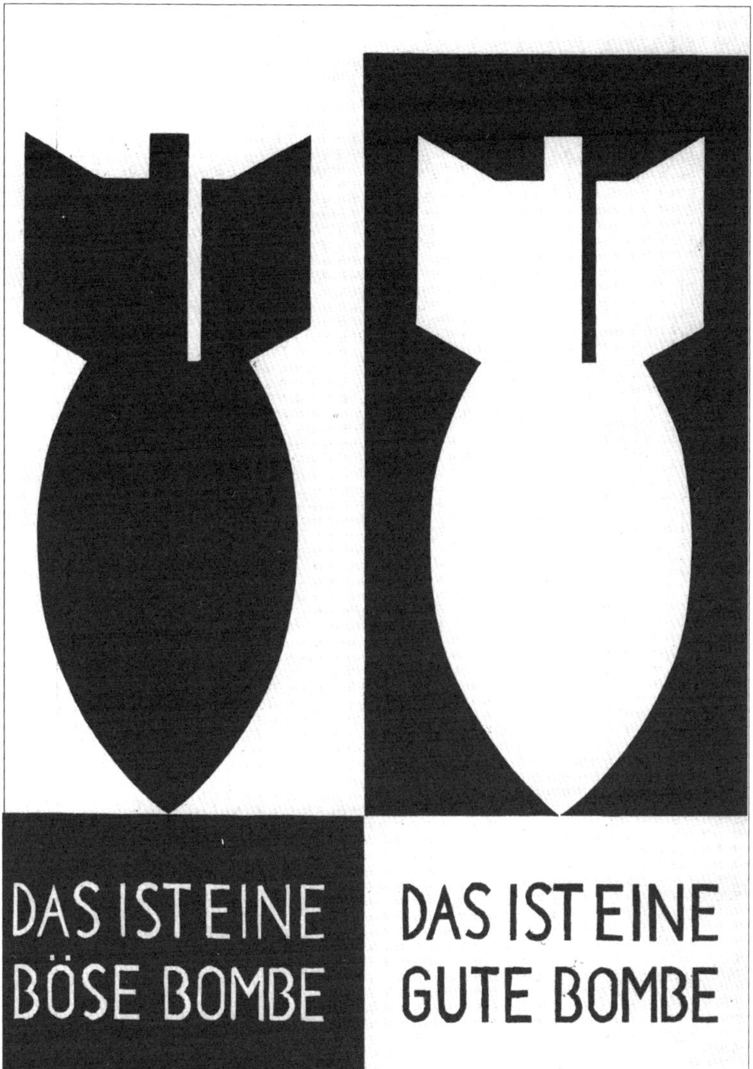
DAS IST EINE
BÖSE BOMBE
DAS IST EINE
GUTE BOMBE

> reichte und das von uns Angestrebte nicht nur nicht belastet, sondern sogar in Frage gestellt werden [kann]‹ (im Falle der Stationierung neuer amerikanischer Mittelstreckenraketen), zur Kenntnis genommen.
> Ich bin besonders darüber beunruhigt, daß noch immer einer langzeitlich angelegten militärstrategischen Konzeption der Friedenssicherung, die auf Abschreckung beruht, der Vorrang vor politischen Konzeptionen der Friedenssicherung durch ein umfangreiches Vertragswerk (UNO-, KSZE-Dokumente, zwischenstaatliche Verträge), in dem der Verzicht auf Anwendung von Gewalt in den zwischenstaatlichen Beziehungen schon lange festgeschrieben wurde, eingeräumt wird. Im gegenwärtigen militärstrategischen Krisenfall wird sogar die Möglichkeit erwogen, alle politischen Entspannungskonzeptionen auf's Eis zu legen.
> Ich bin jedoch der Überzeugung, daß der politische Dialog und die Zeichen politischer Entspannung jetzt erst recht und im weiteren erheblich wirksamer genutzt werden müssen, um die militärstrategische Konzeption der Abschreckung ad absurdum zu führen. Mit der von Ihnen erwähnten Koalition der Vernunft ist ja schließlich nicht die ›Vernunft‹ der Rüstung, sondern die der Menschen gemeint, die den Frieden wünschen. Deshalb müßte eigentlich die ›Übereinstimmung in der Sorge um den Frieden‹ von Menschen, die eine besondere Verantwortung gegenüber den Bürgern beider Staaten tragen, Grundlage genug sein, um dem Automatismus der militärischen Aufrüstung mit vereinten Kräften entgegenzuwirken.«[94]

Daß diese nach außen gerichtete Koalition der Vernunft die innenpolitische eher verschlechterte als begünstigte, davon konnte ich mich allein schon 1984 beim Durchblättern des Geographie-Lehrbuches meines Sohnes für die Klasse 6 der Länder Europas, außer DDR und UdSSR, Ausgabe 1983, überzeugen. Alle darin abgedruckten 48 Landschafts-, Städte- und Industriefotos von den kapitalistischen

[94] Schreiben von Peter Eisenfeld an Erich Honecker vom 15.10.1983; Privatarchiv Peter Eisenfeld.

VOLK UND WISSEN VOLKSEIGENER VERLAG BERLIN

Volk und Wissen Volkseigener Verlag DDR 1080 Berlin, Postfach 1213

Herrn
Peter Eisenfeld

8053 Dresden
Schubertstr. 30

PF 12/34

Ihre Zeichen	Ihre Nachricht vom	Unsere Nachricht vom	Unsere Zeichen	Hausruf	1080 BERLIN Krausenstr. 50 Am Spittelmarkt
	14.4.84		G 04-D/Ja.		30.4.84

Betreff

04 06 20 Lehrbuch Geographie Klasse 6

Werter Herr Eisenfeld!

Wir bestätigen den Eingang Ihres Schreibens vom 14.4.84 bezüglich der Ausstattung des Lehrbuches Geographie Klasse 6 mit Farbbildern. Dazu möchten wir bemerken, daß es uns im Jahre 1975 aus vielerlei Gründen nicht möglich war, eine durchgehend vierfarbige Gestaltung des Buches zu realisieren. Daß dieser Entscheidung weder eine Fehleinschätzung „der Leistungen der Völker des kapitalistischen Wirtschaftssystems" noch pädagogisch-psychologische Gründe zugrunde lagen, können Sie daraus ersehen, daß wir inzwischen die Lehrbücher für die Klassen 7 und 8, die alle Erdteile außer Europa einschließlich der kapitalistischen Hauptzentren USA und Japan zum Inhalt haben, durchgehend auf vierfarbigen Druck umgestellt haben. In der Perspektive ist auch eine entsprechende Bearbeitung des von Ihnen kritisierten Buches vorgesehen.

Mit vorzüglicher Hochachtung

Dr. Motschmann
Abteilungsleiter

DDS II-17-8 CpG 2/80

Fernruf 20 43 (0) | Drahtwort Volkwissen | Telex 1 12181 vowiv dd | Geschäftszeit Mo.–Fr. 7.45–17 Uhr | Postscheck Berlin 7199-57-1326 26 | Bank Berliner Stadtkontor Konto 6651 19-588 | Betriebs-Nr. 9013068 9

Ländern Europas waren Schwarzweißbilder und von allen 37 abgedruckten Fotos der sozialistischen Länder bis auf fünf (davon drei aus Jugoslawien) - Farbbilder. Ich teilte der Verlagsleitung Volk und Wissen neben meinen Bedenken hinsichtlich der ungenügenden Würdigung der Leistungen der Völker des kapitalistischen Wirtschaftssystem die möglichen Folgen für das kindliche Gemüt bei dieser Art von Freund-Feind-Bild-Erziehung mit und bat um die Auskunft, was den Verlag dazu bewogen habe, diese Schwarzweißmalerei unseren Kindern anzubieten.

Die Antwort des Abteilungsleiters Dr. M. ließ nun doch noch auf eine innere Koalition der Vernunft hoffen.

Die Perspektive hielt offenbar bis zum Untergang der DDR an. Denn die mir bislang bekannte letzte Auflage dieses Lehrbuches aus dem Jahre 1987 mit Redaktionsschluß 27. Juni 1986 hält an den Schwarzweißfotos fest.

Die SED erweist sich als dialogunfähig

Auf dem X. Parteitag der SED im Frühjahr 1981 hatte die SED-Führung schon die Lehren aus der Krise in Polen gezogen: Festigung der Einheit, Reinheit und Geschlossenheit der Partei durch eine kompromißlose Kaderpolitik und verstärktem politisch-ideologischen Anpassungsdruck auf den verunsicherten Bürger. Die SED-Führung praktizierte seither eine Politik des pragmatischen Kalküls sowie der personalpolitischen Differenzierung und Polarisierung. Während beispielsweise

- international bekannte und dem SED-System loyal gegenüberstehende Schriftsteller mit Literaturpreisen, Orden und anderen Begünstigungen geehrt wurden (zum Beispiel Volker Braun, Günter de Bruyn, Peter Hacks, Stephan Hermlin, Heiner Müller), erfuhren systemkritische Schriftsteller berufliche Diskriminierung und politische Verfolgung (zum Beispiel Franz Fühmann, Gert Neumann, Lutz Rathenow);
- das deutsch-deutsche Treffen von Schriftstellern zur Friedenssicherung in Ostberlin im Dezember 1981 kurz nach der Ausrufung des Kriegsrechts in Polen und die westliche Friedensbewegung von der SED-Führung tatkräftig unterstützt wurden, wertete die SED-

Führung die Initiative »Sozialer Friedensdienst« als eine friedens-, sozialismus- und verfassungsfeindliche Aktion;
- Honecker den im März 1982 zu Gast beim ZK-Institut für Internationale Politik und Wirtschaft weilenden Oskar Lafontaine seine Friedenspolitik erläuterte, rissen Honeckers Gefolgsleute jungen Menschen den Aufnäher mit dem Symbol »Schwerter zu Pflugscharen« von den Kleidern und drohten drastische Strafen für diejenigen an, die sich an die verordneten Spielregeln nicht halten würden;
- im Jahre 1983 Honecker im guten Einvernehmen mit der Evangelischen Kirchenleitung in der DDR das Lutherjahr feierte, wurden Aktivisten der Basisgruppen in der DDR beruflich diskriminiert, politisch verfolgt und in den Westen abgeschoben.

Bei alledem erfuhr die DDR-Führung aus dem Westen zunehmende Reputation und finanzielle Hilfe. Der Besuch des Bundeskanzlers Helmut Schmidt in der DDR auf dem Höhepunkt der Krise in Polen, der Milliardenkredit von Strauß, und die 1984 nicht abreißenden Besuche hochrangiger westlicher Politiker bei Honecker hinterließen nicht nur bei mir, sondern auch bei immer mehr Bürgern der DDR das Gefühl, daß sich der Westen mit den politischen Gegebenheiten in der DDR schon abgefunden habe.

Anläßlich des X. Parteitag der SED 1981 suchte ich wiederum den direkten Dialog mit der Macht. Nach meinem unbeantwortet gebliebenen Diskussionsbeitrag zum IX. Parteitag brachte ich mich beim ZK der SED, zu Händen des Chefideologen Kurt Hager, mit einer kritischen Wortmeldung Anfang 1981 in Erinnerung:

> »In Fortsetzung meines unbeantwortet gebliebenen Diskussionsbeitrages zum Entwurf des Parteiprogramms der SED vor knapp fünf Jahren möchte ich mich aus Anlaß des bevorstehenden X. Parteitages der SED wiederum zu Wort melden, nicht etwa in der Hoffnung, diesmal respektvoller behandelt zu werden, sondern in dem Wollen, eine Meinung in die Diskussion um die Zukunft einzubringen, die zumindest die Besonderheit eines engagierten und kritischen Parteilosen ausmacht - nämlich nicht vernehmlich genug gehört zu werden, obwohl er von der Wichtigkeit seiner

Stimme für das Wohl der Gemeinschaft redlich überzeugt ist. Wobei ich diese Wichtigkeit nicht etwa auf den unangemessenen Anspruch eines Ich's zurückführe, sondern auf die Bedeutsamkeit der Summe der Stimmen jener Individuen, die sich in Fragen der Staatspolitik letztlich nur selbst und auf diesem Wege vertreten können.

Hierin liegt zugleich der Grundgedanke meines Beitrages. Das historisch gewordene und in demokratischen Traditionen tief verwurzelte sowie aus der Erfahrung in die Zukunft weisende gesellschaftliche Bewußtsein muß sich allseitig und frei äußern können, um die historische Wirklichkeit, das Sein und Werden eines Gemeinwesens richtig zu erkennen und in sie aktiv einzuwirken, das heißt, erst die Möglichkeit der Offenlegung von Überzeugungen auch Andersdenkender und ihrer gleichberechtigten Integration in den Meinungsbildungsprozeß einer Gesellschaft kann die allgemeine Richtung der Entwicklung eines Staates sowie die in ihm auftretenden Widersprüche durchschaubar machen und schwerwiegende Erschütterungen ihres Lebens verhindern. Will eine Partei der Führungsrolle in der Gesellschaft gerecht werden, so muß sie sich der Gesellschaft unterordnen und den politischen Menschen, wie es Karl Marx forderte, in den ›Menschen zu sich selbst als Gesellschaftsmenschen‹ zurückführen. Sie muß ihm seine Würde in seiner begrenzten - biologisch, psychisch und sozial bedingten - Einmaligkeit durch die Wahrung der Achtung und Gleichberechtigung der Bürger unabhängig ihrer politischen Überzeugung und in seiner grenzüberschreitenden - gesellschaftlich determinierten - Vielheit durch den allseitigen und freien Zugang zu anderen Menschen und Völkern wiedergeben.

Den Menschen in den Mittelpunkt der Politik stellen, schließt auch die praktische Umsetzung der Erkenntnis ein, daß Friede und Krieg, Sozialismus und Kapitalismus, Freiheit und Unfreiheit, Wahrheit und Lüge, Vertrauen und Mißtrauen, Freude und Leid etc. immer konkret (seinsbezogen) und nur so vom einzelnen erleb- und meßbar sind. In der harmonischen Einheit von innerem Frieden des Staatsbürgers und konkret erlebbarem Frieden zwischen

Menschen und Völkern manifestiert sich der wirkliche Frieden, verschmelzen Innen- und Außenpolitik zur Friedenspolitik.

Die Umstände zu schaffen, daß jeder willige Mensch im obengenannten Sinne an der Herbeiführung dieses Friedens teilnehmen und an den Früchten seiner allmählichen Verwirklichung teilhaben kann, sollte das Grundanliegen des X. Parteitages sein.«[95]

Zu meiner Überraschung beauftragte daraufhin das Büro Hager die SED-Bezirksleitung Dresden, mit mir Gespräche zu führen.

Die erste Aussprache bei der Abteilung Kultur der SED-Bezirksleitung verlief sachlich und freundlich. Mein Beitrag an den Parteitag wurde von meinen Gesprächspartnern sogar zustimmend aufgenommen. Dies ermunterte mich, meine bisher gesammelten »Werke« an die SED-Bezirksleitung für das nächste Treffen zu schicken. Auf diese Weise wollte ich erreichen, daß meine Gesprächspartner ein klares Bild über mein Denken und Handeln erhalten. Damit verbunden war die Absicht, die Dresdener Parteileitung zu einer Stellungnahme herauszufordern und sie in die Verantwortung meines gesellschaftskritischen Engagements mit einzubeziehen. Das zweite Gespräch, das von einem anderen leitenden Genossen der Abteilung geführt wurde, verlief schon nicht mehr so harmonisch wie beim ersten Male. Auf eine klare Wertung des Inhalts meiner eingereichten Unterlagen wartete ich vergebens. Mir wurde lediglich zugesagt, daß hierzu noch Gespräche im erweiterten Expertenkreis fortgesetzt werden müßten.

Das in der SED-Bezirksleitung ursprünglich demonstrierte wohlwollende Verhalten gegenüber meinem Parteitagspapier hatte ich inzwischen getestet. In thesenhafter Form bot ich es dem »Neuen Deutschland« (ND) zur Veröffentlichung an. In meinem Anschreiben verwies ich darauf, daß sich die im ND bislang abgedruckten Diskussionsbeiträge in Vorbereitung des X. Parteitages der SED fast ausschließlich mit Arbeitsverpflichtungen und Bekenntnissen zur Politik der SED erschöpften. Die Antwort macht deutlich, wie sich in der DDR der Meinungsbildungsprozeß gestaltete:

---

[95] Beitrag eines Parteilosen zum X. Parteitag der SED, gerichtet an Kurt Hager, vom 1.1.1981; ebenda.

NEUES DEUTSCHLAND

ORGAN DES ZENTRALKOMITEES DER SOZIALISTISCHEN EINHEITSPARTEI DEUTSCHLANDS

REDAKTION NEUES DEUTSCHLAND
1017 BERLIN · FRANZ-MEHRING-PLATZ 1

Herrn
Peter Eisenfeld

8053 Dresden
Schubertstr. 30

Ihre Zeichen	Ihre Nachricht vom	Unsere Zeichen	Datum
		schli-co	10.4.81

Werter Herr Eisenfeld!

Ihren Brief vom 21. März 1981 haben wir erhalten. Wir werten ihn als engagierten Beitrag zum X. Parteitag unserer Partei und Ihr Bemühen mitzuwirken an den Aufgaben zur weiteren Gestaltung der entwickelten sozialistischen Gesellschaft unserer Republik.

Nun zu einigen der von Ihnen aufgeworfenen Fragen:

1. Sie stellen "Arbeitsverpflichtungen und Bekenntnisse zur Politik der SED und Regierung" und Probleme,"die die politisch-gesellschaftliche Entwicklung der DDR" in ihrer Gesamtheit erfassen, gegenüber. Wieso eigentlich? Wo ist da ein Gegensatz?

   Wir sehen keinen Gegensatz zwischen Arbeitsverpflichtungen und Bekenntnissen zur Politik unserer Partei und Regierung und der politisch-gesellschaftlichen Entwicklung der DDR. Im Gegenteil. Das eine ergibt das andere bzw. die politisch-gesellschaftliche Entwicklung wird wesentlich getragen von den Leistungen und den Bekenntnissen unserer Werktätigen.

   Man kann es auch so sagen: Die Verpflichtungen sind Ausdruck des aktiven Mittuns und die Bekenntnisse der artikulierte Wille, Praktisches für die weitere Entwicklung unserer Republik zu leisten, jeder nach seinen und den gebotenen Möglichkeiten.

   Wir möchten Sie darauf aufmerksam machen, daß wir allein in den drei Monaten dieses Jahres 378 Briefe von Arbeitern, Brigaden und anderen Kollektiven, von Genossenschaftsbauern, aber auch von Wissenschaftlern, Künstlern, anderen Kulturschaffenden, von Jugendlichen und Veteranen veröffentlichten. Die Zahl der Zuschriften, die uns erreichten, ist insgesamt weitaus höher. Sie alle sind Ausdruck für die große Übereinstimmung mit derPolitik von Partei und Regierung und des Willens des Volkes. Was kann es folglich für uns wichtigeres geben, als diesem Für- und Miteinander in unserer Zeitung den gebührenden Platz zu geben?

/2

Telex 11 2051 · Telefon 5 85/0 (Auskunft) · Bankkonto Staatsbank der DDR BSK 6721-12-45 · Postscheckkonto Postscheckamt Berlin 555 09 · Betriebs-Nr. 00284 25 5

Damit war für mich der realsozialistische Alltag wieder an seinen ursprünglichen Platz gerückt. Doch konnte ich mir nicht verkneifen, Herrn Schliffke im nachhinein mit Sachverhalten zu konfrontieren, die seine bisherige Sicht der Dinge möglicherweise hätte ins Wanken bringen können. So klärte ich ihn in einem weiteren Schreiben darüber auf, daß ich mich über mein Demokratieverständnis mit der SED-Bezirksleitung im Gespräch befinde und meine für ihn schwer nachvollziehbaren Gedanken dort mit Verständnis und Zustimmung aufgenommen wurden. Ich teilte ihm mit, daß er beim Lesen meines Briefes nicht wissen konnte, daß ich selbst Werktätiger bin, das heißt entsprechende abrechenbare Arbeitsleistungen vollbringe, mich aber außerdem auch gern in anderen gesellschaftspolitischen Bereichen aktiv einbringen möchte:

> »Konkret und zu Ihrem Verständnis: Ich als Werktätiger, der gesellschaftlich notwendige sowie als Gewerkschaftsvertrauensmann und Elternaktivmitglied ehrenamtliche Arbeit leiste, sehe in der Erfüllung dieser Tätigkeit das Recht auf aktive Mitwirkung bei der Gestaltung des gesellschaftlichen Lebens noch nicht voll verwirklicht, zumal ich die Wirklichkeit konflikt- und problemreicher erlebe und sehe, als dies zum Beispiel in Ihrer Zeitung zum Ausdruck kommt. Als gesellschaftlich determiniertes Individuum leite ich gerade aus dieser meiner Stellung und Verantwortung in der Gesellschaft das Mitspracherecht, ja die Mitsprachepflicht unter anderem auch bei der Herausbildung der öffentlichen Meinung ab. In diese Richtung sind mein Diskussionsbeitrag und Vorschlag gedacht.
> Wie Sie schreiben, sind *alle* [Hervorh. im Orig.] Zuschriften, die Sie erreichten, ›Ausdruck für die große Übereinstimmung mit der Politik von Partei und Regierung und des Willen des Volkes. [...]‹ Zum einen implizieren Sie damit, daß die Entwicklung der DDR ohne erwähnenswerte Widersprüche verläuft und diese Gruppe von Menschen den Willen des Volkes und somit das gesellschaftliche Bewußtsein repräsentiert, zum anderen scheinen Sie ein ›Für- und Miteinander‹ nur aus der Sicht einer Übereinstimmungskundgebung anzuerkennen. Dies ist, so meine ich, eine absolutistische Widerspiegelung der Realität und

/2

2. Das gilt gleichermaßen für die "weitere Entwicklung der sozialistischen Demokratie", von der Sie in Ihrem Brief sprechen Wir verstehen darunter die a k t i v e Teilnahme an der Lenkung und Leitung der Geschicke des eigenen Lebens und damit des gesamten Staatswesens. Und da sind wir wieder bei den von Ihnen offensichtlich etwas geringschätzig bewerteten Arbeitsleistungen der Werktätigen. Sozialistische Demokratie ist nicht schlechthin mitreden, sondern sie ist es erst durch das bewußte aktive Handeln.

Sollten Sie allerdings sozialistische Demokratie anders verstehen, dann würden wir Sie bitten, sich konkreter zu äußern. Das auch deswegen, weil uns Ihre "Thesen" - datiert vom 1.1.1981 - also augenscheinlich wohl nicht für uns formuliert - ziemlich unverständlich erscheinen. Das kann unter Umständen an unserem Unvermögen liegen, Ihre Gedanken nachzuvollziehen. Ausschließen möchten wir aber auch nicht, daß es an Ihrer Art liegt, Ihre Gedanken auszudrücken. Sie werden verstehen, daß wir unter diesen Bedingungen Ihre Thesen nicht abdrucken werden.

Wir sind jedoch gerne bereit, sofern Sie darauf Wert legen, entsprechend Ihren und unseren Möglichkeiten mit Ihnen zusammenzutreffen und ein klärendes Gespräch über unsere wohl doch kontroversen Auffassungen zu führen.

Mit sozialistischem Gruß

Schliefke
Leiter der Abt. Leserbriefe

zeugt von einem einseitigen Herangehen an den öffentlichen Meinungsbildungsprozeß. [...]«[96]

Abschließend legte ich Herrn Schliffke nochmals nahe, meine Thesen nun doch noch zu veröffentlichen, da sie höheren Orts wohlwollend aufgenommen worden sind.
Die Antwort: Fehlanzeige.

Die SED-Bezirksleitung hatte sich inzwischen dem Schweigen angeschlossen. Erst eine erneute Eingabe an Hager und ein mehrfacher Schriftwechsel brachte die Gespräche nach knapp einem Jahr wieder in Gang. Allerdings entzog sich die Bezirksleitung der weiteren direkten Konfrontation. Als Gesprächspartner schlug sie mir den von ihr beauftragten Professor S. der Technischen Universität Dresden vor. Da dieser wegen eines Herzinfarktes ausfiel, übernahm Professor St. den Parteiauftrag. Im Februar 1984, also drei Jahre nach dem ersten Gespräch in der SED-Bezirksleitung, fand der Dialog seine Fortsetzung. Professor St. nahm meine inzwischen fertiggestellte Menschenrechts-Streitschrift zum Anlaß, im Beisein einer Mitarbeiterin von der Sektion Biologie, Frau T., das mir hinreichend bekannte Menschenrechtsverständnis der SED-Ideologen über eine Stunde lang zu dozieren. In der anschließenden Diskussion würdigte er die Akribie, mit der die Streitschrift ausgeführt wurde. Mein Verständnis vom Menschenrecht verwarf er als eine im Biologismus begründete, wissenschaftlich überholte Variante westlicher Machart, vergleichbar wie die Allchemie zur modernen Chemiewissenschaft. Seine Erfahrungen als Kulturbundfunktionär, zum Beispiel im Dresdener Klub der Intelligenz, zeige, daß die freie Meinungsfreiheit in der DDR gewährleistet sei. Was die öffentliche Meinungsbildung betrifft, so würde er großzügiger verfahren. Aber die geopolitische Lage der DDR erfordere eben von den Medien eine besondere Verantwortung. Ausschlaggebend sei letztlich die Machtfrage. Die Ereignisse in der ČSSR und Polen würden die aggressiven Ziele des Imperialismus belegen. Mit der Festigung des Sozialismus könne auch der Freiraum im Sozialismus allmählich erweitert werden, wie dies während der Luther-Ehrung und in der Kultur- und

---

[96] Schreiben von Peter Eisenfeld an den Leiter der Abteilung Leserbriefe des ND, Schliffke, vom 10.5.1981; ebenda.

Kunstpolitik zum Ausdruck käme. Von mir auf das allgemein betretene Schweigen der Belegschaft zum Beispiel meines Betriebes auf entsprechenden politischen Weiterbildungsveranstaltungen angesprochen, räumte er gewisse Defizite in der Kritikfreudigkeit ein. Gleichzeitig meinte er, daß dieses Problem schon erkannt sei und nunmehr kritisches Verhalten gefördert würde. So wären erst vor kurzem vom Ministerium Auflagen an die Hochschulen ergangen, die die Kritikbereitschaft der Studenten erhöhen sollen. Er sagte dies im Ton des Lobes, ohne den entblößenden Sinn dieser Worte zu erfassen. Offenbar hatte das Anpassungsverhalten der Studenten an die offizielle Parteimeinung einen Grad erreicht, der selbst gewünschte Diskussionen im von der SED vorgegebenen Rahmen von vornherein erstickte. Dieser Zustand sollte durch verordnetes kritisches Verhalten von oben verändert werden. Im weiteren gab Professor St. zu verstehen, daß sich seine Aufgabe erfüllt habe. Er erklärte seine Bereitschaft zu weiteren Gesprächen und empfahl mir, ich sollte mich doch besser anderen Themen zuwenden. Einen solchen Vorschlag unterbreitete mir schon einmal ein Mitarbeiter der Abteilung Kultur der SED-Bezirksleitung. Er meinte, daß es für mich vielleicht besser wäre, wenn ich mich schriftstellerisch betätigen würde. Mir ging es aber nicht um die dichterische Widerspiegelung der mich umgebenden Welt. Dazu fühlte ich mich weder berufen noch talentiert genug. Mein ursächliches Anliegen bestand auch nicht im Austausch von unterschiedlichen politischen und weltanschaulichen Grundpositionen auf der Spielwiese oder in der Nische für ausgewählte Personen. Ich wollte nicht mehr und nicht weniger als eine breite öffentliche Diskussion solcher Fragen und Probleme, die die meisten Menschen bedrängten und die sie aus Angst vor Nachteilen und Konflikten nicht offen auszusprechen wagten. Nur in der freien öffentlichen Meinungsbildung - das war mir klar - konnte die Agonie des SED-Systems friedvoll überwunden werden. Mein Versuch, die SED im vertrauten Gespräch zu einem solchen Dialog mit der Gesellschaft zu bewegen, war gescheitert.

Menschenrechtsdebatte

In meiner kritischen Auseinandersetzung mit den gesellschaftspolitischen Realitäten tauchte für mich der konkrete Mensch mit seinen wirklichen Bedürfnissen und Interessen immer weiter aus dem Nebel der Ideologien und Theorien hervor. Nicht elitäres Wunschdenken interessierte mich, sondern das wirkliche vielseitige Leben. Mir wurde immer mehr bewußt, daß sich die Schwäche des SED-Regimes in der Widersprüchlichkeit zwischen dem offiziellen Anspruch und der Praxis im Kontext mit den weltweit anerkannten allgemeinen Menschenrechten am besten festmachen läßt. Bestärkt wurde ich dabei durch die UNO-Menschenrechtsdokumente, die Helsinki-Akte und ihre Nachfolgeabkommen, die Bürgerrechtsbewegungen Solidarnosc in Polen und Charta 77 in der ČSSR sowie durch die Menschenrechtspolitik des amerikanischen Präsidenten Carter. Für die DDR-Führung hatte das Thema »Menschenrecht« durch die große Anzahl der familiären und freundschaftlichen Bindungen zwischen Ost und West eine besondere Brisanz. Deshalb konnte sie befreiend aufatmen, als es ihr Anfang der achtziger Jahre im Rahmen der Friedensdebatte gelang, das »grundlegende« Menschenrecht auf Frieden bzw. Leben derart in den Vordergrund zu schieben, daß die individuellen Menschenrechte eher sekundären Charakter gewannen. Für einen Menschen, der sich tagtäglich in seinen Rechten auf freie Meinungsäußerung, auf Selbstverwirklichung, der freien Wahl des Wohnsitzes usw. unterdrückt fühlte, mußte eine solche Werteverschiebung unerträglich erscheinen. Ihr entgegenzuwirken reichte die bloße Einforderung oder Polemik nicht aus. Der »allmächtigen« marxistisch-leninistischen Lehre wissenschaftlich auf der Menschenrechtsebene zu begegnen, drängte sich mir mehr und mehr auf, zumal auch die Verfassung der DDR die Achtung und Anerkennung der Würde des Menschen verankert hatte.

Den Anstoß zur Auseinandersetzung mit dem Menschenrecht lieferte das Buch »Menschenrechte und Klassenrechte« von Professor Jürgen Kuczynski. In Form einer Streitschrift versuchte ich, die Menschenrechtsproblematik unter Zugrundelegung des Wesens und der Würde des Menschen gedanklich zu erfassen und am offiziellen Menschenrechtsverständnis zu messen.[97] Dabei war ich mir als Autodidakt der Schwierigkeiten und Unzulänglichkeiten bewußt, die mei-

[97] Siehe Dokument 3 im Dokumentenanhang, S. 393.

ne Bemühungen um eine allseitige wissenschaftlich begründete Untersuchung des Themas beeinträchtigten, zumal für mich der Literaturbestand, der in der DDR aus politisch-ideologischen Gründen unter Verschluß gehalten wurde und nur bei Vorlage eines offiziell bestätigten Forschungszweckes genutzt werden konnte, versperrt war. Das Thema ging ich in drei Schritten an. Zunächst befaßte ich mich mit dem offiziellen Menschenrechtsverständnis der DDR, das sich in erster Linie über das Klassenrecht definierte und die Kontinuität zwischen bürgerlichen und sogenannten sozialistischen Menschenrechten bestritt. Demnach bildete nicht der einzelne Mensch den Kern des Menschenrechtsverständnisses, sondern die sozialökonomischen Produktionsverhältnisse. Auf diesem Hintergrund setzte ich mich mit dem offiziellen Menschenrechtsverständnis der DDR - Diktatur und ihrer maßgebenden Theoretiker und Vertreter kritisch auseinander.

Im zweiten Teil untersuchte ich die biosozialen Aspekte des Menschenrechts unter Berücksichtigung der neuesten Forschungsergebnisse auf dem Gebiet der Sozial- und Verhaltensforschung, der Psychologie, Genetik, Gehirn- und Zwillingsforschung. Ausgehend davon definierte ich die biologisch und sozial bedingten Menschenrechte, analysierte ihren Unterschied und wechselseitigen Zusammenhang. Das Fazit dieser Untersuchungen bestand in der Notwendigkeit der Anerkennung der Menschenrechte als biosozial bedingte Rechte des Individuums sowie der Kontinuität des Menschenrechts als notwendige Voraussetzung für universale Menschenrechte. Das an das Individuum gebundene kritische Gewissen definierte ich als die sittliche Instanz bei der Bewertung von Menschenrechtsverletzungen.

Im dritten Teil beschrieb ich die realen Erscheinungen von Menschenrechtsverletzungen in den real sozialistischen Ländern, deren Eingeständnis in Zeiten des demokratischen Aufbruchs (zum Beispiel Tauwetterperiode in der Sowjetunion, Prager Frühling 1968, Solidarnosč-Bewegung in Polen 1980/81) und theoretischen Rechtfertigungsversuchen bei der Wiederherstellung alter Machtverhältnisse. Auf der Grundlage der Untersuchungsergebnisse des ersten und zweiten Teils verwies ich auf grundsätzliche Voraussetzungen zur Beseitigung von Menschenrechtsverletzungen und zur schrittweisen Verbesserung der Menschenrechtssituation in der DDR.

Anfang 1983 schloß ich die mühsam in der Freizeit erarbeitete Studie zum Menschenrecht ab. Begleitet wurde sie von realen Erlebnissen in meinem direkten Umfeld.

Erfahrungen mit Ausreise- und Reisefreiheit

Die Dokumente der Schlußakte von Helsinki und insbesondere das am 6. September 1983 verabschiedete »Abschließende Dokument« des Madrider KSZE-Folgetreffens ermutigte immer mehr Bürger der DDR, von den Machthabern das Menschenrecht auf Freizügigkeit und Auswanderungsfreiheit einzufordern.

Allein aus meiner 26köpfigen Gewerkschaftsgruppe stellten im Zeitraum von 1979 bis 1984 vier Kollegen/Kolleginnen einen Antrag auf ständige Ausreise in die Bundesrepublik Deutschland, in deren Verlauf ich ihnen beratend zur Seite stand. Dieses Engagement war nicht ganz ungefährlich, weil ich in besonders prekären Fällen meine Brüder in Westberlin einbezog. Meine Hilfe konzentrierte sich vor allem auf Hinweise über die mit der Antragstellung verbundenen strafrechtspolitischen Risiken und in der Aufklärung über die auch von der DDR eingegangenen internationalen Verpflichtungen zum Menschenrecht auf Ausreise. Nur einmal vermutete ich, daß mir die Stasi eine Falle stellen wolle. Ein weiterer ehemaliger Arbeitskollege erkundigte sich bei mir über konkrete Hilfsorganisationen im Westen. Ich riet ihm, wie übrigens allen anderen auch, den Antrag offen, ehrlich und sachlich zu begründen und konsequent zu betreiben. Ich war auch bereit, ihn rechtlich zu beraten und notwendigenfalls anderweitig zu helfen. Bei einem späteren Zusammentreffen erfuhr ich, daß er das Vorhaben schon bald nach unserem Gespräch aufgegeben hatte.

Ein besonders hartes Urteil im Zusammenhang mit einer Ausreiseantragstellung widerfuhr meinem Arbeitskollegen Egon Seel und seiner Familie. Egon, ein Wolgadeutscher, dessen Vater in der Sowjetunion zehn Jahre Lagerhaft unschuldig ertragen mußte, stellte im August 1979 mit Familie einen Antrag auf Übersiedlung nach Westdeutschland. Wegen angeblicher Verletzung der Sicherheitsbestimmungen - die im Antrag aus formalen Gründen erwähnte Kontaktperson für die »Familienzusammenführung« hatte Egon nicht pflichtgemäß in der Kaderabteilung gemeldet - wurde er im September 1979 vom Betrieb »Intertext« fristlos gekündigt.

Nach erfolgloser Arbeitsuche und diesbezüglicher Eingaben einschließlich Westhilfeersuchen ist er im Juli 1980 wegen mehrfacher staatsfeindlicher Hetze und ungesetzlicher Verbindungsaufnahme (Brief an den damaligen Bundeskanzler Helmut Schmidt) zu drei

Jahren und fünf Monaten Gefängnis verurteilt worden. Der Tatbestand der mehrfachen staatsfeindlichen Hetze wurde aus dem Inhalt von Briefen an DDR-Zeitungsredaktionen hergeleitet. Da der im Auftrag eines Westberliner Rechtsanwaltbüros und offenbar in Abstimmung mit dem Ostberliner Rechtsanwalt Vogel eingesetzte Dresdener Rechtsanwalt eine in vieler Hinsicht zwielichtige Figur darstellte, schaltete ich Rechtsanwalt Wolfgang Schnur ein. Damals hatte ich zu Schnur volles Vertrauen. Ich erinnere mich noch daran, daß er bei einem Gespräch in unserer Wohnung darum bat, das Radio lauter einzustellen. Er machte mich auf meine akute Gefährdung in der DDR gerade auch im Zusammenhang mit dem Verfahren gegen Egon aufmerksam. Mich irritierte allerdings, daß er mir zur Ausreise aus der DDR riet; zur damaligen Zeit ein Rat, dem ich nicht nahestand.

Ich wollte bleiben, auch wenn mich der Weggang weiterer mir naher und aufrichtiger Menschen bedrückte und die Folgen meines gesellschaftskritischen Engagements für meine Familie, die am 10. November 1981 durch die Geburt unseres zweiten Sohnes Alexander Zuwachs bekam, nur schwer absehbar waren. Der warnende Hinweis von Rechtsanwalt Schnur bedeutete für meine nun noch mehr verängstigte Frau ein Grund mehr, auf Ausreise zu drängen. Ihre starke Verunsicherung war nicht unbegründet, da auch wir uns schon 1980 von einer anonymen Drohkarte einer sogenannten Initiativgruppe »schützt die ddd« - gerichtet an Freunde, die im Frühjahr 1981 in den Westen übersiedeln durften - angesprochen fühlten. Darin hieß es unter anderem: »Die gegen die DDR gerichteten westlichen ›Freiheits‹-empfehlungen sind konterrevolutionär! Wer sie benutzt, muß auch die Konsequenzen tragen, als ein Feind unseres Volkes behandelt zu werden.«[98]

In Kenntnis der Strafsache Egon Seel schrieb ich im März 1981 eine Anfrage an den Verfassungs- und Rechtsausschuß der Volkskammer. In diesem Schreiben nahm ich Bezug auf ein Interview des Verlegers Robert Maxwell mit Honecker im »Neuen Deutschland« vom 13. Februar 1981. Darin antwortete Honecker auf eine Frage zu politischen Häftlingen in der DDR ohne Wenn und Aber: »Seit der

[98] Drohkarte der Initiativgruppe »schützt die ddd« (verschlüsselt DDR gemeint); Privatarchiv Wolfgang Steinbach.

MUSEUM FÜR VOLKS KUNST DRESDEN

Wolfgang [redacted]

Logik:
Wenn die Erhaltung des Friedens <u>höchstes</u> humanistisches Anliegen ist, ist jede, auch die geringste Begünstigung imperialistischer Politik, inhuman.

-.-.-.-.-.-.-.-.-.-.-.-.-.-.-

Die gegen die DDR gerichteten westlichen "Freiheits"-empfehlungen sind konterrevolutionär! Wer sie benutzt, muß auch die Konsequenzen tragen, als ein Feind unseres Volkes behandelt zu werden.

initiativgruppe "schützt die ddr"

Neues Deutschland / 13. Februar 1981 / Seite 3

…schen Verlegers
…des Staatsrates der DDR

Vor dem Gesetz sind bei uns alle gleich

Seite

FRAGE: Amnesty International. Zum drittenmal seit 1966 ist vor wenigen Tagen eine Dokumentation veröffentlicht worden, die der DDR vorhält, sie verletze internationale Verträge, die von Ihnen selbst unterzeichnet worden seien. Etwa den '73 ratifizierten Vertrag über Bürger- und politische Rechte oder auch die Schlußakte von Helsinki. Wie stellen Sie sich zu diesem Vorwurf? Zwischen 3000 und 7000 DDR-Bürger, meint Amnesty International, seien gegenwärtig in Haft, weil sie ihr Land verlassen wollten. Stimmt das, und gibt es politische Gefangene in der DDR?

ANTWORT: Offensichtlich ist diese Gesellschaft einer der vielen Vereine im Westen, die aus dunklen Quellen finanziert werden und es sich zur Aufgabe gemacht haben, anständige Staaten zu verleumden. Ich bitte Sie, sich unsere Verfassung und die Gesetze der DDR anzusehen. Sie werden finden, daß die Grundsätze des Völkerrechts in der Verfassung verankert sind.

Die Angabe, daß 3000 bis 7000 Bürger der DDR aus politischen Gründen gegenwärtig in Haft seien, ist schlicht gesagt eine grobe Lüge. Allein die Differenz von 4000 zeigt, wie ernsthaft diese Leute an solche Fragen herangehen.

Im übrigen können Sie davon ausgehen, daß bei uns alle Bürger vor dem Gesetz gleich sind. Seit der letzten Amnestie im Jahre 1979 gibt es bei uns keinen einzigen politischen Gefangenen mehr.

letzten Amnestie im Jahre 1979 gibt es bei uns keinen einzigen politischen Häftling mehr«.

In diesem Zusammenhang fragte ich an, welche Tatbestände laut Strafgesetzbuch der DDR dem Verurteilten angelastet werden, der bis zur Amnestie 1979 als politischer Häftling galt, inwieweit sich dies nunmehr geändert habe und welche rechtlich-juristischen Konsequenzen daraus folgen. Eine Antwort blieb aus.

Mitte 1982 wollte ich die staatlich renommierte Schriftstellerin Anna Seghers in den Fall Seel einbeziehen. Das war zu einer Zeit, als sich die auch mit Hilfe meines Westberliner Zwillingsbruders angekündigte Übersiedlung von Egon überraschend zerschlagen hatte. Egon war damals schon in die Stasi-Untersuchungshaftanstalt Karl-Marx-Stadt überführt worden. Von dort aus ging es in der Regel mit Mercedes-Sonderbussen in die Freiheit. Ihm widerfuhr aber das gleiche Schicksal wie meinem Zwillingsbruder. Egon wurde nicht in den Westen, sondern wieder in den Strafvollzug zurückgeführt.

Da sich der Gesundheitszustand von Anna Seghers verschlechtert hatte, schaltete ich die nicht weniger prominente Schriftstellerin Christa Wolf ein. Ich bat sie, »das Schreiben an Frau Seghers und das damit verbundene Anliegen ganz in Ihrem Ermessen zu behandeln«.[99]

Drei Wochen später antwortete Christa Wolf. Vielleicht bewirkte diese Hilfestellung von Christa Wolf, daß Egon Ende 1982 vorzeitig die Haftanstalt verlassen durfte. Bei aller Freude über das Wiedersehen blieb für uns alle die Enttäuschung, daß er in die DDR entlassen wurde. Für Egon war verständlicherweise der Gedanke des Weiterlebens in der DDR so unerträglich geworden, daß er die weitere Inhaftierung mit der Aussicht auf Freikauf in den Westen vorgezogen hätte. Er dachte ernsthaft darüber nach, wie er wieder ins Gefängnis kommen könnte. Diesem Ansinnen kam die Genehmigung zur Ausreise im Mai 1983 mit Frau und Kind zuvor. Als wir uns auf dem Bahnsteig Dresden-Neustadt verabschiedeten, waren zwei Mitarbeiter des MfS ständig präsent. Sie wechselten mit der Familie Seel sogar das Zugabteil und begleiteten sie »wohlbehütet« bis zur deutsch-deutschen Grenze.

---

[99] Schreiben von Peter Eisenfeld an Christa Wolf vom 3.9.1982; Privatarchiv Peter Eisenfeld.

Christa Wolf

DDR – 1040 Berlin
Friedrichstraße 133 den 27.9.82

Sehr geehrter Herr Eisenfeld,

Ihre Briefe habe ich bekommen. Leider erlaubt der Gesundheitszustand von Anna Seghers es nicht, Sie mit derartigen Problemen zu belasten. Da aber das Schicksal der Familie Seel mich sehr berührt und Sie die Behandlung der mir zugeleiteten Dokumente in mein Ermessen gestellt haben, schicke ich mit gleicher Post einen Brief an den Staatsratsvorsitzenden Erich Honecker, in den ich die Abschriften der beiden von Frau Seel unterzeichneten Briefe beilege und in dem ich bitte, doch nach Möglichkeit im Sinne des Briefes von Frau Seel vom 27. Juli zu verfahren. Ich weiß natürlich nicht, ob eine derartige Bitte irgendeinen Erfolg hat - ich wünschte es sehr, obwohl ja damit die schier unlösbaren Probleme der Familie Seel nur teilweise gelöst wären; denn es kann sicher niemand den Vater des Sohnes Udo dazu bewegen, seine Einwilligung zur Übersiedlung des Jungen in die Bundesrepublik zu geben - und eben dort scheint ja jetzt das Haupthindernis zu liegen.

Ich wünschte, ich könnte mehr tun.

Mit freundlichem Gruß
Ihre

Christa Wolf

Das Gefühl der meisten Bürger der DDR, der menschenrechtswidrigen Politik und Ideologie der SED immer mehr ausgesetzt zu sein, konnte auch durch die seit 1983 großzügigere Genehmigungspraxis für Westreisen nicht gemildert werden. Die von der Partei praktizierte Reisepolitik führte zu einer weiteren Selektierung der Bevölkerung in westreiseberechtigte und -unberechtigte Staatsbürger. Abgesehen von den Privilegierten durfte in der Regel ja nur derjenige reisen, der Westverwandtschaft nachweisen konnte und darüber hinaus die Gewähr dafür bot, daß er die DDR im »Ausland« würdig vertrat. Vom sicherheitsüberprüften »Reisekader« wurde zudem erwartet, daß er aus der westlichen Überflußgesellschaft mit freiheitlich-demokratischer Grundordnung nicht als ein aufgeklärter und mündiger Bürger in die DDR zurückkehrt. Die Reiseerlaubnis galt ja zugleich als Beweis für das Vertrauen in politisches Wohlverhalten des Reisenden gegenüber dem Staat und als Bewährungsprobe für weitere Westreisegenehmigungen. Jedenfalls bereiteten die weit meisten mit DDR-defizitären Waren bepackten Rückkehrer der SED keine allzu großen Schwierigkeiten, zumal die Rückkehrerquote relativ hoch ausfiel. Außerdem befanden sich unter den Begünstigten auch übereifrige Parteigänger, die sich nunmehr auf persönliche Erfahrungen vor Ort berufen konnten.

Die restriktive Reisepolitik bekamen vor allem die jungen Menschen zu spüren. Wer von ihnen reisen durfte, das verriet ein Aushang der FDJ-Stadtbezirksleitung Dresden-Mitte im Haus meiner Arbeitsstelle. Dort konnte man schwarz auf weiß nachlesen, daß Ferienreisen in kapitalistische Länder »interessierte, klassenbewußte, parteiverbundene und in der FDJ-GO [Grundorganisation der Freien Deutschen Jugend] aktiv tätige Jugendfreunde« im Alter von 22 bis 25 Jahren beantragen können. Ich wunderte mich über dieses ungewöhnliche »ehrliche« Bekenntnis von Reiseprivilegierungen aus politischer Überzeugung und schrieb eine entsprechende Eingabe an den Zentralrat der FDJ. Dort mahnte ich die Verletzung des Gleichheitsgrundsatzes der Verfassung in Reiseangelegenheiten an und bat um eine sachbezogene Antwort. Die kam schneller als gedacht. Aber noch schneller verschwand der offenbar mißbilligte unzensierte Aushang. Die Antwort der Generaldirektion Jugendtourist war überaus höflich:

FREIE DEUTSCHE JUGEND — FDJ — Generaldirektion Jugendtourist

DDR · 1026 Berlin
Alexanderplatz 5 · Postfach 57

Peter Eisenfeld

8053 D r e s d e n
Schubertstr. 30
PF 12/34

Lieber Peter Eisenfeld!

Für Ihre Information bedanke ich mich sehr herzlich. Wir haben unsere Bezirksleitung der FDJ Dresden gebeten, die Arbeitsweise der FDJ-Stadtbezirksleitung Dresden Mitte zu prüfen.

Für ausnahmslos alle "Jugendtourist"-Reisen gelten die Teilnahme- und Leistungsbedingungen von "Jugendtourist". Sie räumen allen Jugendlichen der DDR im Alter von 14 - 30 Jahren ein, Anträge für "Jugendtourist"-Reisen zu stellen. Die Bestätigung der Teilnahme erfolgt entsprechend der vorhandenen Möglichkeiten.

Mit freundlichen Grüßen

Berlin, 9. 6. 83

M. Güllmeister
Sekretariat des
Generaldirektors

372 Ag 239/06/83 4

Antwort des Generaldirektors von Jugendtourist

Nach dem Lesen kam ich mir als Informationsbeschaffer geradezu schäbig vor. Denn es war ja nicht auszuschließen, daß diese Anzeige einer vorsätzlichen Klarstellung entsprang. Vielleicht war sie aber auch nur der unbedachte Ausdruck einer verunsicherten parteipolitischen Selbstverständlichkeit.

Andererseits konnte ich den ostreiselustigen und westreisehungrigen Jugendlichen meiner Gewerkschaftsgruppe ein amtlich bestätigtes Stück Papier in die Hand geben, mit dem auch der Durchschnittsbürger das Recht auf Westreisegenehmigung zumindest einfordern konnte. Wenn es mit einem Westtrip trotzdem nicht klappte, dann lag dies eben nur an den »vorhandenen Möglichkeiten«.

Veröffentlichungsversuche in Ost und West

Mein Menschenrechtspapier war nicht in erster Linie für mich selbst, sondern als Grundlage für eine sachbezogene offene Auseinandersetzung gedacht. Und so schickte ich es zusammen mit einigen Belegen konkreter Menschenrechtsverletzungen zuerst an Professor Jürgen Kuczynski.[100] Er entzog sich jedoch geschickt einer Wertung.[101]

Danach versuchte ich, meine gesammelten »Werke« (Eingaben, Petitionen, Wortmeldungen einschließlich die Menschenrechtsstreitschrift) im Aufbau-Verlag und die Menschenrechtsstudie im Akademie-Verlag zu veröffentlichen.

Der Akademie-Verlag stellt in einem Schreiben, unterzeichnet vom Fachgebietsleiter Philosophie, Leon Beyer, lapidar fest: »Ihre Arbeit ›Kritische Betrachtungen zum Menschenrechtsverständnis‹ ist für eine Publikation in unserem Verlag nicht geeignet.«[102]

---

[100] Jürgen Kuczynski (17.9.1904–6.8.1997): Wirtschaftshistoriker, galt als Nestor der DDR-Gesellschaftswissenschaften, hat auf vielen Gebieten publiziert. War trotz mehrmaliger Revisionismusvorwürfe außenwirtschaftspolitischer Berater von Honecker. Seine besondere Stellung erlaubte es ihm, daß an dem von ihm gegründeten Institut für Wirtschaftsgeschichte bis 1989 relativ frei geforscht werden konnte. Träger höchster staatlicher Auszeichnungen der DDR. Mitglied der KPD (seit 1925), der SED (seit 1946) und des Ältestenrates der PDS (seit 1990).

[101] Antwortschreiben im Auftrag von Jürgen Kuczynski an Peter Eisenfeld vom 19.5.1983; Privatarchiv Peter Eisenfeld.

[102] Antwortschreiben von Leon Beyer, Akademie-Verlag, vom 24.1.1984; ebenda.

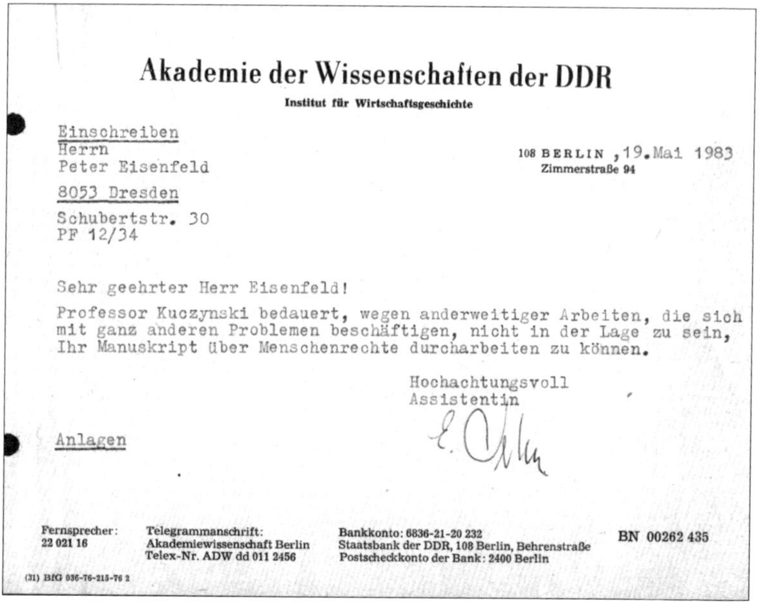

Akademie der Wissenschaften der DDR

Institut für Wirtschaftsgeschichte

Einschreiben
Herrn
Peter Eisenfeld

8053 Dresden

Schubertstr. 30
PF 12/34

108 BERLIN, 19. Mai 1983
Zimmerstraße 94

Sehr geehrter Herr Eisenfeld!

Professor Kuczynski bedauert, wegen anderweitiger Arbeiten, die sich mit ganz anderen Problemen beschäftigen, nicht in der Lage zu sein, Ihr Manuskript über Menschenrechte durcharbeiten zu können.

Hochachtungsvoll
Assistentin

Anlagen

Fernsprecher: 22 021 16
Telegrammanschrift: Akademiewissenschaft Berlin
Telex-Nr. ADW dd 011 2456
Bankkonto: 6836-21-20 232
Staatsbank der DDR, 108 Berlin, Behrenstraße
Postscheckkonto der Bank: 2400 Berlin
BN 00262 435

(31) BfG 036-76-215-76 2

Kuczynskis Ausweichmanöver

Der Aufbau-Verlag, den ich höflich darum bat, nichts unversucht zu lassen, Streitgespräche dieser Art dort zu drucken, wo sie herkommen und hingehören, berief sich in seiner Absage vom 4. November 1983 auf sein belletristisches Profil und wies mir einen entsprechenden Platz in der DDR zu:

»Sehr geehrter Herr Eisenfeld,

Ihre Sammlung von Briefen, Stellungnahmen, Willenserklärungen und Eingaben haben wir erhalten und zur Kenntnis genommen.
Über das, was ›Bücher publizistischen Charakters‹ sind, kann man natürlich streiten. Wir sind mit der Editionspolitik dieses Verlages beauftragt und nehmen das uns zustehende Recht in Anspruch zu erklären, daß wir, angesichts des belletristischen Profils unseres Verlages, Ihren Briefwechsel nicht veröffentlichen werden. Zwischen dem, was Sie uns vorlegen und Heinrich von Kleists Novelle ›Michael Kohlhaas‹ besteht ein nicht nur literarischer Unterschied, aber der eben auch.«[103]

Eine Antwort wollte ich Herrn Drommer schon wegen der angedeuteten Platzzuweisung meiner Person in der DDR nicht vorenthalten:

»Werter Herr Drommer,

ich danke herzlich für die schnelle Antwort und nehme die Entscheidung Ihres Verlages ohne Groll zur Kenntnis. Ich lasse es gelten, wenn Sie sich auf das belletristische Profil des Verlages berufen.
Nicht einleuchtend ist der Verweis auf die Novelle ›Michael Kohlhaas‹. Wahrscheinlich ist, daß die Erzählfigur Michael Kohlhaas herhalten soll, um mich psychologisierend einzuordnen, ohne sich der Sache selbst anzunehmen, die eben auch eine ihr gemäße Sprache verlangt. Mich in diesem

[103] Das Antwortschreiben von Günther Drommer, Aufbau-Verlag, vom 20.11.1983; ebenda.

Zusammenhang an einem Erzähler zu messen, noch dazu an Heinrich von Kleist, ist ein gänzlich mißlungener Versuch. Ich habe - und das dürfte Ihnen beim Lesen meines etwas ungewöhnlichen Manuskripts aufgegangen sein - nicht die Absicht zu erzählen. Das Fabulieren überlasse ich den Dichtern, die meinethalben auch einen Michael Kohlhaas aus mir machen können. Da ich aber nicht - um beim Anspruchsdenken zu bleiben - den Anspruch erhebe, Dichter sein zu wollen, kann ich doch den Anspruch anmelden, die mich umgebende Welt auf meine Art zu beschreiben und aus der Anonymität zu entlassen. Daß dabei der Gebrauch der Sprache zur Sachlichkeit drängt, gibt Auskunft über den Ort der Sprache, wo spontane und phantasievolle Wortfindungen beim Kritisieren gesellschaftlicher Zustände nicht ganz ungefährlich sind, was sogar manch Erzähler bei seiner Wanderschaft im Reich zwischen Dichtung und Wahrheit empfunden bzw. nachempfunden haben soll.

Aber vielleicht sehen Sie das alles ganz anders.«[104]

Nach dem mißlungenen Versuch eines sinnvollen Dialogs mit der Macht und den ablehnenden Bescheiden einer Veröffentlichung meiner »Briefe mit und ohne Antwort« hatte ich den Punkt erreicht, an dem ich die SED-Führung und all meine Gesprächs- und Diskussionspartner beim Wort nehmen wollte. In einer Publikation meiner Dokumentensammlung im Westen sah ich die letzte Möglichkeit, den Machthabenden eine öffentliche Stellungnahme zu meinem gesellschaftskritischen Engagement und zu meiner Person abzuringen. Der Rowohlt Taschenbuch Verlag zeigte an diesem Projekt mit dem Titel »DDR beim Wort genommen - Briefe mit und ohne Antwort -« reges Interesse. Als das Manuskript, versehen mit einem Vorwort meines Zwillingsbruders Bernd und grafisch gestaltet von meinem Maler-Bruder Ulli, praktisch druckreif vorlag, nahm der Verlag die bis Juni 1984 aufrechterhaltene Druckzusage plötzlich zurück.[105] Die Gründe für

---

[104] Schreiben von Peter Eisenfeld an den Lektor des Aufbau-Verlags, Günther Drommer, vom 20.11.1983; ebenda.

[105] Siehe Dokument 4 im Dokumentenanhang, S. 439.

Geschäftsführer:
Heinrich Maria Ledig-Rowohlt
Götz Reese
Erwin Steen
Horst Varrelmann
Dr. Matthias Wegner
Registergericht:
Amtsgericht Reinbek
Handelsreg. Nr. 1008 Abt. B

Bankkonten:
Hamburger Sparkasse
(BLZ 200 505 50)
Konto-Nr. 1280/163005
Deutsche Bank AG
(BLZ 200 700 00)
Konto-Nr. 97/60000
Postscheckkonto:
Hamburg (BLZ 200 100 20)
Konto-Nr. 2244 55-201

rororo aktuell
Herausgeber
Freimut Duve

rororo

Rowohlt
Taschenbuch
Verlag GmbH
Postfach 1349
Hamburger Straße 17
D 2057 Reinbek bei Hamburg
Telegr.: Rowohltverlag
Telex: 02 17854
Telefon: 040/72 72 (1)
Durchwahl: 040/72 72- 235

Rowohlt Taschenbuch Verlag GmbH · Postf. 1349 · D 2057 Reinbek

Herrn
Bernd Eisenfeld
Suderoder Str. 18

1000 Berlin 47

Reinbek, 8. März 1984
Du/nei

Sehr geehrter Herr Eisenfeld,

mich interessieren die Briefe Ihres Bruders. Aber ohne etwas von den Manuskripten zu kennen, kann ich mehr als ein Interesse zunächst nicht zum Ausdruck bringen. Bei dem neuerlichen allgemeinen Interesse an der DDR kann ich mir auch vorstellen, daß wir bei rororo aktuell eine solche Sammlung eventuell publizieren könnten.

Mit freundlichen Grüßen
Ihr
Freimut Duve
Freimut Duve

Empfang 5.4. – Bestätigung versandt
Anruf 17.4. Frau Nickel
" 18.6. "
Bestät. Empfang bestätigt

Der Rowohlt-Verlag zeigt Interesse

diese Entscheidung teilte Freimut Duve meinem Zwillingsbruder in einem Schreiben vom 22. Juni 1984 mit.

Auch ein weiterer Veröffentlichungsversuch beim Kölner Verlag »Wissenschaft und Politik«, der hauptsächlich deutschlandpolitische Themen publizierte, scheiterte. Ich war zwar enttäuscht über diese Absagen, andererseits fiel mir ein Stein vom Herzen. Meine Frau und ich waren uns über die möglichen Folgen einer ungenehmigten Veröffentlichung im Westen im klaren. Wie die Sicherheitsorgane reagieren würden, war nur schwer einzuschätzen. Mit meiner Inhaftierung mußten wir rechnen. Für diesen Fall bereiteten mir meine Kinder die größten Sorgen. Es war ja nicht vorauszusehen, wie meine beiden Söhne, vor allem der zweijährige Alexander, einen plötzlichen und längeren Entzug einer schon vertieften engen inneren Vaterbindung verkraften würden. Andererseits hätten sich die Entscheidungsträger einer solchen Lösung in eine sicherlich schwierige Position gebracht. Sie mußten auch mit öffentlichkeitswirksamen Aktionen meines Zwillingsbruders in Westberlin rechnen. Ich wiederum war fest entschlossen, alle im Buch vorkommenden Brief- und Gesprächspartner bei der Verhandlung über die Schuld oder Unschuld eines politisch engagierten Andersdenkenden in den Zeugenstand zu rufen. Wie sich meine Frau und ich bei einer Inhaftierung verhalten würden, darüber glaubten wir uns allerdings erst kurz vor der Veröffentlichung des Buches untereinander, mit den Geschwistern und Freunden verständigen zu müssen. Und so sah ich mich aufgefordert, die Grenzen widerständigen Verhaltens in der DDR auch weiterhin abzutasten. Damals hatte ich allerdings noch keine Ahnung davon, daß diese Grenze von der Stasi schon im Juni 1984 mit der Einleitung des Operativen Vorgangs »Erz« markiert war.

Ende August 1984 bot ich anläßlich des VI. Philosophenkongresses der DDR meine Menschenrechts-Streitschrift als Diskussionsbeitrag zum Thema »Politische Macht, Demokratie und Menschenrechte im Sozialismus« an. Der Empfänger, das Zentralinstitut für Philosophie der Akademie der Wissenschaften der DDR (AdW), schwieg trotz Nachfrage im Februar 1985 beharrlich. Mitte Mai erkundigte ich mich persönlich im Zentralinstitut nach dem Verbleib des Manuskripts. Dort wurde mir gesagt, daß der Bearbeiter meiner Unterlagen erkrankt sei und mir das Manuskript alsbald zugeschickt werde. Der Name des Bearbeiters wurde mir »wegen interner Angelegenheiten« vorenthalten. Da auch dieses Versprechen nicht eingehalten wurde, wandte ich

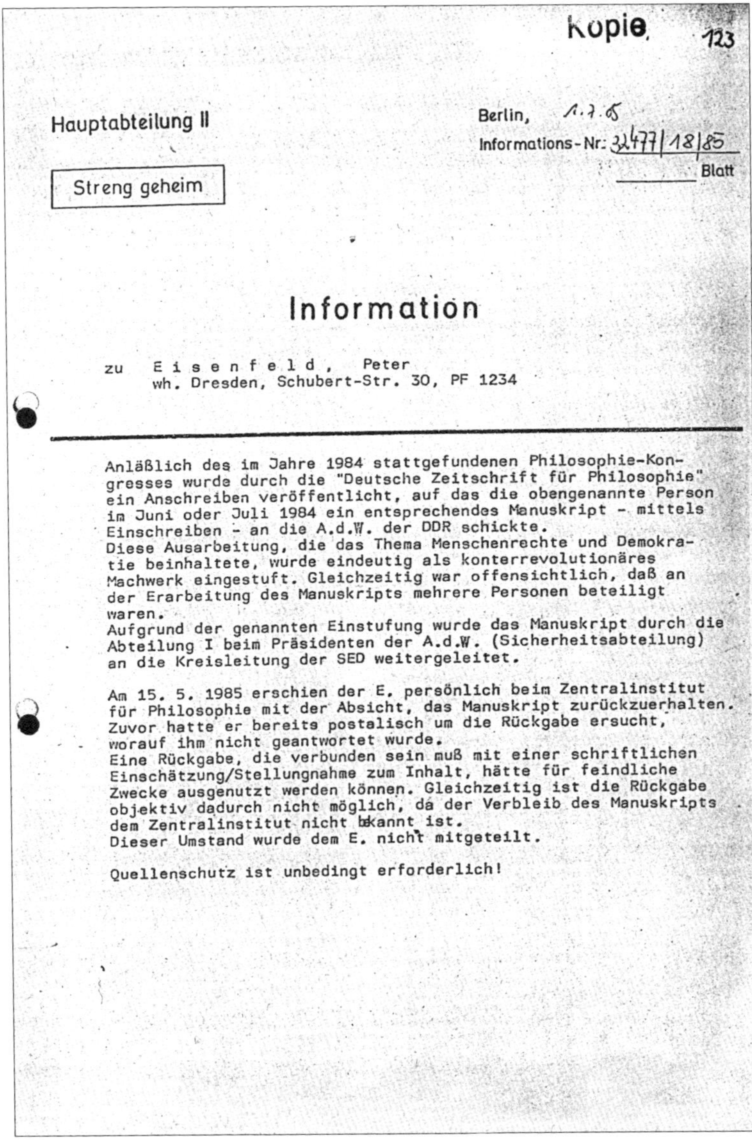

Kopie 123

Hauptabteilung II

Berlin, 1.7.85

Informations-Nr.: 32477/18/85

Blatt

Streng geheim

Information

zu E i s e n f e l d , Peter
wh. Dresden, Schubert-Str. 30, PF 1234

Anläßlich des im Jahre 1984 stattgefundenen Philosophie-Kongresses wurde durch die "Deutsche Zeitschrift für Philosophie" ein Anschreiben veröffentlicht, auf das die obengenannte Person im Juni oder Juli 1984 ein entsprechendes Manuskript - mittels Einschreiben - an die A.d.W. der DDR schickte.
Diese Ausarbeitung, die das Thema Menschenrechte und Demokratie beinhaltete, wurde eindeutig als konterrevolutionäres Machwerk eingestuft. Gleichzeitig war offensichtlich, daß an der Erarbeitung des Manuskripts mehrere Personen beteiligt waren.
Aufgrund der genannten Einstufung wurde das Manuskript durch die Abteilung I beim Präsidenten der A.d.W. (Sicherheitsabteilung) an die Kreisleitung der SED weitergeleitet.

Am 15. 5. 1985 erschien der E. persönlich beim Zentralinstitut für Philosophie mit der Absicht, das Manuskript zurückzuerhalten. Zuvor hatte er bereits postalisch um die Rückgabe ersucht, worauf ihm nicht geantwortet wurde.
Eine Rückgabe, die verbunden sein muß mit einer schriftlichen Einschätzung/Stellungnahme zum Inhalt, hätte für feindliche Zwecke ausgenutzt werden können. Gleichzeitig ist die Rückgabe objektiv dadurch nicht möglich, da der Verbleib des Manuskripts dem Zentralinstitut nicht bekannt ist.
Dieser Umstand wurde dem E. nicht mitgeteilt.

Quellenschutz ist unbedingt erforderlich!

Information über den Verbleib meiner Manuskripte
(BStU, ASt Dresden, AOP 1900/87, Bd. 1, Bl. 123)

mich Mitte Juni 1985 direkt an den Direktor des Instituts. In seinem Auftrag erhielt ich von einem Herrn G. Wenzel die Antwort, daß mein Manuskript »zuständigkeitshalber an eine seinerzeit zeitweilig gebildete Redaktionskommission weitergegeben wurde und offenbar im Zuge der Auflösung dieser Kommission abhanden gekommen ist. Unsere Nachforschungen über den Verbleib des Manuskripts blieben ergebnislos. Ich bedaure, Ihnen dies mitteilen zu müssen.«[106]

Erst eine in meinen Stasi-Unterlagen aufgefundene streng geheime Information der Hauptabteilung II des MfS vom 1. August 1985 hellt dieses Versteckspiel auf.

In einer ergänzenden Information der Hauptabteilung II des MfS wurde am 8. Juli 1985 mitgeteilt: »[...] Da dem Direktor des Zentralinstituts auch gegenwärtig noch nichts über den konkreten Verbleib des betreffenden Manuskripts bekannt ist, erfolgte bisher kein Antwortschreiben oder ähnliches an den E. Es wird jedoch erwogen mitzuteilen, daß für unangeforderte Manuskripte keine Haftung übernommen wird.«[107]

Die Streitschrift habe ich auch der »Initiative Menschenrechte« zukommen lassen. Daraufhin suchte Wolfgang Templin den persönlichen Kontakt zu mir, traf mich aber bei seinem unangemeldeten Besuch bei uns zu Hause nicht an. In einem hinterlassenen Schreiben bekundete er das Interesse an der Weiterverbreitung dieses Papiers und an meiner Mitarbeit in der »Initiative Menschenrechte«. Da ich zu dieser Zeit bereits einen Ausreiseantrag gestellt und ich mich von der abwehrenden Haltung maßgeblicher Mitarbeiter dieser Menschenrechtsgruppe gegenüber Ausreiseantragstellern persönlich überzeugt hatte, sah ich von der Kontaktaufnahme zu dieser Gruppe ab.

---

[106] Antwortschreiben im Auftrag des Direktors des Zentralinstituts für Philosophie der AdW an Peter Eisenfeld vom 18.7.1985; Privatarchiv Peter Eisenfeld.

[107] Ergänzungsinformation der Abteilung 21 der HA II vom 8.7.1985; BStU, ASt Dresden, AOP 1900/87, Bd. 1, S. 124 (MfS-Zählung).

Lieber Peter!

Von Johannes Pohl hatte ich Deine Arbeiten zur Menschenrechtsfrage und zum "Neuen Denken" bekommen. Unsere Bemühungen in Sachen Menschenrechte sind ja viel jüngeren Datums und ich war sehr überrascht und froh zugleich, daß in den Sachen von Dir vieles vorweggenommen und angesprochen ist, was jetzt in der Friedensbewegung insgesamt, immer noch langsam und mühsam als Erfahrung nachwächst. Ich weiß nicht, wieviel Dir Johannes von den Bemühungen der Initiative "Frieden und Menschenrechte" erzählen konnte. Theoretische und thematische Beiträge sind nur die eine Seite unserer Arbeit, wir versuchen vor allem die Erfahrungen der verschiedensten Leute und Gruppen in der DDR aufzuarbeiten, vorhandene Ideen, Material und Arbeitsansätze stärker zusammenzubringen und wieder zu vermitteln. Dabei ist es uns wichtig geworden, solidarisches Handeln über Gruppen und Kreise hinaus anzuregen und mitzuentwickeln. Ein spezielles Arbeitsinteresse nimmt die Entwicklung emanzipatorischer Arbeit in unseren benachbarten osteuropäischen Ländern auf und informiert in unserer Friedensbewegung dazu.
Vieles von dem steckt noch in den Anfängen. Wir suchen nach Arbeitsformen, die das Vortrage - Zuhörer - Schema und die Isolation vieler Friedenskreise ein Stück überwinden und die geographische Festlegung Berlins als ein herausgehobenes Kommunikationszentrum überschreiten. Deshalb haben wir seit September mit einem Samstagnachmittagstermin an jedem ersten Sonnabend im Monat eine Gelegenheit gefunden, mit Gästen aus der DDR unsere Arbeit zu besprechen, Material zu bewegen und spezielle Kontakte zu vermitteln. Eine autonome Nachrichtengruppe gibt ihre Monatsinformationen, den "Grenzfall" dazu heraus. An den Abenden wäre noch Zeit, mit einzelnen in spezielle Gespräche und Kennenlernen zu kommen. Vielleicht siehst Du die Möglichkeit, einen dieser Sonnabende zu nutzen. Wir würden mit Dir auch gerne über die Möglichkeiten gemeinsamer Weiterarbeit sprechen wollen. Es würde sich bestimmt lohnen, auch Deiner Arbeit etwas mehr Bekanntheit zu verschaffen. Aber darüber sollten wir uns bes-ser auch kennenlernen.

Liebe Grüße

Wolfgang T.

P.S. Du kannst direkt an uns schreiben, Olaf etwas mitgeben oder eine Nachricht durch Johannes übermitteln

Erster Kontakt mit Wolfgang Templin

Stasi im Leerlauf

Mir ist es bis heute unerklärlich, daß viele meiner Aktivitäten und Begegnungen im Zeitraum von 1980 bis zum Sommer 1984 offensichtlich am Interesse des MfS vorbeigelaufen sind. Die Aktenlage jedenfalls besagt, daß eine systematische »Bearbeitung« durch die Staatssicherheit erst wieder im Juli 1984 einsetzte, und zwar durch das Einleiten des Sondervorgangs (SOV) »Erz«. Dieser Vorgang stellte mich unter den Verdacht einer Straftat, die ich nie ernsthaft in Erwägung zog: nachrichtendienstliche Tätigkeit für den Klassenfeind.

Bis zum Anlegen des Sondervorgangs »Erz« durch die Hauptabteilung Spionageabwehr der Berliner Stasi-Zentrale beschäftigte sich das MfS mit mir (wobei auch meine Frau eingeschlossen war) nur sporadisch. So brachte die Dresdener Abteilung M (Postkontrolle) zusammengetragenes Material zur Ablage, das später in das Aktenmaterial zum SOV »Erz« einging. Hierbei handelt es sich neben den in diesem Teil schon angeführten Stasi-Unterlagen um einen Brief an das ND, in dem ich die Veröffentlichung des vollständigen Textes des Schlußdokumentes des Madrider Helsinki-Nachfolgetreffens auch im ND der A-Ausgabe forderte (das vollständige Schlußdokument war nur in der B-Ausgabe des ND für Berlin abgedruckt). Außerdem wurden erfaßt: Anfrage an Erich Honecker vom 20. August 1978 im Zusammenhang mit der Eingabe zum Wehrkundeunterricht; ein Aktenvermerk des Stasi-Mitarbeiters, Feldwebel Boche, vom 29. September 1980 über ein Gespräch mit der stellvertretenden amtierenden Leiterin der »Intertext«-Außenstelle Dresden, Frau {...}, die unter anderem mitteilte, daß »zum engeren Freundeskreis des Seel, Egon, der Eisenfeld und die Sacharowa gehört hätten«. Mehr Stasi-Material ist bislang zu diesem Teil nicht aufgefunden worden.

Keinerlei Hinweise finden sich über die offene Kirchenarbeit unseres Ende 1983 gegründeten Friedenskreises Dresden-Johannstadt. Hierbei denke ich insbesondere an die Gestaltung offener Abende anläßlich der Friedensdekade 1984 zum Thema »Leben gegen den Tod« und in unterschiedlichen Gemeinden und Kirchen zum Thema »Militärische Erziehung in der DDR«. In den Akten findet sich auch kein Wort zum Disput mit der Bezirksleitung Dresden der SED und über die vermittelten Gesprächspartner der TU Dresden.

Über meinen direkten politischen Gegner im Betrieb »Intertext«, der zugleich Parteisekretär der Außenstelle Dresden war, ist lediglich in einem IM-Bericht vom Juli 1985 festgehalten, daß er den Außenstellenleiter über alle Äußerungen von mir informiert.

Die Verbindung zu meinem Arbeitskollegen Egon Seel und seiner Familie vor und während der Zeit seiner Inhaftierung sowie nach seiner Entlassung (in die DDR) Ende 1982 bleiben unerwähnt. Auch der in diesem Fall einbezogene Rechtsanwalt Schnur taucht nicht auf. Später, im Frühjahr 1984, überließ ich Wolfgang Schnur meine Streitschrift zum Menschenrecht. Damals beriet ich mich mit ihm über die Konsequenzen einer ungenehmigten Veröffentlichung dieses »staatsfeindlichen Machwerkes« im Westen und bat ihn notwendigenfalls um Rechtsbeistand, den er zusagte.

Keine Andeutung gibt es in den Stasi-Akten über die Rolle eines Parteikaders und seiner Frau, mit denen meine Familie seit 1970 freundschaftlich verbunden war. Nicht einmal der Name ist vermerkt. Wir verbrachten bis zu unserer Ausreise viele gemeinsame streitbare, aber auch schöne Stunden. Er war ehemaliger Parteisekretär der Ingenieurhochschule in Karl-Marx-Stadt, West-Reisekader, danach Kaderleiter des Kombinates Robotron Dresden und zuletzt Vorsitzender der Gewerkschaftsleitung dieses Kombinates. Die Familie lernte ich in Karl-Marx-Stadt über eine Zeitungsannonce auf meiner Suche nach einem Zimmer für den Ferienaufenthalt meiner Leningrader Frau kennen.

Auch über meine freundschaftlichen Beziehungen zu dem oppositionellen Schriftsteller Gert Neumann, den ich 1981 auf einer Schriftstellerlesung in der Dresdener Weinbergkirche kennenlernte, schweigt die Stasi. Gert Neumann beeindruckte mich bei dieser ersten Begegnung sogleich durch seine offene natürliche Erzählweise, die seinen nur schwer zugänglichen poetisch-philosophischen Büchern zu widersprechen schien. Tatsächlich aber ließ sich beides leicht auf einen Nenner bringen: den Dialog mit einfachen Menschen in Worte zu fassen, die ihnen ihre Würde gegen die herrschende Sprache der Diktatur wiedergeben. Er und seine damalige Frau, Heidemarie Härtl, waren des öfteren bei uns in Dresden. Sie befanden sich in ständiger Obhut der Stasi und ich selbst sah mich auf dem Weg in ihre Leipziger Wohnung meistens von Polizeiautos auffällig begleitet. Nicht einmal unser offener Postkarten-Schriftverkehr hat sich in meinen Akten wiedergefunden.[108]

Vergeblich suchte ich bei der Lektüre meiner Stasi-Akten nach einer vermutlich von der Stasi inszenierten besonders hinterhältigen Intrige. Zu meiner Verwunderung brachte sich ein Freund meiner Freiberger Studentenzeit in Erinnerung, von dem ich mich einst wegen seines karrierebedachten Beitritts zur SED lossagte. 1984, nach über 20 Jahren, brach er sein Schweigen und warf mir in einem Telefongespräch an meinem abhörbaren Arbeitsplatz bei »Intertext« vor, ich hätte damals seine Frau durch eine intime Beziehung in den Selbstmord getrieben. Mir war sofort klar, daß dieser Versuch der moralischen Unterwanderung meiner Person nur das Machwerk der Stasi sein konnte. Als ich diesen Verdacht meinem ehemaligen Freund am Telefon unverblümt mitteilte und ihn zu einem Gespräch nach Dresden einlud (wo er angeblich hin und wieder zu tun hatte), stellte sich wieder das Schweigen ein, das bis heute anhält.

---

108 1987 brachten sie zwei Untergrundzeitschriften »Anschlag« und »Zweite Person« heraus, in denen mein Informationsbericht »Tschernobyl« vom September 1986 und mein Referat »Neues Denken in der Politik« vom April 1987 erschienen sind.

Engagement im ökumenischen Friedensarbeitskreis Dresden-Johannstadt und zunehmender Druck auf die Familie

Arbeit im Friedenskreis

Auf die Stationierung der Mittelstreckenraketen in Europa durch die NATO folgte bekanntlich nicht der von der SED heraufbeschworene Atomkrieg, sondern die Stationierung von Kurzstreckenraketen, so auch auf dem Territorium der DDR. Die von Honecker angedrohte Eiszeit in den Beziehungen zwischen den beiden deutschen Staaten entpuppte sich angesichts der zunehmenden wirtschaftlichen und gesellschaftspolitischen Krise in der DDR als eine scheinheilige Drohgebärde.[109] Wie wir heute genauer wissen, war die DDR-Führung zu dieser Zeit mehr denn je auf die wirtschaftliche Hilfe der Bundesrepublik Deutschland angewiesen.[110] In taktischen Fragen erfahren und erprobt, machte die SED-Führung aus der Not eine Tugend. Unter der Losung »nun erst recht« bot sie dem Westen ein Abrüstungs- und Friedenskonzept an, das nicht nur die wirtschaftliche Krise, sondern auch den Widerstand oppositioneller Kräfte bändigen sollte. Im Einklang mit führenden westdeutschen Politikern und in Übereinstimmung mit der evangelischen Kirchenleitung der DDR wurde unter dem Motto »Koalition der Vernunft und des Realismus« eine Sicherheitspartnerschaft aus der Taufe gehoben,

---

[109] Erich Honecker spricht auf der 9. Tagung des ZK der SED im November 1984 von der »ernstesten Bedrohung seit dem 2. Weltkrieg«.

[110] In der Öffentlichkeit verschwiegen wurde die zwar spürbare aber in ihrem ganzen Ausmaß nicht erkennbare tatsächliche wirtschaftliche Krise. So erhöhte sich die Verschuldung der DDR im NSW von 2 Mrd. Valutamark im Jahre 1970 auf 49 Mrd. im Jahre 1989. »Das bedeutet, daß die Sozialpolitik seit dem VIII. Parteitag nicht in vollem Umfang auf eigene Leistung beruht, sondern zu einer wachsenden Verschuldung im NSW führte. [...] Die Verbindlichkeiten des Staatshaushaltes gegenüber dem Kreditsystem entwickelten sich aufgrund der erhöhten Ausgaben gegenüber den erreichten Einnahmen von ca. 12 Mrd. M 1970 auf 43 Mrd. M 1980 und 120 Mrd. M 1988.« Vgl. Gerhard Schürer, Gerhard Beil, Alexander Schalck u. a.: Krisenanalyse. In: Deutschlandarchiv 10 (1992), S. 1113 ff.

die als einzig reale Garantie zur Friedenssicherung angesehen wurde. Nunmehr waren nicht mehr die Machthaber diktatorischer Regimes des sozialistischen bzw. die Wirtschaftsbosse des kapitalistischen Systems die Geiseln der Menschheit, sondern die Zerstörungskräfte der Atombombe - das »Teufelszeug« - wie es Honecker definierte.

Im krassen Widerspruch zu solchen verbalen Friedensbekundungen standen die weitere militärische Durchdringung aller gesellschaftlichen Bereiche der DDR, das Festhalten an der Ideologie vom aggressiven Wesen des kapitalistischen Systems, die Wehr- und Feindbilderziehung in den Kindergärten und Bildungseinrichtungen im alten Stil, die weitere Mobilisierung der Zivilverteidigung, SED-Kampftruppen, Schutz- und Sicherheitsorgane, die vordringliche Erledigung militärischer Aufträge in den staatlichen Betrieben (sogenannte LVO-Vorhaben) und die Abwehrhaltung der SED-Führung gegenüber Glasnost und Perestroika in der Politik des »Neuen Denkens« Gorbatschows.

Da mein Versuch, systemkritische Friedensarbeit auf außerkirchlicher Ebene zu legalisieren, gescheitert war, nahm ich im Herbst 1983 das Angebot zur Mitarbeit in einem neu zu bildenden ökumenischen Friedenskreis Dresden-Johannstadt gern an. Dieser Arbeitskreis konstituierte sich auf Initiative meines Freundes Johannes Pohl (»Mineral«) unter dem Dach der katholischen Herz-Jesu-Kirche im wohlwollenden Einvernehmen mit dem 1987 tödlich verunglückten Pfarrer Luckhaupt. Damals fanden sich ein gutes Dutzend christlich und humanistisch gesinnter Bürger im Alter zwischen 24 und 45 Jahren aus der katholischen Herz-Jesu-Gemeinde und den evangelischen Gemeinden der Trinitatis- und Erlöser-Andreas-Kirche zusammen. Einige von ihnen, darunter auch ich, nahmen schon vorher hin und wieder an den Friedensseminaren der Dresdener Trinitatis-Gemeinde teil, die Pfarrer Rudolf Albrecht leitete.

Wir waren ausschließlich im staatlichen Bereich tätig und deshalb mit den realen Interessen, Bedürfnissen, Wünschen und Nöten des DDR-Bürgers gut vertraut. Außerdem ergab sich in diesem Kreis die günstige Verbindung von katholischem, evangelischem und weltlichem Geist: Wahrhaftigkeit des Denkens, eigenständige und eigenverantwortliche Mitgestaltung des gesellschaftlichen Lebens; ein bewußt die Kirchengrenzen überschreitendes kritisches politisches Engagement. Unser Friedensverständnis beruhte auf unserer Erfahrung und Überzeugung, daß ohne Demokratisierung der gesellschaftlichen Verhältnisse in den Ländern des real existierenden Sozialismus der Weg für wirkliche Abrüstungsschritte nicht möglich sein werde. Unsere Aufgabe sahen wir vor allem in der Gestaltung von Informationsabenden zu Themen, von denen die Menschen unmittelbar betroffen waren. Zugleich wollten wir beispielhaft Zeichen für Mündigkeit und bekenntnishaftes Handeln setzen, um andere Bürger zur Zivilcourage zu ermutigen.

Für die ersten offenen Gemeindeabende wählten wir das Thema »Militaristische Erziehung in der DDR«. In Form eines Agitationsprogramms mit musikalischer Untermalung setzten wir uns mit der allgegenwärtigen Militarisierung und Feindbildvermittlung in der DDR kritisch auseinander, hier auszugsweise:

(Musik, improvisierte Klavierstücke)
1.1.

> »Klick, klack, klack, klick - kleine graue Kugeln kugeln in den Kugelfang. Und begierig machen die Schützen von weitem jeden Treffer auf der Scheibe aus.
>
> In einer Reihe stehn: laden, anschlagen, zielen, abdrücken.
>
> Dann wird das Gewehr abgesetzt und der Rhythmus beginnt von neuem. [...]«

Befragt, warum die jungen Schützen all die Mühen des Trainings auf sich nehmen, antwortete Norbert Konrad:

> »Das Schießen macht uns Spaß. Dabei kann man etwas lernen und mit viel Willen Erfolge erreichen. Und dann denke ich mir, wenn wir größer sind, müssen wir unsere Kenntnisse als Soldaten bei der Armee anwenden. Ich möchte mal die Schützenschnur erwerben!« (Aus der Pionier-Illustrierten »Soldatenpost« 1 (1984), Zitat aus dem Bericht über die Arbeitsgemeinschaft »Junge Schützen« im Meininger GST-Trainingszentrum).

1.2. Das Gewehr von Nikota Stanescu (Sozialistische Republik Rumänien)

Das Gewehr besteht
aus drei Teilen:
dem Oberteil,
dem Mittelteil,
dem Unterteil.

Das Oberteil besteht
aus dem Oberteil
des Oberteils,
dem Mittelteil
des Oberteils,
dem Unterteil
des Oberteils.

Der Mittelteil besteht
aus dem Oberteil
des Mittelteils,
dem Mittelteil
des Mittelteils
und dem Unterteil
des Mittelteils.

Das Unterteil besteht
aus dem Oberteil
des Unterteils,
dem Mittelteil
des Unterteils,
dem Unterteil
des Unterteils.

Feuer!

(Musik)

2.1. Zitat aus »Der Parteiarbeiter« (1982):

»Als immanenter Bestandteil der kommunistischen Erziehung trägt die Wehrerziehung mit ihren spezifischen Mitteln und Methoden dazu bei, eine hohe Verteidigungsbereitschaft und Verteidigungsfähigkeit der Werktätigen, besonders der Jugend, zu entwickeln und ständig weiter zu festigen.
Mit dieser grundlegenden Orientierung der Partei begann sich seit den sechziger Jahren immer mehr eine kontinuierliche, in den Einflußbereichen aufeinander abgestimmte, komplexe sozialistische Wehrerziehung durchzusetzen. Sie erstreckt sich vom Einfluß auf die Jugend, über die wehrerzieherische Arbeit an den allgemeinbildenden polytechnischen Oberschulen, den Berufsbildungsstätten, den erweiterten Oberschulen und den Hoch- und Fachschulen

> bis zur Arbeit in den Betrieben und Genossenschaften, zum Dienst in der NVA und in anderen Bereichen der Landesverteidigung.«

Und was bedeutet das konkret für unsere Kinder?

2.2. Zitat aus dem »Bildungs- und Erziehungsplan für den Kindergarten« (Verlag Volk und Wissen, Berlin 1968):

> »Die sozialistische Wehrerziehung der Vorschulkinder liegt hauptsächlich in den Händen der Kindergärten. Hier gilt es vor allem die Kinder mit dem Militär vertraut zu machen und bestimmte Gefühle zu wecken. Es sollen sich gefühlsbetonte Beziehungen herausbilden, auf deren Grundlage eine begründete emotionale Einstellung der Kinder zu entwickeln ist, Eigenschaften, wie Ausdauer, Zielstrebigkeit und die Bereitschaft, Schwierigkeiten zu überwinden, sowie die Gefühle der Verbundenheit zu den Angehörigen der bewaffneten Streitkräfte sind weiterhin herauszubilden. Die Beziehungen zur NVA werden 1. durch Beobachtung von ABV, Soldaten und Kampfgruppen und 2. durch freundschaftliche Beziehungen zu den Angehörigen der bewaffneten Streitkräfte entwickelt. Gefühle der Liebe und Zuneigung zur NVA als Institution sollen entstehen durch eben die Liebe, die ein Kind beispielsweise dem großen Bruder oder Onkel entgegenbringt.«

2.3. Zitat aus »Die sozialistische Wehrerziehung - ein Grundanliegen der staatsbürgerlichen Erziehung der Schuljugend der DDR«, »Militärwesen« 7 (1971) von K. Iller:

> »Der Lehrer sollte [...] den Unterrichtsstoff im Hinblick auf die wehrpolitischen, wehrfachlichen und wehrmoralischen Erkenntnisse und Überzeugungen analysieren und aufbereiten, sowie in den Unterrichtsprozeß aktuelle Probleme der Militärpolitik, der Landesverteidigung und Militärtechnik einbeziehen.« Er sollte »[...] die einzelnen Stoff-

einheiten oder Unterrichtsstunden [...] soweit als möglich für die sozialistische Wehrerziehung nutzen. [...] Es kommt darauf an, die ganze Persönlichkeit der Schüler zu erfassen und zu vertiefen, bleibende Wirkung zu erzielen. Dabei werden Grundlagen für eine stabile Wehrmotivation, Ziel-, Wehr- und Verhaltensnormen entwickelt und das Interesse für militärische Berufe geweckt.«

(Musik)

3.1. Das Feindbild - klare Haltung zum Feind (aus: »Politische Schulung« von A. Bendrat und K. Freudenreich, 1975):

»[...] Jeder, der den Sozialismus angreift, ihn gefährdet oder zu gefährden droht - gleich, in welcher Erscheinung er auftritt, welcher Klasse er angehört, in wessen Name zu handeln er vorgibt - ein bewußter oder unbewußter, ein direkter oder indirekter Interessenvertreter des Imperialismus, ist ein Feind des Sozialismus und damit mein persönlicher Feind. [...]«

3.2. Erlebnisbericht, 1. Teil:

Weihnachten 1977 bringt der liebe gute Weihnachtsmann in den Kindergarten meines damals fast sechsjährigen Sohnes Militärspielzeug: Panzer, Soldaten, Baracken.

Ich frage meinen Sohn, was die Soldaten machen.

Mein Sohn: Grenzsoldaten schützen uns. Sie verstecken und tarnen sich, damit sie der Feind nicht sieht.

Und wer ist der Feind?, frage ich.

Mein Sohn: Der Feind ist ein böser Mann, er will uns überfallen, alles kaputtmachen.

Und wer ist der böse Mann?

Mein Sohn: Die Amerikaner, die haben Dresden kaputtgemacht.

Und was weißt du noch von den Soldaten?

Mein Sohn: Wir malen Bilder von Soldaten. Ein Offiziersschüler hat die Patenschaft übernommen. Er will uns schreiben, was man alles für Berufe beim Militär lernen kann, daß alle Soldaten werden müssen, [daß sie] ein Gewehr haben.

Wir haben auch ein Lied gelernt:

»Wenn ich groß bin, gehe ich zur Volksarmee,

wenn ich groß bin, gehe ich zur Volksarmee.

Ich fahre einen Panzer, ratata, ratata, ratata, wenn ich groß bin, gehe ich zur Volksarmee.

Ich steige in ein Flugzeug, huisit, huisit, wenn ich groß bin, gehe ich zur Volksarmee.

Ich lade die Kanone, rumbumbum, rumbumbum, wenn ich groß bin, gehe ich zur Volksarmee.

Ich werde ein Matrose, hoj ahoj, hoj ahoj, wenn ich groß bin gehe ich zur Volksarmee.«

Er fügt hinzu: Papi, du mußt mir erzählen, was die Soldaten alles machen. Frau W. hat uns gefragt, und nur ich und noch ein Kind haben es nicht gewußt. Wie heißt das, wo die Soldaten drüberspringen müssen?

Ich: Die Sturmbahn, und ich frage ihn, wozu das die Soldaten tun müssen.

Mein Sohn: Um stark zu werden.

Ich: Und wozu müssen die Soldaten stark werden?

Mein Sohn: Für den Krieg.

(Musik)

4.1. - 4.3. Zitate aus »Deklaration der Rechte des Kindes«

In diesem Teil zitierten wir aus der von der DDR unterzeichneten »Internationalen Konvention über zivile und politische Rechte«, »Konvention gegen die Diskriminierung im Bildungswesen« und Passagen, die den Eltern das Vorrangrecht in der Erziehung ihrer Kinder entsprechend den eigenen Überzeugungen einräumen und die Kinder vor Diskriminierung im Bildungswesen aus religiöser, politischer oder sonstiger Überzeugung schützen sollen.[111]

5.1. Auszug aus dem »Gemeinsamen Hirtenbrief der katholischen Bischöfe in der DDR« zum Weltgebetstag für den Frieden 1983:

> »Mit Sorge beobachten wir, wie das Denken in militärischen Kategorien immer mehr zum Bestandteil der schulischen Erziehung und der Berufsausbildung wird. Es ist zu befürchten, daß eine solche Erziehung die Bereitschaft für gewaltsame Konfliktlösungen weckt und so die Friedensgesinnung in der nachfolgenden Generation schwächt. Zudem sollte auch in den Schulen und Ausbildungsstätten die Freiheit der Gewissensentscheidung respektiert werden.
> In diesem Zusammenhang weisen wir erneut auf das unaufgebbare Erziehungsrecht der Eltern hin. Eltern dürfen ihr Erziehungsrecht nicht aus der Hand geben, und keiner darf es ihnen aus der Hand nehmen. Auch der Staat muß bei seinen Erziehungszielen den Willen der Eltern beachten. Wir ermutigen jene Eltern, die sich mit allen Kräften dafür einsetzen, daß ihre Kinder in der Gesinnung und der Bereitschaft zum Frieden, zur Gewaltfreiheit und zur Toleranz erzogen werden.«

---

[111] Privatarchiv Peter Eisenfeld.

5.2. Erlebnisbericht, 2. Teil

Auf einer Elternversammlung im Kindergarten meines Sohnes im Januar 1978 komme ich auf das Problem Wehrerziehung zu sprechen. Ich spreche mich gegen die Erziehung der Kinder im Sinne eines Freund-Feind-Bildes und gegen Militärspielzeug aus.

Dazu die Kindergartenleiterin: Laut Erziehungsprogramm ist die Wehrerziehung vorgeschrieben, das Kinderspielzeug wird zentral, ohne Einflußnahme der Kindergartenerzieher, geliefert.

Die Gruppenerzieherin: Es wird versucht, kein Feindbild bei den Kindern zu erzeugen. Den Kindern werden nur die Aufgaben der Soldaten nahegebracht, ihre Rolle für die Sicherung des Friedens. Kinder werden damit konfrontiert und deshalb ist es nützlich, erzieherisch auf die Kinder einzuwirken, daß sie alles richtig verstehen.

Stellungnahme der Eltern: Ein Elternteil hat sich für Militärspielzeug ausgesprochen, zwei (mit mir) dagegen und sieben haben sich der Stimme enthalten.
Nach der Versammlung kommt eine Frau, die sich der Stimme enthalten hatte, zu mir und sagte: Sie haben ja recht, aber es hat ja doch keinen Zweck.

5.3. Erich Fried: Gründe

Weil das alles nicht hilft
Sie tun ja doch, was sie wollen

Weil ich mir nicht nochmals
die Finger verbrennen will

Weil man nur lachen wird:
Auf dich haben wir gewartet!

Und warum immer ich?
Keiner wird es mir danken

Weil da niemand mehr durchsieht,
sondern höchstens noch mehr kaputt geht

Weil jedes Schlechte
vielleicht auch sein Gutes hat

Weil es die Sache des Standpunktes ist
und überhaupt - wem soll man glauben?

Weil auch bei den anderen nur
mit Wasser gekocht wird

Weil ich das lieber
Berufeneren überlasse
Weil man nie weiß
wie einem das schaden kann

Weil sich die Mühe nicht lohnt
Weil sie alle das gar nicht wert sind

Das sind Todesursachen
zu schreiben auf unsere Gräber

die nicht mehr gegraben werden
wenn das die Ursachen sind.

(Musik)[112]

Mit diesem Programm gastierten wir auch in der Domgemeinde in Erfurt. In den sich anschließenden Gesprächsrunden diskutierten wir völlig offen über die Möglichkeiten widerständigen Verhaltens gegen die Militarisierung der Gesellschaft und vor allem gegen die Feindbild-

[112] Sketch-Programm des ökumenischen Friedenskreises Dresden-Johannstadt zur Feindbilderziehung und Militarisierung des gesellschaftlichen Lebens in der DDR 1984; ebenda.

politik in der DDR. Außerdem versorgten wir die Teilnehmer der Veranstaltung mit Material über die internationalen Konventionen, auf die sie sich in Diskussionen mit den staatlichen Stellen berufen konnten.

Bedenkt man die Brisanz des Themas und den von uns erreichten großen Personenkreis, so ist es schon verwunderlich, daß diese Gemeindeabende laut bisheriger Aktenlage von der Stasi nicht einmal registriert wurden.

Das gleiche trifft auf einen Gemeindenachmittag in der Andreas-Erlöser-Gemeinde mit rund 100 Personen (Konfirmanden und ihre Eltern) und einen gut besuchten offenen Gemeindeabend zur Friedensdekade im November 1984 zum Thema »Leben gegen den Tod« für die drei Kirchengemeinden des Friedenskreises zu. Dort verteilten wir unter anderem einen von mir namentlich unterzeichneten Beitrag zum Thema »Leben gegen den Tod«, mit dem ich zum oppositionellen Verhalten ermutigen wollte:

> »Gedanken zum Thema Leben gegen den Tod
>
> Leben gegen den Tod ist ein Bekenntnis zum Leben und Lebenlassen. Dieses Bekenntnis gründet in der Würde des Menschen, im Bewußtsein vom Eigenwert und von der Einmaligkeit jedes Menschen sowie seines Angewiesen- und Eingebundenseins in Natur und Menschengemeinschaft. Unter dem Gesichtspunkt der Lebenserhaltung und Lebensbereicherung befragt es kritisch unsere Gesinnung, unser Gewissen, den Sinn unseres Lebens. Es schließt unsere Verantwortung für das Leben gegen den Tod ein und fordert damit offene konstruktive Kritik an Zuständen und Ideologien, die die Vielfalt des von der Natur hervorgebrachten Lebens bedrängen und bedrohen.
>
> Die Realität in der DDR zeigt, daß es nicht problemlos ist, diesen Anspruch im Leben einzulösen. Wir sollten es trotzdem wagen, ein würdevolles Zeichen des Lebens zu setzen. Jeder nach eigenem Ermessen und in eigener Verantwortung.
>
> Der Mensch kann dies tun, indem er sich gegenüber seinem unwiederbringlichen Leben durch den Mut, die eige-

ne Meinung offen zu bekunden, würdig erweist, indem er sich für den Mitmenschen, auch und besonders für den Andersdenkenden vertrauensvoll öffnet, zum Beispiel bei Diskussionen im Betriebskollektiv, auf öffentlichen Veranstaltungen, in Fragen der Kindererziehung, durch Eingaben und Leserbriefe, ja überall dort, wo er als Andersfühlender und Andersdenkender herausgefordert ist, sich als integraler Teil allen Lebens zu vertreten.
Um der Resignation und Sprachlosigkeit zu begegnen, sollten wir uns in freier Gemeinschaft und solidarischer Verbundenheit am Mitmenschen aufrichten und mit ihm die gegebenen Möglichkeiten nutzen, alternative Lebensformen zu erkunden, zeichenhaft zu leben und zu vermitteln, zum Beispiel in Ökologie- und Friedenskreisen, bei Friedensfesten und Friedenswerkstätten, bei der Aktion Sühnezeichen, im gemeinsamen stillen Besinnen.
Zu all dem gehört aber auch, daß wir uns in den Fragen Leben gegen den Tod sachkundig machen, den beschwerlichen Weg der Wahrheits- und Selbstfindung nicht scheuen. So werden wir bald spüren, daß diese Mühen lebenswert sind, wir werden entdecken, daß die Menschheit Zeichen des Lebens zur Genüge hervorgebracht hat und ständig neue hinzufügt. Es gilt nur, sie immer wieder für das Leben einzufordern, um sie dem Zugriff des Todes zu entrücken.
Zu diesen Zeichen gehören neben den Schätzen der Wissenschaft, Kultur und Kunst auch die der Politik. Letztere sind beispielsweise die Dokumente der Helsinki- und Nachfolgekonferenzen, die Dokumente, Deklarationen und Konventionen der UNO und ihrer Spezialorganisationen sowie anderer internationaler Organisationen, in denen die volle Entfaltung der menschlichen Persönlichkeit und die Verständigung zwischen den Völkern weltweit – auch von der DDR – anerkannt und gefordert wurden. Wir sollten diese historisch erprobten Grundwerte und Grundsätze des Lebens für uns persönlich einfordern. Und nicht nur diese. Warum sollten wir solche Zeichen nicht ernst nehmen, die bei uns offiziell und von einflußreichen Politikern, Wissen-

schaftlern sowie Kultur- und Wirtschaftsfunktionären verkündet werden?

Hierzu drei Beispiele:

- Erich Honecker hat in einem Interview in der französischen Wochenzeitschrift ›Revolution‹ auf die Frage: ›Wünschen Sie, daß sich in der DDR die Gewohnheit des Streitgespräches‹ herausbildet?, geantwortet: ›Ja, wir möchten die Debatte der Gedanken fördern, da sie die Kreativität eines jeden einzelnen und die kollektive Kreativität fördert‹ (ND vom 6.1.1984).
- Professor Jürgen Kuczynski, renommierter Marxist-Leninist an der Akademie der Wissenschaften erinnert in seinem Buch ›Dialog mit meinem Urenkel‹ (Aufbau-Verlag, Berlin 1983) an ein Wort von Lenin: ›Wir dürfen unsere Fehler nicht verheimlichen, weil der Feind das ausnutzen könnte. Wer das fürchtet, ist kein Revolutionär‹ und fordert, wie auch ein Betriebsleiter aus dem »Havelobst« in den ›Tonbandprotokollen‹ von Gabriele Eckart [in: ›Sinn und Form‹, Heft 2 (1984)]mehr öffentliche Kritik und Selbstkritik, mehr kritische Diskussionen in der Zeitung über die Probleme unserer gesellschaftlichen Entwicklung.
- das Bekenntnis der DDR-Führung zur Koalition der Vernunft, zur Verantwortungsgemeinschaft, zu einer friedlichen Koexistenz, die - so Erich Honecker, anläßlich des Besuchs des Bundeskanzlers der Republik Österreichs, (ND vom 6.11.84) - als ein ›Miteinander, das den Völkern zum Nutzen gereicht‹ zu verstehen ist.

Wer sind diese Debattierenden, diese Kritisierenden? Wer sind diese Völker? Sind das nicht auch wir? Jeder von uns?

Können wir uns da raushalten?

Soll nur *für* uns Frieden geplant und gestiftet, *für* uns geredet, *für* uns gelebt und gestorben werden?

Das wäre für *uns* todbringendes Leben - wir aber wollen ein Leben gegen den Tod.«[113]

In den Jahren 1985 und 1986 gestalteten wir offene Abende zu den Themen »Strukturen der Gewalt«, »Wehrdienst mit und ohne Waffe«, »Neues Denken in der Politik« und »Friedenserziehung«.

Außerdem setzten wir uns für verhaftete Wehrdienstverweigerer ein, nahmen an regionalen und überregionalen Friedenstreffen teil und hielten Kontakt zu holländischen Friedensfreunden. Wir suchten aber auch das Gespräch außerhalb kirchlicher Räume. Möglichkeiten dazu gab es bei Vorträgen in der URANIA, Schriftstellerlesungen, im Rahmen von Volkshochschulkursen, in Kindergärten, Schulen und am Arbeitsplatz in staatlichen Betrieben.

Durch diese Friedensarbeit in Kirche und Gesellschaft blieb uns der Realitätssinn für die Möglichkeiten und Grenzen der unabhängigen Friedensarbeit in der DDR erhalten. Nur selten erfuhren wir Ermutigung von außen, viel öfter hingegen begegneten uns Resignation, Verunsicherung und opportunistisches Verhalten. Uns selbst blieben Enttäuschungen nicht erspart.

Dabei denke ich besonders an die Gesprächsabende mit jungen Christen. Unter den Firmlingen und Konfirmanden fanden sich nur wenige, die für die ehrliche Offenlegung der politischen Meinung gegenüber den Lehrern plädierten. Der Preis - zu erwartende Nachteile in Schulbildung und Beruf - war für die meisten zu hoch.

Ein von Mitgliedern unseres Kreises besuchter Volkshochschulkurs im Oktober/November 1985 zur Weltfriedensbewegung mit den Themen »5 Jahre Krefelder Bewegung (zur ›neuen‹ Friedensbewegung in der BRD)«, »Ärzte im Kampf gegen die Gefahr eines Nuklearkrieges«, »Zur Rolle der Kirchen im Friedenskampf« brachte schon im Vorfeld Ernüchterung. In entsprechenden Anschreiben bat uns die Leitung der Volkshochschule, doch noch einige Interessenten für

---

[113] Beitrag »Leben gegen den Tod« zur Friedensdekade 1984; ebenda. Ursprünglich hatte ich den letzten Absatz etwas schärfer formuliert (»Wer sind diese Völker? Sind es nicht auch wir? Jeder von uns? Das kann doch wohl alles nicht heißen, daß wir uns da raushalten sollen, weil FÜR uns Frieden geplant und gestiftet, FÜR uns geredet, FÜR uns gereist, FÜR uns gelebt und gestorben wird? Das wäre ein schlechtes Leben gegen den Tod, ein todbringendes Leben). Er stieß deshalb auf Bedenken von Pfarrer Albrecht, worauf ich den Schlußteil etwas entschärfte.

diesen Lehrgang ausfindig zu machen, weil er sonst wegen zu geringer Beteiligung ausfallen müßte. So kam es schließlich zu einer skurrilen Situation. Den Referenten, das heißt, den Repräsentanten des staatlichen Friedensverständnisses, saßen fast ausschließlich Mitglieder staatsunabhängiger Friedenskreise gegenüber. Und wir, die wir eine breite Öffentlichkeit mit unseren Gedanken erreichen wollten, blieben wieder einmal unter uns. Aus meinen Akten ist ersichtlich, daß die Stasi diese Veranstaltung voll im Griff hatte. So enthält die dem Leiter der Abteilung II der Bezirksverwaltung (BV) Dresden-Stadt vom Leiter der Kreisdienststelle (KD) Dresden-Stadt am 11. Oktober 1985 zugestellte Teilnehmerliste des Ende Oktober begonnenen Lehrgangs 14 Personen, von denen allein elf von der Stasi in operativen Vorgängen oder operativen Personenkontrollen erfaßt waren. Im entsprechenden Schreiben heißt es dazu: »Es besteht die Möglichkeit, weitere Teilnehmer über eine zuverlässige Quelle für diesen Lehrgang anzumelden. Voraussetzung ist dabei die Übermittlung von Personalangaben (wie oben). Der Teilnehmerausweis wird dann besorgt und ausgehändigt.«[114]

In einem Schreiben der BV Dresden vom 16. Oktober 1985 wird daraufhin der Leiter der KD Dresden-Stadt angewiesen, dem Leiter der Abteilung II der BV Dresden mitzuteilen, inwieweit bestimmte Teilnehmer des Lehrgangs zur Bearbeitung meiner Person genutzt werden können. Außerdem wurde über die Maßnahme »B« (Wanzeneinbau) die Veranstaltung insbesondere im Hinblick auf meine Teilnahme und die meines Freundes Johannes Pohl überwacht. Am dritten und letzten Seminartag referierte der für Kirchenfragen zuständige Mitarbeiter des Rates des Bezirkes, G. Lewerenz alias IM »Lutz Walter«, der hierüber das MfS informierte. Hier einige Auszüge aus seinem Bericht vom Dezember 1985:

> »Ich habe die Anwesenheit festgestellt. Pohl und Eisenfeld waren da. [...] In der Diskussion waren Pohl und Eisenfeld die aktivsten Fragesteller. Sie hatten schon während des Vortrages mitgeschrieben und notierten sich dann auch die

---

[114] Schreiben des Leiters der KD Dresden-Stadt an den Leiter der Abteilung II der BV Dresden vom 11.10.1985; BStU, ASt Dresden, AOP 1900/87, Bd. 2, S. 2 (MfS-Zählung).

verschiedenen Antworten. Auf Grund der Diskussion war es mir nicht möglich, exakt auseinanderzuhalten, welche Fragen von Pohl und welche von Eisenfeld kamen. [...] In diesem Zusammenhang wollten sie informiert werden über den Status der Bausoldaten in der DDR und ob die Möglichkeit der Verweigerung des Wehrdienstes aus Gewissensgründen gegeben ist.
Ich habe sie zum Bausoldatenproblem sachlich informiert und bin bei den Wehrdienstverweigerern auch darauf eingegangen, daß es Kräfte in der Kirche gibt, die versuchen, den Fahneneid in Frage zu stellen und habe erläutert, daß das kein Gegenstand der Diskussion zwischen Staat und Kirche sein kann.
Dann wurde gefragt, inwieweit sich die Sachgespräche zwischen Staatsapparat und Kirche bis an die Basis durchsetzen. Ich habe dazu erklärt, daß es ein langer Gesprächsprozeß zwischen Staat und Kirche gewesen ist, bis der heutige Stand erreicht worden ist. Dabei habe ich hervorgehoben, daß es vor allem für die Kirche durchaus nicht selbstverständlich gewesen ist, in die Gespräche einzutreten. Dabei habe ich auf die sogenannten Berührungsängste hingewiesen, die nach meiner Erfahrung von der Kirchenseite her stärker ausgeprägt sind als von seiten des Staates und gesellschaftlicher Kräfte, die sich darum ständig bemüht haben.
Dann wurde ich nach meiner Meinung zu den persönlichen Friedensverträgen gefragt.[115] Dazu habe ich auseinandergesetzt, daß ich davon nichts halte, weil ich der Überzeugung bin, daß sie an den sozialökonomischen und politischen Ursachen der angespannten internationalen Lage völlig vorbeigehen. Wenn man untersucht, bei welchen Kräften die Ursachen für das Wettrüsten zu suchen sind, welches Interesse zum Beispiel der amerikanische Imperialismus am Wettrüsten hat (Antisowjetismus, Kreuzzug gegen die Sowjetunion), dann kann die Vorstellung, diese

[115] Damit war der Abschluß persönlicher Friedensverträge zwischen einzelnen Bürgern in Ost und West gemeint.

Kräfte durch persönliche Friedensverträge zu binden, nur illusionär sein. Auch wenn einzelne Personen damit subjektiv etwas Gutes wollen, können sie objektiv nicht der Stärkung der Friedenskräfte dienen, sondern sie sind geeignet, das Problem zu verharmlosen und die antiimperialistische Friedensbewegung zu spalten.

Dann wurde nach dem Symbol ›Schwerter zu Pflugscharen‹ gefragt. Ich habe dazu erklärt, daß es nicht um das Symbol geht bzw. ging, sondern darum, daß es von bestimmten Kräften zum Markenzeichen für eine Politik bzw. Opposition gegen die staatlichen Interessen und Friedensbewegung in der DDR mißbraucht werden sollte.

Die Fragen anderer Personen waren politisch ohne Belang.«[116]

Enttäuscht waren wir auch über die plötzliche Absage von Christa Wolf zu einem vereinbarten Gespräch mit unserem Friedenskreis. Auch das Schweigen der anderen Friedenskreise und der unbefriedigende Disput mit der Evangelischen Studienabteilung zu unserem kritischen Streitpapier über das Konzept der Sicherheitspartnerschaft waren nicht ermutigend. Ausgehend vom offiziellen Friedensverständnis der SED-Führung, daß die Kriegsgefahr allein von der Gegenseite, also vom »Partner« ausginge, und zwar historisch gesetzmäßig, lehnten wir dieses Konzept wegen ideologischer Überfrachtung und unrealistischer Ausgangslage ab und stellten folgende Fragen zur Diskussion:

»1. Ist die DDR wirklich bereit, im Gegner auch den Partner zu erkennen, das heißt ihn als friedfertig neben sich existent zu respektieren?

2. Inwiefern erschwert bzw. verhindert die DDR durch die Beschaffenheit ihrer innergesellschaftlichen Machtausübung

[116] Tonbandabschrift des Berichts von IM »Lutz Walter« vom 14.12.1985; BStU, ASt Dresden, AOP 1900/87, Bd. 2, S. 1 f. (MfS-Zählung).

und ihres außenpolitischen Verhaltens, daß der Gegner in ihr einen solchen Partner erkennen kann?«[117]

Wir hinterfragten in diesem Streitpapier den mit der Sicherheitspartnerschaft korrespondierenden kirchlichen Denkansatz von der Absage an Geist, Logik und Praxis und boten ein alternatives Sicherheitskonzept an, das helfen sollte, Mißtrauen der Gegenseite abzubauen. Wir verwiesen darauf, daß die sogenannte Entspannungspolitik der siebziger Jahre nicht zu einer militärischen Entspannung geführt habe und das Konzept der Absage an Geist, Logik und Praxis der Abschreckung bzw. das Konzept der Sicherheitspartnerschaft unrealistisch sei.

Zunehmend ärgerlich erschienen uns die öffentlich bekundeten Äußerungen von Vertretern der evangelischen Kirchenleitungen auf staatlichen Friedensveranstaltungen oder in Gesprächen mit dem Staat. Wenn im »Neuen Deutschland« nach der Begegnung Honeckers mit Bischof Hempel zu lesen war: »Die Bundessynode der Evangelischen Kirche habe die Bereitschaft erklärt, alle zwischen Staat und Kirche offenen Fragen hinter der Aufgabe, den Frieden zu erhalten, zurücktreten zu lassen«[118], was blieb uns dann eigentlich noch zu tun, außer daß wir gleichermaßen in die Schalmeienklänge vom »Friedensstaat« DDR einzustimmen hatten.

Uns war bewußt, daß die Arbeit der alternativen Basisgruppen das SED-System nicht aus den Angeln heben konnte. Doch setzten wir auf die Langzeitwirkung unseres Engagements, auf die Durchsetzungskraft der Wahrheit des realen Lebens und auf die Solidarität Gleichgesinnter. Die Stärke unserer stillen und unspektakulären Arbeit sah ich in der Offenheit des Denkens und in der Bereitschaft zur aktiven Mitwirkung in kirchlichen und gesellschaftlichen Basisgruppen. Die Schwäche äußerte sich in der stark begrenzten publizistischen Öffentlichkeitsarbeit, die der Staat und sein Sicherheitsapparat mit Zurückhaltung in der Anwendung von Mitteln der Repression honorierte. Grundsätzlich

---

[117] Zur Konzeption der Sicherheitspartnerschaft - Versuch einer kritischen Auseinandersetzung, Januar 1986, S. 3. Ausführlich siehe Dokument 5 im Dokumentenanhang, S. 459; Privatarchiv Peter Eisenfeld.

[118] Aus der Erklärung von Landesbischof Johannes Hempel auf dem Treffen mit Erich Honecker. In: Neues Deutschland vom 12.2.1985.

gingen die »Organe« mit den einzelnen Friedenskreisen und ihren Mitgliedern differenziert und taktisch klug um.

Obwohl sich unser Friedensarbeitskreis bereits im Oktober 1983 konstituierte, nahm ihn das MfS als Gruppe erst im September 1985 wahr:

> »Aus der Maßnahme 26 ›B‹ geht weiter hervor, daß sich ›Erz‹ auch mit den Problemen der Wehrdienstverweigerung befaßt sowie zu einer Personengruppe gehört, die sich zu Seminaren zusammenfindet und dabei über Probleme wie Sicherheitspartnerschaft diskutiert. Ein Teilnehmer dieser Seminare, vermutlich der nachgenannte Pohl, war vom 23. bis 30.7.1985 zu einem geplanten Treffen in der VR Ungarn. Dabei ging es in Diskussionen über das Verhältnis Staat-Kirche, gesellschaftlich relevante Lebens- und Verhaltensweise sowie das theoretische Problem ›Autonomie und Loyalität‹. Es haben sich mehrere Vertreter, auch aus westlichen Staaten zusammengefunden und über die Organisationsformen bzw. Arbeitsweisen ihrer Gruppen beraten. Dabei ging es um die Frage der Zusammenarbeit mit offiziellen Stellen oder die Arbeit in Basisgruppen. Die konkrete Zielstellung dieser Gruppen war den Gesprächen nicht zu entnehmen. ›Erz‹ sprach von ›Gruppenbildung mit alternativen Problemdiskussionen‹. An der Identifizierung der Teilnehmer der Seminare wird gearbeitet.«[119]

Seit dieser Zeit unternahmen die Spitzel dann auch alle Anstrengungen, unseren Kreis mit IM zu durchsetzen. Der erste, ein IMB »Uwe Hermann«, tauchte in unserem Kreis nur für kurze Zeit auf. Er lieferte am 6. November 1985 einen Bericht ab und war daraufhin nicht mehr gesehen. Der unmittelbar danach in unserem Kreis eingeführte IMS/IMB/HIM Reich alias »Lothar Eckert« war ein Volltreffer, da er als kirchlicher Mitarbeiter unser volles Vertrauen genoß. Er arbeitete in der evangelischen Trinitatis-Gemeinde und wurde von seinem Führungsoffizier als sehr zuverlässig eingeschätzt. Seinen ersten Bericht

---

[119] Operativinformation der Abteilung II der BV Dresden vom 18.9.1985; BStU, ASt Dresden, AOP 1900/87, Bd. 1, S. 18 (MfS-Zählung).

23

Bezirksverwaltung
für Staatssicherheit
Abteilung 26

Dresden, 21. 11. 84

i. V. [illegible], Olt.

Leiter der Abteilung 26

Einbaubericht Objekt ..."Erz"...................

Auftraggebende DE: II
verantw. MA: Kandler Tel.-Nr.:
Anschrift Objekt: Intertext, Elsa-Fenske-Str. 11 Z. 509

Einbaudatum und Zeit:- 20. 11. 84
real. MA Objekt: Hilfmann, Schiesch
eingesetzte Technik: 1217 u. 2x RM 12
Laufzeit: ~ 50 Tage
Schlüssel: -
Ausbauzeit: 1 h

Anschrift ZWO: [illegible]
Verbindungsaufn. zum ZWO: ü. [illegible] App. 495 1081 App. 44
Legende ZWO: [illegible]
Übertragungstechnik: 1215-1121-2 ü. PO 95198 BV-dd 256
beacht. Punkte zum ZWO:

Absicherungsfragen und Einbauvariante Objekt:
1217 unter dem Brett im Türrahmen der Durchgangstür,
Brett leicht anheben, Linoleum wieder einlegen

verantw. MA: Ulrich, Oltn. Referatsleiter [illegible], Oltn.

Einbau von Abhörtechnik am Arbeitsplatz von Intertext
(BStU, ASt Dresden, Abt. 26-2193, Bl. 105 ff.)

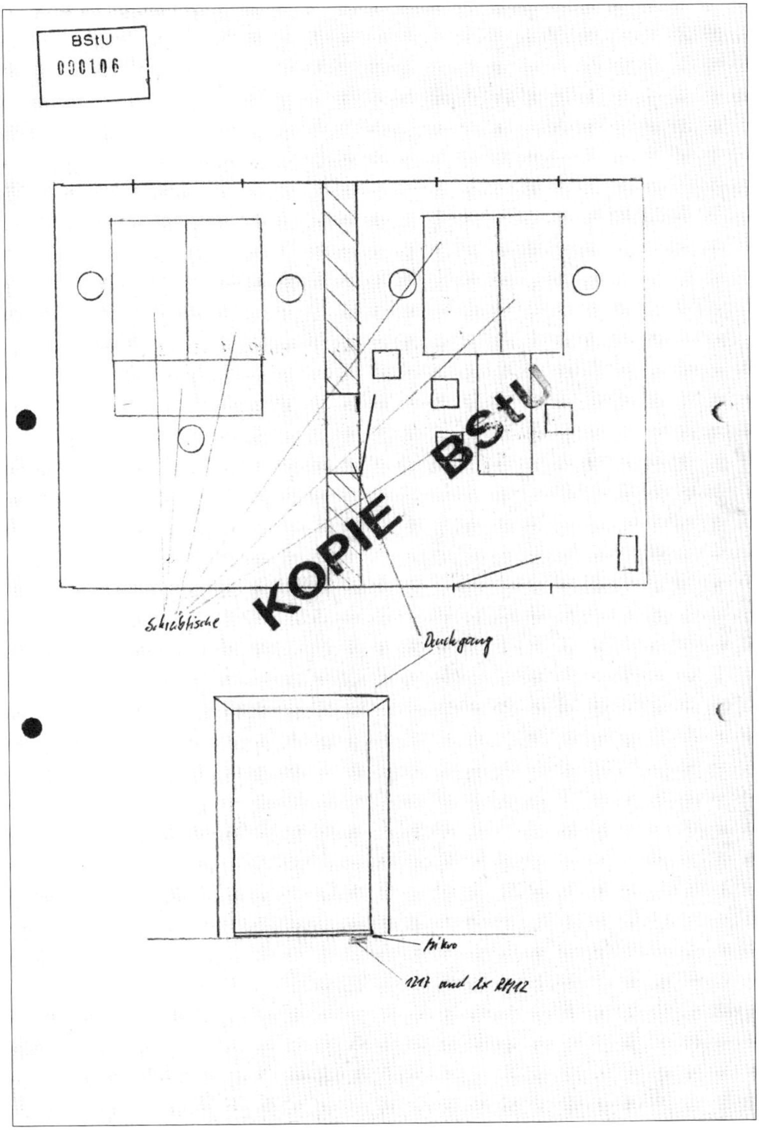
BStU
000106
Schreibtische
KOPIE
BStU
Durchgang
Mikro
1217 und 1x RM12

Schaltung eines Zwischenobjektes in die SBL-Mitte zum B-Objekt "Erz"

Am 30. 10. 1984, 11.15 Uhr führte Gen. Major Nebe mit dem 2. Sekretär der SBL-Mitte, Genn. Schwägermann eine Absprache. Der Termin wurde telefonisch vereinbart nach entsprechender Vorankündigung des 2. Sekretär der BL, Gen. Stammnitz. Die Genn. Schwägermann war informiert, daß es sich um eine Leitungsschaltung handelt. Ihr wurde gesagt, daß wir für operativ-technische Maßnahmen im Gebäude der SBL-Mitte eine Leitung benötigen und einen geeigneten Raum. Entsprechend der konkreten Lage einigten wir uns auf das Zimmer 417a (Abt.-Ltr. Parteiorganisation). Dieses Zimmer liegt schräg unter dem Zimmer 509 von Intertext.

Wenn die Leitung geschalten ist und die Installation der operativen Technik vorgenommen wird, ruft Gen. Major Nebe die Genn. Schwägermann an und vereinbart den Termin. Die weitere Verbindung wird danach direkt zur Abt.-Ltr. Parteiorganisation gehalten.

Auf Weisung des Leiters der BV wurde Gen. Obersltn. Krenkel, Abt N beauftragt, über den Gen. Winkler, BL die PO für uns zu bestellen.

Am 2. 11. 1984 meldete Gen. Oberstltn. Krenkel Vollzug und sagte, daß es sich um die PO 95 198 handelt.

Nebe
Major

(BStU, ASt Dresden, Abt. 26-2193, S. 107)

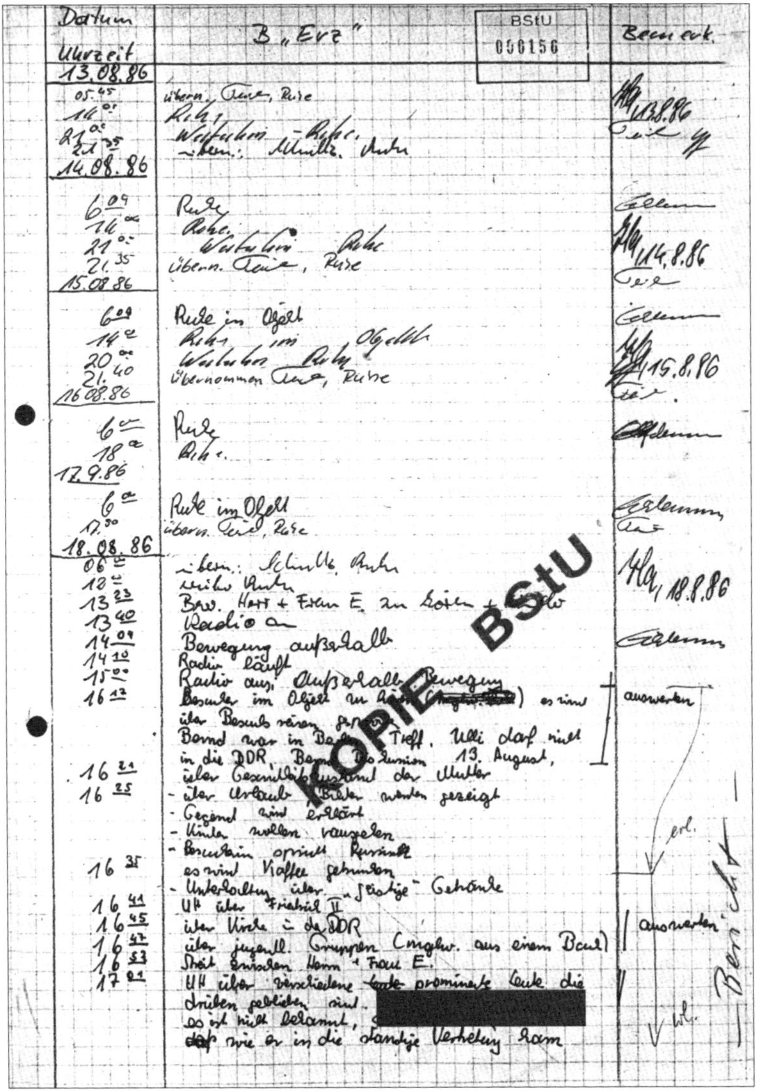

Datum Uhrzeit	B „Erz"	Bemerk.
13.08.86		
05.45	übern. [illegible], Ruhe	
14.00	Ruhe,	
21.00	[illegible] – Ruhe,	
21.35	übern.: [illegible]	
14.08.86		
6.09	Ruhe	
14.00	Ruhe,	
21.00	[illegible] Ruhe	14.8.86
21.35	übern. [illegible], Ruhe	
15.08.86		
6.09	Ruhe im Objekt	
14.00	Ruhe im Objekt	
20.00	[illegible] Ruhe	15.8.86
21.40	übernommen [illegible], Ruhe	
16.08.86		
6.00	Ruhe	
18.00	Ruhe.	
17.9.86		
6.00	Ruhe im Objekt	
17.30	übern. [illegible], Ruhe	
18.08.86		
06.00	übern.: [illegible]	18.8.86
12.00	[illegible]	
13.23	Bew. Herr + Frau E. [illegible]	
13.40	Radio an	
14.09	Bewegung außerhalb	
14.10	Radio läuft	
15.00	Radio aus, außerhalb Bewegung	
16.17	Besucher im Objekt [illegible] (~~[illegible]~~) es wird über Besuch [illegible] Bernd war in [illegible] Treff. Ulli darf nicht in die DDR, [illegible] 13. August, über Gesundheitszustand der Mutter	auswerten
16.21	– über Urlaub [illegible] werden gezeigt	
16.25	– Gegend wird erklärt – [illegible] wollen [illegible] – [illegible]	erl.
16.35	es wird Kaffee getrunken – Unterhaltung über „[illegible]" Gebäude	
16.41	UH über Friedrich II	
16.45	über Kirche i. d. DDR	auswerten
16.47	über jugendl. Gruppen (vergleichsw. aus einem Bund)	
16.53	Streit zwischen Herrn + Frau E.	
17.01	UH über verschiedene ~~Leute~~ prominente Leute die drüben geblieben sind. [redacted] es ist nicht bekannt, [redacted] ~~daß~~ wie er in die ständige Vertretung kam	wl. Bericht

Abhörprotokoll vom 13.8. bis 18.8.1986
(BStU, ASt Dresden, AOP 1900/87, Beiakte 1, S. 156)

Leiter Abteilung II

Dresden, den 27. August 1985
Abt. 26 / 3 / B / / 85
1162 "Erz" Ha

Vertrauliche Dienstsache

BStU
000008

Informationsbericht vom 26. August 1985

Um 16.02 Uhr betrat Frau E i s e n f e l d zusammen mit einer weiblichen Person, die vermutlich mit einem Kind erschienen war, das Objekt. Kurz darauf kam Herr E i s e n f e l d dazu.

Frau E. gab dem Kind etwas für die Sparbüchse, was auf den Protest der weiblichen Person stieß. Während sich Herr E. mit dem Kind beschäftigte (vermutlich ein Kleinstkind), unterhielten sich die Frauen über eine Schuleinführung.
Aus der Unterhaltung wurde ersichtlich, daß die Familie der weiblichen Person am Sonnabend bei der Familie E. zu Gast sein wird.
Um 16.05 Uhr erschienen die Kinder der Familie E. im Objekt und die Unterhaltung der Erwachsenen wurde auf Grund des lauten Kreischens der Kinder unverständlich.
Um 16.06 Uhr verließ die weibliche Person das Objekt.

Informationsbericht vom 26. August 1985

Um 21.28 Uhr kam es zwischen Peter und Irina E. zu folgendem Dialog:

P.: "Schreibe nur du mal etwas."

I.: "Du machst das."

P.: "..."

I.: "Nein. Ich schreibe nicht."

P.: "Warum denn nicht? Ich will deine Meinung dazu hören. Du brauchst ja nicht an die Öffentlichkeit damit zu gehen. Brauchst du auch nicht hier hinzugeben. Ich möchte von dir eine Stellung zum - ich möchte von dir einen Ausreiseantrag."

I.: "Einfach. Ohne Begründung. Ich will hier nicht leben. Ich will woanders leben. Das ist meine Begründung. Ich will einfach nicht. Ich muß nicht begründen ... ich bin sicher und will auch hoffen, daß es mir dort viel besser geht."

P.: "Du hast Hoffnung, daß es dir dort besser geht ..."

I.: "Ich meine im menschlichen Sinne."

P.: "In welchem Sinn besser geht?"

I.: "Nun, daß ich mich wohler fühlen werde. Ich fühle mich hier in der DDR nicht wohl."

/2

(BStU, ASt Dresden, AOP 1900/87, Beiakte 2, S. 8–11)

 10

P.: "Und warum? Kannst du mir verraten warum?"

I.: "Weil ich ..."

Hier begaben sich beide Personen, das Gespräch fortsetzend, nach außerhalb.
Ab 21.32 Uhr waren beide Personen wieder im Objekt.

P.: "... Ich kann das nicht für dich hier ..."

I.: "Ja ist gut."

P.: (vermutlich etwas ablesend) "Ausgedrückt: Teilweise persönliche Resignation. Bedingt durch meine vergeblichen jahrelangen Bemühungen eigenes Bewußtsein in die sozialistischen Meinungs ... und durch die Perspektivlosigkeit der gesellschaftlichen Entwicklung keine politische Kraft vorhanden ist - vorhanden und absehbar ist - . Wieso denn vorhanden und absehbar ist? So ein Quatsch. - die als Regulativ der gesellschaftlichen Entwicklung kritisches und alternatives Denken ..
Zweitens: Ausdruck der Befürchtung, daß unter diesen Bedingungen die dauernd anhaltende Konfliktbereitschaft, die damit für die Familie verbunden ist ... zu psychischen Belastungen führen könnte, die in totale Resignation ... mündet ...
Drittens: Erproben der Eigenständigkeit ... des eigenen Denkens und Bewußtsein im persönlichen Engagements für politische und soziale Gerechtigkeit, sowie für Freisetzung (ph) menschlicher Würde in einem System ..."

Peter wurde hier von Irina unterbrochen. Sie sagte etwas von "privaten Gründen". Peter erwiderte, daß das für ihn nicht der Grund sei, er nehme das in Kauf.

I.: "Du hast immer gesagt: Das ist ein Punkt für uns. ..."

P.: "Daß sie mich rauslassen, ist ein Punkt."

Die Unterhaltung wurde hier durch das Erscheinen eines Kindes unterbrochen, das sich mit Irina in Russisch unterhielt. Peter forderte das Kind auf, daß es ins Bett gehen soll. Nachdem um 21.36 Uhr das Kind das Objekt verlassen hatte, entwickelte sich die Unterhaltung wie folgt weiter:

P.: "Ich schreibe einfach: Wir bitten um Übersiedlung zu meinem Bruder im Rahmen der Familienzusammenführung mit U l l i und B e r n d ."

I.: "Mit Beiden?"

Peter bestätigte das. Peter erklärte anschließend, daß er noch nicht weiß, wie die drüben reagieren.
Im mündlichen Gespräch will Peter, so erläuterte er, sagen, daß er hier diskriminiert wird. Peter klärte seine Frau darüber auf, daß "die" überall Lebensläufe verlangen würden. Peter: "Ich gebe den Lebenslauf, den ich hatte. (Irina sagte hier etwas auf Russisch.) Wieso denn? Was hast denn du für Angst? Wieso denn? Es stimmt doch, daß ich hier - ich habe das doch belegt. Was du nur hast? Was ich da gemacht habe, das ist doch - .. wenn das falsches Zeugnis wäre, was ich da abgebe,

/3

11

hätten sie mich ja schon verhaften müssen - schon längst. Mein Lebenslauf ist überall mit hingegangen. Das wäre Quatsch. Die können mich nicht aus dem Lebenslauf - das ist nicht der Grund. Wenn sie mich verhaften wollen und wenn sie mich nicht rauslassen wollen, dann nicht wegen so einem Antrag. Das ist Quatsch. Dann suchen sie einen Grund."

I.: "Aber wenn du deinen Lebenslauf abgibst ..."

P.: "Was? Das wissen die doch, daß mein Lebenslauf da ist. Das ist doch kein Geheimnis. Die wissen doch von mir alles."

I.: "Aber sie wollen gar nicht (ph)."

P.: "Das hängt doch jetzt nicht mit dem Lebenslauf zusammen. Die wissen auch, daß die das drüben alles wissen. Das ist mir schon klar. Das ist mir klar. Deshalb ist ja auch die Befürchtung da, daß - ich kann mir das vorstellen - sie zugreifen können. Ob ich den überhaupt formuliere oder nicht formuliere - das spielt überhaupt keine Rolle. Da können sie mir auch das Ding andrehen, was sie jetzt versiebt haben sozusagen. Weil - da ist alles drin. Wo sie angeblich - das angeblich weggekommen ist. ... können ja ales möglich rausziehen, wenn sie wollen."

Irina vertrat die Meinung, daß man Familienzusammenführung machen sollte. Peter erwiderte, daß er das nicht so billig macht. "Die" wissen doch, daß er hier Dolmetschverbot habe, sagte Peter. Die nachfolgende Erklärung der Irina konnte nicht erfaßt werden. Auch Peter wurde hier leiser und damit unverständlich.
Danach ging es um das Abheben von Geld. Peter bestand darauf, daß er den letzten Auszug sehen möchte. Peter vertrat den Standpunkt, daß sie mit 800.- Mark auskommen müßten. Hypothetisch stellte Peter die Frage, was Irina machen würde, wenn er im Gefängnis wäre. Aufgebracht erklärte Peter, daß er da etwas von sich verkaufen würde, damit er seinen Lebensunterhalt allein bestreiten kann. Peter wiederholte, daß er davon ausgeht, daß er verhaftet wird.
Um 21.52 Uhr erschien ein Kind wieder im Objekt und die Unterhaltung wurde unterbrochen. Das Kind wollte wissen, ob man an Schnupfen sterben kann. Darüber wurde längere Zeit mit dem Kind diskutiert. Irina sprach hier teilweise wieder Russisch.
Es wurde ersichtlich, daß das Problem der Übersiedlung dem Kind bekannt war. Die Unterhaltung drehte sich um Bodenpreise "drüben".
Peter las dem Kind auszugsweise den Übersiedlungsantrag vor. Das Kind unterbrach seinen Vater und fragte ihn, ob er (der Vater) schon das neue Stalin- Buch gesehen habe. Peter verneinte. Das Kind holte das Buch und zeigte es dem Vater. Das Kind war der Meinung, daß "dort eine richtig feindliche Aggressivität rausguckt".

0888

/4

- 4 -

An dieser Unterhaltung nahm Irina nicht teil. Sie hielt sich vermutlich außerhalb auf.
Ab 22.06 Uhr war Irina wieder wahrnehmbar. Sie sprach das Kind mit "Andrjuscha" an.
Die Unterhaltung verlagerte sich teilweise nach außerhalb und verebbte später ganz.
Um 22.16 Uhr kamen Irina und Peter wieder in das Objekt.
Irina machte Ausführungen in Russisch. Peter erwiderte, daß die günstigste Variante wäre, wenn es schnell ginge.
Die weitere Unterhaltung fand wiederum außerhalb statt.
Ab 22.30 Uhr herrschte Ruhe im Objekt.

F.d.R.d.A.

BStU
000167

Abteilung II
Leiter

Dresden, 04. Juni 1986
"ERZ"

Vertrauliche Dienstsache!

102

Informationsbericht vom 19. 05. 1986

Bd.-Nr.: 0507, 22.45 Uhr bis 00.05 Uhr

Anwesende Personen: Eisenfeld, Peter
Eisenfeld, Irina
Eisenfeld, Bernd
Eisenfeld, M[illegible]
Eisenfeld, [illegible]
Albrecht, [illegible]udolf

Die Unterhaltung, welche [illegible] allen Personen geführt wird, bezieht sich auf die Sch[illegible] und die dort durchgeführte Wehrerziehung.

Albrecht: "Ab der [illegible]. Klasse müssen die Lehrer sagen, wer ist für einen längeren Dienst hier geeignet.

Von E. wird geäußert, daß die Lehrer eine Auswahl treffen, die für einen längeren Wehrdienst geeignet sind, ohne das dabei die Eltern gefragt werden. Es werden mit den Schülern der 7. Klasse Gespräche in bezug auf die Wehrerziehung und auf die Ableistung eines längeren Wehrdienstes. E. ist der Meinung, daß dabei die Schüler vollkommen überfordert werden. Im weiteren Gesprächsverlauf wird darauf eingegangen, daß die Schüler in der DDR für gute Leistungen in der Schule Prämien erhalten, welche auch stimulierend wirken sollen. Die Frau von B. erläutert, wie sich das in der BRD bzw. WB durchgeführt wird, daß da irgendwelche Erzeugnisse von Auftraggebern angefertigt werden, die dann einen Erlös für die Schüler bringen.
Von E. wird geäußert, daß die Bereitschaft der Schüler und Studenten für weniger Geld bei uns in der DDR zu arbeiten mehr vorhanden ist als im Westen.

(BStU, ASt Dresden, AOP 1900/87, Beiakte 3, S. 167–170)

Herr E.: "Bei uns in der DDR ist keine Bewußtseinsbildung vorhanden - keine offene Diskussion über Tschernobyl möglich - man kann kein Umweltbewußtsein produzieren - bei uns herrscht eine große Lethargie, was ist passiert? Die Probleme kommen aus dem Osten und im Westen werden sie diskutiert."

Herr B.: "Wenn du das Handeln als Prinzip nimmst, das wirkt und nicht das Denken, wenn ich es nicht in Handeln umsetzen kann." Er bringt das Beispiel der Grünen. Er pflichtet ihnen nicht bei, da er ein anderes politisches Spektrum besitzt und sich nicht auf bestimmte Bereiche fixiert.
Der B. ist der Meinung, daß nirgendwo anders eine derartige Umweltpolitik vorhanden ist, wie in der BRD. Dabei bezieht er sich auf Westeuropa. Und gerade deshalb gibt es in der BRD noch Demokratie.
Einen weiteren Gesprächspunkt bildet das Unglück im KKW Tschernobyl. E. ist enttäuscht, daß gerade Frankreich zu diesem Thema eine Informationssperre hatte, wie die sozialistischen Staaten und das Frankreich als einzigstes westeuropäisches Land ihre Friedensfahrer zur Friedensfahrt nominiert hatte. Der B. begründet dies damit, daß dort eine ganz andere Mentalität vorherrscht und das eben Frankreich auch eine Atommacht ist.

Der B. bringt zum Ausdruck, daß die Zahl der Wehrdienstverweigerer in der BRD zunimmt.
"Was willst du denn eigentlich machen, wenn du ins Gefängnis gehst, kannst du eine Arbeit machen, die irgendwelche indirekten militärischen..., du darfst nicht mehr arbeiten, du darfst nichts mehr konsumieren, denn alles hat irgendwie mit militärischer Sicherung zu tun. Und wenn sich jemand so verhält und wirklich nichts anzubieten hat was dem Durchschnittsbürger zugänglich ist, dann dürfen sie sich nicht wundern, wenn sich dieserRahmen - der will sich ja nur drücken."
"Es herrscht zur Zeit auch ein Dilemma in der SPD, daß dort nur Intellektuelle diskutieren und die Arbeiter sich langsam zurückziehen, weil sie merken, daß sie als Arbeiter gar nicht mehr ernst genommen werden."

Gegen 23.49 Uhr gehen Marlis und Tochter Beate los.

Übersiedlung:

Herr E.: "Wenn wir nach drüben gehen, ist es ja auch so eine Art, ich sehe meine Aufgabe hier."

Frau B.: "Du ziehst mit zu Rudolf und machst ihm den Haushalt." ?

Herr E.: "Damit wäre ich nicht einverstanden, ich bin der Meinung, daß es besser ist, wenn wir hierbleiben."

BStU
000169
3

Frau B.: "Da gehst du also nur mit Irina rüber, weil sie es will."

Herr E.: "Muß ich ja. 'Soll ich mich scheiden lassen? Das sind ja Konsequenzen. Ich bin da xxxxx ja nicht frustriert. Ich bin der Meinung, daß ich drüben Aufgaben habe. Es gibt ja Punkte, wo man das Positive - ich bin als Mensch nicht fixiert auf die DDR. Ich bin der Meinung, daß ich mich drüben verwirklichen kann, vielleicht besser gestellt. Für die Gesellschaft hier, für diese Geistige Einmaligkeit, die sich hier abspielt, da ist es wichtig, daß Leute hier sind, die das registrieren und etwas dagegen tun. Ich kann mich geistig auseinandersetzen mit diesem System, das ist wichtig. Du wirst laufend mit dieser Unfreiheit konfrontiert, du mußt dich sehr intensiv mit diesen Dingen auseinandersetzen. Und das Materielle habe ich doch, das was ich brauche. Die Zwangssituation sind die Familie, Kinder und die Probleme, welche noch kommen. Aber ich kann nicht den Anspruch erheben und das ist ja der Punkt, dieses Dilemma, wie kann ich mich konkret dieser Anspruch, Gesellschaft und wie kann ich das in Übereinstimmung bringen, auch konkret zu leben mit der Familie und das ist eine unheimliche Diskrepanz. Wie kann ich das Wohlbefinden meiner Nächsten mit dem Wohlbefinden der Gesellschaft in Übereinstimmung bringen. Das ist keine Rechtfertigung, das ist die ganz reale Situation. Ich will mich ja nicht zum Märtyrer machen und für den Staat ins Gefängnis gehen.

Frau E.: "Aber du weißt ja schon seit 1 Jahr was jetzt kommt."

Herr E.: "Aber die Arbeit im Friedenkreis, da tut sich ja was, ist ja auch wichtig, daß man das mit der globalen Veränderung ..."

HerrB. wertet die 10 Jahre die er sich schon im Westen befindet. Er schätzt ein, daß sich die Situation nicht gewandelt hat. Wertet die Möglichkeit, die er z. B. in der Auseinandersetzung mit Menschen gemacht hat. Dabei zieht er eine positive Bilanz. Albrecht bringt den Vorwand, daß es bei B. hätte auch anders laufen können.

Herr B.: "Wenn du dir noch mal den Grundgedanken vornimmst, daß die Zahl der Ausreiseantragsteller zunimmt bzw. zugenommen hat. Das ist für mich unter dem Strich eine Art Resignation. Das ist für mich auch ein Signal, hier muß die Kirche, es ist auch nicht der Kirche gelungen, den Menschen mehr Halt geben.

Albrecht: "Bernd, das muß ich dir auch mal sagen, daß wir durch die Ausreise, es sind zwei Ehepaare wo ich echt darunter leide, die anderen sind somehr am Rande gewesen, wenn überhaupt."

4

Herr B.: "Es kann doch nicht nur um die Kirche gehen. In diesem konkreten Bereich, aber mal auf die gesamte DDR bezogen ..."

Danach erfolgt eine Unterhaltung, welche von allen anwesenden Personen geführt wird. Dabei geht es um die Verabredung für den nächsten Tag. B. und seine Familie wollen gegen 10.00 Uhr bei ihrer Mutter sein. Vorher wollen sie um 07.00 Uhr bei dem E. sein.
Es folgt ein persönliches Gespräch über allgemeine Dinge.

Bd.-Nr.: 0507 - Ende

für die Stasi verfaßte er am 20. Dezember 1985. Seitdem wurde die Stasi von ihm über alle Aktivitäten unseres Kreises und seiner einzelnen Mitglieder umgehend und ausführlich informiert. Dabei bestand sein Spezialauftrag darin, meine Aktivitäten und Verhaltensweisen sowie die meines Freundes Johannes Pohl zu dokumentieren. Der zuletzt eingeführte IMB »Werner Lehmann« verhielt sich so, daß wir alsbald Verdacht schöpfen mußten. Während einer Faschingsfeier unseres Kreises unter dem Motto »Sicherheitspartnerschaft«, bei der wir provozierende Plakate und Kostüme präsentierten, fotografierte er ununterbrochen. Als er sich verabschieden wollte, haben wir vorsorglich auf die Herausgabe des Films bestanden. Seitdem hatten wir vor ihm Ruhe. Erst zum Friedensseminar Meißen im Frühjahr 1987 tauchte er plötzlich wieder auf.

Zuspitzung der persönlichen Lage und notgedrungener Ausreiseantrag

Die Verunsicherungen meiner Familie, die mit der offenkundigen Wohnungsdurchsuchung im Sommer 1984 ausgelöst wurden, nahmen im Jahre 1985 spürbar zu.

Anfang 1985 mußte ich gegen meinen Willen und ohne einsichtige Begründung auf Weisung der Gruppenleiterin Edith Böhme, die als Kontaktperson (KP) und später als IM mit dem Decknamen »Erika Hille« für das MfS tätig war, außer mittwochs auch noch jeden Dienstag im Betrieb arbeiten (aus Platzmangel im Betrieb arbeiteten die meisten Sprachmittler vier Tage zu Hause). Es war ausgerechnet der Wochentag, an dem ich mich seit vielen Jahren mit meinem Bruder Ulli und anderen Künstlern (die Maler/Grafiker Manfred Richard Böttcher, Günter Torgis, Egon Pukall und später Konrad Maas. Gelegentlich kamen die Bildhauer/Zeichner Wolfgang Kuhle und Hartmut Bonk, die Mitte der 80er Jahre die DDR verließen, hinzu) zur traditionellen Frühstücksrunde im Café »Toscana« am Dresdener Schillerplatz traf. Ich ahnte den Hintergrund dieser Entscheidung und schrieb eine Eingabe. Ein entsprechender Bericht des MfS im Januar 1985 bestätigte meine Vermutungen:

»In diesem Zusammenhang wurde bekannt, daß sich Eisenfeld öfters in der ›Toscana‹ am Schillerplatz aufhält. Dort ist dienstags ein Zusammentreffen mit weiteren Personen, die vom Äußeren [her] Künstler sein könnten. Es ist bekannt, daß sich Eisenfeld stark für Malerei und Grafik interessiert. Er soll in diesem Zusammenhang einen größeren Umgangskreis haben. Oft finden diesbezüglich bei ihm zu Hause Besuche statt. [...] Zur Aufrechterhaltung der Legende wurde bei den Kollegen {...} und {...} auch der 2. Tag eingeführt, wo sie nicht zu Hause arbeiten. [...]«[120]

Wir verlegten das Treffen von Dienstag auf Donnerstag. Ein weiterer Störversuch der Stasi folgte nicht. Diesem Treffen verdanke ich übrigens ein außergewöhnliches Erfolgserlebnis. Gewöhnlich war, daß meine zahlreichen Eingaben ins Leere liefen. Anders im Café »Toscana«: Es waren nicht zuletzt die frischen Bäckerbrötchen, die uns dort zusammenführten. Als diese zum allgemeinen Ärger durch Brotscheiben ersetzt wurden, protestierten wir heftig und ich schrieb, wie konnte es anders sein, eine Eingabe an den »Leiter«. Und prompt kamen die Brötchen wieder auf den Tisch.

Im Sommer 1985 spitzte sich die Lage für mich gefährlich zu, als mich der Parteisekretär meiner Arbeitsstelle mit Rückendeckung der Betriebsleitung in meiner Funktion als Gewerkschaftsvertrauensmann massiv angriff. Den Anlaß hierfür gab eine von meiner Gewerkschaftsgruppe vorbereitete Eingabe an den Kreisvorstand des FDGB zu einer betrieblich verordneten Neuregelung des Durchschnittslohnes. Ich wollte lediglich die Zustimmung anderer Gewerkschaftsgruppen zu dieser Eingabe einholen, um gegebenenfalls unserem Anliegen mehr Gewicht zu verschaffen. Die Partei- und Betriebsleitung der Außenstelle Dresden sahen darin Unruhestiftung im Betrieb, subversive Tätigkeit und Kompetenzüberschreitung in meiner Funktion als Vertrauensmann. Zum IM-Bericht vom 31. Juli 1985 wird hierzu vom Führungsoffizier Graf festgehalten:

»Bei ›Intertext‹ gibt es Probleme. Zur letzten Gruppenbesprechung wurde die neue Arbeitsordnung (AO) den

[120] Bericht der KP Böhme vom 10.1.1985; ebenda, Bd. 2, o. Pag.

Mitarbeitern bekanntgegeben. Während dieser Besprechung wandte Peter Eisenfeld ein, daß in dieser AO nur die Pflichten enthalten sind und keinerlei Rechte. Des weiteren sind eine Reihe Neuerungen, die nur Nachteile für die Mitarbeiter darstellen, enthalten. Er will sich diesbezüglich mit einer Eingabe an den FDGB-Kreisvorstand wenden. Dazu hatte er vorher Rücksprachen mit anderen Mitarbeitern geführt, damit die von ihm entworfene Eingabe Massencharakter erhält. (Entwurf lag als Durchschlag vor. Wegen Gefährdung der Konspiration wurde es dem IM vorerst zurückgegeben). In diesem Zusammenhang informierte der IM, wie sich Peter Eisenfeld regelrecht brüstet, was er für Kenntnisse über die unterschiedlichsten Eingabemöglichkeiten hat. Er hat sich zur Zielstellung gemacht, ›den Sozialismus zu verbessern‹. Peter Eisenfeld bekommt immer wieder Möglichkeiten, seine negative Einstellung geschickt an den Mann zu bringen. Über alle Äußerungen des Eisenfeld wird durch den ebenfalls in der Russischgruppe tätigen {...} [Parteisekretär der ›Intertext‹-Außenstelle Dresden] der Außenstellenleiter informiert. Dann kommt es zu Aussprachen, die darin münden, daß der Eisenfeld vom Außenstellenleiter Genossen {...} ›subversiver‹ Äußerungen bezichtigt wird. Die Mitarbeiter stellen sich aber auf die Seite von Eisenfeld, da er sich ständig ›für ihre Rechte‹ einsetzt, die in ungerechtfertigte Forderungen an die staatliche Leitung münden. [...]«[121]

Da die Partei- und Betriebsleitung an den Anschuldigungen festhielt, legte ich mein Amt als Vertrauensmann nieder. Darüber informierte ich die BGL-Vorsitzende in einer Protokollnotiz:

»In Ergänzung des Schreibens vom 16.7. möchte ich darauf hinweisen, daß - soweit mir bekannt ist und wie dies auf der Gruppenversammlung zum Ausdruck kam - die

[121] Abschrift eines IM-Berichts vom 31.7.1985; ebenda.

> anderen Gruppenmitglieder (mit Ausnahme des Gruppenleiters und Parteisekretärs) die Anschuldigungen gegen meine Person zurückweisen. Dies besonders im Falle des Eingabevorgangs auf der vorhergehenden Gruppenversammlung (am 3.7.85), der auch vom Gruppenleiter und Parteisekretär ohne Einspruch mitgetragen wurde, jetzt aber von beiden durch unwahre Behauptungen (ich hätte nicht verlautbaren lassen, daß ich mich an die anderen Gewerkschaftsgruppen wenden will) verfälscht dargestellt wird. (Laut Äußerung des Parteisekretärs auf der letzten Gruppenversammlung bin ich sogar der Unruhestiftung überführt!)
> Auf der Gruppenversammlung wurde gewünscht, daß der Außenstellenleiter und die BGL-Vorsitzende auf der nächsten Gruppenversammlung zu den Vorwürfen gegen meine Person Stellung nehmen sollen.«[122]

Auf der folgenden Gruppenversammlung hielten der Außenstellenleiter, Parteisekretär und die Gruppenleiterin gegen den Protest der Gruppe weiterhin an den Anschuldigungen fest, so daß mein Rücktritt als Vertrauensmann feststand. Die Mitglieder der Gruppe bedauerten meinen Entschluß, aber sie hatten auch Verständnis für meine Entscheidung. Trotzdem gelang es der Partei- und Betriebsleitung nicht, mich von der Gruppe zu isolieren. Im Gegenteil - die Kolleginnen überraschten mich zu Weihnachten 1985 mit einem Präsent, dem ein Dankschreiben beigefügt war. Die gegen mich erhobenen Vorwürfe seitens der Partei- und Staatsfunktionäre verängstigten besonders meine Frau. Darüber konnte auch das anhaltende solidarische Verhalten der meisten Gruppenmitglieder mit mir nicht hinweghelfen, zumal neue beunruhigende Tatsachen hinzukamen. Das waren zum einen die außergewöhnlich langen Wartezeiten und Befragungen bei der Paßkontrolle auf den Flugplätzen in Dresden und Berlin während unserer Leningrader Urlaubsreise. Zum anderen wurden Freunde aus Halle wegen Beihilfe zum ungesetzlichen Grenzübertritt im schweren Falle und unterlassener Anzeige verhaf-

---

[122] Protokollnotiz zur Gruppenversammlung am 28.8.1985; Privatarchiv Peter Eisenfeld.

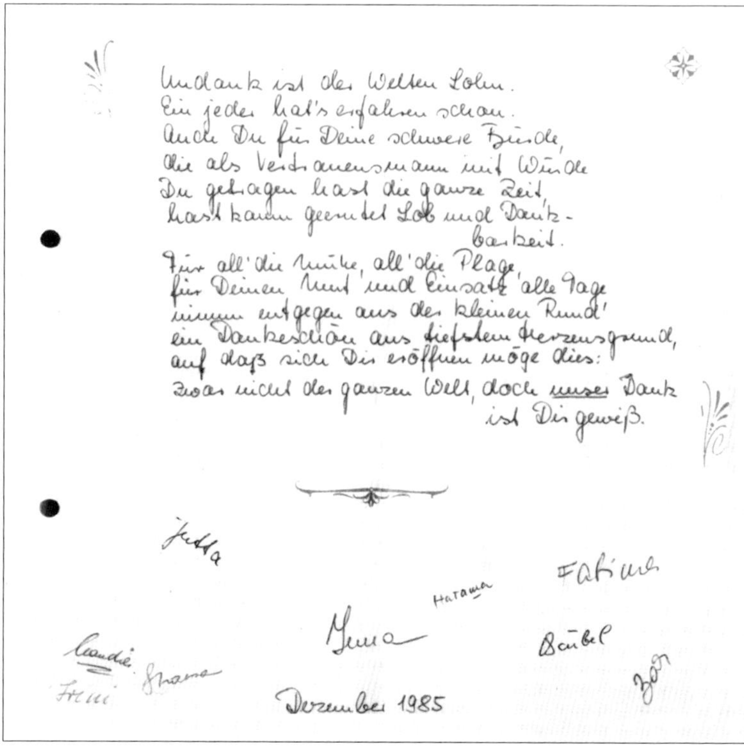

Undank ist der Welten Lohn.
Ein jeder hat's erfahren schon.
Auch Du für Deine schwere Bürde,
die als Vertrauensmann mit Würde
Du getragen hast die ganze Zeit,
hast kaum geerntet Lob und Dankbarkeit.
Für all' die Mühe, all' die Plage,
für Deinen Mut und Einsatz alle Tage
nimm entgegen aus der kleinen Rund'
ein Dankeschön aus tiefstem Herzensgrund,
auf daß sich Dir eröffnen möge dies:
Zwar nicht der ganzen Welt, doch unser Dank ist Dir gewiß.

Jutta
Fatima
Bärbel
Dezember 1985

Ein Dankeschön von Mitgliedern der Gewerkschaftsgruppe

tet. Sie hatten Kenntnis von einer bevorstehenden Schleusung nach Westberlin erhalten und waren selbst Antragsteller auf Ausreise nach Kanada. Ihr angekündigter Wochenendbesuch bei uns nahm eine jähe Wendung. So rief mich Karla Wesang in meinem Betrieb an und berichtete über die Verhaftung ihres Mannes. Zwei Tage später erreichte mich ein Telegramm des 17jährigen Sohnes, in dem er mir die Verhaftung seiner Mutter mitteilte. Ich fuhr sofort zu ihm, traf ihn aber nicht an. Den Nachbarn, bei denen ich mich erfolglos nach dem Verbleib des Sohnes erkundigte und die von der Stasi bei der Wohnungsdurchsuchung hinzugezogen wurden, stand noch die Angst und der Schrecken in den Augen. Als ich danach zu später Stunde meine Rückfahrt nach Dresden antrat, sah ich hinter jedem Lichtschatten einen Spitzel stehen. Die Befürchtung, da hineingezogen zu werden, war jedoch unbegründet. Die Stasi-Akten hielten fest: »Erz« [...] begab sich daraufhin sofort nach Halle. Hier traf er niemanden an, worauf er den Sohn [Thomas] für den 31. August 85 zu sich einlud. Das hier geführte Gespräch ergab, daß sowohl ›Erz‹ als auch Thomas offenbar keine Kenntnisse von der geplanten Schleusung hatten.«[123]

Was den Sohn Thomas betraf, so hatte ich vorgesorgt. Bei unserem Treffen in Dresden machte ich ihn darauf aufmerksam, in meiner Wohnung nichts zu sagen, was ihn selbst oder andere in dieser Sache hätte belasten können. Es war ja nicht ausgeschlossen, daß die Stasi seine Verhaftung nur verzögerte, um weitere Mitwisser über das Fluchtunternehmen in Erfahrung zu bringen.

Zu alledem erfuhren wir Mitte 1985 von unserem damals dreizehnjährigen Sohn Andrej, daß er vom amtierenden Direktor seiner Schule von der Kandidatenliste für eine Spezialsprachklasse gestrichen wurde. Dem ging eine Befragung in der Klasse voraus, bei der er frisch und frei erklärt, daß er das Gelöbnis zur Jugendweihe nicht sprechen und die Mitgliedschaft in der FDJ verweigern werde. Statt dessen hatte er sich zur Christenlehre und Konfirmation entschlossen. Anfang Juni 1985 wurden wir von der Vorsitzenden des Schulbereichsausschusses für Jugendweihe und der stellvertretenden Schul-

[123] Operativinformation der Abteilung II der BV Dresden zum SOV »Erz« vom 18.9.1985; BStU, ASt Dresden, AOP 1900/87, Bd. 1, S. 6 (MfS-Zählung).

direktorin zu einer Aussprache geladen. Daraufhin schrieb ich dem Schuldirektor unter anderem:

> »Wir stehen hinter dieser Entscheidung unseres Sohnes. Wir haben ihn im Sinne des Humanismus erzogen, der Aufrichtigkeit, Zivilcourage, Toleranz, Gewaltlosigkeit, Solidarität und Verantwortungsbereitschaft als Grundwerte des friedlichen Zusammenlebens zwischen Menschen und Völkern anerkennt. Zugleich haben wir als Nichtchristen unseren Sohn für die in der DDR existierenden Formen des gesellschaftlichen Bewußtseins, auch für die Religion, offengehalten. Diese Bezüge und die erfahrene Realität mögen wesentlich dazu beigetragen haben, daß sich unser Sohn von einer Institution der Bewußtseinsbildung weihen lassen will, die unserer Gesinnung und offensichtlich auch dem Wesen unseres Sohnes mehr entgegenkommt. Was das Gelöbnis angeht, so hat es unser Sohn als belastend empfunden, ein Versprechen abgeben zu müssen, daß ihn moralisch verpflichtet, den Sozialismus mit der Waffe zu schützen. Die Einwände seitens der Gesprächspartner, daß das Gelöbnis ein solches Bekenntnis von den Jugendlichen nicht abfordert, sind für uns nicht überzeugend, da der Geist und die Praxis des laut Gelöbnis abzulegenden Bekenntnisses zum proletarischen Internationalismus, zum Schutz des Friedens und zur Verteidigung des Sozialismus gegen *jeden* [Hervorh. im Orig.] imperialistischen Angriff von anderen Prämissen ausgeht.
> Grundsätzlich ist zu fragen, warum überhaupt ein Gelöbnis dieser Art von den 14- bis 15jährigen Jugendlichen abgefordert wird. Unseres Erachtens sind die Jugendlichen in diesem Alter überfordert, den Inhalt des Gelöbnisses - vorausgesetzt natürlich, daß es ernst genommen wird - in seiner moralisch verpflichtenden Tragweite zu ermessen. Dies trifft, abgesehen von dem schon angedeuteten militärpolitischen Bekenntnis, auch auf das politisch-ideologische Bekenntnis zu, das in Wortverbindungen eingekleidet ist (›*treue* [Hervorh. im Orig.] Söhne und Töchter unseres Arbeiter-und-Bauern-Staates‹, ›*würdige* [Hervorh. im Orig.] Mitglieder der sozialistischen Gemeinschaft‹, ›*wahre* [Her-

vorh. im Orig.] Patrioten‹), deren Gebrauch und Auslegung bei der ideologischen Erziehung den an und für sich kritisch und wahrheitssuchend angelegten Jugendlichen nicht selten schnell zum Anpasser oder Aussteiger werden läßt. Wir sind jedoch daran interessiert, daß unser Sohn Andrej die eingeräumte Möglichkeit der Teilnahme an den Jugendstunden wahrnimmt, um sich auch diese Bewußtseinsform und Erlebniswelt weiter zu erschließen.
Bleibt noch zu vermerken, daß wir den Hinweis von Frau H., unserem Sohn werde aus der Entscheidung gegen die Teilnahme an der Jugendweihe keine Nachteile in seiner weiteren Entwicklung erwachsen, nicht nur als eine freundliche Geste zur Beschwichtigung unserer Bedenken werten.«[124]

Wenig später bestätigte uns die Klassenleiterin, daß unser Sohn von der Delegierungsliste für den Besuch der Spezialklasse gestrichen wurde. Das wollten wir nicht widerspruchslos hinnehmen und führten Beschwerde beim Ministerium für Volksbildung. Darin drückte ich zwar ein gewisses Verständnis für Schuldirektoren aus, die sich aufgrund ihrer Funktion zu einer solchen Maßnahme verpflichtet fühlten, machte aber gleichzeitig deutlich, daß dieser Vorgang die Diskriminierung im Bildungswesen aus politischem Gründen exemplarisch verdeutliche. Ich verwies unter anderem auf die Verletzung der von der DDR-Regierung unterschriebenen Internationalen Pakte über zivile und politische sowie wirtschaftliche, soziale und kulturelle Rechte und der UNO-Konvention gegen die Diskriminierung im Bildungswesen. Vom Leiter der Hauptabteilung Oberschulen des Ministeriums für Volksbildung erhielten wir folgende Antwort:

[124] Schreiben von Peter Eisenfeld an den Direktor der 20. POS vom 12.6.1985; Privatarchiv Peter Eisenfeld.

MINISTERRAT
DER DEUTSCHEN DEMOKRATISCHEN REPUBLIK
MINISTERIUM FÜR VOLKSBILDUNG
Hauptabteilung Oberschulen

Ministerium für Volksbildung, 1086 Berlin, Unter den Linden 69-73

Familie
Peter Eisenfeld

8053 D r e s d e n
Schubertstr. 30
PF 12/34

Ihre Zeichen — Ihre Nachricht vom — Fernsprechangabe 3039 — Unsere Zeichen la/keu E 189/85 — Datum 12. 7. 1985

Betreff:

Werte Familie Eisenfeld!

Ihre Eingabe an das Ministerium für Volksbildung haben wir erhalten.

Entsprechend der "Anordnung über die Aufnahme in die erweiterte allgemeinbildende polytechnische Oberschule und in Spezialklassen an Einrichtungen der Volksbildung..." vom 5. Dezember 1981 erfolgt die Entscheidung über die Aufnahme in eine Spezialklasse in der Klasse 8. Die o.g. Anordnung regelt weiter, daß Beschwerden über getroffene Entscheidungen beim Kreisschulrat bzw. Bezirksschulrat eingelegt werden können. Obwohl in dem von Ihnen geschilderten Fall noch keine endgültige Entscheidung über die Aufnahme getroffen wurde, haben wir den Bezirksschulrat von Dresden gebeten die Angelegenheit prüfen zu lassen. Von dort werden Sie auch weitere Nachricht erhalten.

Abschließend möchten wir noch bemerken, daß in der DDR für die Auswahl von Schülern für die erweiterte Oberschule bzw. Spezialklassen der Grundsatz gilt, von den tatsächlichen Leistungen und dem gezeigten Verhalten auszugehen. Jegliche Diskriminierung aus religiösen Gründen ist nicht statthaft.

Mit sozialistischem Gruß

Oberstudienrat Drechsler
Hauptabteilunsleiter

Ortsruf: 232 — Fernschreiber: 1152-345, 1152-346 — Besuchszeit: Dienstag von 9-18 Uhr

(741) Ag 101-3676-84/13/3/0

Antwort auf unsere Eingabe: Andrej darf nicht in die Spezialklasse

Ein Gespräch dazu fand Anfang September statt. Beauftragt war ein Referent für die Abiturstufe der Abteilung Volksbildung des Rates des Bezirkes Dresden. In diesem, mir über die Stasi-Unterlagen bekanntgewordenen Schreiben, klingt an, was im Gespräch deutlicher zum Ausdruck kam. Mein Gesprächspartner legte besonderen Wert auf den Unterschied zwischen religiösem und politischem Bekenntnis. Diskriminierung aus religiösen Gründen gäbe es im Bildungswesen nicht. Andererseits könne ein Jugendlicher, der die Politik von Partei und Staat nicht tatkräftig unterstützt, nicht erwarten, daß ihm der Staat den Ausbildungsweg zum »sozialistischen Leiter« ebne. Auch wäre im Falle meines Sohnes noch nicht endgültig entschieden worden. Viel hänge von seinem künftigen Verhalten ab. Mir war nach diesem Gespräch klar, daß unserem Sohn der Zugang zum Abitur in der Schule versperrt sein wird. Die Stasi erhielt Kenntnis von diesem Vorgang und bat um die entsprechenden Unterlagen, um sie »operativ auswerten« zu können.

Mit dieser Ballung sichtbarer Zeichen von Bedrängnissen war die Grenze der psychischen und damit auch gesundheitlichen Belastbarkeit meiner Frau erreicht. In der Sorge um das Wohl unserer Kinder und in der ständigen Angst um meine Inhaftierung konnte ich dem Ausreisewunsch nun nicht mehr widerstehen. Mir fiel diese Entscheidung schwer. Andererseits hatte ich damals das ungute Gefühl, daß eine Verhaftung unmittelbar bevorstehen könnte. Von anderen Strafverfahren wußte ich, daß die Staatssicherheit in nichtspektakulären Fällen bis zum endgültigen Zugriff eine Vorbereitungszeit von ungefähr einem halben Jahr benötigte. So vertröstete ich mich mit dem Gedanken, ein möglicherweise schon in Gang gesetztes Ermittlungsverfahren durch Antragstellung in eine für die Familie weniger schmerzliche Richtung lenken zu können. Und so kam es schließlich Anfang Dezember 1985 zur Antragstellung auf Ausreise bei der Abteilung Inneres beim Rat des Stadtbezirkes Dresden-Mitte, die ich mit einer Erklärung zum Ausreiseantrag begründete.

Kopie

Abteilung Inneres
beim Rat des Stadtbezirkes
Dresden Mitte

Peter Eisenfeld
8053 Dresden
Schubertstr. 30 PF 12/34

Betr.: Antrag auf Übersiedlung nach Berlin (West) für mich und meine Familie zu meinen Geschwistern Bernd und Ulrich Eisenfeld

Hiermit beantragen wir, Peter Eisenfeld, geb. am 9.1. 1941, Irina Sacharowa-Eisenfeld, geb. am 23.11. 1943 und für unsere Kinder Andrej Eisenfeld, geb. am 22.01. 1972, und Alexander Eisenfeld, geb. am 10.11. 1981 im Rahmen der Familienzusammenführung die Übersiedlung nach Berlin (West).

Die Begründung geht aus der Erklärung hervor, die dem Antrag beigefügt ist.

Dresden, d. 2.12.1985

Peter Eisenfeld

Irina Sacharowa-Eisenfeld

P.S. Anbei 1 Erklärung
zum Antrag

[illegible]

Unser Übersiedlungsantrag ...

Kopie

Erklärung zum Antrag auf Übersiedlung nach Berlin (West)

Der Antrag ist Ausdruck :

1. teilweiser persönlicher Resignation, bedingt durch eigene Erfahrungen, die jahrelange vergebliche Bemühungen um das Einbringen des eigenen Bewußtseins in Form von Eingaben, Briefen und Diskussionsbeiträgen in den öffentlichen Meinungsbildungsprozeß einschließen, und durch die damit gewachsene Überzeugung von der Perspektivlosigkeit einer Gesellschaft, in der es keine wirksame politische Kraft gibt, die als Regulativ der gesellschaftlichen Entwicklung kritisches und alternatives Denken öffentlich vertritt und verantwortet.

2. der Befürchtung, daß meine gewissensbedingte anhaltende Konfliktbereitschaft im Spannungsfeld zwischen eigener politischer Überzeugung und dem politisch-ideologisch begründeten Sicherheitsinteresse des Staates im Zusammenhang mit einer gewissen Rechtsunsicherheit (Diskriminierung im Beruf - Dolmetschverbot seit 1975 u.a., Untergrabung meiner Tätigkeit als Gewerkschaftsvertrauensmann - Vorwurf der Unruhestiftung, Ungewißheit über die Wahrnehmung der Reisemöglichkeit in das sozialistische Ausland - - unbegründetes Ausreiseverbot in die CSSR im Jahre 1979, Eingriffe in die private Schutzzone - Befragung von Mitmietern über meine Familie durch uns unbekannte Personen, zu erwartende Einschränkung der Entwicklungschancen unserer Kinder, situationsbedingte unkalkulierbare härtere Konsequenzen) auf Dauer die psychische Belastbarkeit, besonders meiner Frau, überschreitet und damit schwerwiegende Folgen für die Familie mit sich bringt.

3. für die Wahrnehmung der Möglichkeit, die Eigenständigkeit und Abhängigkeit des eigenen Denkens sowie des persönlichen Engagements für politische, soziale Gerechtigkeit und Freisetzung menschlicher Würde in einem System, wo ein Grundwerteverständnis herrscht, das meiner Überzeugung näherkommt, zu erfahren sowie ein Teil Weltkenntnis und -kultur für mein und meiner Familie Leben hinzuzugewinnen.

Peter Eisenfeld

Peter Eisenfeld

und die Erklärung dazu

Die Stasi holt zu einem neuen Schlag aus: Der Vorgang »Erz«

Daß die Befürchtung einer Inhaftierung zum damaligen Zeitpunkt keine Fata Morgana war, das verraten meine Stasi-Akten. Schon im Sommer 1984 gerieten meine Frau und ich unter Spionageverdacht[125]:

> »Durch eine Quelle der Hauptabteilung II/2 wurde eine Information erarbeitet, woraus sich der Verdacht einer feindlichen nachrichtendienstlichen Tätigkeit durch ›Erz‹ und seine Ehepartnerin ergibt. Beide Personen wurden auf Weisung des Leiters der Hauptabteilung II, Genossen Generalmajor Kratsch, auf einen Sondervorgang der Hauptabteilung II erfaßt.
>
> Für die Bearbeitung des Materials wurde vereinbart, daß durch die Abteilung II der BV Dresden in enger Koordinierung mit der Hauptabteilung II/6 alle Aufgaben und Maßnahmen zu ›Erz‹ in Dresden unter Einhaltung der Konspiration durchgeführt werden. Alle operativ bedeutsamen Informationen sowie die Ergebnisse der Personenaufklärung werden der Hauptabteilung II/6 zur Verfügung gestellt.
>
> Der Vorgang wird doppelt geführt. Die Verbindungspersonen von ›Erz‹, welche sich in der Hauptstadt der DDR befinden, werden in Verantwortung der Hauptabteilung II/6 operativ bearbeitet und überprüft.
>
> Seitens der Hauptabteilung werden auch alle Aufgaben im Zusammenhang der operativen Fahndung und notwendiger Koordinierungsmaßnahmen mit anderen Diensteinheiten realisiert.

[125] »Spionage: (2) Wer es unternimmt, Tatsachen, Gegenstände, Forschungsergebnisse oder sonstige Nachrichten, die im politischen oder wirtschaftlichen Interesse oder zum Schutze der Deutschen Demokratischen Republik geheimzuhalten sind, für einen imperialistischen Geheimdienst oder für andere Organisationen, Einrichtungen, Gruppen oder Personen, deren Tätigkeit gegen die Deutsche Demokratische Republik oder andere friedliebende Völker gerichtet ist, oder deren Vertreter oder Helfer zu sammeln, an sie auszuliefern oder zu verraten, wird mit einer Freiheitsstrafe nicht unter fünf Jahren bestraft.« In: StGB der DDR, Berlin 1978, S. 51.

> Die Hauptaufgabe für die Abteilung II besteht in der 1. Phase, den Einbau der Maßnahme 26 ›B‹ kurzfristig in der Wohnung von ›Erz‹ zu realisieren. Der Auftrag wird durch die Hauptabteilung II vorbereitet.
> In der Abteilung II Dresden wird der Genosse Oltn. Graf verantwortlich für die Bearbeitung des Materials ›Erz‹ eingesetzt.«[126]

Diese Information setzte einen Stasi-Apparat in Bewegung, der im Laufe der Zeit circa 100 offizielle und 30 inoffizielle Mitarbeiter des MfS mehr oder weniger intensiv beschäftigte und circa 1700 Seiten hinterließ. Die Bezirksverwaltung Dresden des MfS wurde einen Monat später in den Sondervorgang einbezogen. Ihre Hauptaufgabe bestand zunächst im kurzfristigen »Einbau der Maßnahme 26 ›B‹« (Wanzeneinbau) in unserer Wohnung. Die Stasi-Akten bestätigen somit den damals von unserer Nachbarin festgestellten Wohnungseinbruch. In enger Kooperation mit der Dresdener Bezirksverwaltung schöpfte das MfS im Laufe eines Jahres fast ihr ganzes Arsenal an operativen Bearbeitungsmöglichkeiten aus:

- Auswertung von Archivmaterial über meine Brüder Bernd (Zentrale Materialablage, ZMA-Archiv Halle, HA II/6) und Ulrich (OV-Material »Maler« der Objektdienststelle Wismut/Karl-Marx-Stadt, ZMA-Material der KD Dresden-Stadt) sowie zu meiner Person (ZMA-Material der Abteilung XX);
- Identifizierung und Aufklärung von Kontaktpersonen;
- minutiöse Beobachtungsberichte mit Fotos;
- regelmäßige Berichterstattung von der KP/IMS »Erika Hille«;
- operative Maßnahmen in Moskau zur Überprüfung unserer Verbindungen in der SU;
- Überwachungsmaßnahmen in Karlovy Vary mit Unterstützung tschechoslowakischer Sicherheitsorgane im Rahmen unserer Ost-West-Treffen;
- Wanzeneinbau in meiner Wohnung und in meinem Arbeitszimmer bei »Intertext«;

[126] Aktenvermerk des Leiters der Abteilung II der BV Dresden vom 1.8.1984; BStU, ASt Dresden, AOP 1900/87, Bd. 1, o. Pag.

- konspirative Durchsuchungen unserer Wohnung;
- Sonderkastenleerung bei Briefeinwürfen im Raum Dresden;
- Wanzeneinbau und Abhören des Telefons in der Wohnung der Familie Pohl, mit der unsere Familie eng befreundet war;
- Wanzeneinbau und Abhören des Telefons in der Ostberliner Wohnung meiner Schwester;
- Observation meiner Schwester in einem Dresdener Hotelzimmer zwecks Beschaffung des Schlüssels ihrer Berliner Wohnung;
- Abhören des Telefons in der Wohnung meines Bruders in Ostberlin;
- Vernehmungen der verhafteten Ehepaare {...} und Wesang durch die Hauptabteilung IX/9[127] bzw. Abteilung IX[128] der BV Halle.

Als KP/IMS »Erika Hille« entpuppte sich unsere Gruppenleiterin bei »Intertext«, die zu meiner Frau - so schien es damals - ein herzliches Verhältnis hatte. Sie war seit Anfang 1985 für die Stasi tätig. Der erste Bericht Anfang Januar 1985 weist sie noch als Kontaktperson aus. Spätestens seit März 1985 berichtete sie regelmäßig als inoffizielle Mitarbeiterin über meine Frau und mich, über unsere Urlaubspläne, meine politischen Diskussionen im Betrieb, meine Telefongespräche und persönlichen Verbindungen sowie über das Betriebsgeschehen. Die Stasi war zwar mit ihrer Arbeit zufrieden, doch hatte sie noch mehr im Sinn:

> »Der Einsatz des IMS ›Erika Hille‹ der Abteilung II, Reg.-Nr. XII 387/85, ist zweifellos auf die Erarbeitung operativrelevanter Hinweise zur Realisierung der Zielstellung der Bearbeitung ausgerichtet, jedoch sind trotz großer Bereitschaft des IM gewisse Grenzen hinsichtlich der Anbahnung vertraulicher Beziehungen zu Eisenfeld nicht zu übersehen.«[129]

---

[127] Hauptabteilung IX: Untersuchungsorgan, zuständig für Ermittlungsverfahren u. a. bei »ungesetzlichem Verlassen« der DDR.

[128] Abteilung IX auf Bezirksebene.

[129] Stellungnahme zum SOV »Erz« (Sondervorgang der Hauptabteilung II) vom 8.10.1985; BStU, ASt Dresden, AOP 1900/87, Bd. 1, S. 49 (MfS-Zählung).

Kopie

Bezirksverwaltung
für Staatssicherheit
Leiter

Dresden, 8. November 1985

Verbindungsoffizier
Oberst Matwejew

Im Rahmen der operativen Kontrolle und Bearbeitung von Personen wurde bekannt, daß der

E i s e n f e l d , Peter
geboren am: 9. 1. 1941 in Falkenstein
wohnhaft: 8053 Dresden, Schubertstraße 30

und seine Ehefrau

Sacharowa-Eisenfeld, Irina
geboren am: 23. 11. 1943 in Sarampaul
wohnhaft: 8053 Dresden, Schubertstraße 30
Diplom-Philologe
Sprachmittler - Intertext, Außenstelle Dresden

in Dresden Verbindungen zu Personen unterhalten, die sich mit antisozialistischen Ideen auf der Ebene von Havemann und Biermann beschäftigen.

EISENFELD lernte die Sacharowa-Eisenfeld während seines Studiums in der UdSSR kennen.

Bei der S.-E. handelt es sich um eine ehemalige Staatsbürgerin der UdSSR, welche 1970 von der UdSSR (Leningrad) nach der DDR übersiedelte und 1980 die Staatsbürgerschaft der DDR erhielt.

Die Eltern von ihr

Sacharow, Alexej - geboren am 18. 3. 1910 in Pskow und
Bussen, Irina - geboren am 24. 9. 1915 in Leningrad

sind in 194223 Leningrad, ul. Orbeli 27-3-10 wohnhaft bzw. gohnhaft gewesen.

Ihre Schwester, die

Sacharowa, Veronika - geboren am 29. 11. 1946

ist in 191011 Leningrad, Fontanka 20 - Wohnung 1

wohnhaft.

Verbindung zum KGB
(BStU, ASt Dresden, AOP 1900/87, Bd. 1, Bl. 42 f.)

Kopie 170

2

Ausgehend von der sichtbaren antisozialistischen Grundhaltung der Familie Eisenfeld bitte ich um folgende Überprüfung:

1. Liegen in den Speichern des Komitees der Staatssicherheit der UdSSR Hinweise zu den vorgenannten Personen vor und welcher Art sind diese?

2. Gibt es Informationen, daß die S. bereits vor Übersiedlung in die DDR sich mit antisozialistischen Problemen und Gedankten befaßte?

3. Gibt es Hinweise, daß die S. und der Ehemann bei dem Aufenthalt in Leningrad Verbindung zu Personen unterhalten, die für die Bearbeitungsrichtung bedeutsam sind. Die S./E. und ihr Ehemann waren jährlich einmal, in der Regel im Monat August in Leningrad zu Besuch bei den Eltern Sacharow.

B ö h m
Generalmajor

Kopie

42

Bezirksverwaltung
für Staatssicherheit
Abteilung II

Dresden, 24. September 1985
4/gf-kl/ /85

Anlage zur Operativinformation zum SOV "Erz"

Die vorliegenden operativen Ergebnisse beruhen im Wesentlichen auf nachgenannten realisierten Maßnahmen:

- Berichterstattung des IMS "Erika Hille";der IM wurde zum SOV "Erz" geworben
- Maßnahme "B" der Abteilung 26 in der Wohnung von "Erz"
- zeitweilige Maßnahme "B" der Abteilung 26 im Arbeitszimmer von "Erz" (Intertext Dresden)
- Maßnahme "A" der Abteilung 26 bei den Geschwistern von "Erz" in der Hauptstadt Berlin und der Familie Pohl in Dresden
- Kontrollergebnisse der HA II/6 vom Treffen in Karlovy Vary im Oktober 1984
- Vernehmungen der Ehepaare [redacted] und Wesang durch die HA IX/9 bzw. Abt. IX der BV Halle;in der Abteilung IX der BV Halle fand diesbezüglich eine Absprache statt
- Analysierung des Archivmaterials über E., Bernd, dem ZMA-Material der KD Dresden-Stadt zu E., Ullrich und dem ZMA-Material der Abteilung XX über "Erz".
- Koordinierung mit der AKG/K betreffs der Identifizierung und Aufklärung der Kontaktpersonen

Der Abteilung IX der BV Halle wurde ein Informationsbericht übergeben. Alle Vernehmungsprotokolle die "Erz" und seine WB-Verwandten betreffen, werden unserer Diensteinheit über die HA II/6 überstellt.
Es wird daran gearbeitet eine weitere inoffizielle Quelle im Wohn- und Freizeitbereich zu schaffen. Die operativ-technischen Maßnahmen bleiben aufrechterhalten. Die Ergebnisse werden exakt analysiert.

Die wichtigsten Schlußfolgerungen für die nächste Etappe bestehen darin:

1. Im Zusammenwirken (ZA) mit der HA II/6 und den tschechischen Sicherheitsorganen; Einleitung operativ-technischer und Beobachtungsmaßnahmen zum nächsten Treff in Karlovy Vary.

(BStU, ASt Dresden, AOP 1900/87, Bd. 2, Bl. 134 f.)

Kopie 43

2

2. Koordinierung mit der AKG/K zur Aufklärung aller Verbindungen von "Erz" aus dem Vorfeld der politischen Untergrundtätigkeit.

3. Erneute Beratung mit der HA II/6 und Festlegung der weiterführenden Maßnahmen .

Kopie I

58

Bezirksverwaltung
für Staatssicherheit
Abteilung II

Dresden, 17. 12. 1985
gf-ru/

Maßnahmeplan zum OV "ERZ"

Die Zielstellung der nächsten Etappe ist die weitere Untersetzung des Sachverhaltes mit inoffiziellen Beweisen im Sinne der Version der politischen Untergrundtätigkeit von "ERZ". Darüberhinaus ist mit zu beachten, daß bei "ERZ" eine nachrichtendienstliche Tätigkeit in Form der Informationsbeschaffung und -übermittlung vorliegen kann.

Zur Realisierung der Zielstellung werden nachfolgende politisch-operative Maßnahmen vorgeschlagen:

1. Einsatz des IMS "Erika Hille"
   Durchführung von wöchentlichen Treffs zur lückenlosen Herausarbeitung der ihr bekannten Verhaltensweisen von "ERZ" im Sinne o. g. Version. Es gilt, Personen herauszuarbeiten, die die vom IM erarbeiteten Sachverhalte bestätigen können.

   Termin: wöchentlich
   Verantw.: Hptm. Graf

2. Vorbereitung der konspirativen Wohnungsdurchsuchung und Erneuerung der Maßnahme 26/B. Schwerpunkt besteht im Auffinden des von "ERZ" redigierten Pamphlets von Pohl sowie des im Bericht der Abt. 26 vom 14. 10. 1985 von der Ehefrau von "ERZ" genannten Schriftstückes.
   Die 1. Etappe der konspirativen Wohnungsdurchsuchung besteht in der umfassenden Dokumentation der Wohnung.

   Termin: 19. 12. 1985 geä.: 30.01.1986
   Verantw.: Hptm. Graf/Hptm. Kandler

3. Beim Einsatz der Maßnahme B sowie der konspirativen Wohnungsdurchsuchung wird davon ausgegangen, daß diese Maßnahme auf Grund der örtlichen und zeitlichen Bedingungen wiederholt werden muß. Das macht erforderlich, die Ehefrau von "ERZ" mehrmals außerhalb ihrer Wohnung für 2 Stunden zu binden. Dazu werden in der Medizinischen Akademie, wo sie sich seit Jahren in ärztlicher Behandlung befindet, Maßnahmen eingeleitet, daß die Sacharowa durch Dr. [redacted] behandelt wird. Genn. [redacted] ist für diese Maßnahme geeignet und bereit.

   Termin: 30. 1. 1986
   Verantw.: Hptm. Graf

(BStU, ASt Dresden, AOP 1900/87, Bd. 1, Bl. 58 f.)

Kopie

2 59

4. Realisierung der abgesprochenen Beobachtungsmaßnahmen entsprechend der operativen Situation. Zielstellung der mobilen Beobachtung ist das Erkennen weiterer Personen aus dem Vorfeld der politischen Untergrundtätigkeit sowie deren Treffquartiere.

Termin: laufend

Verantw.: Oltn. Schmidt

5. Laufende Analysierung der Maßnahme B der Abt. 26 zu "ERZ" mit der Zielstellung veränderte Verhaltensweisen, besonders nach Zusammenkünften mit seinen Geschwistern.

Termin: laufend

Verantw.: Hptm. Graf

6. Einführung des IM "Stieler" der Abt. VI in den Johannstädter Friedenskreis und systematischer Aufbau vertraulicher Beziehungen zu "ERZ" und "Mineral".

Termin: 20. 2. 1986

Verantw.: Hptm. Kandler für Koordinierung

7. Weiterer Einsatz des IMB "Lothar Eckert" der Abt. XX im Johannstädter Friedenskreis und Dokumentierung der Aktivitäten und Verhaltensweisen von "ERZ" und "Mineral". Erarbeitung von Hinweisen zu Plänen und Absichten dieses Friedenskreises.

Termin: laufend

Verantw.: Hptm. Kandler für Koordinierung

8. Umfassende Aufklärung des [redacted], [redacted]mit der Zielstellung der Prüfung einer inoffiziellen Nutzung.

Termin: 30. 1. 1986

Verantw.: Hptm. Graf

9. Erarbeitung eines Zwischenberichtes über die erreichten politisch-operativen Ergebnisse bei der Bearbeitung von "ERZ".

Termin: 15. 2. 1986

Verantw.: Hptm. Graf

Kopie.

3 63

- Der IMS "Erika Hille" unserer Diensteinheit bestätigte in der Berichterstattung vollinhaltlich die Angaben zur Ehefrau von "Erz". Zum Einsatz dieses IM ist einzuschätzen, daß durch ihn wichtige Detailinformationen erarbeitet wurden, die der Einleitung weiterführender Maßnahmen dienen. So wurden die notwendigen Hinweise über die ärztliche Behandlung der Ehefrau von "Erz" erarbeitet. Der IM gab Hinweise auf den Umgangskreis von "Erz" und erarbeitete z. B., daß die Nachbarn einen Schlüssel zur Wohnung von "Erz" besitzen.

- Auf Grund technischer Probleme ist die Maßnahme 26/B bei "Erz" seit November 1985 ausgefallen. Eine erneute Realisierung der Maßnahme ist dadurch erschwert, da "Erz" bzw. seine Ehefrau ständig abwechselnd zu Hause arbeiten. Die wenigen sich gebotenen Möglichkeiten wurden durch Krankheiten der Kinder und der Ehefrau selbst kurzfristig zunichte gemacht. Letztmalig meldete sich die Ehefrau am 22. 1. 1986 plötzlich krank, obwohl am 21. 1. 1986 über die Maßnahme 26/A noch die Teilnahme an einer Dienstkonferenz zugesichert wurde. Dieser Fakt braucht nicht als Absicherung gewertet werden, da sie ihrem Mann am gleichen Tag telefonisch in erregter Form mitgeteilt hat, daß bei ihr Zucker festgestellt wurde, und sie erneut krank geschrieben ist.

  Eingeleitete Maßnahmen der Nutzung der häufigen Arztbesuche zur Realisierung der Maßnahme 26/B scheitern daran, daß die behandelnde Ärztin ÜE ist. Weitere Möglichkeiten werden zur Zeit im Zusammenwirken mit der Abt. XX geprüft.

- Am 18. 12. 1985 wurde bei "Mineral", der aufgrund der engen Verbindung zu "Erz" unter OPK steht, die Maßnahme 26/B realisiert. Bisher wurden keine operativ auswertbaren Informationen erarbeitet.

  Der Leiter der Abt. 26 informierte am 20. 1. 1986 den Leiter der Abt. II, daß bei der Maßnahme 26/B bei "Mineral" technische Störungen aufgetreten sind, die einen Umbau notwendig machen.

  Zu "Mineral" wurde außerdem bekannt, daß er fast täglich unterwegs ist. Des weiteren gibt es einen Hinweis (Maßnahme 26/A), daß zur Zeit das Familienleben gestört ist.

  Zur Information des IMB "Lothar Eckert" über die Erarbeitung eines "Statuts" lagen in unserer Diensteinheit keine Hinweise vor. Über die Maßnahme 26/B bei "Erz" wurde aber bekannt, daß "Mineral" seit mindestens September 1985 an einer dem Inhalt nach ähnlichen Thematik arbeitet, was er durch "Erz" redaktionell überarbeiten ließ (Maßnahme B - 19. 9. 1985).

Aus: Bericht über die wesentliche Ergebnisse im OV »Erz« seit dem 13.12.1985 vom 24.1.1986
(BStU, ASt Dresden, AOP 1900/87, Bd. 1, Bl. 63)

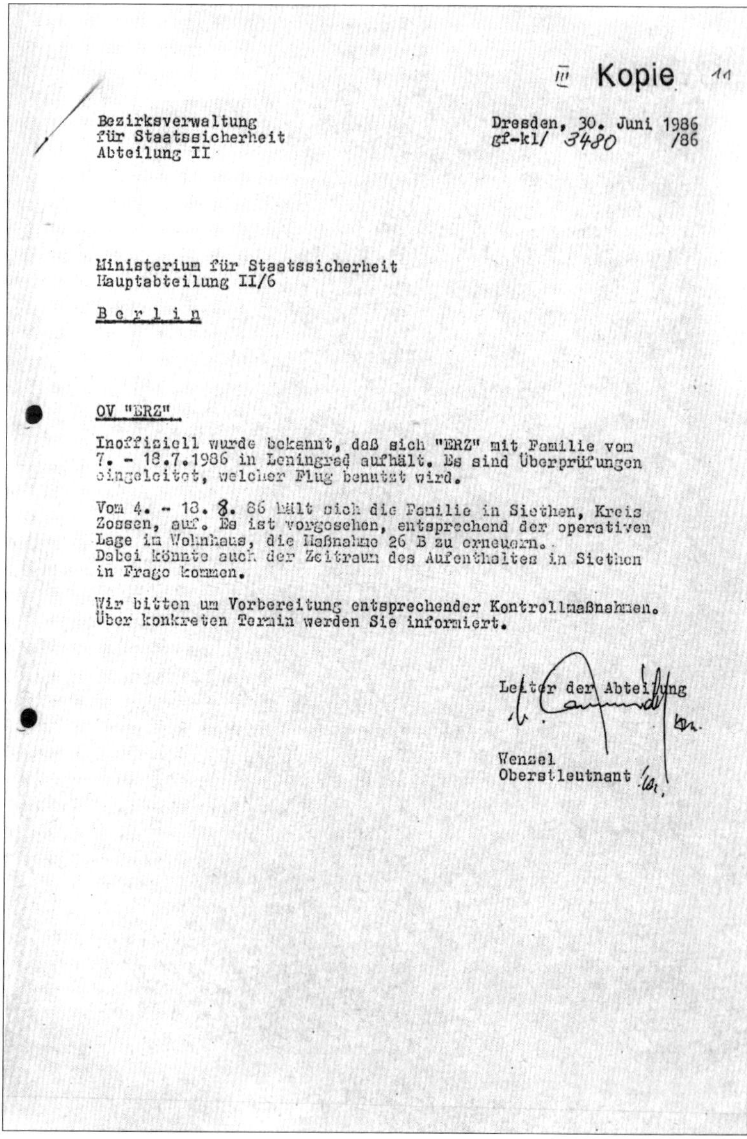

Kopie 11

Bezirksverwaltung
für Staatssicherheit
Abteilung II

Dresden, 30. Juni 1986
gf-kl/ 3480 /86

Ministerium für Staatssicherheit
Hauptabteilung II/6

B e r l i n

OV "ERZ"

Inoffiziell wurde bekannt, daß sich "ERZ" mit Familie vom 7. - 18.7.1986 in Leningrad aufhält. Es sind Überprüfungen eingeleitet, welcher Flug benutzt wird.

Vom 4. - 18. 8. 86 hält sich die Familie in Siethen, Kreis Zossen, auf. Es ist vorgesehen, entsprechend der operativen Lage im Wohnhaus, die Maßnahme 26 B zu erneuern.
Dabei könnte auch der Zeitraum des Aufenthaltes in Siethen in Frage kommen.

Wir bitten um Vorbereitung entsprechender Kontrollmaßnahmen.
Über konkreten Termin werden Sie informiert.

Leiter der Abteilung

Wenzel
Oberstleutnant

Erneuerung der Abhörtechnik
(BStU, ASt Dresden, AOP 1900/87, Bd. 3, Bl. 11)

Kopie

Bezirksverwaltung
für Staatssicherheit
Abteilung II

Dresden, 4. August 1986
gf-kü

Plan der Sicherung des Schließvorganges zur Realisierung der Maßnahme "B" im OV "ERZ"

1. Ort und Zeitpunkt

8053 Dresden, Schubertstraße 30, Eg. rechts

Wohnung EISENFELD

6. 8. 1986, 8.45 Uhr bis 11.00 Uhr

Leiter der Aktion: Hptm. Graf

2. Zu sichernder Personenkreis

Das Ehepaar EISENFELD befindet sich mit beiden Kindern an der Ostsee in Grevesmühlen im Urlaub.

Familie [redacted]

[redacted] ist Rundschleifer im ZFTM, K.-M.-Straße. Um 8.10 Uhr informiert der IMS "Rolf Franke" den OdH über dessen Anwesenheit und hält ihn danach 2 Stunden unter Kontrolle.

[redacted] arbeitet im ZFTM, BT Reick, ab 6.45 Uhr.

[redacted] befindet sich an der Talsperre Pöhl im Urlaub.

[redacted] wird in das ABV-Zimmer, Blasewitzer Straße bestellt und über den Zeitraum des Schließvorganges von einem Mitarbeiter mit K-Ausweis befragt.

Familie [redacted]

Der Ehemann und die Tochter sind auf Arbeit. Die Ehefrau, KP der Abteilung II ist über den Zeitraum der Maßnahme beim Friseur.

(BStU, ASt Dresden, AOP 1900/87, Bd. 3, Bl. 23 f.)

Kopie

2

[redacted]

Der [redacted] arbeitet als Lagerverwalter im WBK, BT Ausbau ab 6.45 Uhr.

Die [redacted] arbeitet ab 6.45 Uhr in der PGH "Sanitär" Neustadt, Konkordienstraße.

[redacted]

Das Ehepaar [redacted] ist 87 bzw. 77 Jahre alt und wird nicht gesichert.

Familie [redacted]

[redacted] ist Vermessungsingenieur im VEB Projektierung, Wasserwirtschaft. Er ist teilweise in der Stadt unterwegs. Ein evtl. Betreten des Hauses wird rechtzeitig signalisiert, damit der Schließvorgang unterbrochen werden kann.

[redacted] arbeitet ab 6.45 Uhr im VEB Margon.

Ablauf der Maßnahme

Vom Zwischenobjekt, Wohnung [redacted] ist Sicht auf den Eingang des Objektes der Maßnahme. Ab 5.00 Uhr werden durch die Genossen Hptm. Graf und Oltn. Geyer alle Bewegungen unter Kontrolle gehalten. Außer [redacted] verlassen die Bewohner nach 5.00 Uhr das Haus. Über den Zeitraum des Schließvorganges wird vor dem Haus ein Mitarbeiter, Oltn. Geyer, mit PKW stationiert der evtl. Besucher signalisiert. Das Gleiche gilt für das Verlassen des Objektes. Gleichzeitig sichert Hptm. Graf im Treppenhaus nach oben ab und signalisiert, wenn das Ehepaar [redacted] die Wohnung verlassen sollte. Ofw. Wolf sichert die Haustür.

Leiter der Abteilung

Wenzel
Oberstleutnant

BStU
000031

4

2.3. Familienverhältnisse von "Erz"

2.3.1. Ehefrau und Kinder

"Erz" lernte während seines Studiums in Leningrad die Sowjetbürgerin

Sacharowa, Irina
geb. am 23. 11. 1943 in Sarampaul/UdSSR
wh. wie "Erz"
Abteilung XII: erfaßt für HA II/6

kennen und ging mit ihr im Jahre 1969 die Ehe ein.
Die Sacharowa verzog im Jahre 1946 von ihrem Geburtsort nach Leningrad. Von 1962 - 1963 war sie als Laborantin im Bergbauinstitut Leningrad tätig. Im Jahre 1964 arbeitete sie kurzzeitig als Kurier im Verband der Sportgemeinschaften und begann im September 1964 ein Studium der deutschen Philologie an der Leningrader Universität. Mit dem Abschluß als Diplomphilologe beendete sie 1970 ihr Studium.

Einem Antrag der Sacharowa auf Familienzusammenführung und ständigem Wohnsitz in der DDR wurde seitens der zuständigen Organe stattgegeben.
Seit 1970 ist die Sacharowa in der DDR wohnhaft und ebenfalls als Übersetzer bei Intertext in Dresden tätig.

In fachlicher Hinsicht werden ihr ausgezeichnete Leistungen sowie Zuverlässigkeit und Gewissenhaftigkeit bescheinigt.
In der Vergangenheit wurde sie wiederholt zu Übersetzer- bzw. Dolmetschereinsätzen zu politischen Höhepunkten (XXIV. Parteitag der KPdSU und VIII. Parteitag der SED) sowie durch die Volkspolizei herangezogen.

Inhaltliche Schwerpunkte ihrer Arbeit betreffen zur Zeit im wesentlichen technische Probleme, die durch Betriebe aus dem Raum Dresden an die Zweigstelle Intertext herangetragen werden und keinen Geheimhaltungscharakter (VD, VVS, GVS) tragen.
Die Arbeitszeit und Anwesenheit der Sacharowa auf der Arbeitsstelle ist ebenso geregelt wie die von "Erz". Ihr Anwesenheitstag ist der Donnerstag.
Am 25. 3. 1983 wurde der Sacharowa die Staatsbürgerschaft der DDR zuerkannt.

Die Eltern und die drei Geschwister der Sacharowa leben in der Sowjetunion. "Erz" und seine Familie verbringen jährlich einen Teil ihres Urlaubes in der UdSSR und die Mutter der Sacharowa kommtmehrfach im Jahr in die DDR zu Besuch.
Im Januar 1985 erfolgte eine Überprüfung von "Erz" und seiner Frau durch das befreundete Organ, da Familienangehörige der Sacharowa in strategisch wichtigen Betrieben der Volkswirtschaft der UdSSR eine Tätigkeit aufnehmen wollten.

Aus: Information zum SOV »Erz« vom 8.7.1985 wegen Verdachts der nachrichtendienstlichen Tätigkeit
(BStU, ZA, HA II/6, Nr. 653, S. 31–34)

BStU
5 000032

Weitere Aufklärungsergebnisse zur Sacharowa bzw. deren Familienangehörigen liegen nicht vor.

In der bisherigen Bearbeitung des SOV "Erz" erfolgte keine koordinierte Zusammenarbeit mit dem sowjetischen Bruderorgan.

Aus der Ehe zwischen "Erz" und seiner Frau gingen zwei Kinder hervor:

1. Eisenfeld, Andrej
   geb. am 22. 1. 1972 in Dresden
   wh. wie Eltern

2. Eisenfeld, Alexander
   geb. am 10. 11. 1981 in Dresden
   wh. wie Eltern

Der Andrej besucht die POS und ist ständiger Teilnehmer kirchlicher Veranstaltungen in Dresden, die von Pfarrer Albrecht (Freund der Familie von "Erz") organisiert und durchgeführt werden. Er will sich, nach Aussage von "Erz", auf eigenen Wunsch konfirmieren lassen.
Der Sohn Alexander besucht einen Kindergarten in Dresden.

2.3.2. Eltern von "Erz"

Vater Eisenfeld, Fritz
geb. am 8. 7. 1901
verstorben 1974

Mutter Eisenfeld, Frida, geb. Schicker
geb. am 17. 08. 05 in Grünbach
wh. 1156 Berlin, Alfred-Jung-Str. 29
Tätigkeit: Rentnerin
Abt. XII: erfaßt für HA II/6

2.3.3. Bruder von "Erz"

Eisenfeld, Bernd
geb. am 9. 1. 1941 in Falkenstein
wh. 1 Berlin 47, Suderoder Str. 18
Abt. XII: erfaßt für BV Halle, OD Buna

Der Eisenfeld war bis 1975 Bürger der Deutschen Demokratischen Republik.
Er erlernte den Beruf eines Bankkaufmanns und qualifizierte sich durch ein Studium an der Abendschule zum Ökonom. Einer Tätigkeit als Finanzökonom der Deutschen Notenbank, Filiale Schkopau, folgte 1966 die Einberufung zur NVA. Da er als Pazifist den Dienst mit der Waffe in der Hand ablehnte, leistete er als Bausoldat einen Wehrersatzdienst.

655

655

BStU
000033

6

2.3.4. Bruder von "Erz"

Eisenfeld, Ulrich
geb. am 16. 10. 1939 in Falkenstein
wh. 1 Berlin 37, Sundgauer Str. 105
Abt. XII: erfaßt für HA II/6

Der Eisenfeld war bis 1981 Bürger der Deutschen Demokratischen Republik.
Er erlernte den Beruf eines Hauers und studierte nach der Lehrzeit an der Kunsthochschule Dresden. Nach Beendigung des Studiums nahm er eine freiberufliche Arbeit als Maler auf.

2.3.5. Bruder von "Erz"

Eisenfeld, Hans
geb. am 31. 5. 1930 in Falkenstein
wh. 1156 Berlin, Franz-Jacob-Str. 12
Abt. XII: erfaßt für HA XX/7

Der Eisenfeld erlernte den Beruf eines Sängers. Von 1950 - 1958 übte er diesen Beruf beim Berliner Rundfunk aus. Seit 1958 ist er als Nachrichtensprecher beim Berliner Rundfunk tätig.
Es liegen keine negativen Hinweise zur politischen Einstellung des Eisenfeld vor.
Der Eisenfeld ist homosexuell veranlagt und lebt seit über zwanzig Jahren mit dem

Ressel, Siegfried
geb. am 28. 2. 1916 in Frankenhausen
wh. wie o.g.
Abt. XII: erfaßt für BV Berlin, KD Lichtenberg

zusammen.
Der R. ist trotz des erreichten Rentenalters als Schauspieler am Theater der Freundschaft in Berlin tätig.

2.3.6. Schwester von "Erz"

Jelitte-Eisenfeld, Brigitte
geb. am 19. 9. 1945 in Falkenstein
wh. 1130 Berlin, Atzpodienstr. 44
Abt. XII: erfaßt für BV Berlin, Abt. XX

Die J.E. ist Opernsängerin an der Deutschen Staatsoper Berlin. Sie bezieht eine loyale Einstellung zu den gesellschaftlichen Verhältnissen in der DDR.

655

BStU
000034

7

Zu ihr konnten bisher keine Hinweise zu feindlich-negativen Handlungen erarbeitet werden.

Die J.E. ist seit 1981 mit dem DDR-Bürger

> Jelitte, Helmut
> geb. am 4. 12. 1931 in Gleiwitz
> wh. wie o.g.
> Abt. XII: erfaßt für HA II/6

verheiratet.

3. Ergebnisse der bisherigen politisch-operativen Bearbeitung

Ausgehend von den in der Ausgangsinformation genannten Hinweise konnte eindeutig als Quelle der BND-Agentin "Charlotte" "Erz" identifiziert werden.

Ergebnisse der eingeleiteten politisch-operativen und operativ-technischen Maßnahmen bei

- der Hauptabteilung VI, Abteilung Fahndung,
- der Hauptabteilung III,
- der Abteilung M
- der Abteilung 26
- sowie spezifische Maßnahmen der Hauptabteilung II/2

erbrachten bisher keinen Nachweis eines direkten Kontaktes zwischen "Erz" und der BND-Agentin "Charlotte" bzw. deren Nachfolgerin "Käthe".

Im Ergebnis der politisch-operativen Bearbeitung des SOV "Erz" liegen bisher folgende Erkenntnisse vor:

- "Erz" unterhält engen Kontakt zu seinen in Westberlin lebenden Brüdern. Es konnte mehrfach nachgewiesen werden, daß Treffen zwischen "Erz", den in Westberlin lebenden Brüdern, und weiteren operativ interessanten Personen auf dem Territorium der CSSR stattfanden. An den Zusammentreffen waren folgende Personen beteiligt:

  . "Erz"

  . Eisenfeld, Bernd und dessen Ehefrau Marlies

  Zum Eisenfeld, Bernd liegen folgende operative Erkenntnisse vor:

  Er wurde vor seiner Übersiedlung nach Westberlin mehrfach wegen staatsfeindlicher Hetze und der Organisierung strafbarer Handlungen operativ bearbeitet.

655

Gemeint waren offensichtlich vertraulichere, wenn nicht gar intime Beziehungen. Und in der Tat erinnere ich mich eines gescheiterten Anbahnungsversuches auf einer Faschingsfeier unserer Gewerkschaftsgruppe in ihrer Wohnung. Skrupel schienen ihr bei der Spitzeltätigkeit nicht gekommen zu sein, denn immerhin verriet sie der Stasi, daß unsere Wohnungsnachbarn einen Schlüssel für unsere Wohnung besaßen. Auch lieferte sie Hinweise, an welchen Tagen und Zeiten wir im Betrieb gebunden sind. Diese Informationen brauchte die Stasi für die Erneuerung der Wanzen in unserer Wohnung.

Die Zusammenarbeit des MfS mit den sowjetischen Tschekisten war vergleichsweise harmlos. In meinen Akten fand sich jedenfalls nur eine Rechnung von über 364,35 M, die offensichtlich den Einkauf von Lebensmitteln und Präsenten Anfang Oktober 1984 belegt. Außerdem gibt es noch ein Schreiben des Leiters der BV Dresden des MfS, Generalmajor Böhm, an den sowjetischen Verbindungsoffizier Oberst {...}. Darin bittet Böhm »ausgehend von der sichtbaren antisozialistischen Grundhaltung der Familie Eisenfeld« um die Überprüfung von Familienangehörigen meiner Frau und in diesem Zusammenhang um die Beantwortung folgender Fragen:

> »1. Liegen in den Speichern des Komitees der Staatssicherheit der UdSSR Hinweise zu den vorgenannten Personen vor und welcher Art sind diese?
>
> 2. Gibt es Informationen, daß die S. bereits vor Übersiedlung in die DDR sich mit antisozialistischen Problemen und Gedanken befaßte?
>
> 3. Gibt es Hinweise, daß die S. und der Ehemann bei dem Aufenthalt in Leningrad Verbindung zu Personen unterhalten, die für die Bearbeitungsrichtung bedeutsam sind? Die S./E. und ihr Ehemann waren jährlich einmal, in der Regel im Monat August in Leningrad zu Besuch bei den Eltern Sacharow.«[130]

[130] Schreiben an den Verbindungsoffizier Oberst {...} vom 8. 11. 1985; ebenda, Bd. 2, S. 135 (MfS-Zählung).

Die Antwort des Verbindungsoffiziers vom 9. Januar 1986 an Generalmajor Böhm lautet:

> »Ihr Schreiben vom 8.11.1985, Tgb.-Nr. 1372/85
>
> Die durch Sie überprüften Eisenfeld, Peter und seine Ehefrau Eisenfeld, geb. Sacharowa, Irina, sind in den Speichern des KfS der UdSSR nicht erfaßt. Die Ergebnisse der Überprüfung ihrer in Leningrad wohnhaften Verwandten werden noch ergänzend mitgeteilt.«[131]

Die Zusammenarbeit des MfS mit den Genossen in der ČSSR ist da schon aufschlußreicher. Da meine Brüder Bernd und Ulrich in die DDR nicht einreisen durften, trafen wir uns gewöhnlich zweimal jährlich in Karlovy Vary. Wir rechneten natürlich damit, daß wir unter Beobachtung standen. Die im Herbst 1984 geplante Aktion war jedoch trotz intensiver Vorbereitung, einschließlich Präsente für leitende Genossen der Sicherheitsorgane in Prag und Karlovy Vary und unter Einsatz von zehn tschechischen »Genossen«, ein Fehlschlag. Vorgesehen war, daß uns die gängige Bleibe im Hotel »Narodny Dum« dieses Mal versagt bleiben sollte. Statt dessen wurden für uns verwanzte Zimmer im Grand Hotel »Moskau« bereitgehalten. Doch hatten offenbar die Sicherheitsorgane die Korrumpierbarkeit des Hotelpersonals unterschätzt, das uns wie immer gegen westliche Mitbringsel Tür und Tor öffnete. Vielleicht lag das aber auch daran, daß die »tschechischen Freunde« nicht so recht mitspielen wollten. Denn am Vortag unseres Treffens wurde die Kreisdienststelle Karlovy Vary von der Bezirksverwaltung Plzen angewiesen, »keine Maßnahmen zum OV ›Erz‹ zu realisieren«. Da Karlovy Vary allerdings die Rückendeckung aus Prag hatte, gab sie dann doch noch grünes Licht. Aus der Perspektive der Sicherheitsorgane liest sich die Organisation und der Ablauf dieser Zusammenarbeit auszugsweise wie folgt:

> »Am 25.10.84 fand ein Zusammentreffen mit dem Leiter der Hauptverwaltung II, Abteilung 6, Genossen {...} im Innenministerium der ČSSR in Prag statt. Genosse {...} wurde über den Sachverhalt informiert.

---

[131] Antwortschreiben vom 9.1.1986 des sowjetischen Verbindungsoffiziers {...} an Generalmajor Böhm; ebenda, S. 171 (MfS-Zählung).

Die tschechischen Genossen erklärten sich bereit, alles zu tun, um unsere Zielstellung zu erreichen. Seitens [des] Genossen Neuberger wurden die Grüße des Leiters der HA II, Genossen Generalmajor Kratsch an den Leiter der HV II, Genossen Oberst {...} übermittelt. Genosse {...} bedankte sich und erwiderte die Grüße. Es wurde durch Genossen Neuberger ein Präsent überreicht. Um 16.00 Uhr trafen wir auf der KD Karlovy Vary mit Genossen {...} zusammen. Zu diesem Zeitpunkt waren die Genossen in Karlovy Vary noch nicht von Prag informiert worden.
Am 26.10.84 um 8.00 Uhr führten Genosse Hptm. Neuberger und Genosse Oltn. Fenslau mit dem Leiter der KD, Genossen {...} sowie den Genossen {...} auf der Grundlage des Fernschreibens aus Prag zum Problem ›Erz‹ die erste Absprache.
Es wurde vereinbart, daß zu Eisenfeld, Bernd und Ulrich ab Kreisgrenze die Beobachtung bei Einreise und im Hotel ›Narodny Dum‹ die Technikmaßnahme realisiert wird.
Um 13.00 Uhr erfolgte eine zweite Absprache mit Genossen Oltn. {...}. Es wurde mitgeteilt, daß im Hotel ›Narodny Dum‹ aufgrund einer Tagung alle Zimmer reserviert waren. Eine zweite Möglichkeit der Realisierung der Technikmaßnahme besteht jedoch nur im ›Grand Hotel‹ Moskau. Es wurde veranlaßt, daß die Brüder Eisenfeld bei Beantragung eines Zimmers an dieses Hotel verwiesen werden.
Am 27.10.84 wurde die KD Karlovy Vary über die Reisezeiten der Brüder Eisenfeld aus WB [Westberlin] informiert. Weiterhin erfolgte die Information über die Ausreise der Verbindungen der Brüder Eisenfeld aus der DDR. Von circa 12.00 Uhr bis 19.00 Uhr erfolgte die durchgehende Beobachtung der am Treffen teilnehmenden Personen in Karlovy Vary.
Von tschechischer Seite waren circa zehn Genossen im Einsatz.
Am 28.10.84, 9.00 Uhr fand in Auswertung der realisierten Maßnahmen eine erneute Absprache beim Leiter der KD Karlovy Vary statt.

> An dieser Beratung nahmen die zuständigen Mitarbeiter der Operativgruppe der HA VI, Genosse Heinz in Plzen bzw. Karlovy Vary teil.
> Alle Personen trafen am Hotel ›Narodny Dum‹ in Karlovy Vary zusammen. Trotz offizieller und inoffizieller Hinweise, daß dieses Hotel voll ausgebucht war, gelang es Bernd und Ulrich Eisenfeld alle Personen im Hotel ›Narodny Dum‹ (sieben Personen) und im Hotel ›Izera‹ (zwei Personen) unterzubringen.
> Die KD Karlovy Vary übergab Unterzeichnenden je eine Kopie der angefertigten Fotos.
> Der Beobachtungsbericht sowie die dazugehörigen Fotos werden über die Abteilung X des MfS an die HA II/6 übersandt. Nach Ausführung des Leiters der KD ist bei rechtzeitiger Ankündigung eines nächsten Treffs die Realisierung der Technikmaßnahmen im Hotel ›Narodny Dum‹ möglich.
> Zum Abschluß der Beratung wurde erneut der Dank an die tschechischen Genossen für ihre Einsatzbereitschaft und Unterstützung ausgesprochen und ein Präsent überreicht.«[132]

Die kurzfristigen Absprachen über unsere Treffen in der ČSSR und die meisten Ost-West-Gespräche erfolgten gewöhnlich über das Telefon meiner Schwester Brigitte in Ostberlin. Dabei gingen wir davon aus, daß die Stasi mithörte. Über weitergehende technische Möglichkeiten der Schnüffelpraxis der Stasi machten wir uns indes keine Gedanken. Erst die Stasi-Unterlagen liefern dafür den Beleg. So gelangten die Sicherheitsorgane mit einem Zweitschlüssel, den sie sich in einer Sonderaktion beschafften, in die Wohnung unserer Schwester. Nachdem die Stasi durch das Abhören des Telefons erfahren hatte, daß unsere Schwester zu Proben für »Cornett« an der Semper-Oper in einem Dresdener Hotel übernachtet, wurde die Beschaffung des Schlüssels geplant.

Das Zusammenspiel der Sicherheitskräfte mit den »gesellschaftlichen Kräften« und dem Hotelleiter, der sogar sein Dienstzimmer zur Verfügung stellte, schien also bestens zu funktionieren.

Daß in meinem Fall auch noch der Bundesnachrichtendienst eine Rolle spielen sollte, damit hatte ich jedoch zu keinem Zeitpunkt ge-

---

132 Bericht von Oberleutnant Fenslau, Abteilung II der BV Dresden über die Dienstreise nach Prag und Karlovy Vary vom 28.1.1985; ebenda, Bd. 1, S. 74 (MfS-Zählung).

Kopie

251

Bezirksverwaltung
für Staatssicherheit
Abteilung II

Dresden, 11. März 1985
gf-kü/5/ /85

bestätigt:
Stellvertreter Operativ

KOPIE BStU

Anders
Oberst

Plan der Sicherung zur Schlüsselbeschaffung
im SOV "ERZ"

Es ist vorgesehen, am 11. 3. 1985 in der Zeit von 18.00 Uhr bis 19.00 Uhr Zweitschlüssel für die Wohnung der

E i s e n f e l d ,	Brigitte
geboren am:	19. 9. 1945 in Falkenstein
wohnhaft:	1130 Berlin, Atzpodienstr. 44
beschäftigt:	Staatsoper Berlin als Kammersängerin

zu beschaffen.
Die E. hat sich für den 11. bis 12. 3. 1985 im IH "Königstein" ein Hotelzimmer reservieren lassen. Von 18.00 Uhr an hat sie auf der Probebühne der Semperoper eine Probe. Es wird angenommen, daß sie sich vorher im Hotel anmeldet und ihre Sachen im Hotelzimmer ablegt. Für sie steht das Zimmer 1025 bereit.

Ablauf:

1. Seitens der HA II/6 werden stündliche Kontrollen am Wohnhaus der E. durchgeführt, um die Abfahtszeit einzuengen.

2. Zwei Stunden nach der Abfahrt wird vor dem Hotel ein Sichtposten stationiert. Gleichzeitig werden halbstündlich Kontrollen bei "ERZ" (Schubertstr. 30) durchgeführt, um den Aufenthalt der E. festzustellen.

3. Über den Zeitraum derMaßnahme steht das Dienstzimmer des Hoteldirektors des IH "Königstein", Tel. 4955128, zur Verfügung.

4. Ein Mitarbeiter der Abteilung II (Genosse Hadamietz) kommt in der Rezeption des Bühneneinganges der Semperoper zur Kontrolle des Betreten und Verlassen der E. zum Einsatz.

5. Im Zimmer des Hoteldirektors befinden sich Gen. Kandler und Gen. Graf sowie die Genossen der Abteilung VIII ab 17.00 Uhr. Verbindung zum PKW vor dem Hotel wird mit einem Handsprechfunkgerät aufrechterhalten. Weiterhin Anwesenheit eines Mitarbeiters der Abteilung VI.

(BStU, ASt Dresden, AOP 1900/87, Bd. 1, Bl. 251 f.)

 252

2

6. Nach Betreten der Semperoper durch die E. erfolgt die Außensicherung der Eingangstür durch den Genossen Wolf. Genosse Thoms sichert mit dem PKW des Ref. 5 den PKW der E. IJT 0-71 und hält gleichzeitig Funkverbindung zum Genossen Höhne, der mit dem PKW (Ref. 4) die Sicherung vor dem IH "Königstein" übernimmt.

7. Genosse Kandler betritt mit den Genossen der Abteilung VIII das Hotelzimmer der E.. Genosse Graf verbleibt im Zimmer des Direktors und hält Funkkontakt zum Genossen Kandler.

8. Genosse Grusche der Abteilung VI übernimmt die Sicherung der 10. Etage über den Zeitraum der Maßnahme.

9. Sollte die E. vorzeitig bzw. während der Maßnahme die Semperoper verlassen, erfolgt diese Information über Funk an den PKW vor dem Hotel bzw. direkt zum Genossen Graf. Daraufhin erfolgt der Abbruch der Maßnahme. Dazu sind mindestens 10 Minuten Zeit. Ein Binden der E. ist nichtvorgesehen.

Leiter der Abteilung

Wenzel
Oberstleutnant

rechnet. Der Einfluß des BND wurde aus dem Sachverhalt hergeleitet, daß mein Zwillingsbruder durch »seine staatsfeindliche Tätigkeit in der DDR ins Blickfeld der westlichen Geheimdienste geriet« und nach seiner Übersiedlung angeblich »durch gegnerische Stellen kontaktiert«[133] worden sei. Dafür sprächen:

»- seine sofortige Einstellung als Honorarreferent [beim Gesamtdeutschen Institut];
- die Veröffentlichung von Hetzschriften in der BRD, die gegen die DDR gerichtet sind;
- die kurzfristige Stabilisierung aller Rückverbindungen;
- die Vermittlung seiner Kontakte in der DDR an {...}, der im Verdacht der Zusammenarbeit mit dem BND steht.«[134]

In diesem Bericht, in dem unter anderem meine politische Entwicklung ausführlich beschrieben ist, wird mein Zwillingsbruder verdächtigt, Agent des BND zu sein. Deshalb wurde vorgeschlagen, ihn in einem Operativ-Vorgang »wegen Verdachts der nachrichtendienstlichen Tätigkeit gemäß § 98 StGB der DDR sowie seiner Rückverbindungen in der DDR in Teilmaterialien des OV gemäß §§ 97, 99, 100, 106 aufzunehmen«.[135] »Zielstellung der Bearbeitung« war »die Nachweisführung der nachrichtendienstlichen Tätigkeit des Eisenfeld, Bernd für den BND sowie die Erarbeitung von Beweisen für die nachrichtendienstliche Tätigkeit der in der DDR lebenden Verbindungen, einschließlich ›Erz‹«.[136] Gleichzeitig wird im Bericht auf meine Absicht hingewiesen, mein Manuskript »Briefe mit und ohne Antwort« im Westen zu veröffentlichen:

»In der Vorgangsbearbeitung konnten drei Telefongespräche zwischen ›Erz‹ und seinem Bruder Eisenfeld, Bernd festgestellt werden, in denen ein Sachverhalt konspiriert wurde,

---

[133] Sachstandsbericht zum SOV »Erz« vom 10.7.1985; BStU, ZA, HA II/6-653, Bl. 41.

[134] Ebenda.

[135] Ebenda, Bl. 47.

[136] Ebenda.

der auf eine mögliche Verlegung eines Buches und die dazu notwendige Unterstützung seitens Bernd hindeutet.«[137].

Die entsprechende Maßnahme sah eine »zielstrebige und konzentrierte Bearbeitung von ›Erz‹ im Zusammenwirken mit der BV Dresden, Abteilung II, mit der Zielstellung des Nachweises strafbarer Handlungen gemäß § 106 StGB der DDR (Manuskript des Buches, das ›Erz‹ in der BRD veröffentlichen will)« vor.[138]

»Die Zielstellung [...] besteht in der Liquidierung umfangreicher Quellen des BND in der DDR bzw. der offensiven Bearbeitung des BND-Mitarbeiters ›Förster‹ mittels Überwerbung einzelner bearbeiteter Personen und Schaffung von IMB.«[139]

In einer am 11. Juli 1985 stattgefundenen Beratung zwischen dem Leiter der Abteilung II der BV Dresden, Oberstleutnant Wenzel, dem Leiter der Hauptabteilung II/6, Major Neuberger, und seinem Stellvertreter wurde folgende Bilanz gezogen: »eindeutig erkennbar ist, daß auf Veranlassung des BND eine Kräftegruppierung zum Aufbau einer potentiellen Basis in der DDR geschaffen wird. [...] Die bedeutsamen Verbindungslinien, die bis zum gegenwärtigen Stand herausgearbeitet wurden, laufen in Berlin, Dresden, Halle und Rostock zusammen. [...] Die entscheidende Maßnahme für ›Erz‹, Bernd ist der Einbau der Maßnahme 26 ›B‹ bei Gewährleistung der Konspiration.«[140]

Dagegen kommt im Oktober 1985 die in den Vorgang einbezogene Kontrollgruppe des Leiters der Dresdener Bezirksverwaltung zu dem Schluß:

> »Im Ergebnis der bisher realisierten politisch-operativen und operativ-technischen Maßnahmen kann eingeschätzt werden, daß von Eisenfeld Aktivitäten ausgehen, die auf die Formierung eines politischen Untergrundes in der Stadt Dresden ausgerichtet sein könnten. [...]

---

[137] Ebenda, Bl. 42.

[138] Ebenda, Bl. 49.

[139] Ebenda.

[140] SOV »Erz«: Bericht über das Ergebnis einer Beratung des Leiters der Abteilung II der BV Dresden mit dem Leiter und stellvertretenden Leiter der HA II/6 vom 22.7.1985; BStU, ASt Dresden, AOP 1900/87, Bd. 1, S. 78 f. (MfS-Zählung).

> Keine Beweise konnten bisher zu der von der HA II/6 getroffenen Einschätzung, daß auf Veranlassung des BND eine Kräftegruppierung zum Aufbau einer potentiellen Basis in der DDR geschaffen und die Zusammenführung von feindlich-negativen Personen (Übersiedlungsersuchende und ähnliches) des Bezirkes geplant wird, erarbeitet werden.«[141]

Gleichzeitig weist die Kontrollgruppe des Leiters auf die Gefahren der Dekonspiration hin, die bei den weiteren Maßnahmen des MfS berücksichtigt werden sollten:

> »Die Verhaltensweisen des Eisenfeld im Zusammenhang mit der Absuchung der Wohnung nach Abhörtechnik (Informationsbericht vom 6.9.1985), die Diskussionen über die Einziehung des Manuskriptes, aber auch seine Aktivitäten hinsichtlich Eingaben, Petitionen und Forderungen an staatliche Stellen zeigen, daß Eisenfeld mit den Methoden und Erfahrungen der Personen, die dem Vorfeld politischer Untergrundtätigkeit zuzurechnen sind, vertraut, und - wie die Äußerungen betreffs der Fernsehsendung mit Sch. zeigen - an diesen weiterhin interessiert ist.
> Dieser Umstand sollte bei der weiteren operativen Bearbeitung des Eisenfeld stets gewissenhaft berücksichtigt werden, um eine Dekonspirierung der Mittel und Methoden des MfS auszuschließen.«[142]

Ungeachtet dessen bemühte sich der Leiter der Abteilung 6 der Berliner Hauptabteilung II, Hauptmann Neuberger, weiterhin um den Nachweis »der nachrichtendienstlichen Tätigkeit bzw. anderer staatsfeindlicher Handlungen«. Dabei sollten ihm wiederum die tschechischen Genossen helfen, mit denen er im Herbst 1984 keine glückliche Hand hatte.

Von der im November 1985 eingeleiteten Maßnahme »B« der Abteilung 26 (Wanzeneinbau) im Hotel »Narodny Dom« erhoffte sich das MfS dieses Mal ein besseres Ergebnis. Doch auch dieser Versuch fiel ins Wasser, weil die tschechischen Genossen angeblich überlastet waren.

---

141 Bericht über die wesentlichsten Ergebnisse im SOV »Erz« seit dem 13.11.1985; ebenda, S. 52 f. (MfS-Zählung).

142 Stellungnahme zum SOV »Erz« vom 8.10.1985; ebenda, S. 48 f. (MfS-Zählung).

Angesichts der geringen Effizienz der Abhöraktionen in der ČSSR sah sich das MfS schließlich veranlaßt, die Einreisesperre in die DDR für meine Westberliner Brüder vorläufig aufzuheben, um unser Zusammentreffen erfolgversprechender überwachen zu können.

Im Dezember 1985 beschloß die Dresdener Abteilung Spionageabwehr wegen meiner »politischen Untergrundtätigkeit« unter Beachtung des Verdachts der nachrichtendienstlichen Tätigkeit zusätzlich zum SOV »Erz« noch einen normalen operativen Vorgang (OV »Erz«) mit dem Tatbestandsvermerk »§§ 100 und 106 StGB« - staatsfeindliche Verbindungen[143] und staatsfeindliche Hetze - anzulegen. Zur Absicherung der konspirativen Durchsuchung und des Einbaus von Wanzen in unserer Wohnung trug unter anderem auch eine Ärztin der Medizinischen Akademie Dresden bei:

> »Zur Gewährleistung, die Sacharowa-Eisenfeld, Irina außerhalb ihrer Wohnung zu binden und damit eine ständige Bereitschaft zum Umbau der Maßnahme 26/B sowie einer konspirativen Wohnungsdurchsuchung zu garantieren, wurde die Ärztin Dr. Fuchs, Edith, der Medizinischen Akademie kontaktiert. Sie ist für die HV A [Hauptverwaltung Aufklärung] erfaßt und wird vom zuständigen Mitarbeiter als äußerst zuverlässig eingeschätzt. Sie ist vom Anliegen unseres Organs informiert und schafft die notwendigen Voraussetzungen. [...]«[144]

Daß im gegebenen Fall eine von der HV A erfaßte Ärztin offenbar problemlos in die operativen Maßnahmen der Dresdener Stasi eingebunden werden konnte, wirft ein deutliches Licht auf die Tätigkeit der HV A nach innen. Mitarbeiter der HV A konnten also zumindest bei Verdacht einer nachrichtendienstlichen Tätigkeit jederzeit für operative Dienste im Inland genutzt werden.

---

[143] Staatsfeindliche Verbindungen: (1) Wer zu Organisationen, Einrichtungen, Gruppen oder Personen wegen ihrer gegen die Deutsche Demokratische Republik oder anderer friedliebenden Völker gerichtete Tätigkeit Verbindung aufnimmt, wird mit einer Freiheitsstrafe von einem bis zu fünf Jahren bestraft. (2) Der Versuch ist strafbar. In: StGB der DDR, Berlin 1978.

[144] Bericht über die wesentlichsten Ergebnisse im SOV »Erz« seit dem 13.12.1985; BStU, ASt Dresden, AOP 1900/87, Bd. 1, S. 54 f. (MfS-Zählung).

Bezirksverwaltung
für Staatssicherheit
Abteilung II

Dresden, 31. Juli 1985
gf-kü/5/

Plan
zur Absicherung des Einbaus der Maßnahme "B" im SOV "ERZ"

Ort: 8053 Dresden, Schubertstr. 30, Ergeschoß rechts
Wohnung EISENFELD

Termin: wird entsprechend der operativen Situation kurzfristig festgelegt
(6. bis 9. 8. 1985)

Im vorgenannten Grundstück wohnen die Familien

[redacted] [redacted]
GEIßLER/HENGST [redacted]
AHL EISENFELD

Die Maßnahme soll über einen längeren Zeitraum (mindestens 3 Monate) wirksam sein. Zum Einsatz soll ein Sender kommen. Die Ableitung erfolgt über das Telefon der Familie HARTWIG, 8053 Dresden, Schubertstraße 29. Die betreffenden Personen sind instruiert und verpflichtet.

1. Betreten der Wohnung

Das Betreten des Objektes erfolgt ohne Ausgangswohnung. Die Wohnung EISENFELD wird durch einen Schließer der Abteilung VIII geöffnet. Diese wird durch einen Genossen der Abteilung II, den Schließer der gleichzeitig einen Nachschlüssel anfertigt und später die Genossen der Abteilung 26 betreten. Vor dem Haus befinden sich in einem PKW mit Funk 2 Genossen als letzte Bremse. Sie signalisieren über Funk evtl. Besucher, so daß der Schließvorgang unterbrochen werden kann. Nachdem die Wohnung geöffnet worden ist, werden über Funk die Genossen der Abteilung 26 gerufen. Sie befinden sich in der Umgebung des Objektes.

Zur Legendierung des Aufenthaltes im Grundstück werden in 3 Häusern Zettel der Energieversorgung angebracht, auf denen der Hinweis für mögliche kurzzeitige Stromabschaltungen wegen Fehlersuche ist.

(BStU, ASt Dresden, Abt. 26-2193, S. 175 ff.)

2. Absicherung der Hausbewohner

2.1. Die Familie EISENFELD befindet sich bis 17. 8. 1985 in Leningrad.

2.2. Familie AHL

AHL, Hans-Jürgen ist [redacted] im ZFTM, Karl-Marx-Straße. Er hat Frühschicht von 5.15 Uhr bis 14.15 Uhr. Durch Genossen Jankowski wird 8.00 Uhr die Anwesenheit auf der Arbeitsstelle geprüft. Danach ist er durch einen IM der Abteilung XVIII unter Kontrolle.

AHL, Renate arbeitet im ZFTM, BT Reick. Ihre Anwesenheit auf Arbeit wird ebenfalls durch den Genossen Jankowski geprüft. Vor dem Eingang des Betriebes wird durch einen Genossen mit PKW und Funk ein evtl. Verlassen signalisiert. Arbeitszeit: 6.15 Uhr bis 15.40 Uhr.

AHL, Simone (16) und Gabriele (15)
Beide Kinder werden bei Anwesenheit durch einen Mitarbeiter als K in das ABV-Zimmer (Eingang Stirnseite Wohnheim der Med.-Akademie) geholt. Ihnen wird vorgegeben, daß in letzter Zeit in der Umgebung Mädchen ihres Alters durch eine männliche Person belästigt wurden. Gleichzeitig werden ihnen mehrere Bilder vorgelegt. Diese Maßnahme dauert nur bis in die erste Phase des Einbaus. Beim Verlassen der Wohnung "EBZ" werden die Kinder nochmals aufgesucht, um ihnen weitere Bilder vorzulegen. Um die Legende glaubhaft zu gestalten, werden 2 bis 3 weitere Kinder bzw. Jugendliche geholt, die die AHL's genannt haben. Mit ihnen wird ebenfalls kurz zum Problem gesprochen.

2.3. Familie [redacted]

Der [redacted], [redacted] wird durch Genossen Symmank bzw. Kindler/KD Land lediglich auf Anwesenheit in SGB Schuh- und Lederwaren Radebeul geprüft.

[redacted], [redacted] ist zu Hause. Beim evtl. Verlassen ihrer Wohnung wird sie durch den nach oben sichernden Mitarbeiter, der sich als Energieversorgung ausweist, kurz aufgehalten, indem er sie nach Stärken der Heizgeräte im Haus befragt, die zu einer Überlastung des Stromnetzes führen können. Dadurch kann der Schließvorgang unterbrochen werden.

[redacted], [redacted] arbeitet in der Poliklinik Blasewitz [redacted] Ihre Anwesenheit wird durch Genossen Phillip/KD Stadt geprüft. Zu beachten ist, daß die H. Mittwoch und Freitag nur von 7.00 Uhr bis 13.00 Uhr arbeitet, sonst bis 19.00 Uhr.

2.4. GEIßLER/HENGST

Der GEIßLER arbeitet im WBK, BT Ausbau, Hühndorfer Straße 20 [redacted]. Über Genossen Bensch/KD Stadt wird die Anwesenheit geprüft. G. ist ständig am Arbeitsplatz.

 3

Die HENGST arbeitet in der PGH "Sanitär", Außenstelle Konkordienstraße [redacted]. Der AIM "Göbel" der Abteilung II sucht die H. an ihrem Arbeitsplatz kurz auf, geht dann telefonieren und begibt sich unter dem Vorwand der Materialbeschaffung wieder hin und bindet sie mindestens 20 Minuten.

2.5. [redacted]

Der [redacted], [redacted] ist 87 Jahre alt und verläßt nur in größeren Abständen Die Wohnung. Sollte er sie verlassen, wird der Schließvorgang zeitweilig unterbrochen.

Für die [redacted], [redacted], 77 Jahre, trifft das gleiche zu.

2.6. Familie [redacted]

[redacted], [redacted] ist [redacted] im VEB Projektierung Wasserwirtschaft, BT Dresden, J.-Grimau-Allee 23. Über Genossen Schlopnis, Abteilung XVIII, wird er an seinem Arbeitsplatz gebunden bzw. erhält eine Tätigkeit außerhalb von Dresden.

[redacted], [redacted] ist zu Hause, da sie für ihr Kind keinen Krippenplatz hat. Sie verläßt täglich um 8,15 Uhr für ca. 10 Minuten das Haus und bringt ihr 4jähriges Kind mit dem Fahrrad in den Kindergarten. Sollte sie während des Schließvorganges die Wohnung verlassen, wird sie, wie die [redacted], nach energieintensiven Heizgeräten befragt, damit der Schließvorgang unterbrochen werden kann.

Informationsfluß/zeitlicher Ablauf

Um 8.30 Uhr, nachdem die [redacted] zurück ist, werden die Kinder der AHL's in das ABV-Zimmer geholt (Schlüssel muß am Vortag beim ABV, Genossen Raden, Arnoldstraße 27 geholt werden). Vorher erfolgt vom Stützpunkt HARTWIG der telefonische Anruf zu den einzelnen Personen

- AIM "Göbel" - 8.25 Uhr Anruf über die Bindung der HENGST
- Gen. Bentsch/KD Stadt informiert über die Anwesenheit des GEIßLER auf Arbeit.
- Gen. Phillip/KD Stadt informiert über die Anwesenheit der [redacted], [redacted] auf Arbeit.
- Gen. Jankowski/XVIII informiert über die Anwesenheit und Kontrolle des AHL im ZFTM, Karl-Marx-Straße und der seiner Ehefrau im ZFTM, BT Reick. Hier wird ein Genosse mit PKW und Funk vor dem Werkausgang eingesetzt. Er wird über Funk von der Anwesenheit der AHL informiert.

- Genosse Schlopenis, XVIII informiert über die Anwesenheit des [redacted] im VEB Projektierung Wasserwirtschaft.

- Gen. Symmank oder Kindler der KD Land informieren über dee Anwesenheit des [redacted], [redacted] auf Arbeit.

Mit einer Briefträgerin ist nicht zu rechnen.
Es gibt Schließfächer auf der Schubertstraße. Über Genossen Brand der Abt. XVIII, wied eingeleitet, daß in den Häusern Schubertstraße 28,30 und 32 ein Hinweis der Energieversorgung angebracht wird, wonach es in Folge einer Störung zu kurzzeitigen Stromabschaltungen kommen kann.
Dazu ist erforderlich, daß ein schaltberechtigter Elektriker von RD im Keller am Verteilerkasten arbeitet und bei Notwendigkeit Geräusche erzeugt. Desweiteren sind für den Elektriker und den nach oben sichernden Genossen Betriebsausweise der Energieversorgung zu beschaffen.
Damit soll das Betreten des Hauses legendiert und später beim evtl. Bohren in der Wohnung "ERZ" abgedeckt werden.
Die Maßnahme muß 13.00 Uhr abgeschlossen sein, da mit der Rückkehr der ersten Hausbewohner gerechnet werden muß.

Zu beachten ist, daß die Wohnung "ERZ" ein Fenster zum Hausflur hat und damit von hier teilweise Einsicht bis in die Wohnstube besteht. Die Geräusche müssen gering gehalten werden, da sich in der Nachbarwohnung die Kinder von AHL (ein Zimmer ist noch dazwischen) und in der darüberliegenden Wohnung die [redacted], [redacted] befinden.

Beim Verlassen der Wohnung "ERZ" werden die Kinder von AHL für ca. 5 Minuten gebunden, indem ein Mitarbeiter nochmals Bilder vorlegt. Ein Genosse sichert beim Verlassen wieder nach oben.

Materiell-technische Sicherstellung

Es werden 3 PKW, evtl. 1 Barkas, 4 12 V-Autofunkstationen und 2 Handsprechgeräte benötigt. Insgesamt kommen 8 Genossen, einschließlich Elektriker zum Einsatz. Es ist notwendig, daß die Genossen, die im Haus zum Einsatz kommen und evtl. die im Barkas, entsprechende Arbeitskleidung tragen und Elektrikerhandwerkzeug bei sich haben.

Graf
Hptm.

Leiter der Abteilung

Wenzel
Oberstleutnant

Bildteil II

Observationsfoto, 1985
(BStU, ZA, HA II/6-65)

Observationsfoto: Meine Arbeitskollegin und ich, 1985
(BStU, ZA, HA II/6-65)

Meine Schreibecke in der Dresdener Wohnung, 1986 –
abfotografiert von der Stasi
(BStU, ZA, HA II/6-65)

Fotomaterial des MfS zur Familie Eisenfe
(BStU, ZA, HA II/6-6

Die Mutter (BStU, ZA, HA II/6-65)

Bruder Hans (BStU, ZA, HA II/6-65)

Bruder Ulrich (BStU, ZA, HA II/6-65)

Bruder Bernd (BStU, ZA, HA II/6-65)

Schwester Brigitte
(BStU, ZA, HA II/6-65)

Irina (BStU, ZA, HA II/6-65)

Peter (BStU, ZA, HA II/6-65)

Beate, Bernds Tochter

Mutter, Brigitte und Irina
(BStU, ZA, HA II/6-65)

Helmut, Ehemann von Brigitte
(BStU, ZA, HA II/6-65)

Siegfried, der Freund von Hans
(BStU, ZA, HA II/6-65)

Die Zwillingsbrüder
Peter und Bernd
in Kalovy Vary, 1986

Die Zwillingsbrüder
und Ulrich, 1986

Familientreffen in Kalovy Vary, 1980.
Von r.n.l.: Karin (Ehefrau von Ulrich), Ulrich, Brigitte, Peter, Bernd und Marlies (Ehefrau von Bernd)

Familientreffen in Kalovy Vary, 1981.
Von r.n.l.: Brigitte, Peter, Helmut, Marlies, Bernd, Hans

Herz-Jesu-Kirche in Dresden

Wolfgang Luckhaupt, Pfarrer der Herz-Jesu-Kirche, 1983

Pfarrer Rudolf Albrecht auf dem Friedensseminar in Meißen, 1983

Peter Eisenfeld (mit Tasche) vor dem Gemeindehaus der Trinitatiskirche in Meißen anläßlich des Friedensseminars 1983

Friedensseminar Meißen, 1986

Friedensseminar Meißen, April 1987

Friedensseminar Meißen, April 1987

Sächsische Schweiz:
Ausflug mit Familie Pohl, 1984

Verabschiedung von den Dresdener Freunden am 30. April 1987

Letzter Tag, letzter Anruf: der 30. April 1987
(BStU, ZA, HA II/6-65)

Letztes Aufbegehren

»Antisozialistische Pamphlete« des Friedenskreises Dresden-Johannstadt

Meine Antragstellung auf Ausreise wurde von den Mitgliedern des Johannstädter Friedenskreises verständnisvoll aufgenommen. Daß ich im Kreis verblieb, wurde ohne jeden Vorbehalt respektiert. In vielen anderen Friedenskreisen der DDR war das nicht selbstverständlich; nicht selten erfolgten Abwehr oder Ausgrenzung. Für mich gab es ohnehin keine Gründe in die Nische nur noch westwärts orientierter Antragsteller abzutauchen. Bedenken, die mich als Antragsteller in meiner Funktion als Gewerkschaftsvertrauensmann und Elternaktivmitglied befielen, hatte ich im Friedenskreis nicht. Dieser setzte sich aus selbstverantwortlich handelnden Menschen zusammen, die sich gegen jegliche Unterstellungen, Anschuldigungen oder Anfechtungen des Staates und der Kirche zu wehren wußten. Uns verband, wie der folgende Informationsbericht vom 24. September 1985 auf der Grundlage eines Abhörprotokolls besagt, ein gemeinsames Grundwerteverständnis von der Würde des Menschen und ein sich darauf gründendes gemeinsames Verständnis von der Aufgaben- und Zielstellung des Friedenskreises, was jedoch gewisse unterschiedliche Auffassungen, zum Beispiel in der Deutschlandfrage, nicht ausschloß. Hier ein Auszug aus dem Abhörprotokoll der Staatssicherheit:

> »21.45 Uhr erklärt dann der Herr P[ohl], daß er niemals nach dem Westen ausreisen würde, weil er nun einmal hier verwurzelt wäre. Herauszukommen sei ebenfalls ein ›ganz schöner Aufwand‹. Herr E. hatte diesbezüglich eine andere Meinung. Er sei zwar der Mensch, der auch hier ruhig weiterleben könnte, das aber nicht so will. Er meinte, daß man sich sicher in Westberlin, er sprach sofort konkret von Westberlin, langsam eingewöhnen könne. Dabei räumte er ein, daß es ihm in der ersten Zeit sicher auch schwer fallen wird.
> E. lockt es, nach Westberlin zu gehen, da das dort die politische Nahtstelle ist, ›wo sich viel entscheidet‹.

Herr P. meinte, daß es ihm in Westberlin nicht gefallen würde, weil er dann immer hinter der Mauer säße. Darauf Herr E.: ›Die Mauer durchlässig machen! Darum geht es doch! Die Mauer durchlässig machen, ja‹. E. betonte dann noch einmal, daß das ›das Erlebnis‹ sei, die Mauer durchlässig zu machen. E. betonte weiter, daß das auch tatsächlich das Problem sei. Herr E.: ›Das hat ja der Honecker auch gesagt. Das bleibt so. Diese zwei Staaten, das bleibt so‹. Herr E. führte aus, daß die Frage der Einheit Deutschlands auch einmal diskutiert werden müßte.
P. meinte dazu, daß das sicher erst dann erreicht werden kann, wenn ›die Aufhebung der Nationalstaatlichkeit‹ erreicht wird.
E. erklärte, daß die ›nationale Frage‹ nicht gelöst ist. Die Deutschen hätten zudem kein Nationalbewußtsein. In der Bevölkerung sei nach Meinung des E. aber die gemeinsame Kultur und Traditionen verwurzelt.
Während der P. dann die Meinung vertrat, daß ihn sicher von einem Bundesbürger Welten trennen würden, was er schon mehrfach bei Gesprächen mit solchen, die die DDR besuchten, festgestellt habe und er bezweifele, daß ihm das anders gehen würde, wenn er plötzlich in der BRD wäre. Ebenfalls würde er von den BRD-Bürgern immer Erzählungen hören, die er anzweifelt, da er sie für unrealistisch hält. Eine Verbundenheit würde er in erster Linie auf Grund der gemeinsamen Sprache spüren. E. hielt ihm entgegen, daß er beispielsweise keinen Unterschied spüren würde, wenn er sich in der SU aufhält und dort einen Westdeutschen trifft. Es sei nach Meinung des E. so, daß die Deutschen alle durch einen gemeinsamen Geist verbunden seien.«[145]

Anfang 1986 zog unser Kreis Bilanz über die bisherige Tätigkeit. In einem Schriftstück vom Februar 1986 hielten wir Ausgangspunkt und Zielrichtung unserer Friedensarbeit fest. Der Schwerpunkt lag in diesem programmatischen Papier auf der Demokratisierung von Staat und Gesellschaft und auf der damit verbundenen Einforderung von Menschenrechten.

---

[145] Informationsbericht vom 24.9.1985 zum Abhörprotokoll »OV Mineral«; BStU, ASt Dresden, AOV 177/86, Bl. 220 (MfS-Zählung).

Ausgangspunkt und Zielrichtung unserer Friedensarbeit

Zusammensetzung der Gruppe

Unsere Friedensgruppe ist ein freier Zusammenschluß von momentan ca. 12 christlich (evangelisch und katholisch) und humanistisch motivierten weiblichen und männlichen Mitgliedern. Sie ist territorial in Dresden - Johannstadt (mit zwei evangelischen und einer katholischen Gemeinde) angesiedelt und trifft sich 14tägig in den Räumen der kath. Gemeinde. Das Alter der Mitglieder liegt zwischen 24 und 45 Jahren. Über die Hälfte besitzen Fach- bzw.-Hochschulbildung, die anderen - Meister- bzw. Facharbeiterabschlüsse. Mit einer Ausnahme (kirchlicher Mitarbeiter) sind alle im staatlichen Sektor berufstätig.

Beweggründe zur Friedensarbeit

Neben der biblischen Motivation, die u.a. in der Bergpredigt Jesu (Matth. 5) ihre Wurzeln hat, ist es unsere Betroffenheit durch:

1. Wachsende Militarisierung unserer Gesellschaft; im einzelnen:
   - geistige und ideologische Aufrüstung (Feindbilder)
   - militärische Durchdringung aller gesellschaftlichen Ebenen und Bereiche (z.B. Erziehung, gesellschaftliche Organisationen)
   - wachsende militärische Verflechtung aller Wirtschaftszweige
   - weitere materielle Aufrüstung unter dem Vorwand der "Gleichheit und gleichen Sicherheit"

2. Inneren (gesellschaftlichen) Unfrieden; im einzelnen:
   - mangelnde Demokratie durch Nichtgewährung und Verletzung von Menschenrechten
   - ideologisch bedingter Anpassungsdruck (Privilegien, Konformismus)
   - Praxis der Wirtschafts- und Umweltpolitik

3. Äußeren Unfrieden; im einzelnen:
   - anhaltendes Wettrüsten
   - Vorherrschaftsstreben der Großmächte und regional starker Mittelmächte
   - Schaffung politischer und wirtschaftlicher Abhängigkeit
   - ungerechte Weltwirtschaftsstrukturen

Wichtung friedensgefährdender Momente

Es gibt eine Fülle friedensgefährdender Momente. Das erfordert für unsere praktische Arbeit eine Wichtung. Sie besteht u.E. darin, zuerst nach den Faktoren zu fragen, die Unfrieden, Rüstung und Krieg verursachen. Danach ist zu reflektieren, wo und inwieweit Menschen an der Basis unter den realen politischen Macht- und Gesellschaftsverhältnissen diese Faktoren beeinflussen können. Für unsere praktische Arbeit bedeutet dies vor allem und entgegen der offiziellen Propaganda im eigenen Land Zusammenhänge aufzudecken, die Unfrieden stiften. Dies betrifft einerseits alle gesellschaftlichen Strukturen, die im umfassenden Sinne auf den Menschen Gewalt ausüben und damit nach innen wie nach außen Mißtrauen stiften. Andererseits ist das politische Vertrauen in den systemübergreifenden Beziehungen durch das von Ideologien bestimmte machtpolitische Denken und Verhalten nicht gewährleistet. Unter diesen Voraussetzungen sehen wir eine Ablösung der Strategie der Abschreckung durch ein Konzept der Sicherheitspartnerschaft, auch wenn wir ein solches befürworten, als nicht realistisch an.

»Pamphlet« des Friedenskreises Dresden-Johannstadt

Zielrichtung unserer Friedensarbeit

Friedensarbeit bedeutet für uns (besonders auch im Sinne eines alternativen Konzepts), die friedensgefährdenden Tendenzen und Ausdrucksformen in ihren vielfältigen Ausprägungen vor Ort aufzudecken, öffentlich und bewußt zu machen, sowie überwinden zu helfen.
Wir gehen aufgrund der gesellschaftlichen Gegebenheiten in unserem Land davon aus, daß die ansprechbare und mobilisierbare Öffentlichkeit nicht groß genug sein wird und daß wir auf staatliche Entscheidungen im politischen, wirtschaftlichen und militärischen Bereich keinen unmittelbaren Einfluß haben.
Felder unserer Öffentlichkeitsarbeit sind zunächst Kirchgemeinden mit ihren verschiedenen Zielgruppen und der gesellschaftliche Bereich (Bekanntschaften, Betriebskollektive, Schulen, ggf. gesellschaftliche Organisationen), in denen sich der einzelne bewegt. Weitere Bereiche der Öffentlichkeit könnten öffentliche Podien und Foren sein, aber auch staatliche Einrichtungen und gesellschaftliche Organisationen, an die wir uns als Gruppe oder Bürger wenden.

Aufgaben unserer Friedensarbeit

Entsprechend den Feldern der Öffentlichkeit sind von uns verschiedene Aufgaben zu erfüllen. Ein wichtiger Schwerpunkt ist die Information. Information muß betroffen machen, darf aber nicht lähmen. Sie muß mit gangbaren konkreten Schritten, die aus der aufgezeigten Gefahr führen, verbunden sein. Das heißt, Information darf sich u.E. nicht nur mit der Zustandsbeschreibung beschäftigen, sondern sollte durch die Aufdeckung der Ursachen der Zustände zu deren Überwindung befähigen. Die Bereitschaft, an einer Veränderung mitzuwirken, setzt ein u.a. durch Informationen gewandeltes Bewußtsein der Betroffenen voraus! Zielrichtung der Information und Bewußtseinsbildung ist die Ermutigung zum entsprechenden Handeln. Bekenntnishaftes Handeln soll u.a. Sachverhalte und Zusammenhänge, die nicht bekannt sind oder verschwiegen werden, noch deutlicher im Umfeld bewußt machen. Das setzt auch voraus, daß wir uns und den anderen trotz der politischen Realitäten, die uns das Gefühl der Ohnmächtigkeit und Unmündigkeit erleben lassen, die politische Bedeutung des Einzelnen bewußt machen.

Inhalte unserer Friedensarbeit

Was also muß unser Friedensengagement für Inhalte haben, um deren Ursachen für Unfrieden, Rüstung und Kriegsgefahr vor Ort in unserer konkreten gesellschaftlichen Situation zu begegnen?

1. U.E. ist mehr Demokratie im real existierenden Sozialismus nach innen wie nach außen ein sicherheitsstabilisierender Faktor und damit vertrauensfördernd. Wir halten es daher für wichtig, die Demokratiefähigkeit der Bürger durch Stärkung des Rechts- und Selbstbewußtseins zu erhöhen.
Ein Einsatz für mehr Demokratie will auch erreichen, daß im Eintreten für die Würde des Menschen eigenständiges kritisches politisches Verhalten legitimiert wird. Grundlage dafür bilden die Menschenrechte unter Einbeziehung internationaler Konventionen und Deklarationen.

2. U.E. ist der Abbau des Bedrohungspotentials im umfassenden Sinne vertrauens- und friedensfördernd. Das heißt für uns
- für den Abbau der ideologisch bedingten Feindbilder (geistige Abrüstung)
- für eine Entmilitarisierung der Gesellschaft und Wirtschaft
- für die drastische Reduzierung der Massenvernichtungsmittel bei gleichzeitiger konventioneller Abrüstung
- für alternative Verteidigungsstrategien

einzutreten.

3. Der politische Einsatz für national wie international bedrohungsärmere und gewaltfreiere Strukturen schließt für uns das persönliche Bekenntnis zu einem gewaltfreien Leben und die Absage an Formen der Bedrohung der Gegenseite ein. Dieses Bekenntnis wird von uns durch Verweigerung und zeichenhaftes Handeln in konkreten Entscheidungssituationen versucht zu leben.

4. Konkretes Friedenshandeln sucht Verbündete. Wichtig ist für uns die Arbeit in der Gruppe. Darüber hinaus streben wir zunächst den nationalen, aber auch den internationalen und systemübergreifenden Austausch und ggf. Zusammenarbeit sowie Aktionen an. Wir suchen die solidarische Verbundenheit mit basisorientierten, von Machtinteressen unabhängigen Friedensengagierten.

Dresden, im Februar 1986

Die Stasi wurde über dieses Papier durch den bereits erwähnten IMB »Lothar Eckert« informiert. Als er sich bereit erklärte, das Papier für uns zu vervielfältigen, ahnten wir nicht im geringsten, daß auf seinem Verteiler die Stasi stand. Ihre Reaktion war bedrohlich:

> »Vom Inhalt dieses Schriftstückes ausgehend kann eingeschätzt werden, daß dieses Statutcharakter trägt und damit die Grundlage für den Zusammenschluß von Personen bildet. Unter Ausnutzung der Kirche hat sich hier eine Gruppe von Personen gefunden, die eine antisozialistische und damit gesetzwidrige Zielstellung verfolgt. Dabei nimmt ›Mineral‹ als Verfasser und Initiator des ›Statuts‹ die Rolle des Rädelsführers ein.
> Die Zielstellung der weiteren operativen Bearbeitung besteht darin, ausgehend von dem vorliegenden Schriftstück, welches als ›Statut‹ und Programm der Gruppe von zwölf Personen zu werten ist, die Voraussetzungen für die Einleitung strafprozessualer Maßnahmen gem. § 218 StGB - Zusammenschluß zur Verfolgung gesetzwidriger Ziele - und bei ›Erz‹ und ›Mineral‹ gem. §§ 218 und 220 StGB [öffentliche Herabwürdigung] zu schaffen.«[146]

Auf mich gezielt, wird festgestellt:

> »Zu diesem ›Statut‹ ist einzuschätzen, daß hier in größerem Umfang Gedankengut von ›Erz‹ verarbeitet ist. Das kann aus den Ergebnissen der Maßnahme ›B‹ geschlußfolgert werden. Hier wurden durch ›Erz‹ Formulierungen gebracht, die ähnlich im ›Statut‹ wiederzufinden sind. Eine eindeutige Zuordnung ist nicht möglich. Damit ist auch ersichtlich, daß er für sein antisozialistisches Programm als Nichtchrist die Kirche mißbrauchen will.«[147]

---

[146] Ergänzung zum Sachstand OV »Erz« und OPK »Mineral« der Abteilung II der BV Dresden vom 12.2.1986; BStU, ASt Dresden, AOP 1900/87, Bd. 1, S. 27 (MfS-Zählung).

[147] Ebenda, S. 26 (MfS-Zählung).

Folgende Hauptmaßnahmen wurden vorgeschlagen:
1. strafrechtliche Einschätzung des Schriftstücks durch die Abteilung IX,
2. Abstimmung mit der Abteilung XX über den Einsatz des IMB »Lothar Eckert«,
3. Einleitung von Maßnahmen, um das »Statut« offiziell zu machen.

Das Einleiten strafrechtlicher Maßnahmen hing jedoch von bestimmten Voraussetzungen ab. So mußte der IMB »Lothar Eckert« als Überbringer des Schriftstückes vor einer Enttarnung und gleichzeitig als Mitglied der Gruppe vor Strafverfolgung geschützt werden.

In einer Besprechung beim Leiter der Abteilung II am 24. Februar 1986 wurden folgende Möglichkeiten ins Auge gefaßt, um das »Statut« zu »offizialisieren«:

> »- ›Mineral‹ fährt am 28.2.86 nach Stendal zum Friedensseminar. Hier würde sich im Zug eine Möglichkeit bieten, an seine Tasche heranzukommen;
> - an den Tagen, an denen der Friedenskreis tagt, abprüfen, wer mit dem PKW ist, um evtl. durch einen vorgetäuschten Einbruch das Schriftstück zu erhalten;
> - konkrete und evtl. direkte Auswertung der Maßnahme ›B‹ bei ›Mineral‹, um Hinweise zu erarbeiten, um zu diesem Schriftstück zu gelangen;
> - Überprüfungen auf den Arbeitsstellen der einzelnen Mitglieder nach Hinweisen auf das Schriftstück. [...]
>
> ›Erz‹ und seine Ehefrau sind zu Inneres zu bestellen. Dort wird auf Rücknahme ihres ÜE [Übersiedlungsersuchens] gedrängt, wobei er zu Äußerungen provoziert werden soll, die Hinweise auf den FK [Friedenskreis] und das Pamphlet geben könnten. Nach Beendigung der Schulferien ist die Maßnahme ›B‹ bei ›Erz‹ zu erneuern.«[148]

---

[148] Handschriftliches Protokoll vom 26.2.1986 zur Absprache beim Leiter der Abteilung II, OSL Wenzel zu den OV »Mineral« und »Erz« am 24.2.1986; ebenda, Bd. 2, S. 87 (MfS-Zählung).

Laut dieser Absprache sollte der in unseren Friedenskreis eingeführte Spitzel Verbündete suchen, die erkennen, »daß mit dem Schriftstück ›zu weit‹ gegangen ist« und es den Rahmen der kirchlichen Friedensarbeit sprengt.[149]

Obwohl auf Beratungen am 9. April 1986 des Leiters der Abteilung II, Oberstleutnant Wenzel, mit dem Leiter der Abteilung IX, Oberst Sednik, und einen Tag später beim Leiter der BV, Generalmajor Böhm, an der Zielstellung festgehalten wurde, gegen Johannes Pohl und mich ein Ermittlungsverfahren einzuleiten, wurde nach einer Woche eine andere Option ins Auge gefaßt:

> »Unter Beachtung der gegenwärtigen politischen Situation und des vorliegenden Sachstandes wurde durch den Leiter der Bezirksverwaltung, Genossen Generalmajor Böhm, die strafrechtliche Einschätzung aus rechtspolitischen Gründen nicht anerkannt. Für die Weiterführung der Vorgangsbearbeitung ergibt sich die Aufgabe, bei ›Erz‹ und ›Mineral‹ eine Handlung nachzuweisen, die außerhalb des kirchlichen Bereiches liegt.«[150]

Diese Wende ist um so erstaunlicher, weil seit dem 2. April noch ein anderes sogenanntes »Pamphlet« die höchsten Kreise des MfS in hellen Aufruhr versetzte. An diesem Tag hatte die Stasi wieder einmal mein Gespräch mit »Mineral« abgehört. Wir unterhielten uns über seine beabsichtigte Eingabe an das Zentralkomitee der SED anläßlich des XI. Parteitages. In dieser Eingabe wurde unter anderem die Demokratisierung der Gesellschaft, eine Änderung der Straftatbestände und die Bildung einer unabhängigen politischen Kraft im Rahmen der Nationalen Front gefordert. Schon am nächsten Tag schickte Generalmajor Böhm an den Stellvertreter des Ministers, Generalleutnant Mittig, und an den Leiter der Hauptabteilung XX, Generalmajor Kienberg, ein Schreiben, in dem er mitteilte, daß wir aus Anlaß des XI. Parteitages ein »Pamphlet verfaßt haben«. Einen Tag später wurde auch noch Generalleutnant Kratsch informiert. Offenbar überschätzten die Stasi-Generale die Gefährlichkeit der Eingabe, denn auf der Beratung am 10. April 1986 wurde es nur noch am Rande erwähnt. Entschieden wurde aber, daß unsere Übersiedlung zur Zeit nicht zweckmäßig sei.

---

149 Ebenda, S. 85 f. (MfS-Zählung).

150 Information zum Operativ-Vorgang »Mineral« und OV »Erz« der Abteilung II der BV Dresden vom 18.4.1986; ebenda, Bd. 1, S. 69 (MfS-Zählung).

Exkurs Ausreiseproblematik

Seit spätestens 1983 bildeten die Ausreiseantragsteller neben der sich zuspitzenden Wirtschaftskrise das größte innenpolitische und außenpolitische Problem der DDR. Dieses mehrheitlich passive Widerstandspersonal stellte die Lüge, die DDR repräsentiere in jeder Hinsicht das bessere Deutschland, bloß. Während die relativ kleine Gruppe der Oppositionellen leicht unter staatliche Kontrolle gebracht und entsprechend behandelt werden konnte, bildeten die Ausreiseantragsteller für die SED-Führung trotz massiver Stasi-Überwachung und strafrechtlicher Verfolgung einen nur schwer überschau- und berechenbaren politischen Destabilisierungsfaktor.

Das Ausreiseproblem in der DDR erreichte einen öffentlichen Höhepunkt, als Anfang 1984 ausreisewillige Bürger westliche Botschaften in Ostberlin und Prag besetzten. Unter Druck geraten, entließ die DDR im Frühjahr circa 21 000 Bürger aus der Staatsbürgerschaft.[151] Diese Ausreisewelle brachte für die DDR aber nicht die erhoffte Entlastung, sondern hatte eine Bumerangwirkung. So kam es im Oktober zu einer neuerlichen Besetzung der bundesdeutschen Prager Botschaft durch 160 offenbar enttäuschte Alt-Antragsteller, von denen der letzte erst Anfang Januar 1985 die Botschaft verließ. Damit war das Fiasko der bisherigen Ausreisepolitik perfekt, die auf einem vorwiegend repressiven Umgang mit den Antragstellern beruhte. 1985 versuchte die DDR mit einer Pressekampagne unter der Losung »Über 20 000 Ehemalige wollen in die DDR zurück« die ständige Zunahme der Antragsteller einzudämmen. Dieser Versuch erwies sich als propagandistischer Fehlschlag. Bei den meisten DDR-Bürgern stieß diese Zeitungsmeldung auf wenig Glaubwürdigkeit, dafür aber auf ein reges Interesse am Thema »Ausreise«. Dies veranlaßte die Machthaber, die Übersiedlungsproblematik aus der öffentlichen Debatte zurückzunehmen.

---

[151] Vgl. Bernd Eisenfeld: Die Ausreisebewegung – eine Erscheinungsform widerständigen Verhaltens. In: Ulrike Poppe, Rainer Eckert, Ilko-Sascha Kowalczuk (Hrsg.): Zwischen Selbstbehauptung und Anpassung. Formen des Widerstandes und der Opposition in der DDR. In: Reihe Forschungen zur DDR-Geschichte, Berlin 1995, Bd. 6, S. 214.

Da der Konfliktstoff damit nicht verschwand, mußte die SED-Führung zur Zurückdrängung der Ausreisewilligen ihr bisheriges taktisches Vorgehen überdenken. Mit Ausreisegenehmigungen für den hartnäckig-aktiven Kern sowie Hinhaltetaktiken wie Versprechungen, Vertröstungen, »Patenschaften« und Rückgewinnungsgesprächen bis zur Hilfeleistung bei persönlichen Schwierigkeiten sollten nunmehr unter Einbeziehung aller staatlichen und gesellschaftlichen Kräfte neuerliche spektakuläre Aktionen der Antragsteller verhindert werden. Arbeitsplatzkündigungen betrafen fortan meist nur noch Mitarbeiter im Bildungs- und Erziehungswesen. Verhaftungen wegen staatsfeindlicher Hetze, Verleumdungen, Drohungen, Beeinträchtigung der Tätigkeit staatlicher Organe, Beeinträchtigung der Öffentlichen Ordnung, Widerstand gegen die Staatsgewalt und Fluchtversuche blieben dennoch auf der Tagesordnung.

Auch der Versuch, so Anfang 1986, durch Erleichterungen im Reiseverkehr nach dem Westen das Ausreiseproblem in den Griff zu bekommen, scheiterte. Als die Anzahl der Erst-Antragsteller selbst dann nicht nachließ, als der Demokratisierungsprozeß in der SU schon voll im Gange war, mußte eigentlich auch dem Letzten klar werden, welche Hoffnungslosigkeit die DDR-Bürger erfaßt hatte und wie realitätsfern die SED-Führung reagierte. Auch einflußreiche Vertreter der evangelischen Kirche in der DDR trugen durch ihre opportunistische Haltung gegenüber der SED-Politik dazu bei, daß selbst Kirchenmitglieder immer weniger zum Bleiben in der DDR ermutigt werden konnten. Andererseits dürfte unbestritten sein, daß mit den Antragstellern eine Kraft am Werke war, die Staat und Kirche gleichermaßen zwangen, sich mehr und mehr den Grundproblemen der realsozialistischen Gesellschaft zu stellen.

Als ich mich Ende 1985 entschied, liebgewonnene Menschen, das herrlich gelegene Dresden und seine landschaftlich reizvolle Umgebung sowie ein mir kultur-, sozial- und gesellschaftspolitisch vertrautes Wirkungsfeld zu verlassen, hing dies zwar in erster Linie mit der Sorge um meine Familie zusammen, doch gab es auch weitere Gründe. So war mein Glaube an die Wandlungsfähigkeit der DDR nahezu erloschen, weil weit und breit keine relevante politische Kräftegruppierung in Sicht war. Gleichzeitig mußte ich zur Kenntnis nehmen, daß das opportunistische Verhalten der DDR-Bürger gegenüber den Herrschenden weiter zunahm und immer mehr auf westliche Politiker und Persönlichkeiten übergriff. Diskussionsrunden mit dem Sozialdemokraten Erhart Eppler und der Theologin Dorothee Sölle im Rahmen kirchlicher Veranstaltungen bestärkten mich in dem unguten Gefühl, daß widerständiges Verhalten in der DDR letztlich einer ideologisch verbrämten Status quo-Entspannungspolitik geopfert werde. Die Absicht, mein eigentliches Wirkungsfeld bald verlassen zu müssen, verband ich deshalb auch mit dem tröstenden Gedanken, das im Westen verbreitete Bild von der »Stabilität« der DDR und der »Friedensliebe« ihrer Führung durch die Vermittlung langjähriger konkreter Erfahrungen zumindest in Frage stellen zu können.

Ich war natürlich gespannt, wie die Abteilung Inneres, der Staatssicherheitsdienst und mein Arbeitgeber auf die Antragstellung reagieren würden. Eigentlich hätten sie froh sein müssen, mich auf diese Weise so schnell wie möglich loszuwerden. Andererseits war mir klar, daß ich mit meiner Erklärung zum Antrag, die ja eine politisch-ideologische und rechtspolitische Schuldzuweisung an das DDR-System enthielt, eine wohlwollende Behandlung unseres Antrages nicht zu erwarten hatte. Zwei Monate mußte ich auf eine erste Reaktion warten. Das geschah in Form einer Vorladung zur Abteilung Inneres des Rates der Stadt Dresden.

Da ein Antragsteller in der DDR nie wissen konnte, was ihm auf diese »Einladung« hin erwartet, blieb meine Frau vorsorglich zu Hause, obwohl sie ausdrücklich mit zum Gespräch geladen wurde. Außerdem befürchteten wir eine Wohnungsdurchsuchung. Und das zu Recht, wie ein Schreiben der Abteilung II der BV Dresden an den Leiter der KD Dresden-Stadt vom 28. Januar 1986 verdeutlicht:

> »Die o.G. haben am 2.12.1985 beim Rat des Stadtbezirkes Dresden-Mitte, Abteilung Inneres, Antrag auf Übersiedlung WB gestellt. [...]
> Das Gespräch sollte am 5.2.1986 ab 9.00 Uhr im Rat der Stadt erfolgen. [...]
> Für die an diesem Tag geplanten operativen Maßnahmen ist es notwendig, daß beide Personen vorgeladen und bis mindestens 11.00 Uhr gebunden werden.«[152]

Meine beiden Gesprächspartner waren sichtlich enttäuscht, als ich allein kam. Das Gespräch war kurz und unverbindlich. Obwohl der

[152] Schreiben der Abteilung II der BV Dresden an den Leiter der KD Dresden-Stadt des MfS vom 28.1.1986; BStU, ASt Dresden, AOP 1900/87, Bd. 2, S. 226 f. (MfS-Zählung).

Antrag einer Rechtsgrundlage entbehre, sei eine Lösung im humanitären Sinn auf diplomatischem Weg möglich. Und was meine Begründung zum Antrag angehe, darüber müsse man sich im Beisein meiner Frau unterhalten - so meine Gesprächspartner.

Ich war erst einmal erleichtert, denn mit einer Verhaftung rechnete ich nach diesem Gespräch nicht mehr. Laut Gesprächskonzeption vom 27. Januar 1986 war zu diesem Zeitpunkt tatsächlich eine relativ schnelle Übersiedlung geplant, hier einige Auszüge:

> »Es ist geplant, die normalen staatlichen und gesellschaftlichen Aktivitäten gegenüber der Familie ›Erz‹ einzuleiten.
> Wenn es zu keiner Rücknahme des Übersiedlungsersuchens kommt, ist beabsichtigt, die Übersiedlung aus politisch-operativen Gründen in Vorbereitung der Wahlen am 8.6.1986 zu beantragen.
> Zur Erarbeitung der Reaktion von ›Erz‹ und ›Mineral‹ ist die Maßnahme 26 ›B‹ funktionstüchtig zu gestalten.«[153]

Die DDR war darauf bedacht, noch vor der Wahl alle potentiell mit »Nein« abstimmenden Antragsteller, deren Ausreise schon genehmigt war, loszuwerden.

Andererseits sah die Konzeption eine Reihe von Maßnahmen vor, die unter bestimmten Voraussetzungen auch eine Verhaftung einschlossen:

> »Maßnahmen:
>
> 1. Über die KD Dresden-Stadt ist ›Erz‹ mit Ehefrau zur Abteilung Inneres, Rat der Stadt Dresden, zu bestellen und mit ihm [sic!] die Aussprache zu führen.
> Gesprächskonzeption durch Abteilung II erarbeiten und der KD Dresden-Stadt übergeben.
>
> 2. Durch die Abteilung Inneres ist nach dem Gespräch unverzüglich der Betrieb von ›Erz‹, der VEB ›Intertext‹ zu

[153] Konzeption zur weiteren Bearbeitung des OV »Erz« und der OPK »Mineral« vom 27.1.1986; ebenda, Bd. 1, S. 65 (MfS-Zählung).

informieren, und die gesellschaftliche Arbeit mit ›Erz‹ weiterzuführen.
Über die Abteilung XX wird gesichert, daß der Betrieb entsprechend den betrieblichen Weisungen mit ›Erz‹ verfährt.

3. In Zusammenarbeit mit der Abteilung 26 sind die Maßnahmen zur Instandsetzung der operativen Technik zu realisieren.

4. Zu ›Erz‹ wird nach Verlassen des Rates der Stadt (1. Gespräch bei Inneres) eine operative Beobachtung durch die Abteilung VIII eingeleitet, um ein mögliches Aufsuchen von Kontaktpartnern zu erfassen.

5. Nach den ersten Aktivitäten zu dem Übersiedlungsersuchen durch Inneres und dem Betrieb sind die operativen Maßnahmen mit darauf auszurichten, gibt es von ›Erz‹ Handlungen, welche die Einleitung strafprozessualer Maßnahmen begründen, wenn ja, sofortiges operatives reagieren.

6. Abstimmung mit der HA II/6 zum einheitlichen operativen Vorgehen.«[154]

Möglicherweise nahm ich mit der Antragstellung das Ansinnen der Stasi vorweg, mich überzusiedeln. Denn der Dresdener Stasi-Chef schlug in einem handschriftlichen Vermerk vor: »Vielleicht muß man ›Erz‹ übersiedeln!«[155]

Einen Monat später folgte sein vielsagender handschriftlicher Kommentar: »m. E. diesen pol[itischen] Sumpf schnell trocken legen - rausschmeißen - ›Erz‹, ›Mineral‹ - beob[achten] - u[nd] welche Weibergeschichten, weibl[iche] IM ran!«[156]

---

[154] Ebenda, S. 65 f. (MfS-Zählung).

[155] Handschriftlicher Vermerk auf der Ergänzung vom 17.12.1985 zur Operativinformation vom 18.9.1985; ebenda, Bl. 61.

[156] Bericht von Oberstleutnant Wenzel vom 24.1.1986 über die wesentlichsten Ergebnisse im OV »Erz« seit dem 13.12.1985; ebenda, Bl. 61.

Kopie

Bezirksverwaltung
für Staatssicherheit
Abteilung II

Dresden, 24. Januar 1986
uf-ru/

Stellvertreter Operativ
Genossen Oberst Anders

KOPIE BStU

Bericht über die wesentlichsten Ergebnisse im OV "Erz"
seit dem 13. 12. 1985

- Im Berichtszeitraum wurde bekannt, daß "Erz" und seine Ehefrau mit beiden Kindern am 2. 12. 1985 schriftlich beim Rat des Stadtbezirkes Dresden-Mitte Antrag auf Übersiedlung zu den beiden Brüdern Bernd und Ulrich Eisenfeld nach Westberlin gestellt haben. Diesem Antrag ist eine Erklärung beigefügt. "Erz" begründet seinen Schritt u. a. mit teilweiser persönlicher Resignation, bedingt durch vergebliches Bemühen, eigenes Bewußtsein in den öffentlichen Meinungsbildungsprozeß einzubringen. Er führt Beispiele einer gewissen Rechtsunsicherheit, wie Diskriminierung im Beruf, unbegründetes Ausreiseverbot 1979 nach der CSSR, Eingriffe in die private Schutzzone durch Befragung von Mitmietern über seine Familie sowie zu erwartende Einschränkungen der Entwicklungschancen seiner Kinder an. Des weiteren will er im Prinzip in ein System, wo ein Grundwerteverständnis herrscht, das seiner Überzeugung näher komme.

  Der Antrag und die beigefügte Erklärung liegen als Kopie vor.

  Über die Maßnahme 26/A wurde dazu bekannt, daß der Bruder Eisenfeld, Bernd/WB von diesem Vorhaben Kenntnis hatte. Offensichtlich wurde es zum Treff am 9./10. 11. 1985 in Karlovy Vary abgesprochen.

  Die Schwester von "Erz", Eisenfeld, Brigitte - Kammersängerin an der Staatsoper Berlin und NSW-Reisekader - hatte von dem Vorhaben ebenfalls Kenntnis. Auf eine entsprechende Anfrage informierte sie den E., Bernd am 9. 12. 1985 von dessen Realisierung.

  Durch die zuständigen staatlichen Organe erfolgte bisher noch kein Gespräch mit "Erz".

  Zum Übersiedlungsersuchen schätzt "Erz" selbst ein, daß es um ihn diesbezüglich sehr ruhig ist und er sich Zeit lassen will. Ihm sei klar, daß er damit außerhalb des Gesetzes stünde.

»...rausschmeißen...«
(BStU, ASt Dresden, AOP 1900/87, Bd. 1, Bl. 61 ff.)

2 62

- Die Mitglieder des ökumenischen Friedenskreises Dresden-Johannstadt, dem "Erz" und "Mineral" (Pohl, Johannes) angehören, haben sich in einem Schreiben vom 5. 12. 1985 an den Generalsekretär Gen. Erich Honecker gewandt. Darin wird der "Dank" für die Rücknahme des Einberufungsbefehles für

Anthowiak,		Bendikt-Martin
geboren am:		23. 4. 1958 in Görlitz
wohnhaft:	HW:	8900 Görlitz, Lindenweg 2
	NW:	8044 Dresden, Berchtesgadener Str. 15
beschäftigt:		Zentrum für Wissenschaft und Technik des Kombinates Rundfunk/Fernsehen Dresden als Dipl.-Ing.
Abt. XII:		AOP 1789/85

(A. wurde durch die OD TU/H im OV "Kreisel" wegen Mitgliedschaft des inzwischen zersetzten Arbeitskreises "Frieden" innerhalb der katholischen Studentengemeinde bearbeitet.)

ausgesprochen.

"Damit sei es möglich gewesen", das laufende Untersuchungsverfahren "einzustellen" und den A. aus der Untersuchungshaft zu entlassen. Er hatte den Reservistendienst mit der Waffe aus Glaubens- und Gewissensgründen abgelehnt.

Gleichzeitig gehen sie auf eine Änderung des geltenden Rechts ein, in dem gedienten Reservisten die Möglichkeit auf einen waffenlosen Dienst eingeräumt werden solle, und bitten um Freilassung der inhaftierten Personen, die in diesem Zusammenhang bereits verurteilt wurden.

"Mineral" hatte dieses Schreiben verfaßt und "Erz" überarbeitete es redaktionell. Der Brief wurde von elf bereits bekannten Mitgliedern des Friedenskreises unterzeichnet. Die Information wurde durch den IMB "Lothar Eckert" der Abteilung XX und einem Schreiben des Staatsrates an das MfS bekannt. Eine Kopie des Briefes befindet sich im OV "Erz".

- Bei einem Zusammentreffen des Johannstädter Friedenskreises am 20. 12. 1985, an dem auch die Ehepartner teilnahmen, lernte der IMB "Lothar Eckert" die Ehefrau von "Erz" kennen. Zum Persönlichkeitsbild schätzt der IM ein, [redacted]. Auf Grund der entgegengesetzten Charaktere der Ehefrau schließt der IM gegenseitige Besuche aus. Er hält "Erz" für einen guten Gesprächspartner.

KOPIE BStU Kopie 3 83

- Der IMS "Erika Hille" unserer Diensteinheit bestätigte in der Berichterstattung vollinhaltlich die Angaben zur Ehefrau von "Erz". Zum Einsatz dieses IM ist einzuschätzen, daß durch ihn wichtige Detailinformationen erarbeitet wurden, die der Einleitung weiterführender Maßnahmen dienen. So wurden die notwendigen Hinweise über die ärztliche Behandlung der Ehefrau von "Erz" erarbeitet. Der IM gab Hinweise auf den Umgangskreis von "Erz" und erarbeitete z. B., daß die Nachbarn einen Schlüssel zur Wohnung von "Erz" besitzen.

- Auf Grund technischer Probleme ist die Maßnahme 26/B bei "Erz" seit November 1985 ausgefallen. Eine erneute Realisierung der Maßnahme ist dadurch erschwert, da "Erz" bzw. seine Ehefrau ständig abwechselnd zu Hause arbeiten. Die wenigen sich gebotenen Möglichkeiten wurden durch Krankheiten der Kinder und der Ehefrau selbst kurzfristig zunichte gemacht. Letztmalig meldete sich die Ehefrau am 22. 1. 1986 plötzlich krank, obwohl am 21. 1. 1986 über die Maßnahme 26/A noch die Teilnahme an einer Dienstkonferenz zugesichert wurde. Dieser Fakt braucht nicht als Absicherung gewertet werden, da sie ihrem Mann am gleichen Tag telefonisch in erregter Form mitgeteilt hat, daß bei ihr Zucker festgestellt wurde, und sie erneut krank geschrieben ist.

  Eingeleitete Maßnahmen der Nutzung der häufigen Arztbesuche zur Realisierung der Maßnahme 26/B scheitern daran, daß die behandelnde Ärztin ÜE ist. Weitere Möglichkeiten werden zur Zeit im Zusammenwirken mit der Abt. XX geprüft.

- Am 18. 12. 1985 wurde bei "Mineral", der aufgrund der engen Verbindung zu "Erz" unter OPK steht, die Maßnahme 26/B realisiert. Bisher wurden keine operativ auswertbaren Informationen erarbeitet.

  Der Leiter der Abt. 26 informierte am 20. 1. 1986 den Leiter der Abt. II, daß bei der Maßnahme 26/B bei "Mineral" technische Störungen aufgetreten sind, die einen Umbau notwendig machen.

  Zu "Mineral" wurde außerdem bekannt, daß er fast täglich unterwegs ist. Des weiteren gibt es einen Hinweis (Maßnahme 26/A), daß zur Zeit [redacted]

  Zur Information des IMB "Lothar Eckert" über die Erarbeitung eines "Statuts" lagen in unserer Diensteinheit keine Hinweise vor. Über die Maßnahme 26/B bei "Erz" wurde aber bekannt, daß "Mineral" seit mindestens September 1985 an einer dem Inhalt nach ähnlichen Thematik arbeitet, was er durch "Erz" redaktionell überarbeiten ließ (Maßnahme B - 19. 9. 1985).

4 6a

Ob letzeres mit diesem "Statut" identisch ist, kann nicht eindeutig eingeschätzt werden.

- Die operative Kombination des IMS "Stieler" der Abt. VI führte hinsichtlich einer geplanten Mitgliedschaft im "Johannstädter Friedenskreis" noch nicht zum Ergebnis.

Leiter der Abteilung

Wenzel
Oberstleutnant

Die arbeitsrechtlichen Folgen der Antragstellung bekamen wir bereits eine Woche nach dem ersten Gespräch bei der Abteilung Inneres zu spüren. Damals teilte uns der Außenstellenleiter von »Intertext« mit, daß er das Arbeitsrechtsverhältnis mit uns wegen der politisch-ideologischen Begründung unseres Ausreiseantrages nicht mehr aufrechterhalten könne. Am nächsten Tag wies er an, daß wir bis zur Kündigung nicht mehr im Betrieb, sondern nur noch zu Hause arbeiten dürften. Warum letztlich von einer Kündigung abgesehen wurde, könnte mein Schreiben an Politbüromitglied Kurt Hager bewirkt haben, in dem ich mich über den Umgang der Partei- und Staatsfunktionäre mit politisch Andersdenkenden beschwerte. In diesem Schreiben ging ich auf den Geist des Mißtrauens und der Unduldsamkeit von verantwortlichen Funktionsträgern der Partei und des Staates gegenüber politisch andersdenkenden Menschen ein.

Anfang März 1986 wurden wir wiederum in den Betrieb zu einer Aussprache bestellt. Nachdem wir vermuteten, daß der plötzlich um eine Stunde verschobene Gesprächstermin (der Schulunterricht für unseren Sohn begann an diesem Tag eine Stunde später) und der nichtssagende Beginn des Gesprächs mit der Observierung unserer Wohnung zusammenhängen könnte, brachen wir es zum sichtlichen Entsetzen des Außenstellenleiters nach ungefähr fünf Minuten ab und eilten nach Hause. Aus den Unterlagen des MfS geht hervor, daß zu diesem Zeitpunkt die Maßnahme 26 »B« in unserer Wohnung erneuert werden sollte. In der Stasi-Akte fanden sich jedoch keine Hinweise über den Abbruch der vorgesehen Aktion.

Zwei Wochen später kam es zu einem ausführlichen zweieinhalbstündigen äußerst kontroversen Gespräch, bei dem mich der Vertreter der Abteilung Inneres unter anderem mit folgenden Worten zu belehren versuchte:

> »Bei uns wird niemand wegen seiner Gesinnung verfolgt. Ich bin selbst Jurist und kenne mich da aus. Der Staat übt Toleranz mit Andersdenkenden, solange er sich im Rahmen der Gesetzlichkeit bewegt. [...] Wir sind tolerant genug, den Antrag nicht vom Tisch zu wischen, aber auch dazu, die Gründe für die Ausreise zu entlasten.«[157]

[157] Gedächtnisprotokoll vom 19.3.11986; ebenda.

ZK der SED
Haus des Zentralkomitees am
Marx-Engels-Platz

z.H. Herrn Prof. Kurt Hager

Peter Eisenfeld
8053 Dresden
Schubertstr.30 PF 12/

Werter Herr Prof. Kurt Hager!

Der unmittelbare Anlaß dieses Schreibens ist die Absicht des Betriebes Intertext, mit meiner Frau und mir das Arbeitsrechtverhältnis im Zusammenhang mit unserer Antragstellung auf Übersiedlung nach Berlin (West) aufzulösen, da der Antrag - so der Außenstellenleiter des Betriebes - politisch-ideologisch begründet ist.

Ich richte dieses Schreiben an Sie, da Intertext dem ZK der SED unterstellt ist und Sie für den Bereich Ideologie verantwortlich sind.

Es ist nicht das erste Mal, daß ich mich an das ZK der SED wende. In arbeitsrechtlicher Sache hatte ich mich schon vor knapp zehn Jahren (Eingabe vom 15.8. 1976) wegen des gegen mich verhängten Dolmetschverbotes (das bis heute wirksam ist) aufgrund meiner von der Parteilinie abweichenden Meinung zu bestimmten Problemen unserer gesellschaftlichen Entwicklung zu Wort gemeldet.

Als politisch engagierter Parteiloser sah ich mich aber auch zu anderen Wortmeldungen (u.a. auch in Form von kritischen Diskussionsbeiträgen zu den letzten beiden Parteitagen der SED) und besonders in den Fällen veranlaßt, wo meiner Überzeugung nach um der Wahrheit und Menschenwürde willen Widerspruch geboten war. Dies auch in der Absicht, durch konstruktive Kritik am Bestehenden dem allgemeinen Gesetz des Widerspruchs als treibende Kraft der Wahrheitsfindung und der gesellschaftlichen Entwicklung durchsetzen zu helfen.

Diese Bestrebungen um das Einbringen der eigenen Überzeugung in den betriebsbezogenen und allgemeinen gesellschaftlichen Bewußtseinsbildungsprozeß wurden von den verantwortlichen Funktionsträgern der Partei und des Staates meistens mit Mißtrauen und dem Geist der Unduldsamkeit gegenüber Andersdenkenden begegnet, was sich zunehmend belastend auf meine Frau und damit unsere Familie ausgewirkt hat.

Dieser Geist, der ursächlich an der Vertreibung des anderen Denkens und Handelns gewirkt und vielleicht sogar die gewordene Konsequenz, daß sich der andere Geist einem anderen Raum zuwendet, bewußt betrieben hat, möchte nunmehr in der Genugtuung des vermeintlichen Sieges die Möglichkeit nicht ungenutzt lassen, sich endlich des Trägers einer anderen Überzeugung mitsamt seiner Frau auf eine Weise zu entledigen, die in anderen Fällen (wahrscheinlich bei "Familienzusammenführungen" ohne weltanschauliches Bekenntnis) und auch in unserem Betrieb nicht üblich sein muß: eine zweifach betriebene Vertreibung aus seinem Verantwortungsbereich - nach dem Arbeitsverbot im Betrieb (wir dürfen nur noch zu Hause arbeiten) soll jetzt die Auflösung des Arbeitsrechtsverhältnisses folgen.

Daß der Betrieb sich ausgerechnet in unserem Falle dieser Praxis bedient, obwohl er sich in Kenntnis meines Denkens meiner Arbeitskraft und die meiner Frau vor knapp 14 bzw. 15 Jahren wohlwollend annahm und sie sich in dieser Zeit mit Nachsicht und vermeintlich notwendiger Sicherheit und natürlich nicht ohne Konflikte dienstbar machte, spricht nicht für die Souveränität des Denkens der

- 2 -

verantwortlichen Entscheidungsträger, die offensichtlich glauben, sich damit vor einem Denken schützen zu müssen, das eigentlich völlig ungefährlich, da immer ehrlich und offen, also jederzeit und für jedermann - auch für den Staatssicherheitsdienst - durchschaubar und kalkulierbar ist.

Dieser Geist der Intoleranz - und hier soll der unmittelbare Anlaß des Schreibens nun doch wieder die Dimension eines Diskussionsbeitrages zum 11. Parteitag annehmen - , der sich weltweit in Reglementierungen, Bevormundungen, Verboten und Verfolgungen gegenüber den Menschen, die eine andere als die herrschende Überzeugung leben, offenbart, kann sich jeder Idee, auch der kommunistischen, bemächtigen und sie zu seinem Zwekke mißbrauchen. Dies kann soweit führen, daß er diese Idee zu einer Staatsform - ich würde sie Ideokratie nennen - verwirklicht, in der die staatliche Ordnung auf der Grundlage nur einer und einer einzig wahren Ideenlehre, einhergehend mit Einheits- und Endzieldenken, Einheitshandeln, Unterwürfigkeit, Selbstverherrlichung, Priveligierungen, Dogmatismus, Scholastik u.a.m., organisiert wird.

Ich bin davon überzeugt, daß jede Verwirklichung einer noch so guten Idee, die sich nicht gleichzeitig der Toleranz verpflichtet fühlt und nicht von der innersten Überzeugtheit der Individuen getragen wird, sondern dem Selbstzweck verfällt und vom realen Leben der Menschen mit ihren Bedrängnissen der inneren Freiheit abhebt, zwar immerwieder schwerwiegende und weitreichende Krisen im menschlichen Leben und in der menschlichen Gemeinschaft hervorbringen wird, aber letztlich der Wahrheit des Lebens weichen muß. Diese Überzeugung beruht auf dem Glauben an die zunehmende Fähigkeit des Menschen, im anderen sich selbst, die Offenbarung der Einmaligkeit in der Vielfalt und damit den Reichtum menschlichen Lebens zu erkennen und in solidarischer Verbundenheit mit ihm alles Leben zu erhalten und zu bereichern.

Und hiermit möchte ich auf die im Ausgangstext erwähnte Formel von den politisch-ideologischen Gründen der Antragstellung zurückkommen. Dies trifft wohl für ein Denken zu, das sich eben nur der herrschenden Ideologie verpflichtet fühlt. Ich aber will diese Ideologie von der übergreifenden Idee der Toleranz und Humanität gesprengt wissen, die Ausdruck für die innere Freiheit des Menschen ist, die wiederum - wo und wann auch immer - nach, im Menschen oft verborgenen, Wegen und Auswegen sucht, um sich frei und unbefangen ausdrücken, hervorbringen und einbringen zu können in den anderen Menschen, in die Gesellschaft und Menschheit.

Vielleicht sind dies die tieferen Gründe für die Ausreisewilligen und das damit verbundene gesellschaftlich durchaus bedeutsame Problem, das eigentlich der freimütigen Offenlegung auf dem bevorstehenden Parteitag bedarf.

Ich bitte Sie, dieses Schreiben als wohlwollende Kritik aufzunehmen und sich eingedenk Ihrer eigenen Erfahrungen mit dem Mißbrauch der Verfügungsgewalt über Andersdenkende dafür einzusetzen, daß persönliche und gesellschaftliche Probleme im Geist der Toleranz und Humanität gelöst werden.

Hochachtungsvoll

Dresden, d. 20.3.86

Peter Eisenfeld
(Peter Eisenfeld)

P.S. Anbei zwei Abschriften
(Antrag auf Übersiedlung und
Erklärung dazu)

Daraufhin bot ich ihm das Lesen meiner Schriften- und Eingabensammlung über die DDR-Realität an, was er nur zögernd annahm. Das abrupte Ende des Gesprächs nach einem kurzen wortkargen Telefonanruf wirkte auf mich ernüchternd. Es war wohl das Zeichen des Abschlusses der Wanzenerneuerung in unserer Wohnung.

An dieser Aussprache war auch die amtierende Leiterin von »Intertext« beteiligt. Im »Ausspracheprotokoll« wird sie mit den Worten zitiert:

> »Die Genossin {...} erklärte, daß er in der AS [Außenstelle] ›Intertext‹ keine politisch positive Rolle gespielt hat. Als Vertrauensmann hat er immer wieder seine negative politische Einstellung verbreitet und dabei auch einen gewissen Anklang bei Kollegen gefunden.
> Deswegen und weil bei ›Intertext‹ eine Weiterbeschäftigung nicht möglich ist, wird über diesen Betrieb im ZW [Zusammenwirken] mit dem AfA [Amt für Arbeit] für beide eine neue Arbeit vermittelt.«[158]

Daß die Aussprache nicht in der Absicht erfolgte, uns zurückzugewinnen, belegt eine Information der Abteilung II der BV an die Kreisdienststelle Dresden-Stadt:

> »- Eisenfelds sollen ›echte Absichten‹ der Rückgewinnung seitens der staatlichen Organe erkennen;
> - Eisenfeld zu bewegen, seine politische Meinung offen darzulegen und
> - Eingehen der Gesprächsführer auf die von Eisenfeld eingesandten schriftlichen Unterlagen, die seine politische Einstellung untermauern, aber die Antragstellung in keiner Weise begründen. Hier sollte er herausgefordert werden, weiteres Material zur Verfügung zu stellen.« [159]

---

[158] Protokoll vom 24.3.1986 über ein Gespräch in der Abteilung Staatsbürgerschaftsfragen vom 19.3.1986; BStU, ASt Dresden, AOP 1900/87, Bd. 2, S. 231 (MfS-Zählung).

[159] Information der Abteilung II der BV an die Kreisdienststelle Dresden-Stadt vom 23.4.1986; ebenda, Bl. 248.

Noch deutlichere Worte finden sich im Protokoll einer Beratung der MfS-Dienststelle. Mein eingereichtes Material sollte mit dem Hinweis zurückgegeben werden, daß die darin aufgeführten »Probleme durch die Ausführungen des Genossen Gorbatschow überholt« seien. Außerdem sollte ich zu Reaktionen veranlaßt werden, »die die Einleitung strafprozessualer Prüfungshandlungen ermöglichen«.[160]

In der nächsten Gesprächsrunde im Juni 1986 wurde mir meine Materialsammlung mit den Worten zurückgereicht: »Was da drin steht, ist alles schon überholt«. Und auf meine Frage, ob er mich als Feind des Staates sehe, antwortete er: »Nein, wir werden um jeden Menschen kämpfen, auch um Sie.«[161]

Meine so wiedererwachte Hoffnung, daß in der Folge der Politik Gorbatschows die SED-Führung nun doch noch den Dialog mit Andersdenkenden suchte, erhielt wieder Nahrung. Ich wollte es aber genau wissen und bot meinen Gesprächspartnern die Rücknahme des Antrags unter drei Bedingungen an:

> »Als Vorleistung für eine Abstandnahme fordert Peter Eisenfeld unter anderem
>
> - das Recht, seine Ideologie auch öffentlich zu vertreten,
> - den Wiedereinsatz als Dolmetscher entsprechend seinen fachlichen Fähigkeiten,
> - Studium für seinen Sohn trotz Ablehnung der Jugendweihe und des Wehrdienstes mit der Waffe. Es sei gemeinsame Auffassung, daß sein Sohn ›Spatensoldat‹ wird.«[162]

Eine Stellungnahme dazu blieb aus. Statt dessen klingelte abermals das Telefon. Es folgte der Griff zum Hörer. Ohne daß ein Wort fiel, wurde der Hörer wieder aufgelegt und unmittelbar danach das Gespräch mit uns beendet. Die Stasi-Akten bestätigen unsere damalige

---

160 Information vom 15.5.1986 zum OV »Erz« und »Mineral« der Abteilung II zur Beratung zwischen Hptm. Graf und Hptm. Kander am 9.5.1986; ebenda, Bd. 1, Bl. 89.

161 Gedächtnisprotokoll vom 19.3.11986; Privatarchiv Peter Eisenfeld.

162 Protokoll vom 16.6.1986 über die Aussprache am 11.6.1986 mit den Ersuchenden Eisenfeld, Peter und Irina; ebenda.

Vermutung: An diesem Tag wurden die Wanzen in der Wohnung tatsächlich erneuert.

Durch das Abhören weiterer Gespräche, vor allem mit meinem Zwillingsbruder, sollte der OV »Erz« wiederum kurzfristig abgeschlossen werden, und zwar mit dem Ziel, »den Prozeß weiterer Organisationsversuche des politischen Untergrundes zu stören, den ›Friedenskreis‹ zu verunsichern und aufzulösen sowie ›Erz‹ auch in der BRD zu diskreditieren«.[163] Die hierfür erarbeitete Kombination (Grundidee) sah vor, daß ich nach der Einreiseerlaubnis für meinen Zwillingsbruder und nach zwei Gesprächen mit dem MfS kurzfristig übergesiedelt werden sollte. Die schnelle Ausreise und das daraufhin angesetzte Gespräch mit Johannes Pohl sollte den Eindruck erwekken, daß ich mit der Stasi in einem Boot sitze.

Diese Grundidee wurde Mitte Juli 1986 modifiziert, nachdem eine von der Abteilung M (Postkontrolle) abgefangene Postsendung meines Freundes Pohl nach Ungarn vorlag. Da er eine Reise nach Ungarn zum Treffen mit oppositionellen Gruppen plante, standen nunmehr für die Stasi zwei Varianten zur Disposition.

Variante eins: Er sollte nach seiner Rückkehr aus Ungarn unter Einleiten eines Ermittlungsverfahrens sofort dem Untersuchungsorgan des MfS (Abteilung IX) zugeführt werden, wenn bei seiner Rückkehr belastendes Material gefunden werde.

Variante zwei: sah vor, mich nach einem Gespräch mit der Stasi schnellstmöglich auszubürgern. Einen Tag später sollte Johannes der BV Dresden zugeführt und einer Verdachtsprüfungshandlung auf der Grundlage der offizialisierten Postsendung und anderer inoffiziell erhaltener Informationen realisiert werden. Noch während seiner Befragung sollte über die Zuführung anderer Friedenskreismitglieder entschieden werden. Ziel war, verantwortliche Amtsträger der Kirche durch Androhung eines Ermittlungsverfahrens gegen ihn zu veranlassen, den politischen Unruheherd in eigener Regie einzudämmen, und zwar im Sinne »der guten Zusammenarbeit in der letzten Zeit«.[164]

---

163 OV »Mineral« und »Erz« – Ergänzung zum Sachstand sowie Grundidee zum Abschluß beider Vorgänge vom 25.6.1986; BStU, ASt Dresden, AOP 1900/87, Bd. 3, Bl. 31.

164 Schreiben des Leiters der Abteilung II der BV Dresden vom 19.7.1986 an den Leiter der BV Dresden, Generalmajor Böhm; ebenda, Bl. 35.

Bei der Rückkehr aus Ungarn fanden die Zollorgane nichts, was eine Zuführung von Johannes hätte rechtfertigen können. Aufgrund der intensiven Zollkontrolle schon bei der Ausreise nach Ungarn war er vorgewarnt, so daß er vorsichtshalber ohne jegliche Unterlagen einreiste. Deshalb verblieb der Stasi nur noch die zweite Variante. Die Befragung sollte beginnen, sobald die Bestätigung für unsere Übersiedlung aus Berlin vorliegt.

Kurz davor wurden in unserer Wohnung abermals Wanzen eingebaut. Das war dann auch die erste Neuigkeit, die wir am Tag der Rückkehr aus dem Urlaub erfuhren. Zeugin war nicht nur unsere Nachbarin, sondern auch eine weitere Mitmieterin unseres Hauses. Und Freunde aus dem gegenüberliegenden Haus - sie waren ebenfalls Antragsteller auf Ausreise - teilten uns ganz aufgeregt mit, daß ein Großaufgebot im Einsatz war. Sie zählten insgesamt sieben Personen und drei Autos. Außerdem hielten sie das Kennzeichen eines Wartburgs fest.

Da beide Zeugen in unserem Haus den Mut aufbrachten, den Wohnungseinbruch notfalls mit Eid zu bestätigen, entschied ich mich für eine Meldung an die Polizei:

»Meldung

Nach über einjähriger Zurückhaltung sehe ich mich durch erneute mysteriöse Vorkommnisse nunmehr veranlaßt, in folgender Sache Meldung zu machen.
Nach unserer Rückkehr aus dem Urlaub haben wir von unserer Nachbarin, Frau Ahl, die sich während unserer Urlaubszeit um unsere Wohnung gekümmert hat, erfahren, daß sie am 6. August nach Arbeitsschluß unsere Wohnung nicht mehr so vorfand, wie sie diese am Vortag verlassen hat. Aufmerksam wurde Frau Ahl schon früh auf dem Weg zur Arbeit, als sie sich zum wiederholten Mal von einem weißen Wartburg aus beobachtet fühlte.
Einen weiteren Hinweis über Unregelmäßigkeiten an diesem Tag erhielten wir von Frau Hengst, Mitbewohner[in] unseres Hauses. Als sie gegen 7 Uhr das Haus verließ, fiel ihr ein junger Mann (circa 30 Jahre) vor der Haustür unserer Nachbarn auf, der langandauernd klingelte. Diesen Herrn fand sie gegen 9.30 Uhr am gleichen Ort vor, wo er

wiederum lange klingelte und sich bei Frau Hengst nach dem Verbleib der Töchter von Frau Ahl erkundigt hat.
Inzwischen (am 22.8.86) hat die Familie Ahl im Volkspolizei-Kreisamt Anzeige wegen mehrfacher und seit Mitte 1984 anhaltender Verunsicherung bzw. Belästigung (wiederholte Anrufe im Betrieb, die Erkundigungen über den Aufenthaltsort von Frau Ahl an bestimmten Tagen und zu bestimmten Zeiten durch ihr unbekannte Amtspersonen betrafen, Beobachtungen von einem weißen Wartburg aus beim Verlassen des Hauses auf dem Weg zur Arbeit an den o.g. Tagen) erstattet.
Auffallend war für Frau Ahl und uns, daß sich diese Vorkommnisse immer auf die Tage bezogen, an denen wir nachweislich (Urlaub, Gruppenversammlung, Gespräche in der Abteilung Inneres) nicht zu Hause waren.
All diese Umstände lassen die Vermutung zu, daß unsere Wohnung in bestimmten Zeitabständen von fremden Personen observiert wird und Handlungen begangen werden, über deren Hintergründe wir nur mutmaßen können. Es liegt der Verdacht nahe, daß der Staatssicherheitsdienst ein gewisses Interesse für meine Aktivitäten in der alternativen Friedensarbeit zeigt.
Da durch diese Vorkommnisse vor allem meine Frau und unsere Nachbarn stark verunsichert sind, bitte ich um Klärung und Prüfung des Verdachtsmoments«.[165]

Knapp zehn Wochen später kam es zu einer Aussprache mit - so die Stasi-Unterlagen - dem Genossen Natschak und Major Grünzig (»Bellmann« - Mitarbeiter »K«) der Abteilung II der Stasi. Sie stellten sich als Kripo-Mitarbeiter vor und bestritten alles. Im übrigen fand ich in meinen Stasi-Unterlagen das festgehaltene Autokennzeichen wieder. In einem Schreiben der BV des MfS heißt es dazu: »Aus operativen Gründen machte es sich erforderlich, kurzfristig das Kennzeichen des Dienst-Kfz Wartburg 335 (Verw.-Nr. 612 4105) RY 30-12 zu ändern.«[166]

---

[165] Meldung von Peter Eisenfeld an die Meldestelle der Volkspolizei des Stadtbezirks Dresden-Mitte vom 3.9.1986; Privatarchiv Peter Eisenfeld.

[166] Vermerk über die Veränderung eines Kfz-Kennzeichens am Dienst-Pkw vom 1.10.1986; BStU, ASt Dresden, AOP 1900/87, Bd. 3, Bl. 63.

Hoffnungen auf Glasnost in der DDR

Im Jahre 1986 machte in der internationalen Politik das Schlagwort »Glasnost« die Runde. Es kündigte einen Wandel der Außen-, aber vor allem der Innenpolitik der Sowjetunion an. Dieser Begriff wurde von Gorbatschow nach seinem Machtantritt im März 1985 in die reale Politik eingeführt. Sein Inhalt, bezogen auf die Außenpolitik, unterschied sich zu dieser Zeit noch unwesentlich vom Konzept der friedlichen Koexistenz seiner Vorgänger. Auch das, was dazu auf dem XXVII. Parteitag der KPdSU (Februar/März 1985) gesagt wurde, entsprach noch ganz dem alten Klassenkampfschema. Die Gebrechen der Welt wurden allein dem Kapitalismus angelastet. Erst gegen Ende 1986/Anfang 1987 gewann das »Neue Denken« in der Außenpolitik eine andere Qualität, indem Gorbatschow die Abrüstungs- und Sicherheitsfragen mit der Innenpolitik verknüpfte. Dieser Umdenkungsprozeß bei Gorbatschow dürfte wohl kaum auf der Eingebung eines neuen Geistes beruht haben. Vielmehr war es die Einsicht in die ganz realen Lebensverhältnisse im eigenen Land. Es kann als ein Glücksfall der Geschichte angesehen werden, daß Gorbatschow und nicht sein vorher außer Gefecht gesetzter Rivale Romanow, dem selbstherrlichen und unbeliebten 1. Parteisekretär Leningrads, das Ruder des sinkenden Schiffes in die Hände bekam. Gorbatschow hatte erkannt, daß das diktatorische real existierende sozialistische System wirtschaftlich am Ende war und daß es zur Überwindung seiner Krise der Hilfe des Westens, besonders Amerikas, bedurfte. Schon auf dem XXVII. Parteitag sprach er von einer erforderlichen Wende in den inneren Angelegenheiten und meinte damit die schonungslose Analyse der Vergangenheit, die Offenlegung der Wahrheit und die Einbeziehung aller Bevölkerungsschichten in die Umgestaltung des Landes. Dies wiederum war ohne die Einleitung eines Demokratisierungsprozesses nicht denkbar.

Mit dem Januar-Plenum des ZK der KPdSU 1987 erhielt die öffentlich betriebene Wahrheitsfindung einen starken Auftrieb. Seither ließ die Aufarbeitung der stalinistisch geprägten Vergangenheit in aller Öffentlichkeit fast kein einziges Thema aus. Der von Gorbatschow machtpolitisch abgesicherte Reformprozeß wurde von Bürgern an der Basis und Parteispitze gegen die alten bürokratischen und dogmatischen Kräfte erfolgreich vorangetrieben, wobei vor allem ethisch-moralisch motivierte Intellektuelle, Schriftsteller,

Künstler und Journalisten den Motor der Bewegung bildeten. Mit »Glasnost« (Offenheit) und »Perestroika« (Umgestaltung) wurde ein geistiger Erneuerungsprozeß in Gang gesetzt, der dem Prager Frühling 1968 vergleichbar war. Er hatte insofern einen besonderen Stellenwert, als es dieses Mal von einem Land ausging, das bis dahin als zuverlässige Schutzmacht zur Unterdrückung von Reformversuchen in anderen kleinen Ostblockländern auftrat.

Die SED-Führung reagierte auf diesen Prozeß in der Sowjetunion zunächst zurückhaltend. Doch schon bald zeigte sie - und diesmal ganz gewiß nicht auf Geheiß des »großen Bruders« - ihr wahres Gesicht. Nach einer informationspolitisch verzerrten Darstellung der freien Meinungsbildung in der SU folgte die direkte ideologische Bekämpfung der Glasnost-Politik. Die Parteispitze fürchtete nichts mehr als die ehrliche Offenlegung der wirklichen Zustände und Gedanken der Menschen. Mir war klar, daß die »Glasnost«-Politik das auf Lügen und Halbwahrheiten beruhende SED-System grundlegend erschüttern mußte.

Um so enttäuschter war ich über die übervorsichtige Zurückhaltung kritischer Intellektueller und Kirchenvertreter der DDR in der Unterstützung Gorbatschows gegen seine altstalinistischen Widersacher im In- und Ausland. Ja selbst die meisten Vertreter der alternativen Basisgruppen schienen damals die revolutionäre Bedeutung dieser geistigen Wende in der Innen- und damit auch Außen- und Abrüstungspolitik der SU nicht erkannt zu haben, wie ich dies auf dem Leipziger Treffen von »Frieden konkret« Anfang März 1987 erlebte. Dort fand dann eine in klaren Worten gefaßte Resolution gegen die amerikanische Rüstungspolitik[167] bedeutend mehr Zustimmung als ein sehr vorsichtig formuliertes Bekenntnis zu »Glasnost« und »Perestroika«.

> »Neues Denken 3b[168]:
> Wir sehen eine Wurzel für das neue Denken bereits in der Bergpredigt.

---

[167] Soweit ich mich erinnere, war ich von den wahlberechtigten Gruppenvertretern der einzige, der diese antiamerikanische Resolution ablehnte.

[168] Untergruppe 3b Neues Denken wurde von Heiko Lietz, ehemaliger Bausoldat, Totalverweigerer (Haft), Jugendpfarrer, ab 1980 Abbruch der kirchlichen Amtstätigkeit, Aktivist der unabhängigen Friedensarbeit in der DDR, ab 1984 Mitorganisator von »Frieden konkret« u. a. unabhängiger Friedensinitiativen gegründet. Zu dieser Untergruppe gehörte auch der Landesbischof Dr. Johannes Hempel.

Mit dem Aufkommen der Massenvernichtungsmittel wurde neues Denken lebensnotwendig. Indem sich vormals eine Großmacht, die Sowjetunion, das neue Denken zu eigen macht, wird es politisch wirksam.

Als wesentlich neu fanden wir bei Michail Gorbatschow: Es kann und soll jetzt alles ausgesprochen werden, was die Menschen bewegt.
Wie können wir Hebammendienste leisten, damit das neue Denken auch in unserer Gesellschaft lebendig wird?

Folgende Punkte sind unverzichtbar:

1. Wir müssen ständig bereit sein, uns als Gesprächspartner gegenseitig vorbehaltlos zu akzeptieren. Dabei kommt es darauf an, so zuzuhören, daß wir die Wahrheit des Gegenüber entdecken und seine Zwänge und Denkvoraussetzungen verstehen lernen. Ein Gespräch im Zeichen neues Denken erfordert die Anerkennung eines jeden als mündigen Bürger.

2. Die Durchsetzung des neuen Denkens erfordert einen langen Atem.

3. Die Kraft dazu schöpfen wir aus der Zugehörigkeit zu einer Gruppe und aus der Besinnung auf Quellen unseres Handelns, z. B. aus dem christlichen Glauben.

Folgende Fragen sind uns wichtig, blieben aber strittig:

1. Ist konstruktive Mitarbeit nur möglich, wenn ich mich zu unserer Gesellschaft bekenne? Bin ich nur dann ein glaubhafter Friedenskämpfer, wenn ich keinen Ausreiseantrag gestellt habe?

2. Brauchen wir eine über die Gesetze der DDR hinausgehende Einklagemöglichkeit der verfassungsmäßigen Rechte?

3. Ist es nötig, daß die Basisgruppen eigenständige politische Subjekte werde, z. B. dieses Seminar »Frieden konkret«?

4. Das neue Denken beinhaltet auch die Bereitschaft zum lebensermöglichenden Kompromiß. Wo ist er am Platze und wie weit geht er?

Nur für den innerkirchl[ichen] Dienstgebrauch.«[169]

Zur Friedensdekade im November 1986 referierte ich an einem offenen Gemeindeabend der Dresdener Trinitatiskirche zum Thema »Neues Denken in der Sowjetunion«. Die Stasi reagierte auf diesen Vorgang noch gelassen. Laut Schreiben des Leiters der Abteilung XX der BV Dresden an seinen Chef, Generalmajor Böhm, nahmen an dieser Veranstaltung »ca. 90 Personen verschiedener Kirchengemeinden« teil. Weiter heißt es:

»Eisenfeld begrüßte das ›Umdenken‹, welches in der Politik des Genossen Gorbatschow zum Ausdruck kommt, vertrat jedoch die Position, daß diese Politik vordergründig auf innenpolitische Probleme in der SU gerichtet sei. Durch unsere Medien würde jedoch in erster Linie eine außenpolitische Interpretation erfolgen. Der Referent wandte sich dann Beispielen der Innenpolitik in der SU zu, die er interpretierte in der Form, daß man jetzt der Bevölkerung den Sozialismus augenscheinlicher machen wolle. Seine Darlegungen untermauerte er durch Zitate, die er sowjetischen Publikationen entnahm.
Es wird vorgeschlagen, in Abstimmung mit der Abteilung II zu prüfen, ob zu dem Eisenfeld im Rahmen der OV-Bearbeitung offensive Maßnahmen durchgeführt werden können. Das Auftreten des Eisenfeld ist mit dem zuständigen Superintendenten auszuwerten, wobei in den Vor-

[169] Seminar Frieden konkret V in Leipzig-Connewitz vom 27. 2. bis 1. 3. 1987: Weltweit Denken - Bei uns handeln - Gemeinsam gehen; Privatarchiv Peter Eisenfeld.

dergrund zu stellen ist, daß es sich bei E. um eine ÜE-Person [übersiedlungsersuchende Person] handelt.« [170]

Eine spürbare Reaktion war nach diesem Vortrag nicht festzustellen. Da auch die Abteilung Inneres seit dem letzten Gespräch im Juni 1986 nichts mehr von sich hören ließ, schloß ich ein Einschwenken der DDR auf den Kurs Gorbatschows und die Rücknahme des Ausreiseantrages noch immer nicht aus. Allerdings war zu diesem Zeitpunkt unsere Übersiedlung bereits beschlossene Sache. »Grünes Licht« dafür gab die Berliner Zentrale:

> »Durch die BKG[171] wurde mitgeteilt, daß zu ›Erz‹ und seiner Familie die Genehmigung zur Übersiedlung nach der BRD vorliegt. Mit dem Leiter der BKG, Genossen Oberstleutnant Röntsch wurde am 28.11.1986 vereinbart, daß ›Erz‹ vorerst von Inneres keine Information über die Genehmigung der Übersiedlung erhält, sondern dies erst nach einer weiteren Information durch den Leiter der Abteilung II erfolgt. [...]«[172]

Die Übersiedlung war entsprechend der Juli-Konzeption bis zum 12. Dezember 1986 vorgesehen.

Doch auch dieses Mal konnte der Vorgang nicht abgeschlossen werden. Die Ursache bildete die unterschiedliche Wertung eines abgehörten Gesprächs mit meinem Zwillingsbruder Anfang Oktober 1986 in der Berliner Wohnung meiner Schwester. Während die Bezirksverwaltung Dresden einschätzte, daß es sich hierbei »nicht um die Beschaffung von militärischen Informationen über das Vertei-

---

[170] Tagesinformation vom 18.11.1986 des Leiters der Abteilung XX, Oberst Tscheutschler, an den Leiter der BV Dresden des MfS, Generalmajor Böhm, zur »Friedensdekade«; BStU, ASt Dresden, AOP 1900/87«, Bd. 3, Bl. 79 f.

[171] BKG: Bezirkskoordinierungsgruppe. Hier handelt es sich um eine Diensteinheit der Bezirksverwaltung des MfS, die zur Verhinderung des ungesetzlichen Verlassens der DDR und zur Verhinderung des staatsfeindlichen Menschenhandels sowie zur Koordinierung legaler Ausreisen aus der DDR 1975 geschaffen wurde.

[172] Maßnahmen zum Abschluß des OV »Erz« und »Mineral« vom 4.12.1986; BStU, ASt Dresden, AOP 1900/87, Bd. 3, Bl. 95.

digungspotential der DDR handelte«, hielt die Hauptabteilung II in Berlin daran fest, daß der »Bundesnachrichtendienst im Bezirk Dresden eine Quelle hat und es sich dabei um ›Erz‹ handeln muß«. Daraufhin wurde durch den stellvertretenden Leiter der Hauptabteilung II, Oberstleutnant Mosig, der Vorgangsabschluß vertagt. Es sollte ein nochmaliges Zusammentreffen mit meinem Bruder »operativ-technisch« dokumentiert werden. Die Abhöraktion erfolgte Anfang Februar 1987. Sie lieferte abermals keinen Beweis für eine nachrichtendienstliche Tätigkeit, jedoch Hinweise, daß ich bei meiner Schwester mehrere Unterlagen deponiert hatte:

> »Aufgrund der leisen Gesprächsführung und mehrerer gleichzeitig sprechender Personen, speziell bei operativbedeutsamen Problemen, war nur eine begrenzte Auswertung der Gesprächsinhalte möglich. Es kann jedoch eingeschätzt werden, daß seitens Eisenfeld, Peter eine schriftliche Ausarbeitung an seinen Bruder Bernd zur Einsichtnahme übergeben worden ist, welche dann von seiner Schwester Brigitte weiter in deren Wohnung aufbewahrt worden ist. Zum Inhalt dieser Ausarbeitung liegen keine gesicherten Kenntnisse vor; möglicherweise handelt es sich um eine ›Abhandlung über das neue Denken‹ im Zusammenhang mit dem Unglück in Tschernobyl. Zur Verbringung dieser Unterlagen ins Ausland weist Eisenfeld, Peter darauf hin, daß bei Entdeckung der Unterlagen der Tatbestand der Nachrichtenübermittlung gegeben wäre. In diesem Zusammenhang ist zu beachten, daß die Schwester des Eisenfeld, Peter äußerte, daß sich in ihrer Wohnung noch weitere vier Kuverts mit Unterlagen des Eisenfeld, Peter zur Aufbewahrung befinden.«[173]

Die Stasi hoffte nun doch noch auf einen durchschlagenden Erfolg. Bei der daraufhin vorgenommenen konspirativen Durchsuchung der Wohnung meiner Schwester mußte die Enttäuschung groß gewesen sein. Sie fanden neben unbedeutenden Dokumenten und Photos

---

[173] Information des Leiters der Abteilung 6 der HA II, Hauptmann Neuberger, vom 16.2.1987; ebenda, Bl. 105.

nur noch einen von mir verfaßten kritischen Informationsbericht über die Katastrophe im Kernkraftwerk Tschernobyl. Die Hauptabteilung II vermerkt:

> »[Hauptabteilung] II/6 zum OV ›Erz‹
> - konspirative Durchsuchung ist gelaufen, Material gefunden, strafrechtlich läßt sich nichts machen.
> Wir bekommen einen Bericht.«[174]

Vortrag auf dem Meißener Friedensseminar und Raußschmiß aus der DDR

Ein Eisen aber hatte die Stasi noch im Feuer. Seit Ende März 1987 war sie über Details der Gestaltung des »Friedensseminars Meißen«[175] am 11./12. April 1987 durch ihren Spitzel in unseren Friedensarbeitskreis informiert. Den Schwerpunkt des Seminars sollte mein Referat über das »Neue Denken in der Politik«[176] sein, um das mich der Vorbereitungskreis des »Friedensseminars Meißen« gebeten hatte.

Als Grundlage dieses Referats diente mein Vortrag zur Friedensdekade 1985, den ich um neue Aspekte des Demokratisierungsprozesses nach dem Januar-Plenum in der SU sowie um die Reaktionen darauf in der DDR ergänzte. Es war in erster Linie als Plädoyer für die »Glasnost«-Politik Gorbatschows in der DDR gedacht.

Das Referat hatte ich in drei Teile untergliedert. Der erste befaßte sich mit der Interpretation des Begriffes »Neues Denken«. Hier ging es mir vor allem darum, den Begriff »Neues Denken« vom ideologischen Ballast zu befreien und auf das wahrhaftige Leben des einzelnen Menschen zurückzuführen. Hatten doch der Widerspruch zwischen Wort und Tat sowie der vom Staat verordnete einseitige Meinungsbildungsprozeß dazu geführt, daß sich das sozialistische System am Rand des wirtschaftlichen, sozialen, ökologischen und geistig-moralischen Zusammenbruchs befand.

---

[174] Handschriftlicher Vermerk der HA II, Unterschrift unleserlich; ebenda, Bl. 108.

[175] Friedensseminar Meißen: Seit 1975 zweimal jährlich stattfindendes Wochenendseminar zum Thema Frieden und Abrüstung.

[176] Siehe Dokument 6 im Dokumentenanhang, S. 469.

Im zweiten Teil ging ich konkreter auf die Geschichte des »Neuen Denkens« in der Sowjetunion und auf die von Gorbatschow praktizierte Glasnost-Politik ein, die die verkrusteten Strukturen in Partei, Staat und Gesellschaft aufzubrechen versuchte. Da diese Offenheit des Denkens von den sowjetischen Medien beherzt aufgegriffen wurde, konnte ich in meinem Referat die Glasnost-Bewegung in ihrer ganzen Breite mit Berichten aus russischen Zeitungen und Zeitschriften belegen. Gleichzeitig verwies ich aber auch auf die Schwierigkeiten des geistigen Erneuerungsprozesses. Stieß dieser doch auf eine Gesellschaft, die über einen langen historischen Zeitraum von anderen Zivilisationen und Kulturen wenig tangiert und von einer stark gedemütigten, im Obrigkeitsdenken erzogene breite Volksmasse und in einer relativ kleinen Schicht stark ethisch-moralisch gesinnter Persönlichkeiten geprägt wurde.

Im dritten Teil meines Vortrages gab ich einen Überblick über die Reaktionen unterschiedlicher Personengruppen in der DDR auf diesen historisch bedeutsamen Wandlungsprozeß in der Sowjetunion, der von der SED-Führung zunächst einseitig dargestellt und später unverhohlen politisch-ideologisch bekämpft wurde. Am Ende des Referats appellierte ich an die Teilnehmer des Friedensseminars, die Glasnost-Politik Gorbatschows auch in der DDR einzufordern.

Die Vorbereitung für dieses Seminar verlief bis zum Vortag ohne Komplikationen. Im Friedenskreis hatten wir alles abgestimmt und die Rollen verteilt. Um das Referat etwas aufzulockern, hatten sich zwei Mitglieder bereit erklärt, die im Vortrag eingebauten Zitate aus russischen Zeitungen abwechselnd zu verlesen. Außerdem stellte unser Friedenskreis noch einige Moderatoren für die Gruppengespräche, die im Anschluß an das Referat geplant waren. Für diese Gesprächsrunden hatte ich Fragen vorbereitet, die zum Engagement für Demokratie aus dem kirchlichen Raum in die Gesellschaft hinein ermutigen sollten. Außerdem stimmten wir einen von mir entworfenen Brief an Honecker ab, der nach dem Referat verlesen und den Teilnehmern des Seminars zur Unterzeichnung empfohlen werden sollte. Jedem Seminarteilnehmer sollte damit die Möglichkeit eingeräumt werden, sich mit dem Inhalt des Briefes zu solidarisieren und sein Bedürfnis nach »Glasnost« öffentlich zu bekunden.

Am Vorabend des Seminars überraschte mich Pfarrer Rudolf Albrecht, der das zweimal jährlich stattfindende Friedensseminar Meißen leitete, mit der Nachricht, daß die Dresdener Kirchenleitung in ei-

nem kurzfristig anberaumten Gespräch mit dem zuständigen Referatsleiter für Kirchenfragen des Bezirks Dresden zwei Auflagen erhielt:
1. Ein politisches Thema gehört nicht in die Kirche.
2. Es ist nicht vertretbar, daß ein Ausreiseantragsteller referiert.

Pfarrer Albrecht konnte - wie er mir mitteilte - in einem mit der Dresdener Kirchenleitung geführten Gespräch das Vorhaben verteidigen, so daß kirchlicherseits wenn auch kein grünes, so doch gelbes Licht für diese Veranstaltung gegeben war. Am nächsten Morgen fuhren wir nach Meißen. Auf der Fahrt einigten wir uns angesichts der staatlichen Auflage auf folgende Textfassung:

> »Sehr geehrter Herr Honecker!
>
> Wir, die Teilnehmer des Friedensseminars Meißen zum Thema ›Neues Denken in der Politik‹ werten Ihre Bemühungen um den Dialog auf hoher politischer Ebene als einen Beitrag zur Vertrauensbildung zwischen den Staaten der unterschiedlichen Gesellschaftssysteme. Gleichzeitig erfahren wir in unserer Gesellschaft einen Mangel an der heute in der Sowjetunion praktizierten Offenheit des Denkens.
> Wir sind überzeugt davon, daß eine ständige öffentliche Volksaussprache im Geist der uneingeschränkten Wahrheitsfindung, Kritik und Selbstkritik auch bei uns notwendig ist. Wir sehen darin eine Grundbedingung für eine rechtzeitige, friedvolle Lösung der auftretenden Widersprüche in der gesellschaftlichen Entwicklung sowie für die Stärkung des Vertrauens der Menschen in die Innen- und Außenpolitik der Partei und des Staates.
> Deshalb bitten wir Sie in diesem offenen Brief, sich ebenfalls für einen inneren Dialog im obigen Sinne wort- und tatkräftig einzusetzen.«[177]

---

[177] Brief von Teilnehmern des Friedensseminars Meißen an Erich Honecker vom 11.4.1987. Verteiler: Redaktion Neues Deutschland, Redaktion Die Kirche, Ev.-Luth. Landeskirchenamt Sachsen; unterzeichnet von Pfarrer Rudolf Albrecht im Namen von 216 Unterzeichnern; Privatarchiv Peter Eisenfeld.

Die Auflage der staatlichen Seite an die Kirche beunruhigte mich. Zumindest schloß ich eine kurzfristige Verhinderung meines Auftritts in Meißen nicht aus. Wider Erwarten verlief alles reibungslos. Wie ich heute aus der schriftlichen Hinterlassenschaft der Stasi entnehme, hätte es aber auch anders kommen können.

Die operativen Maßnahmen der Stasi im Zusammenhang mit der Teilnahme von Personen unseres Friedenskreises am Friedensseminar Meißen setzten praktisch am 1. April ein. Der Leiter der Diensteinheit Meißen, Oberstleutnant Böhme, von der Abteilung II der BV Dresden forderte »zur Gewährleistung der weiteren Differenzierungsarbeit durch die eingesetzten IM/GMS« aktuelles Bildmaterial und Angaben der »kleinen Personalien« zu meiner Person und zu Johannes Pohl ein. In einer Information des Leiters der Dresdener Abteilung XX vom 6. April 1987 sind in Vorbereitung des Seminars Maßnahmen vorgeschlagen worden, die zur Abstimmung des Einsatzes der IM zwischen der KD Meißen und KD Dresden-Stadt dienten. Dabei sollte durch die Beeinflussung von Pfarrer Albrecht die geplante Unterschriftensammlung verhindert werden. Außerdem war geplant, durch die Bezirkskoordinierungsgruppe (BKG) eine Information für den 1. Sekretär der SED-Bezirksleitung Dresden und den Vorsitzenden des Rates des Bezirkes anzufertigen sowie für ein Gespräch zwischen dem Stellvertreter des Vorsitzenden des Rates des Bezirkes für Inneres, Walter Fuchs, und dem Präsidenten der Evangelisch-Lutherischen Landeskirche Sachsens, Kurt Domsch, aufzubereiten. In der Konzeption für dieses Staat-Kirche-Gespräch heißt es unter anderem:

> »Es ist bekannt, daß ein ›Friedenskreis Johannstadt‹ die Gestaltung der Veranstaltung zum Thema ›Neues Denken in der Politik‹ übernehmen soll. [...] In diesem Zusammenhang ist dem Präsidenten zu erklären, daß es sich bei Eisenfeld um kein Kirchenmitglied, aber um einen Übersiedlungsersuchenden [ÜE] handelt. Es soll die Frage gestellt werden, ob derartige Referenten bei kirchlichen Veranstaltungen das ›Neue Denken‹ widerspiegeln sollen und ob das Bestandteil der starken kirchlichen Bemühungen in der Arbeit mit ÜE, wie sie vom Präsidenten oft genannt wurden, ist.
>
> Vom Präsidenten ist zu fordern, daß er seinen Einfluß geltend macht, damit das geplante Friedensseminar nicht durch

politisch-negative Kräfte mißbraucht und das Verhältnis Staat-Kirche dadurch belastet wird.
Staatlicherseits kann nicht geduldet werden, daß derartige überregionale Treffen mißbraucht und evtl. gesetzliche Bestimmungen verletzt werden.«[178]

Am Vortag des Referats teilte Generalleutnant Kratsch am 10. April 1987 dem Stellvertreter Operativ der BV Dresden, Oberst Anders, telefonisch folgendes mit:

»Durch den Genossen Minister wurde heute die Übersiedlung des Eisenfeld, Peter, OV ›Erz‹ bestätigt.
Die durchgeführte konspirative Durchsuchung in Berlin ergab keine relevanten Hinweise.
Im Zusammenhang von weiteren Aktivitäten im Rahmen des ›Friedenskreises‹ ist es wichtig, das dort Gesagte nach Möglichkeit mit Technik aufzunehmen, zumindest aber durch IM objektiv werten zu lassen.
Ziel muß sein, keine weiteren Aktivitäten zuzulassen und schnellstens die Übersiedlung zu vollziehen.«[179]

In einer anderen vom 10. April datierten »Information zum OV ›Erz‹« befindet sich der handschriftliche Vermerk des Stasi-Chefs Mielke: »Referat nicht zulassen. Oder wenn möglich? aufnehmen bzw. einschätzen«.[180]

Drei Tage später wurde von der Abteilung XX eine Information über das Friedensseminar erstellt. In diesem Bericht wird auf das Vorfeldgeschehen näher eingegangen. Hiernach wurde Oberkirchenrat Rau vom Stellvertreter des Vorsitzenden des Rates des Bezirkes

---

[178] Konzeption für ein Gespräch zwischen dem Stellvertreter des Vorsitzenden des Rates des Bezirkes Dresden für Inneres, Walter Fuchs, und dem Präsidenten des LKA der Evangelisch-Lutherischen Landeskirche Sachsens, Dr. Kurt Domsch; BStU, ASt Dresden, AOP 1900/87, Bd. 3, S. 120 (MfS-Zählung).

[179] Aktennotiz von Oberst Anders anläßlich des Telefonats von Generalleutnant Kratsch am 10.4.1987; ebenda, S. 121 (MfS-Zählung).

[180] Information zum OV »Erz« vom 10.4.1987; BStU, ZA, HA II/6-653, o. Pag.

für Inneres über das Meißener Friedensseminar in Kenntnis gesetzt und folgender Sachverhalt festgehalten:

> »Rau schätzte dazu in Übereinstimmung mit der staatlichen Position ein, daß eine derartige Person [gemeint war ich] als Referent ungeeignet ist. Am 10.4. teilte Rau telefonisch dem Sektor Staatspolitik in Kirchenfragen mit, daß der Sachverhalt seitens des LKA [Landeskirchenamts] geprüft worden sei und das ›Friedensseminar‹ unter dem Motto ›Leben und Glauben in der DDR‹ in einem ›vertretbaren Rahmen‹ stattfinden wird, der Vortrag solle durch Pfarrer Dr. Hilmar Günther (Auferstehungskirche Dresden-Plauen) zum Bibeltext ›Jeremias 13‹ gehalten werden. Antragsteller würden nicht sprechen. [...]«[181]

Zu meinem Referat heißt es unter anderem:

> »Durch den IMB ›Gary‹ meiner Diensteinheit wurde ein konspirativer Mitschnitt gefertigt. Das Referat stimmt inhaltlich in den wesentlichen Punkten mit den vorher erarbeiteten Material überein. Ergänzend wurden Aussagen zum Interview des Genossen Hager für die BRD-Zeitung ›Stern‹ eingearbeitet. In das Referat wurden die Mitglieder des ökumenischen Friedenskreises Dresden-Johannstadt, Herr Heidrich und Frau Blümel, zum Verlesen von Zitaten einbezogen. Das Referat wurde mit viel Zustimmung aufgenommen. In der anschließenden Gruppendiskussion, bei der sich die circa 350 Anwesenden in Gruppen zu 15 bis 20 Personen aufteilten, wurden folgende Fragen diskutiert:
>
> - Ist in der DDR ein Demokratisierungsprozeß im Sinne der in der UdSSR praktizierten Offenheit, Kritik und Selbstkritik notwendig und möglich?
> - Wer kann Träger einer solchen geistigen Erneuerung sein?

---

[181] Information vom 13.4.1987 zum »Friedensseminar Meißen« am 11./12.4.1987; BStU, ASt Dresden, AOP 1900/87, Bd. 3, S. 134 (MfS-Zählung).

- Wäre ich bereit, einen solchen von der Partei eingeleiteten Prozeß durch Übernahme von Funktionen verantwortungsbewußt mitzutragen?
- Wie können die Christen und die Kirchen in der DDR den Geist der Offenheit schon heute praktizieren, und welche Möglichkeiten und Grenzen sehe ich dabei?

Zu dieser Diskussion kann eingeschätzt werden, daß in den Gruppen sehr kontrovers diskutiert wurde. Es konnten keine einheitlichen Standpunkte erarbeitet werden. Viele Jugendliche versuchten Beispiele darzulegen, die verdeutlichen sollten, wo die Grenzen für die Durchsetzung für das neue Denken in der DDR liegen. Neues Denken in der Kirche wurde mit den Forderungen nach SoFd [Sozialer Friedensdienst], nach Friedenserziehung und der Abschaffung von Gefängnisstrafen für Wehrdienstverweigerer verbunden. Es kam mehrfach zum Ausdruck, daß eine generelle geistige Erneuerung in der DDR notwendig. [...]«[182]

Abschließend wurden folgende Maßnahmen vorgeschlagen:

»1. Aufbereitung der Information durch die AKG für den 1. Sekretär der SED-Bezirksleitung und den Vorsitzenden des Rates des Bezirkes.

2. Durch den Stellvertreter des Vorsitzenden des Rates des Bezirkes für Inneres, Genossen Fuchs, ist umgehend der Präsident des LKA [Landeskirchenamts] der Evangelisch-Lutherischen Landeskirche Sachsens, Dr. Domsch, zu informieren, daß das ›Friedensseminar‹ entgegen allen durch OKR Rau getroffenen Festlegungen verlaufen ist. Dabei ist unmißverständlich zum Ausdruck zu bringen, daß der Staat nicht bereit ist, eine derartige Vorgehensweise zu dulden. Dem Präsidenten ist anzukündigen, daß eine Auswertung des Seminars mit allen Konsequenzen erfolgen wird.

---

[182] Ebenda, S. 134 f. (MfS-Zählung).

> 3. In Abstimmung mit dem Leiter der Abteilung II wird durch mich bis zum 16. April 1987 ein Vorschlag erarbeitet, welche Möglichkeiten zur operativen Auswertung sich aus dem ›Friedensseminar‹ ergeben, um - bezogen auf Eisenfeld - Voraussetzungen zum zielgerichteten Vorgehen gegen den im OV ›Pazifist‹ meiner Abteilung bearbeiteten Pfarrer Albrecht und zur Auflösung des ökumenischen Friedenskreises Dresden-Johannstadt zu schaffen«.[183]

Dazu gibt es außerdem eine streng geheime Information der Hauptabteilung XX vom 16. April. Sie erwähnt zusätzlich, daß ich die Entwicklung in der Sowjetunion den Aussagen von Hager für die BRD-Zeitung »Stern« gegenüberstellte. Weiter heißt es:

> »Die daraus abgeleiteten Schlußfolgerungen des Eisenfeld fanden ihren konzentrierten inhaltlichen Ausdruck in der Verlesung eines offenen Briefes an den Staatsratsvorsitzenden der DDR, Genossen Honecker (Anlage).
> Dieser Brief, der während des Seminars zur Unterschrift auslag, wurde von circa 200 Personen unterzeichnet und soll, ohne Unterschriftsliste im Namen von Pfarrer Albrecht/Dresden, ebenfalls an das Zentralorgan des SED ›Neues Deutschland‹ versandt werden.
> (In einer epd-Meldung in der Zeitschrift ›Die Welt‹ vom 14. April 1987 wird auf das Treffen in Meißen und den dabei verabschiedeten Brief eingegangen und gleichzeitig vermerkt: ›Das Seminar rügte weiter die sichtliche Zurückhaltung von Schriftstellern und anderen Kulturschaffenden in der DDR gegenüber den Entwicklungen in der Sowjetunion‹).«[184]

---

[183] Ebenda, S. 136 f. (MfS-Zählung).

[184] Streng geheime Information der HA XX/4 vom 16.4.1987 über das »Friedensseminar« in der Trinitatiskirche in Meißen-Zscheila am 11. und 12.4.1987; BStU, ZA, HA II/6-653, Bl. 234.

Zu den Maßnahmen auf höchster Ebene wird ergänzend festgestellt:

> »1. Der Staatssekretär für Kirchenfragen, Genosse Gysi, wird in einem der nächsten zentralen Gespräche mit kirchenleitenden Amtsträgern des Bundes der Evangelischen Kirchen in der DDR erneut die staatliche Forderung erheben, daß getroffene Vereinbarungen konsequent durchzusetzen und einzuhalten sind. Dabei ist auch die Nichteinhaltung der kirchlichen Zusagen beim sogenannten 2. Basisgruppentreffen am 11. April 1987 in Weimar auszuwerten. [...]«[185]

Außerdem sollte sich die Dresdener Kirchenleitung darum kümmern, daß eine »Verbreitung des Referats des Eisenfeld unterbunden wird«. Von der Bezirksverwaltung Dresden des MfS wurden zudem weitere Maßnahmen zur Identifizierung der Teilnehmer des Seminars vorgesehen und mit dem Ziel eingeleitet, »eine Teilnahme von Bürgern aus dem kapitalistischen Ausland bei weiteren Seminaren zu verhindern«.[186]

Da ich von diesen Vorgängen keine Ahnung hatte und das Seminar ohne sichtbare Eingriffe verlief, schöpfte ich neue Hoffnung. Vielleicht war die staatliche Duldung dieser Veranstaltung gar ein Zeichen des Veränderungswillens der Parteiführung?

Eine Woche später holten mich die Ereignisse endgültig auf den Boden der Realität zurück. Am Abend des 20. April wurde mir eine Vorladungskarte von der Abteilung Inneres des Rates der Stadt überreicht. Darin wurde ich aufgefordert, mich am 21. April im Rathaus zu melden: »Personal- und Sozialversicherungsausweis sind mitzubringen«. Dort erwarteten mich zwei stattlich gekleidete Herren. Kurz vor Gesprächsbeginn postierten sie einen Handkoffer vor meiner Nase, was mich ahnen ließ, daß »im Koffer mitgehört« wurde. Ohne sich vorzustellen, begannen sie im kühlen Ton eine Art Kreuzverhör. Zunächst ging es nur um die beantragte Ausreise. Doch spätestens nach den Fragen, womit ich mich denn in der Freizeit so alles beschäftige, ob ich wüßte, daß ich die Normen des gesellschaftlichen Zusammenlebens überschritten habe, und ob mir bewußt sei,

---

[185] Ebenda, Bl. 235.

[186] Ebenda, Bl. 236.

daß ich in Meißen in provokatorischer Weise gegen die Friedenspolitik der DDR aufgetreten bin, war mir klar, daß mir Stasi-Leute gegenübersaßen. Ich hatte nichts zu verlieren und ging in die Offensive. Ich verwies auf Gesetze, die im Falle einer Normverletzungen angewendet werden können und gab auf die mir gestellten Fragen unter Darlegung meiner bald zwanzigjährigen Erfahrung mit der praktizierten Offenheit des Denkens freimütig Antwort.

Zum Friedensseminar Meißen räumte ich unter anderem ein, daß:

- ich selbst kein Verfechter der Antragstellung bin,
- nicht solche Gespräche wie dieses, sondern eine Politik der Offenheit das Ausreiseproblem lösen kann,
- ich das Referat im Auftrag des Vorbereitungskreises des Friedensseminars Meißen und seines Leiters, Pfarrer Albrecht, hielt,
- die Kirche über das Friedensseminar ausreichend informiert war,
- mein Friedenskreis und ich niemanden mit einer Veröffentlichung des Briefes an Honecker beauftragt hatten.

Als mir die beiden Herren am Schluß der Vernehmung mitteilten, daß ich mich mit meiner Frau wegen der Übersiedlung in der Abteilung Inneres melden solle, ahnte ich, daß sie nicht mehr mich und meine Familie, sondern die bleibenden Mitglieder meines Friedenskreises im Auge hatten. Am Ende des Gesprächs konnte ich mich nicht enthalten zu fragen, mit wem ich es zu tun habe. Sie gaben sich daraufhin als Herr Konrad bzw. Herr Rudolph von der Abteilung Inneres aus. Die Stasi-Akten schaffen Klarheit:

> »Ausgehend von der durch den Genossen Minister bestätigten Übersiedlung ›Erz‹ erfolgt die Vorladung von ›Erz‹ für den 21. April 1987, 11.00 Uhr zum Rat der Stadt, Abteilung Inneres. Hier erfolgt durch die Genossen Major Appelt, stellvertretender Leiter der Abteilung XX und Major Kandler, Referatsleiter II/6 - stellen sich nicht offiziell vor, überlassen Zuordnung ›Erz‹ - ein Gespräch zur Übersiedlungsproblematik unter dem Aspekt der Sicherheitsinteressen der DDR. [...] Eine weitere Zielstellung besteht darin, daß ›Erz‹ nach Abschluß des Gespräches hinsichtlich des Gesprächsgrundes selbst verunsichert ist.
> Am Ende des Gespräches wird er informiert, daß seine Angaben geprüft werden. Er wird aufgefordert hinsichtlich

seines Übersiedlungsantrages am 23. April 1987 beim Rat des Stadtbezirkes Mitte, Abteilung Inneres, vorzusprechen. Vom Gesprächsverlauf werden Tonaufzeichnungen gefertigt. Durch die Abteilung Inneres/Rat des Stadtbezirkes Mitte erfolgt am 23. April 1987 an ›Erz‹ die Mitteilung, daß sein Antrag genehmigt ist und er bis 28. April 1987 die DDR zu verlassen hat. [...]«[187]

Außerdem war laut dieser Konzeption geplant, nach meiner Übersiedlung die Friedenskreismitglieder zunehmend durch IM zu verunsichern und die Gruppe zu zersetzen. Nach Verhören einzelner Friedenskreismitglieder sollte durch den Rat des Bezirkes sowohl auf die katholische als auch auf die evangelische Kirche derart eingewirkt werden, daß beide Kirchen die Aktivitäten des Friedenskreises einengen und unterbinden helfen sowie der innerkirchliche Differenzierungsprozeß zu Pfarrer Albrecht forciert wird.

Was die Klärung der Differenzen zwischen Staat und Kirche betraf, so fand am 22. April 1987 eine Aussprache des Stellvertreters des Vorsitzenden für Inneres, Fuchs, mit dem Präsidenten des Landeskirchenamtes, Domsch, und Oberkirchenrat Rau über das Friedensseminar statt. Hierzu fertigte Fuchs einen Vermerk an, der unter anderem auch auf die mangelnde Verläßlichkeit über die getroffene Absprache mit der Kirche eingeht:

»OKR Rau erklärte, daß er und Pfarrer Albrecht, mit dem er am Vortag über den ordnungsgemäßen Ablauf der Veranstaltungen in Meißen gesprochen habe, nicht darüber informiert waren, daß Peter Eisenfeld Übersiedlungsersuchender ist. Pfarrer Albrecht habe keine Möglichkeit gesehen, den Referenten 24 Stunden vorher auszutauschen und somit die Bedenken des Landeskirchenamtes nur zur Kenntnis genommen.
Präsident Dr. Domsch ging davon aus, daß Gruppen wie das Friedensseminar Meißen zwar kirchliche Gruppen seien, aber selbständig handeln würden. Vieles würde man nur sehr spät

[187] Konzeption zum weiteren Vorgehen bei der Bearbeitung der OV »Erz« und »Mineral« und »Pazifist« vom 16.4.1987; BStU, ASt Dresden, AOP 1900/87, Bd. 3, S. 143 f. (MfS-Zählung).

erfahren und habe dann nicht den Handlungsspielraum wie die staatliche Seite. Er hält für unklug, daß ein Übersiedlungsersuchender auftritt, auch hätte er selbst die Rede so keinesfalls gehalten wie ihm das bisher bekannt geworden ist. Aber die Probleme lägen tiefer. Die Menschen artikulieren Probleme, die sie bewegen. Die Staatsführung Gorbatschows reize jeden zum Nachdenken, das richte sich doch nicht gegen die DDR. Er habe den Eindruck, daß man im Zusammenhang mit dem konziliaren Prozeß auch künftig und zunehmend Dinge thematisieren wird, die nicht einfach sind. Das Prinzip der gegenseitigen Verläßlichkeit und des Vertrauens wolle man unbedingt seitens des Landeskirchenamtes beibehalten. Es lasse sich aber nicht immer ein Erfolg vorprogrammieren. OKR Rau und er als Vertreter des Landeskirchenamtes müßten immer wieder damit rechnen, daß ihre Hinweise nicht ernst genommen werden. Dr. Domsch sicherte seinerseits eine gründliche Prüfung des Verlaufs der Veranstaltung in Meißen und der damit im Zusammenhang stehenden Fragen (Offener Brief an den Staatsratsvorsitzenden) zu.
Das Gespräch, an dem staatlicherseits auch der stellvertretende Sektorenleiter für Kirchenfragen, Genosse Johne, teilnahm, hatte den Charakter einer prinzipiellen Darlegung des staatlichen Standpunktes. Es wurde sachlich geführt und wird, wie vereinbart, nach entsprechender Untersuchung zu einem späteren Zeitpunkt fortgesetzt.«[188]

Zum Gespräch am 23. April 1987 bei Abteilung Inneres sollten wir einen Antrag auf Wohnsitzänderung ausfüllen und erhielten dann den sogenannten Laufzettel, auf dem man sich bei mehreren Behörden die Schuldenfreiheit bescheinigen lassen mußte. Den Laufzettel hatten wir nach drei Tagen zusammen mit Lebenslauf, ausgefüllten Reisepapieren und Paßbildern abzugeben. Damit setzte praktisch das unverbindliche Genehmigungsverfahren für die beantragte Übersiedlung ein. Über die Bearbeitungsdauer ließ man uns im Ungewissen.

[188] Vermerk des Stellvertreters des Vorsitzenden für Inneres des Rates des Bezirkes Dresden, Fuchs, mit dem Präsidenten des LKA Sachsen, vom 22.4.1987; ebenda, S. 150 f. (MfS-Zählung).

Am 28. April wurden meine Frau und ich nochmals zur Abteilung Inneres bestellt. Dort mußten wir schriftliche Erklärungen über die Art unserer Tätigkeiten bei unseren einstigen Arbeitgebern abgeben. Unsere Befürchtung über einen zu baldigen Ausreisetermin wurde mit den Worten begegnet, das könne noch sechs Wochen bis ein halbes Jahr dauern. Doch schon am nächsten Tag meldete sich gegen 17.00 Uhr der Chef der Abteilung Inneres bei uns persönlich. Den Überraschungseffekt genießend, überbrachte er die Nachricht, daß wir am nächsten Tag, früh 8.00 Uhr, bei der Abteilung Inneres zu erscheinen und trotz Krankheit unseres sechsjährigen Sohnes noch vormittags die DDR zu verlassen hätten. Wir waren fassungslos. Das Ignorieren dieser demonstrativen Aufforderung zum Verlassen der DDR wäre wahrscheinlich Grund genug für eine Abschiebehaft gewesen. Ich fühlte mich jetzt ganz einfach überfordert. Mit dieser Überrumpelungstaktik hatte ich nach dem letzten Gespräch in der Abteilung Inneres nicht gerechnet. Was und wo zuerst anfangen? In meiner Schreibmaschine befand sich die noch nicht vollendete Normseite meiner nun endgültig letzten Übersetzungsarbeit für den Betrieb Intertext, der unser Arbeitsrechtsverhältnis auch ohne unsere Unterschrift auflöste. Doch zunächst holte ich meinen älteren Sohn vom Tennisplatz, der von meiner Nachricht wenig beeindruckt schien. Dann ging die Packerei los. Wer von unserem plötzlichen Aufbruch erfuhr, kam noch schnell vorbei, bot Hilfe an oder half dort, wo in dieser chaotischen Lage noch zu helfen war. Die Kofferpackerei ging bis tief in die Nacht. Im IM-Bericht heißt es dazu: »Albrecht und Pohl hatten am letzten Mittwoch noch bei Eisenfeld eine große Abschiedsfete. Diese wirkte sich so aus, daß Albrecht am Donnerstag seinen Dienstpflichten nicht nachkommen konnte, was mir von ihm bisher unbekannt war.«[189]

Am nächsten Tag erledigten wir in der ständigen Obhut der Stasi die letzten Formalitäten. Obwohl wir bei der Aushändigung der Reisepapiere nochmals darauf hingewiesen wurden, daß wir die DDR unverzüglich zu verlassen hätten, verzögerten wir die Abreise. Gegen 14 Uhr meldeten sich in unserer Wohnung angeblich Mitglieder einer Kommission mit dem Auftrag einer Wohnungsbegehung. Of-

---

[189] Bericht des IMB »Lothar Eckert« vom 8.5.1987 über die Reaktionen von Johannes Pohl und Pfarrer Albrecht auf die Übersiedlung von Peter Eisenfeld; ebenda, S. 174 (MfS-Zählung).

fenbar wollte sich die Stasi von unserer Abreiseabsicht nochmals überzeugen.

Als wir dann in der Abenddämmerung des 30. April 1987 im Auto meines Schwagers Dresden in Richtung Berlin verließen, befiel mich in meiner Trauer um die zurückgelassenen Freunde plötzlich ein kurzes Glücksgefühl grenzenloser Freiheit.

Nur gut, daß ich damals kurz vor dem Exodus aus der DDR auf meinem letzten Friedenskreistreff am 27. April meinen Freunden über das Verhör ausführlich berichtete und meinem Freund Johannes Pohl ein Protokoll über meine Vernehmung hinterließ. So konnten sie die Absichten der Stasi, mich als IM zu diskreditieren, schnell durchschauen. Entsprechend der Konzeption wurden nach meiner Ausreise in der Zeit vom 11. Mai bis 12. Juni vier weitere Mitglieder des Friedenskreises verhört. Das letzte Verhör war eine Scheinbefragung des IMB »Werner Lehmann«, der offenbar für die Gruppe reaktiviert werden sollte.

Im Abschlußbericht vom 24. Juni 1987 werden Ausgangpunkt, Zielstellung und Ergebnis des OV »Erz« zusammengefaßt. Darin mußte das MfS eingestehen, daß die Zielstellung: Störung der Organisationsversuche zur politischen Untergrundtätigkeit, Verunsicherung und Auflösung des Friedenskreises, Disziplinierung von »Mineral« und Diskreditierung von »Erz« nicht gelang. Was das Forcieren des innerkirchlichen Differenzierungsprozesses angeht, so hatte mir Pfarrer Albrecht noch vor meiner Ausreise mitgeteilt, daß ihm seine Kirchenleitung Blauäugigkeit in der Politik vorgeworfen und unmißverständlich die Grenzen seines unermüdlichen Friedensengagements aufgezeigt habe.

Im abschließenden Stasi-Dokument lautet die Bilanz des MfS unter anderem:

> »Die Ergebnisse der operativen Bearbeitung sowie die Dokumentationen der Aktivitäten und Handlungen von ›Erz‹ belegen, daß es sich bei ihm um einen Exponenten und Organisator der politischen Untergrundtätigkeit handelte. Die von ihm entwickelten Aktivitäten richteten sich gegen die bestehenden gesellschaftlichen Verhältnisse in der DDR. Dazu nutzte er als Nichtchrist kirchliche Kreise, um unter dem Deckmantel der christlichen Friedensarbeit sein Gedankengut zu verbreiten. Er war Mitglied des ›Ökumenischen Friedenskreises‹ Dresden-Johannstadt und übte hier großen Einfluß aus. Unter seiner geistigen Führung wurde ein Pamphlet erarbeitet,

welches für den Friedenskreis als ›Statut‹ dienen sollte und von Inhalt her strafrechtlich den § 218 StGB, Zusammenschluß zur Verfolgung gesetzwidriger Ziele, erfüllte. Darin werden Forderungen nach mehr Demokratie nach innen und außen im real existierenden Sozialismus, Abbau ideologisch bedingter Feindbilder und stärkeren Einfluß auf die Umwelt, um sie zu Klassen und politisch unabhängigen Handlungen zu veranlassen, gestellt. Desweiteren ist der Zusammenschluß von Personen zu einer Gruppe fixiert.
Der im OV ›Mineral‹ [...] erfaßte und im engen Zusammenhang mit ›Erz‹ bearbeitete Pohl, Johannes [...] hat dieses Pamphlet am 7. Juli 1986 auf dem Postweg nach Ungarn zum Versand gebracht. Diese Sendung wurde durch den Zoll eingezogen und unserem Organ als offizielles Beweismittel für die strafrechtliche Verantwortlichkeit gemäß § 218 StGB von ›Mineral‹ übergeben.
Damit hätte ›Erz‹ als geistiger Urheber mit zur Verantwortung gezogen werden können.
Unter Beachtung der politischen Lage und im Interesse einer erfolgreichen Fortführung des Dialogprozesses zwischen Staat und Kirche konnten aus rechtspolitischen Gründen keine strafrechtlichen Maßnahmen gemäß § 218 StGB angewandt werden.
Ein Lossagen des Friedenskreises von ›Erz‹ konnte bisher nicht erreicht werden.
›Pazifist‹ [Pfarrer Albrecht] wurde durch die Kirchenleitung angedroht, daß sie sich bei weiteren derartigen Aktivitäten von ihm distanzieren wird. Damit wird deutlich, daß die Zielstellung, den innerkirchlichen Differenzierungsprozeß zu forcieren, erreicht wurde. Die Zersetzung des Friedenskreises konnte noch nicht erreicht werden.
Es kann eingeschätzt werden, daß mit der Übersiedlung von ›Erz‹, dem aggressivsten Teil des Kreises, die geistige Führung genommen wurde. Mit den durchgeführten Maßnahmen ist eine Zurückdrängung der Wirksamkeit des Friedenskreises erreicht.«[190]

---

[190] Abschlußbericht zum OV »Erz« vom 24.6.1987; ebenda, S. 179–181 (MfS-Zählung).

Der Vorgang »Erz« wurde am 30. Juni 1987 gesperrt zur Ablage gebracht. Damit waren aber - wie ich heute aus den bruchstückhaften MfS-Akten der Spionageabwehr und Hauptverwaltung Aufklärung weiß - die Observation und Zersetzung meiner Person durch die Stasi nicht beendet.

Einreiseverbot nach dem Mauerfall durch die Modrow-Regierung und Ringen um die Anerkennung als politisch Verfolgter der DDR in Westberlin

Was meine Familie und mich in Westberlin erwartete, wie wir mit dem plötzlichen Wechsel unseres sozialen Umfeldes und den neuen Lebensverhältnissen in der Freiheit zurechtkamen, welche unerwarteten Schwierigkeiten sich bei der Vermittlung meiner Erfahrungen mit der DDR-Diktatur einstellten und welche Möglichkeiten und Grenzen meines gesellschaftspolitischen Engagements sich in der pluralistisch verfaßten Staatsordnung der Bundesrepublik ergaben, all das soll einer gesonderten Dokumentation vorbehalten bleiben. Doch möchte ich an den Schluß meines Erfahrungsberichtes über die DDR zwei Vorgänge dokumentieren. Der eine betrifft den Versuch, im Herbst 1989 nach Dresden zu reisen und wirft einen Blick auf Hans Modrow, der damals als »Reformer« im Blickpunkt der Öffentlichkeit stand. Der zweite betrifft das Anerkennungsverfahren als politisch Verfolgter in der DDR, der einen Geist und ein Denken in den Rehabilitierungs-, Nachfolge- und Gerichtsbehörden erkennen läßt, mit dem noch heute viele politisch Verfolgte der DDR in ihren Bemühungen um eine Anerkennung der politischen Verfolgung und damit verbundenen Leistungsansprüchen konfrontiert sind. Daß uns im Westen vor allem Schwierigkeiten bei der Integration in das Arbeitsleben erwarteten, damit haben wir gerechnet. Überrascht wurden wir jedoch von der Ablehnung unseres Antrages auf Anerkennung als politische Flüchtlinge. Diese wurde uns vom Westberliner Verwaltungsgericht selbst dann noch verweigert, als wir ihm ein unerwartetes Beweisstück unserer politisch bedingten Verfolgung vorlegten. Denn selbst nach dem Fall der Berliner Mauer behandelte uns die Modrow-Regierung wie Verbrecher. Eine von Freunden für uns beantragte Besuchsreise nach Dresden wurde in einem Schreiben der Hauptabteilung Paß- und Meldewesen des Ministeriums des Innern trotz persönlichen Bittgesuchs an Modrow noch am 20. November 1989 abgelehnt.

Dank der öffentlichkeitswirksamen Solidarität und Eingaben von Dresdener Freunden sowie eigener Initiativen an bundesdeutsche Behörden im Zusammenhang mit der Kohl-Reise nach Dresden wurden Mitte Dezember 1989 die - wie es hieß - »Maßnahmen« gegen uns aufgehoben, so daß wir den Jahreswechsel 1989/90 zusammen mit Dresdener Freunden in unserer vor fast vier Jahren notgedrungen verlassenen Heimat feiern konnten.

Daß das Westberliner Verwaltungsgericht und die zuständige Westberliner Senatsbehörde die von uns aus prinzipiellen Gründen betriebene Anerkennung der politischen Verfolgung schließlich doch noch bescheinigen mußten, haben wir - abgesehen von den Bürgern, die die MfS-Belege unserer »feindlich-negativen« Tätigkeit vor der Vernichtung retteten und für die Einsichtnahme zugänglich machten - letztlich und kurioser Weise der schriftlichen Hinterlassenschaft der Stasi zu verdanken.

Die Schwierigkeiten im Anerkennungsverfahren, die wir zunächst als ein schnell korrigierbares Mißverständnis deuteten, erwiesen sich als grundsätzlich und mündeten in ein fast vier Jahre andauerndes entwürdigendes Widerspruchs- und Klageverfahren, das erst nach Vorlage eines Zwischenbescheides des Sonderbeauftragten der Bundesregierung für die Unterlagen des Staatssicherheitsdienstes der ehemaligen Deutschen Demokratischen Republik zu unseren Gunsten entschieden wurde. Als besonders schwer erträglich empfanden wir die abschließende Stellungnahme des Landesversorgungsamtes vom 30. März 1990 zu unserer Klage. In diesem Schreiben werden mir Unglaubwürdigkeit, finanzielle Vorteilnahme, Vortäuschung politischer Unzuverlässigkeit und Verfolgung, Mitläufertum im oppositionellen Friedenskreis und Übertreibungen der Bedrängnisse unterstellt, die letztlich »den Zweck der Erlangung des Status eines Sowjetzonenflüchtlings dienen sollten«.

Obwohl in meinem Fall offensichtlich der lange Arm der Stasi mitwirkte, machen bis heute ähnlich bewertete Rehabilitierungsfälle erschreckend deutlich, welch ein realitätsfremdes Bild im westlichen Teil Deutschlands über das Herrschaftssystem der DDR nicht nur einst bestand, sondern trotz des inzwischen vorliegenden umfangreichen Wissenstandes über die politische Verfolgung im SED-Unrechtssystem auch heute noch besteht.

Johannes Pohl

Berggartensstr.10 PF 05/46
Dresden, 8053, den 13.11.89

Ministerpräsident der DDR
vormals Erster Sekretär
der SED-Bezirksleitung Dresden
Herrn Hans Modrow

Sehr geehrter Herr Modrow!

Beziehen möchte ich mich auf ein an Sie noch als erster Sekretär der SED-Bezirksleitung Dresden gerichtetes Schreiben von Herrn Eisenfeld, Peter, das als Kopie beiliegt.
Die Angaben in diesem Schreiben kann ich inhaltlich voll bestätigen. Ich kenne das kritische gesellschaftliche Engagement von Herrn Eisenfeld durch inhaltliche Auseinandersetzung mit ihm und zuletzt durch gemeinsames Handeln. Besonders an dessen Folgen nahm ich bis zum eigenen Miterleben und Betroffensein teil.
Ich gehe von der starken Hoffnung aus, daß der Veränderungswille ebenfalls diese "Nagelprobe" bestehen wird, auch wenn derzeit die Praxis immer noch eine andere ist.
(Am 09.11.89 beantragte im VPKA Ost, Meldestelle Goetheallee die Einreise für die 4-köpfige Familie Eisenfeld im Zeitraum vom 08.12.89 bis 08.01.90.)
In der Genehmigung der Wiedereinreise sehe ich jedoch nur die Gewährung eines bisher vorenthaltenen Rechts. Eine Wiedergutmachung im Sinne einer Vergangenheitsbewältigung müßte jedoch weitergehen.

Ich könnte mir beispielsweise gut vorstellen, Herrn Eisenfeld die Ehrenbürgerwürde einer reformierten Deutschen (wahrlich) Demokratischen Republik zu verleihen.
Andere ehemalige DDR-Bürger, die sich auch schon vor Jahren, ja Jahrzehnten, für das eingesetzt haben, was heute viel zu spät Tagespolitik bzw. Ziel einer Umgestaltung ist, sollten ebenfalls diesen Versuch einer Wiedergutmachung in Form dieser Ehrung erfahren.
Ich bitte Sie diesen kleinen und dennoch, ich denke, sehr wichtigen Anstoß mit in Ihr neues Aufgabengebiet hineinzunehmen.

Für Ihre neue mit einem sehr großen Erwartungdruck versehene Arbeit als Ministerpräsident wünsche ich Ihnen Erfolg, der nur möglich sein wird, bei großer Offenheit und Einbeziehung der fähigsten Köpfe unseres Landes unabhängig ihrer parteilichen Bindung.

Hochachtungsvoll

Johannes Pohl

Das Bemühen unserer Freunde

MINISTERRAT
DER DEUTSCHEN DEMOKRATISCHEN REPUBLIK
MINISTERIUM DES INNERN
Hauptabteilung Paß- und Meldewesen

Postanschrift: Siehe Absenderstempel

Herrn
Johannes Pohl
Berggartenstr. 10
D R E S D E N

8 0 5 3

Unsere Zeichen

Datum des Poststempels 20.11.89

Werter Herr Pohl

Nach Abschluß der Bearbeitung des von Ihnen gestellten Ersuchens teilen wir Ihnen mit, daß diesem nicht entsprochen wird, weil Frau Irina Sachowa-Eisenfeld und Herr Peter Eisenfeld schwerwiegende Verstöße gegen die gesetzlichen Bestimmungen der DDR begangen haben.

Hochachtungsvoll

Kurz

Johannes Pohl

Berggartenstr.10 PF 05/46
Dresden, 8053, d. 27.11.89

Ministerrat der DDR
Ministerpräsident
Dr. Hans Modrow

Sehr geehrter Herr Dr. Modrow !

Gegen die Entscheidung des Ministeriums für Inneres, Abteilung Paß- und Meldewesen, die die Einreise für Frau Irina Sacharowa-Eisenfeld und Herrn Peter Eisenfeld verweigert (siehe beiliegende Kopie des Schreibens vom 20.11.89), lege ich schärfsten Protest ein.
Begründend verweise ich dabei auf das Schreiben Herrn Eisenfeld's vom 01.11.89 an Sie noch in der Funktion des 1. Sekretärs der Bezirksleitung der SED Dresden bzw. mein diesbezügliches Schreiben an Sie vom 13.11.89. (Beide Schreiben liegen zur schnelleren Orientierung als Kopie bei.)

Über die erhobenen kriminalisierenden pauschalen Anschuldigungen, die Einreisewilligen hätten schwerwiegend gegen die gesetzlichen Bestimmungen der DDR verstoßen, fordere ich Aufklärung. (Gegen welche Gesetze wurde in welchem Umfang erwiesenermaßen unter Nennung der Tatbestände und -Umstände verstoßen?)

Auf dem Hintergrund meiner begründeten Annahme, daß solche Verstöße nach rechtsstaatlicher Überprüfung nicht vorliegen, erwarte ich die umgehende Rücknahme der vorliegenden Entscheidung und die umfassende Rehabilitierung von Frau Irina Sacharowa-Eisenfeld und Herrn Peter Eisenfeld gegenüber vorliegenden und gegebenenfalls weiteren Vorwürfen.

Hochachtungsvoll
Johannes Pohl

Jutta Klemm 8019 Dresden, den 07.12.1989
Florian-Geyer-Str. 40

UNION
Str. der Befreiung 21
Dresden
8060

Werte Redaktion,

es wäre sehr schön, wenn Sie Platz für die Veröffentlichung beiliegenden Schreibens fänden. Es betrifft den Artikel "Ehemaliger Dresdner schreibt ..." in Ihrer Zeitung vom 01.12.89.

Mit freundlichen Grüßen

Jutta Klemm 8019 Dresden, den 07.12.1989
Florian-Geyer-Str. 40

Ministerium des Innern
Abt. Paß- und Meldewesen
Mauerstr. 29
Berlin
1 0 8 6

Ablehnung des Besuchsantrages für Familie Eisenfeld

Als frühere Kollegen von Irina und Peter Eisenfeld bitten wir um Aufklärung, worin die "schwerwiegenden Verstöße gegen gesetzliche Bestimmungen" bestanden haben, die nun einem Einreiseersuchen der Familie Eisenfeld entgegenstehen. Wenn sie sich einer Verletzung der Gesetze schuldig gemacht haben, wieso sind sie nicht damals, als sie noch hier lebten, gerichtlich belangt worden? Alles das, was ihr Anliegen in politischer Hinsicht war, steht heute in der DDR auf der Tagesordnung, nämlich Demokratie, Pluralismus, Offenlegung und richtige Bewertung der Vergangenheit und noch vieles andere. Offensichtlich sind bei Ihnen im Ministerium der alte Geist, das alte Denken noch präsent.
Wir jedenfalls kennen Irina und Peter Eisenfeld als pflichtbewußte, aufrichtige und ehrliche Kollegen, deren Weggang 1987 von uns sehr bedauert wurde, denn wir haben in ihnen nicht nur gute Fachkräfte, sondern vor allem auch wertvolle Menschen verloren.

Stellvertretend für ehemalige Intertext-Kollegen
von Irina und Peter Eisenfeld

Durchschlag
an "Union"

Dresden, den 03.12.89

Offener Brief an Irina und Peter Eisenfeld

Liebe Freunde!

Zurückgekehrt von einem Besuchswochenende habe ich vorhin Euren Brief an die SED-Bezirksleitung in der Union vom 2./3. Dezember gelesen mit dem Nachsatz, daß Euch die Einreise in die DDR verweigert wurde, weil Ihr "schwerwiegende Verstöße gegen gesetzliche Bestimmungen" begangen haben sollt. In mir sind jetzt viel Unruhe und Zorn, die mich postwendend zum Schreiben drängen.
Was die Aufrichtigkeit Eures Engagements vor und während Peter's Mitarbeit in unserem Friedenskreis betrifft, bedarf es keiner Bestätigung. Erst recht bedürft Ihr keiner Rechtfertigung gegenüber denen, die den schleichenden Schauprozeß fortzusetzen gedenken. Ihr ward mir, den Freunden aus dem Friedenskreis und vielen Menschen in der DDR wichtige Weggefährten. Die Entwicklung, die sich seit einigen Wochen hier vollzieht, habt Ihr wesentlich mitgebahnt. Daß Ihr dafür immer noch einen bitteren Preis zahlen müßt, macht mir deutlich, an welchem allernächsten Scheideweg wir stehen.
Der Stalinismus ist noch unter uns, er besitzt sogar noch Macht. Alles, was wir bisher erreicht haben, scheint nur unumkehrbar und ist längst noch nicht sicher.
Da kann das, was Christa Wolf und Stefan Heym in ihrem Aufruf als Scheideweg formulieren, in mir nur Zwiespalt und Skepsis auslösen, zumal daraus sofort eine Kampagne mit bitterem Beigeschmack entfacht wurde.
Ich wünsche und hoffe, daß wir miteinander in tätiger Wachsamkeit weitergehen. Dazu gehört auch, Eure uneingeschränkte öffentliche Rehabilitierung konsequent einzufordern!

Herzlich grüße ich Euch im Namen
aller Freunde, die zum ökumenischen
Friedenskreis Dresden-Johannstadt
gehören.

Franco Gläsner

Liebe Irina, liebe Peter!

Ich habe jeweils einen Durchschlag an die „Union" und an die SED-Bezirksleitung geschickt.

Euch wünschen wir eine besinnliche Adventszeit trotz aller Um- und Aufbrüche!

Eure Ursula
u. Franco

Ehemaliger Dresdner schreibt an die SED-Bezirksleitung

Bisher keine Einreisemöglichkeit für Peter Eisenfeld

Ich bin im Frühjahr 1987 mit Familie von Dresden nach Berlin (West) legal übergesiedelt und zähle zu jenen ehemaligen Bürgern der DDR, die aufgrund ihres kritischen gesellschaftlichen Engagements notgedrungen die DDR verlassen mußten.

Als politisch engagierter Parteiloser setzte ich mich in der DDR seit 1967 in Form unterschiedlicher Wortmeldungen (Eingaben, Leserzuschriften, Diskussionsbeiträgen, u. a. auch zu den letzten drei Parteitagen der SED), Gesprächen (darunter 1983 in Ihrer Bezirksleitung) und Veröffentlichungsversuchen („Streitschrift zum Menschenrecht" und „Briefe mit und ohne Antwort"), als Elternaktivmitglied (1978–86), Gewerkschaftsvertrauensmann (1979–1985) und als Mitglied des Ökumenischen Friedenskreises Dresden-Johannstadt für Veränderungen im gesellschaftlichen Leben der DDR ein, die heute selbst von Funktionsträgern der Partei und des Staates als dringend notwendig erachtet werden. Von eben diesen Funktionären mußte ich mir bei meiner Forderung nach einem öffentlich zu führenden Meinungssteit immer wieder anhören, daß die von mir aufgezeigten und nunmehr offen zu Tage tretenden Probleme für die Gesellschaft ohne Bedeutung seien, daß meine Kritik an den Zuständen in der DDR durch die Bevölkerung nicht legitimiert sei und daß die kollektive Weisheit der SED die gesellschaftlich relevanten Probleme immer rechtzeitig erkenne und jederzeit die richtigen Entscheidungen träfe. Dabei verwies man mich an meinen Arbeitsplatz, denn dies – so wurde betont – sei der mir gemäße Ort im Kampf für Frieden, Sozialismus und Demokratie. Da ich diesen Auftrag ernst nahm und aus der Pflicht zur Arbeit auch ein Mitsprache- und Mitgestaltungsrecht auf allen Gebieten des gesellschaftlichen Lebens einforderte, bekam ich und meine Familie die Folgen solchen konsequenten Handelns zu spüren: 1967 Diskussionsverbot in der Gewerkschaftsgruppe, 1972 kaderpolitisch erzwungene Aufgabe meines Ausbildungsberufes als Dipl.-Geologe bei der SDAG Wismut, 1975 politisch begründete Ablehnung als Gruppenleiter und Dolmetschverbot für mich und meine Frau beim Fremdsprachenbetrieb Intertext, 1979 unbegründetes Einreiseverbot in die ČSSR und seither andere rechtliche Verunsicherungen (Hausbefragungen von Mitmietern durch Staatssicherheitsorgane, ständige Verletzung des Pos heimnisses, seit 1984 nachweisliche servation der Wohnung u. a.), seit 1 Angriffe und Unterwanderung der L terkeit meiner Person durch die Par und Betriebsleitung von Intertext, 1985 im Vorwurf der Unruhestiftung u subversiven Tätigkeit in meiner Funkt als Vertrauensmann gipfelte, 1985 St chung unseres Sohnes von der Dele rungsliste für eine Spezialschule, weil das Jugendweihegelöbnis nicht sprech wollte.

Ich habe mit diesen Diskriminier gen im Beruf und den rechtlichen Ver sicherungen ohne Verbitterung leben lernt. Doch empfand ich es als tragis für die gesellschaftliche Entwicklu daß meine Person dazu mißbrau wurde, dem Mitbürger die Sinnlosigk und Konsequenzen von Offenheit u Ehrlichkeit deutlich vor Augen zu fü ren. Diese Art des verfeinerten tagtä chen Schauprozesses mit teils verdeckt teils offener Drohung gegen Andersde kende führte dazu, daß Würde- u Sprachlosigkeit, Doppelzüngigkeit, O

portunismus, Resignation, Perspektiv- und Hoffnungslosigkeit das gesellschaftliche Leben in der DDR beherrschte. Damit war aber gleichzeitig für viele entmutigte Bürger der DDR der Ausweg aus dieser gesellschaftlichen und persönlichen Misere vorgezeichnet: der Ausreiseantrag oder Fluchtversuch.

POST AN UNS

Für mich stand diese Alternative bis 1985 außer Frage. Doch schließlich mußte auch ich dem Druck der politischen Verhältnisse Tribut zollen. Wegen zunehmender Bedrängnisse meiner Familie und der damit verbundenen nicht mehr zu verantwortbaren psychischen und gesundheitlichen Belastung meiner Frau sah ich mich Ende 1985 genötigt, einen Antrag auf Übersiedlung zu stellen. Mit der Einleitung des demokratischen Erneuerungsprozesses in der UdSSR schöpfte ich nochmals Hoffnung. Nach einem Referat über Glasnost und Perestroika 1987 auf einem Friedensseminar in Meißen holten mich jedoch die Staatssicherheitsorgane der DDR wieder schnell auf den Boden der damaligen politischen Realitäten zurück. Nach einem Verhör mußte ich unter menschenunwürdigen Bedingungen die DDR mit meiner Familie kurzfristig verlassen.

Was blieb, waren die ungebrochene Überzeugung von der Durchsetzungskraft der Wahrheit des Lebens und die Hoffnung auf ein baldiges Wiedersehen mit Dresden und liebgewonnenen Dresdnern. Die Einreisesperre für ehemalige DDR-Bürger hat dies bislang verhindert. Die demokratische Erneuerung gerade auch in Dresden und ihre Glaubwürdigkeit müssen sich m. E. aber auch daran messen lassen, ob die verantwortlichen Funktionsträger dieser Stadt ihre vertriebenen ehemaligen Bürger wieder einreisen lassen. In der Einreisegenehmigung für mich und meine Familie würde ich nicht nur einen gutwilligen Akt der Wiedergutmachung geschehenen Unrechts sehen, sondern auch das ernsthafte Bemühen um eine wahrheitsgetreue Vergangenheitsbewältigung der DDR-Geschichte, ohne die es kein Vertrauen in die Zukunft geben kann.

Peter Eisenfeld, Berlin (West)

Auf den Antrag eines Dresdner Bekannten kam inzwischen folgende Mitteilung des Ministeriums für Inneres, Abteilung Paß- und Meldewesen: „Nach Abschluß der Bearbeitung des von Ihnen erstellten Ersuchens teilen wir Ihnen mit, daß diesem nicht entsprochen wird, weil Frau Irina Sachowa-Eisenfeld und Herr Peter Eisenfeld schwerwiegende Verstöße gegen gesetzliche Bestimmungen begangen haben."

Union, d. 2./3. 12. 89

51

Frank Scharf
Huttenstr. 2 b
8019 Dresden

DIE UNION
Redaktion
Str. der Befreiung 21
Dresden
8060

3.12.1989

In der UNION vom 2./3. Dezember 1989 lasen wir den Brief unseres Freundes Peter Eisenfeld an die SED-Bezirksleitung Dresden.
Wir können die Richtigkeit des Inhaltes des Schreibens und somit sein Auftreten für bessere gesellschaftliche Verhältnisse und mehr Demokratie bestätigen. Wir können auch heute und gerade durch die jetzt eingetretenen und sich laufend noch verändernden Verhältnisse in unserem Land sagen, daß Peter Eisenfeld sich nur f ü r und nicht g e g e n die DDR eingesetzt hat. Durch viele persönliche Gespräche und Diskussionen sowie durch unsere gemeinsame langjährige Tätigkeit im Elternaktiv der Klasse unserer Kinder haben wir sein Engagement und Wirken für eine positive Entwicklung unserer Gesellschaft schätzen gelernt. Seine Beiträge und Hinweise waren stets im Sinne des Guten und Machbaren und niemals wurden überspitzte und sogenannte „staatsfeindliche Forderungen" erhoben. Durch sein ruhiges und sachliches Auftreten, durch sein fundiertes und tiefgründiges politisches Wissen war er uns immer ein Vorbild und Ratgeber.

Wir haben damals den Weggang der Familie Eisenfeld sehr bedauert, jedoch den Schritt der Ausreise aufgrund der von uns miterlebten ständigen Diskriminierungen und Schmähungen verstanden.

Das ist ein typisches Beispiel, wie aufrechte, konstruktive, kluge und bescheidene Menschen aus unserem Land getrieben wurden. Heute brauchten wir sie alle sehr.

Es ist für uns undenkbar, daß Irina und Peter Eisenfeld schwere Verstöße gegen gesetzliche Bestimmungen begangen haben sollen. Wir bitten Sie, diesen Brief zu veröffentlichen, weil wir damit bewirken wollen, daß das Ministerium für Inneres, Abt. Paß- und Meldewesen die erhobenen Anschuldigungen bekannt gibt oder das Einreiseverbot aufhebt.

Frank und Karin Scharf

Frank Scharf
Karin Scharf

LASoz
VI A 8-4675/46601
49917

1 Berlin 48, den 30.3.1990
(962) 190

LASoz
III E 16

Betr.: Durchführung des Bundesvertriebenengesetzes (BVFG);
hier: Peter Eisenfeld und Irina Sacharowa-Eisenfeld

Vorg.: Ihr Schreiben vom 29. Januar 1990 zum
GeschZ.: III 16-1214 K 89

Anlagen: 2 BVFG-Akten für die Obengenannten
2 Widerspruchsakten für die Obengenannten
1 Klagehandakte

Auch eine erneute Prüfung des Akteninhalts läßt nicht erkennen, daß der Antragsteller in der DDR politischen Schwierigkeiten und Bedrängnissen ausgesetzt war, die eine Anerkennung nach § 3 Abs. 1 BVFG rechtfertigen würden.

Hierfür spricht schon allein sein beruflicher Werdegang, der sich offensichtlich nur durch sein starkes gesellschaftspolitisches Engagement verwirklichen ließ. Als Indiz dafür ist die Delegierung zum Studium für Bergbau und Geologie (1961 bis Ende 1966) nach Leningrad zu sehen, welche er widerspruchslos entgegennahm und die ihm anschließend ermöglichte, eine entsprechende Tätigkeit bei der SDAG Wismut aufzunehmen. Die Einwände des Antragstellers, dort ab Ende der 60iger Jahre in seiner beruflichen Weiterentwicklung aus politischen Gründen eingeschränkt worden zu sein, konnte er nicht nachweisen und vermögen auch nicht zu überzeugen. Im übrigen ist zweifelhaft, ob der Antragsteller einen Anspruch auf die von ihm angestrebte Beförderung hatte und die dafür erforderlichen Fähigkeiten in seiner Person gegeben waren.

Der 1972 erfolgte Berufswechsel zum Dolmetscher, der sich nahtlos an seine vorherige Tätigkeit anschloß und wiederum in einem staatlichen Betrieb zu finanziellem Aufstieg führte, läßt erst recht nicht Vermutungen auf eine politische Unzuverlässigkeit und Verfolgung zu. Es ist vielmehr davon auszugehen, daß der Arbeitsplatzwechsel aufgrund finanzieller Vorteile erfolgte, zumal der

- 2 -

Antwort des Landessozialamtes in Westberlin

Antragsteller mit Aufnahme der neuen Tätigkeit sofort über ein höheres Einkommen verfügte, was sich bis zu seiner Ausreise aus der DDR am 30. April 1987 weiter steigerte.

In diesem Zusammenhang ist völlig unglaubhaft, daß es 1975 aus politischen Gründen zu dem behaupteten "Dolmetscherverbot" kam, da er seinen eigenen Angaben im Bundesaufnahmeverfahren nach bis zum 30. April 1987 (Tag der Ausreise) in diesem Beruf im gleichen Betrieb tätig war. Gegen ein Berufsverbot 1975 sprechen außerdem die Eintragungen in dem von ihm eingereichten Sozialversicherungsausweis, die diese Tätigkeit klar bis zum Jahre 1987 ausweisen. Die hierbei deutlich erkennbaren Widersprüche gehen zweifelsfrei zu Lasten des Antragstellers.

Sollte sich der Antragsteller trotz allem in seinem Tätigkeitsfeld eingeschränkt gefühlt haben, so ergibt sich dies, wie aus den vom Antragsteller eingereichten Unterlagen eindeutig ersichtlich, ausschließlich aus dem mit der Intertext als Dolmetscher geschlossenen Arbeitsvertrag und nicht, wie von ihm behauptet, aufgrund politischer Unzuverlässigkeit.

Nicht anders ist die 1979 erfolgte vermeintliche Ablehnung des angestrebten Hochschulfernstudiums zu sehen, weil auch hier die Versagung aus politischen Gründen nicht ersichtlich ist.

Eine Anerkennung des Antragstellers gem. § 3 Abs. 1 Satz 4 BVFG aufgrund einer besonderen Zwangslage aus wirtschaftlichen Gründen ist somit nicht möglich.

Der Antragsteller beruft sich in seinem Vorbringen ferner auf eine Einengung seiner persönlichen Freiheit. So sei er einmal im Jahre 1979 bei einer Touristenreise durch DDR-Grenzorgane an der Weiterreise in die CSSR gehindert worden, dahingegen habe er später Besuchsreisen ins sozialistische Ausland durchführen können. Soweit der Antragsteller hierzu vorträgt, er habe bei der Grenzabfertigung längere Wartezeiten in Kauf nehmen müssen, kann nur gesagt werden, daß dies, wie hinreichend bekannt, im Reiseverkehr auch zwischen sozialistischen Ländern keine Besonderheit darstellt und ebenso wie die einmalige Reiseverweigerung einen politischen Hintergrund, der in der Person des Antragstellers begründet ist, nicht erkennen läßt. Auch die vorgetragenen Beobachtungen und Hausdurchsuchungen im Zusammenhang mit seiner Teilnahme im kirchlichen Friedenskreis in Dresden vermögen nicht zu überzeugen, zumal nicht erkennbar ist, daß der Antragsteller hier durch besondere Aktivitäten in Erscheinung getreten ist oder vielmehr als bloßer Mitläufer angesehen werden muß. Hinzuzufügen ist noch, daß sich konkrete gegen ihn gerichtete Maßnahmen der DDR-Behörden politischer Art nicht abgezeichnet haben, sich seine Lage bis zur Ausreise erkennbar diesbezüglich auch nicht zugespitzt hat und somit die geschilderten Bedrängnisse bezüglich der Freiheitsbedrohung vermutlich nur in der Vorstellungswelt des Antragstellers bestanden. Folglich kann nicht davon ausgegangen werden, daß

- 3 -

jemals eine Gefahr für die persönliche Freiheit im Sinne von § 3 Abs. 1 Satz 2 BVFG vorgelegen hat.

Die Einlassungen des Antragstellers im Widerspruchsverfahren sind ebenfalls nicht anders als das Vorstehende zu bewerten, da diese offensichtlich für seine politische Unzufriedenheit und Ausreisebemühungen nicht die geringste Rolle gespielt haben und somit als nachgeschoben anzusehen sind, um nun mit anderen Gründen noch die Erteilung des C-Ausweises zu erwirken.

Der geltend gemachte Gewissenskonflikt erfüllt bei weitem nicht die an einen schweren Gewissenskonflikt geknüpften Anforderungen, denn diesem sind vornehmlich Personen ausgesetzt, die das DDR-Regime aus politischen, weltanschaulichen oder religiösen Gründen ablehnen, aber gezwungen werden sollen, gegen ihre erkennbare Überzeugung nachhaltig für dieses System einzutreten. Auch die angeblichen "Gerechtigkeitsaktivitäten" des Antragstellers sowie die Weigerung seines Sohnes Andrej der FDJ beizutreten und dessen Nichtteilnahme an der Jugendweihe lassen nicht erkennen, daß dadurch die Lage des Antragstellers in gewissensmäßiger Belastung das Maß des allgemein Erträglichen bei weitem überschritten hat und konkrete Maßnahmen seitens der DDR-Behörden gegen ihn bzw. seine Familie eingeleitet worden sind. Hierfür allein spricht schon der bereits aufgezeichnete Lebensweg des Antragstellers und die Tatsache, daß seinem Ausreiseantrag wunschgemäß stattgegeben wurde. Nach alledem, handelt es sich bei den befürchteten Konsequenzen offenbar lediglich um Vermutungen des Antragstellers, auf die eine Anerkennung gem. § 3 Abs. 1 Satz 3 - schwerer Gewissenskonflikt - wirksam nicht gestütz werden kann.

Außerdem sind die vom Antragsteller geschilderten Erschwernisse allgemeiner Natur, entbehren jeglicher politischer Grundlage und stehen größtenteils nicht mehr im ursächlichen Zusammenhang mit seinem Verlassen der DDR.

Wird ferner die gutachtliche Stellungnahme des Gesamtdeutschen Instituts vom 1. Juni 1989 und die Beurteilung der Bundesaufnahmestelle in Berlin vom 6. Mai 1987 berücksichtigt, die ebenfalls unabhängig voneinander festgestellt haben, daß sich der Antragsteller zu keiner Zeit in einer von ihm nicht zu vertretenden und durch die politischen Verhältnisse bedingten besonderen Zwangslage in der DDR befand, so erscheint es bei Würdigung des Gesamtsachverhaltes durchaus möglich, daß es sich bei seinem Vorbringen um Übertreibungen handelt, die dem Zweck der Erlangung des Status eines Sowjetzonenflüchtlinges dienen sollen.

Werner

Dokumentenanhang

Verzeichnis der Dokumente

Editorische Vorbemerkung

Die in den Originaldokumenten vorhandenen Rechtschreib-, Interpunktions- und Grammatikfehler wurden aus Gründen der besseren Lesbarkeit stillschweigend bereinigt. Hervorhebungen aller Art sind kursiv gekennzeichnet. Die in bestimmten Staatssicherheitsdokumenten übliche generelle Hervorhebung von Eigennamen wird nicht wiedergegeben. Autobiographie und Zeitdokumente wurden wegen der Authentizität nicht der neuen Rechtschreibung angepaßt.

Dokument 1

Änderungs- und Ergänzungsvorschläge zum Verfassungsentwurf, Februar 1968 (Abschrift)

Mit den nachfolgenden Änderungs- und Ergänzungsvorschlägen zum Verfassungsentwurf fühlen wir uns mit einer Vielzahl von Bürgern der DDR verbunden.

Wenn dies vielleicht auch nicht offen in Form von Stellungnahmen Gewicht erhält, so drücken die Vorschläge dennoch einen ehrlichen Standpunkt der gegenwärtigen und zukünftigen Verfassung vieler Bürger der DDR zur Wirklichkeit aus.

Wird die neue Verfassung dem nicht gerecht, so meinen wir, bleibt sie von allen Anfang dem Zeitgedanken und somit der Realität untreu.

Mithin sollte der von uns neu vorgeschlagene Artikel 108, nämlich die Verfassungsänderung durch Volksentscheid zu beschließen, bereits für die Verabschiedung der neuen Verfassung Wirklichkeit werden.

Änderungs- und Ergänzungsvorschläge

I. Allgemeine Art

1. »... denn grau ist alle Theorie ...«

Entscheidend für die Gestaltung des gesellschaftlichen Lebens ist nicht die Verfassung, die sich ein Staat gibt, sondern ihre praktische Anwendung. Dieser nicht neuen Weisheit sollte schon verfassungsmäßig Rechnung getragen werden. Wir sind der Meinung, daß gerade eine Gesellschaft, die sich sozialistische Ziele stellt und sich von Marx die Bedeutung der Praxis im philosophischen Sinn annimmt, in ihrer Verfassung einen Artikel verankern müßte, der einen Mißbrauch oder eine Mißachtung in der gesellschaftlichen Praxis vorbeugt bzw. entgegenwirkt. Vorschlag: Wir schlagen deshalb vor, ein in diesem Sinne frei gewähltes parteilich (bezügl. Parteizugehörigkeit) unabhängiges Gremium - aus allen Schichten der Bevölkerung - zu schaffen, dessen ungehinderte Tätigkeit durch Artikel der Verfassung zu gewährleisten ist. Dieses Gremium ist denkbar in der Art der Arbeiter-und-Bauern-Inspektion.

2. Der gesamte Verfassungsentwurf trägt einen nicht unbedeutenden Grundmangel. Er überläßt voll und ganz der Gesetzgebung die inhaltliche Prägung der Verfassungswirklichkeit (die unter II folgenden Ausführungen beweisen das im Detail). Unter diesen Umständen könnte man sich nicht nur Artikel 90 des Entwurfs: »die Verfassung ist unmittelbar geltendes Recht«, sondern überhaupt eine neue Verfassung, die Rechtsbasis bilden soll, ersparen. Es ist also unbedingt

erforderlich, daß der Verfassung mit Artikel das Prioritätsrecht gegenüber den Gesetzen und dergl. eingeräumt wird.
Vorschlag:
Die z. Zt. noch gültige Verfassung sichert dieses Recht mit Artikel 49: »Soweit diese Verfassung die Beschränkung eines der vorstehenden Grundrechte durch Gesetz zuläßt oder die nähere Ausgestaltung einem Gesetz vorbehält, muß das Grundrecht als solches unangetastet bleiben.« Ob in dieser oder in einer anderen Form, auf jeden Fall muß ein Artikel - inhaltlich analog dem Artikel 49 der z. Zt. gültigen Verfassung - in der neuen Verfassung Niederschlag finden. Ansonsten, wie gesagt, fehlt einer Verfassung jegliche autoritäre Rechtsgrundlage.

II. Konkrete Art
1. Zu Artikel I »... unter Führung ... und ihrer marxistisch-leninistischen Partei den Sozialismus verwirklichen.« Die Festlegung des Führungsanspruches einer Partei widerspricht nicht nur den Artikeln 2 und 18, in welchen allen Bürgern, also auch parteilosen, gleiche Rechte zugesprochen werden; dieser Führungsanspruch dürfte in einer vom heutigen Stand der Vergesellschaftung der Produktionsmittel getragenen Gesellschaft keineswegs mehr erhoben werden.
»Jeder nach seinen Fähigkeiten und Leistungen«, dieser Inhalt müßte den Führungsanspruch im Interesse des gesellschaftlichen Wohls bestimmen, nicht aber eine Parteizugehörigkeit.
Änderung:
Wir sind aus grundsätzlichen Bedenken gegen die Fixierung eines parteizugehörenden Führungsanspruches.
2. Zu Artikel 11, Abs. (2): »Der Gebrauch des persönlichen Eigentums darf den Interessen der Gesellschaft nicht zuwiderlaufen.«
Diese Formulierung ist zu allgemein. Sie kann in gegebenen Situationen alles und auch nichts bedeuten und birgt dadurch die Gefahr eines machtpolitischen Mißbrauches in sich.
Änderung:
Wir sind aus vorgenannten Gründen für die Streichung des Absatzes (2), Artikel 11.
3. Zu Artikel 22, Abs. (1): »Jeder Bürger ist zum Dienst für die Verteidigung der DDR entsprechend den Gesetzen verpflichtet.«
Änderung:
Ein solcher Gesetzesanspruch wird abgelehnt.

Vorschlag: Die Pflicht zur Verteidigung sollte mit Absatz (2) Art. 22: »kein Bürger darf an kriegerischen Handlungen und ihrer Vorbereitung teilnehmen, die der Unterdrückung (nicht eines, sondern) des Volkes dienen« eingeschränkt werden.
Des weiteren muß die Gewissensfreiheit des Bürgers in diesem Zusammenhang mit Artikel geschützt werden.
4. Zu Artikel 23, Abs. (1): »Jeder Bürger der DDR hat das Recht, seine Meinung dem Geist und den Zielen dieser Verfassung gemäß frei und öffentlich zu äußern.«
Diese Formulierung ist zu allgemein.
Vorschlag 1: Die Einschränkung, seine Meinung frei und öffentlich äußern zu können, dürfte lediglich gem. Artikel 6, Abs. (5), nämlich, wenn es sich um »militaristische und revanchistische Propaganda, um Kriegshetze und Bekundung von Glaubens-, Rassen- und Völkerhaß« handelt, erfolgen.
Es besteht keine Fixierung, ob ja oder nein zur Pressezensur.
Deshalb Forderung des Artikels:
Vorschlag 2: »Eine Pressezensur findet nicht statt.«
Zu Artikel 24, Abs. (1): »Alle Bürger haben das Recht, sich im Rahmen der Grundsätze und Ziele der Verfassung friedlich zu versammeln.«
Diese Formulierung ist ebenfalls zu allgemein.
Vorschlag: Einschränkung der Versammlungsfreiheit lediglich gemäß Artikel 6, Abs. (5).
5. Zu Artikel 25: wird in dieser Formulierung abgelehnt.
Vorschlag: »Alle Bürger haben das Recht, zu Zwecken, die Artikel 6, Abs. 5 nicht zuwiderlaufen, Vereine oder Gesellschaften zu bilden.«
6. Zu Artikel 27, Abs. (2): Post- und Fernmeldegeheimnisse »dürfen nur auf gesetzlicher Grundlage eingeschränkt werden, wenn es die Sicherheit des soz[ialistischen] Staates oder eine strafrechtliche Verfolgung erfordern.«
Dieser Absatz steht unvereinbar mit Absatz (1), der erklärt: »Post- und Fernmeldegeheimnisse sind unverletzbar.«
Änderung:
Der Absatz (2) wird bezugnehmend auf die vorgen[annten] Ausführungen in I.2. abgelehnt.
7. Zu Artikel 28: »Jeder Bürger der DDR hat im Rahmen der Gesetze das Recht auf Freizügigkeit innerhalb des Staatsgebietes der DDR.«

Änderung:
Bezugnehmend auf die vorgen[annten] Ausführungen in I.2. wird eine grundsätzliche Einschränkung durch Gesetzeskraft abgelehnt und die Ergänzung
Vorschlag 1: »Das Recht, sich an einem beliebigen Ort niederzulassen, ist unverletzlich«, gefordert.
Außerdem fehlt eine Aussage über die Freizügigkeit außerhalb des Staatsgebietes der DDR.
Deshalb muß gem. z. Zt. gültiger Verfassung die Forderung nach Aufnahme des Artikels 10
Vorschlag 2: »Jeder Bürger ist berechtigt, auszuwandern«, erhoben werden.
8. Zu Artikel 30, Abs. (1): »Jeder Bürger der DDR hat das Recht auf Arbeit, das Recht auf einen Arbeitsplatz und dessen freie Wahl entsprechend den Gesetzen, den ges[ellschaftlichen] Erfordernissen und der persönlichen Qualifikation.«
Änderung:
Diese Art Einschränkung wird abgelehnt.
Vorschlag: Gemäß z. Zt. gültiger Verfassung »Jeder Bürger hat das Recht auf freie Wahl seines Berufes.«
9. Zu Artikel 30, Abs. (2): »Ges[ellschaftliche] nützliche Tätigkeit ist eine ehrenvolle Pflicht für jeden arbeitsfähigen Bürger.«
Der Begriff »ehrenvolle Pflicht« hat keinerlei rechtliche Substanz und es kann ihm deshalb auch keine verfassungsmäßige Funktion zugeordnet werden.
10. Zu Artikel 52: » Im Dringlichkeitsfalle ist der Staatsrat berechtigt, den Verteidigungszustand zu beschließen, der von seinem Vorsitzenden verkündet wird.«
Ein Verteidigungszustand ist stets dringlich. Da er die Verfassung praktisch gegenstandslos machen kann, muß der Beschluß über den Verteidigungszustand auch ausschließlich der Volkskammer obliegen.
Änderung: Eine Beschlußfassung durch den Staatsrat wird abgelehnt.
Vorschlag: Besteht die Situation einer geringen Dringlichkeit, so muß einem Volksentscheid die Entscheidung vorbehalten werden.
11. Zu Artikel 62, Abs. (2): »Die Sitzungen der Volkskammer sind öffentlich. Auf Antrag von zwei Dritteln der anwesenden Abgeordneten kann die Öffentlichkeit ausgeschlossen werden.«
Eine solche Einschränkung dürfte dem Prinzip einer echten sozialistischen Demokratie zuwiderlaufen, deshalb

Änderung: Wegfall der Einschränkung.
12. Zu Artikel 71, Abs. (3): »Die verbindliche Auslegung der Verfassung erfolgt durch den Staatsrat.«
Dieser Absatz drückt noch einmal in aller Deutlichkeit die fehlende Rechtsgrundlage des Verfassungsentwurfs aus.
Änderung: Deshalb muß die Streichung dieses Absatzes (3) gefordert werden.
13. Zu Artikel 77: »Der Staatsrat übt das Amnestie- und Begnadigungsrecht aus«, wird in dieser Form abgelehnt.
Forderung:
Vorschlag 1: Das Amnestie- und Begnadigungsrecht übt die Volkskammer aus.
Vorschlag 2: Amnestien und Begnadigungen bedürfen eines Gesetzes.
Vorschlag 3: Volksbegehren zum Zwecke der Amnestie und Begnadigungen werden gewährleistet.
14. Zu Artikel 95, Abs. (1): »Richter kann nur sein, wer dem Volk und seinem sozialistischen Staat treu ergeben ist.«
Ganz offensichtlich schafft diese Formulierung eine Trennung zwischen Volk und Staat. Wenn ein Richter dem Volk dient, so ist er und sein Rechtsspruch dem Sozialismus ergeben. Noch sozusagen zusätzlich sich »seinem soz[ialistischen] Staat treu ergeben« ist in diesem Sinne eine Phrase und birgt außerdem die Gefahr des Richterspruches wider dem Volkswillen in sich.
Vorschlag: Gemäß z. Zt. gültiger Verfassung: »Die Richter sind in ihrer Rechtssprechung unabhängig und nur der Verfassung unterworfen.«
15. Zu Artikel 101, Abs. (3): »Der Staatsanwalt hat nächste Angehörige des Verhafteten innerhalb von 24 Std. nach der ersten richterlichen Vernehmung zu benachrichtigen. Ausnahmen sind nur zulässig, wenn durch die Benachrichtigung der Zweck der Untersuchung gefährdet wird.«
Dieser Absatz kann nicht akzeptiert werden.
Änderung: »Der Grund der Verhaftung ist dem Festgenommenen sofort bei Festnahme zu eröffnen und auf seinen Wunsch einer von ihm benannten Person innerhalb weiterer 24 Stunden mitzuteilen.«
Vorschlag: »Die Verhandlungen vor den Gerichten sind öffentlich ohne jegliche Einschränkung.«

16. Zu Artikel 108: »Die Verfassung kann nur von der Volkskammer der DDR durch Gesetz geändert werden.« Völlig streichen und neu formulieren.
Änderung: »Die Verfassung kann nur durch Volksbegehren und Volksentscheid geändert oder ergänzt werden.«

III. Noch einzufügende Artikel, die vorwiegend der alten Verfassung entnommen sind und im Verfassungsentwurf fehlen und die u. E. genauso uneingeschränkt zum Bild einer echten sozialistischen Demokratie gehören, wie die bereits vorgenannten Änderungen und Vorschläge:

1. Die im öffentlichen Dienst Tätigen sind Diener der Gesamtheit und nicht einer Partei.
2. Gegen Maßnahmen, die den Beschlüssen der Volksvertretung widersprechen, hat jedermann das Recht und die Pflicht zum Widerstand.
3. Die Kunst, die Wissenschaft und ihre Lehre sind frei.
4. Das Recht auf Volksbegehren ist gesichert.
5. Wahlfreiheit und Wahlgeheimnis werden gewährleistet.
6. Jeder Bürger genießt volle Glaubens- und Gewissensfreiheit.
7. Die freiwillige Bildung von Betriebsräten wird gewährleistet.
8. Abgeordnete des Volkes sind nur ihrem Gewissen unterworfen und an Aufträge nicht gebunden.
9. Verwaltungsgerichte sind gesetzlich zugelassen.

Dokument 2

Beitrag eines Parteilosen zum 9. Parteitag der SED, 10. Mai 1976 (Abschrift)

Der veröffentlichte Entwurf des Programms und der Aufruf zur öffentlichen Aussprache sind Grund genug, die bisher ungeklärten Probleme, die ich seit vielen Jahren vergeblich loszuwerden versuche, nunmehr und endlich Ihnen zu unterbreiten, und zwar in der Hoffnung, daß sie in der Gegenwart nicht zertreten, in die Vergangenheit oder Zukunft nicht verstoßen, sondern von der Partei kritikfreudig aufgenommen und dem Volk zur Diskussion gestellt werden.

Es sind Probleme, die einen Menschen beunruhigen, der in der DDR aufgewachsen ist (geb. 1941, Grundschule, 3 Jahre Lehrling im Steinkohlenbergbau, 2 Jahre ABF Freiberg, 5 Jahre Studium in der SU, 5 Jahre Geologe bei der SDAG Wismut, seit 1972 Sprachmittler bei Intertext), dessen Bewußtsein letztlich aus dem gesellschaftlichen Sein (besser Werden) hervorgeht (wobei diese Bewußtsein-Sein-Beziehung durch Studium vor allem marxistisch-leninistischer Literatur und ihr Vergleich mit der Wirklichkeit intensiviert wurde), der von der zur Veränderung drängenden Kraft der marxistischen Theorie überzeugt ist und den Willen hat, mit Herz und Verstand zur Verwirklichung ihrer Ideale beizutragen.

Obwohl ich mich von vielen Menschen verstanden weiß, sind es gerade Partei- und Staatsfunktionäre, die durch bürokratische Maßnahmen und unbegründete Entscheidungen (angefangen vom Diskussionsverbot in der Gewerkschaftsgruppe zu Beginn meiner beruflichen Tätigkeit bis zur bewußten Einschränkung meiner Entwicklungsmöglichkeiten als Wissenschaftler und Sprachmittler) diesem meinen Anliegen entgegenwirken.

Ich möchte deshalb unterstreichen, daß die folgenden Ausführungen einer ehrlichen Überzeugung zugrunde liegen, die sich auf das eigene Gewissen, auf die Liebe zum Wissen und zur Wahrheitsfindung im Interesse eines glücklicheren Lebens aller Menschen stützt.

Es dürfte der Partei nicht schwerfallen, mich zu verstehen, bin ich doch ein Kind des Nachkriegsprozesses in der DDR. Es sind also nicht ausschließlich meine Probleme, sondern die Probleme mindestens meiner Generation und nicht zuletzt die Probleme der Partei, die einer Lösung zugeführt werden müssen, um eine gesunde Entwicklung der Gesellschaft zu gewährleisten.

Bevor ich darauf konkret eingehe, möchte ich einige Gedanken zum Programmentwurf darlegen, die jedoch schon auf bestimmte Erscheinungen des nachfolgend behandelten Grundproblems hinweisen.

Beim Lesen des Entwurfs hat man im Vergleich zum noch gültigen Programm der SED den Eindruck, daß die Autoren sichtlich bemüht waren, Formulierungen zu verwenden, die dem Gedanken der weiteren Demokratisierung der Gesellschaft zuwiderlaufen.

So wird die führende Rolle der Partei wesentlich stärker betont als je zuvor, die SED ist nicht mehr nur die »Partei des Sozialismus, die Partei der Arbeiterklasse und des gesamten werktätigen Volkes, die Partei des Friedens, der nationalen Würde und nationalen Einheit« [1] (so im Parteiprogramm von 1963), sondern der bewußte Vortrupp der Arbeiterklasse und des werktätigen Volkes. Die politische Macht wird nicht mehr von der Arbeiterklasse im Bündnis mit den Bauern und den anderen Werktätigen, sondern nur noch von der Arbeiterklasse ausgeübt. Die Partei kämpft nicht mehr *im* Interesse, sondern *für* die Interessen des Volkes. Während im alten Programm von der sich immer stärker entwickelnden politisch-moralischen Einheit der Bürger der DDR die Rede ist, spricht man nunmehr davon, daß die Grundlagen für die politisch-moralische Einheit des Volkes geschaffen sind. Außerdem fehlen im Vergleich zum noch gültigen Programm solche wichtige Aussagen wie:

> »Die SED geht stets von der im Leben tausendfach bestätigten Erkenntnis aus, dass die Volksmassen die eigentlichen Schöpfer der Geschichte sind.« [2]
> »Unsere Partei ist stets bestrebt, vor jedem wichtigen Schritt die Werktätigen von seiner Notwendigkeit und Richtigkeit zu überzeugen. Sie verheimlicht niemals vor den Massen Mängel und Rückschläge im Kampf.«[3]
> »Die Partei wendet die Lehre von Marx, Engels und Lenin schöpferisch auf die konkreten historischen Bedingungen in Deutschland an.« [4]
> »Die Partei kämpft gegen Personenkult und seine Folgen. Sie setzt sich mit den dogmatischen ideologischen Auffassungen auseinander, die in der Zeit des Personenkults gepflegt wurden.« [5]

Auch ist in diesem Zusammenhang die im alten Programm formulierte Aufgabenstellung

»Die friedliche Koexistenz ist eine Form des Klassenkampfes zwischen Sozialismus und Kapitalismus. Dieser Kampf wird als ökonomischer, politischer und geistig-kultureller Wettstreit zwischen den beiden entgegengesetzten Systemen ausgetragen, auch in Deutschland« [6]

von so aktueller Bedeutung, um im neuen Programm aufgenommen zu werden. Wichtig wäre natürlich dazu zu erfahren, wann der Wettbewerb zu Gunsten der DDR entschieden sein wird. Auch wäre zum Problem der friedlichen Koexistenz die Bezugnahme auf die Dokumente der Konferenz für Sicherheit und Zusammenarbeit von Helsinki angebracht.

Selbst die ferne Zukunft, der Kommunismus, scheint eine Neufassung zu erfahren. Im neuen Programmentwurf sucht man selbst in diesen Stadium der gesellschaftlichen Entwicklung vergebens den Begriff Selbstverwaltung. Dazu hieß es im Programm der SED von 1963:

»Der Kommunismus ist eine hochorganisierte Gesellschaft frei arbeitender Menschen von hohem Bewußtsein, in der gesellschaftliche Selbstverwaltung bestehen wird.« [7]

Es ist ebenfalls nicht ganz verständlich, warum unter Punkt C des Entwurfs die sozialen Rechte konkret aufgeschlüsselt werden, während die politischen Freiheiten nur pauschal angedeutet sind:

»Der sozialistische Staat, die sozialistische Demokratie garantieren allen Bürgern die politischen Freiheiten und sozialen Rechte: das Recht auf Arbeit, auf Erholung ...« [8]

Ja warum gehören eigentlich solche allgemeinverständlichen Wortverbindungen bzw. Worte wie: ehrliche, kritische, selbständig denkende Menschen, ehrliche Überzeugung, eigenwillige Meinungs-, Glaubens-, Gewissens- und Überzeugungsfreiheit des Menschen, Gerechtigkeit, Vernunft, Gewaltlosigkeit, offener Meinungsstreit, Wahrhaftigkeit, Wahrheitsfindung, Selbsterkenntnis u. a. nicht zum selbstverständlichen Wortschatz einer Partei, die sich als Erbin alles Progressiven in der Geschichte des deutschen Volkes bezeichnet?

Andererseits gehen in den Programmentwurf eine Reihe Begriffe als selbstverständlich ein, ohne daß ihr Wesen und Inhalt im Laufe der gesellschaftlichen Entwicklung neu durchdacht, im offenen Meinungsstreit geklärt und den gegebenen Bedingungen angepaßt wurden. Dazu gehören z. B.: »entwickelte sozialistische Gesellschaft«, »Diktatur des Proletariats«, »Klassenbewußtsein«, »sozialistisches Klassenbewußtsein«, »sozialistische Nation in der DDR«, »sozialistische deutsche Nation«, »sozialistische Demokratie«.

Daß diese Begriffe in der bisherigen Aussprache zu den veröffentlichten Dokumenten nur äußerst selten (s. ND), zudem indirekt und nur von einer bestimmten Menschengruppe (wahrscheinlich Gesellschaftswissenschaftler) angesprochen wurden, dürfte nicht beweisen, daß sie schon gelöst sind. Denn selbst der Grundbegriff »entwickelte sozialistische Gesellschaft« scheint trotz Erläuterung noch einige Fragen offenzulassen.

Diesen Terminus hat K. Hager in einem Referat auf der Tagung der Gesellschaftswissenschaftler im Oktober 1971 in Berlin, auf die bisherige gesellschaftliche Entwicklung bezogen, folgendermaßen formuliert:

> »Die Begriffe ›umfassender Aufbau des Sozialismus‹, ›entwickeltes gesellschaftliches System des Sozialismus‹ und ›entwickelte sozialistische Gesellschaft‹ bezeichnen im wesentlichen das gleiche, nämlich den reifen oder entwickelten Sozialismus.« [9]

Daraus ergibt sich zunächst die rein formale Frage, ob man einen entwickelten (reifen) Sozialismus noch weiterentwickeln kann.

Dem Inhalt nach aber würde dies bedeuten, daß die DDR »im vollen Einklang mit den kollektiven Erkenntnissen der KPdSU und der anderen Bruderparteien der sozialistischen Länder«[10] diese Etappe der gesellschaftlichen Entwicklung zu einem Zeitpunkt (im Entwurf leider nicht konkret angegeben) erreichen wird, die in der UdSSR schon 1959 (s. Dokument des 21. Parteitages der KPdSU, Programm der KPdSU) abgeschlossen wurde. In der VRP hingegen hat man laut 7. Parteitag erst jetzt mit dem Aufbau der entwickelten sozialistischen Gesellschaft begonnen, der in der DDR im Januar 1963 (s. Dokumente des 6. Parteitages der SED, Programm der SED von 1963) verkündet wurde. Hier muß noch vermerkt werden, daß die 1958 laut Beschluß des 5. Parteitages der SED eingeleitete zweite Etappe des Aufbaus des Sozialismus, die sogenannte Etappe der Vollendung des Sozialismus, schon im Jahre 1965 mit dem Sieg des Sozialismus auf allen Gebieten des Lebens abgeschlossen werden sollte. Wenn man außerdem davon ausgeht, daß diese zweite Phase des Aufbaus des Sozialismus in der UdSSR im Jahre 1936 begonnen wurde (s. Dokumente des 8. Sowjetkongresses der KPdSU), so ergeben sich kuriose Verwirrungen in der Einschätzung des gesellschaftlichen Entwicklungsstandes der genannten sozialistischen Länder. Dies dürfte nicht nur der Behauptung von K. Hager: »Damit wird erneut der allgemeine Charakter der marxistisch-leninistischen Theorie unterstrichen«[11] widersprechen, sondern auch den gesellschaftlichen Verhältnissen in den entsprechenden Ländern.

Schwerwiegender aber sind ungeklärte theoretische Fehler, die die ökonomische Entwicklung der Gesellschaft betreffen, da sie in das Leben der Menschen unmittelbar eingreifen. Daß solche Fehler nicht nur auftraten, sondern auch ihre Ursachen dem Volk vorenthalten wurden und werden, dazu ist kein ausgeprägtes historisches Gedächtnis erforderlich.

Erinnert sei nur an folgende »wissenschaftlich fundierte« Behauptungen:

> »Die Lösung der ökonomischen Hauptaufgabe bedeutet, daß die DDR den höchsten Lebensstandard Europas erreicht.« [12] (»Die ökonomische Hauptaufgabe ist bis Ende 1961 zu lösen.«) [13]

Dazu läßt K. Hager schon 1958 selbst einen amerikanischen Wissenschaftler zu Wort kommen. Der amerikanische Wissenschaftler Wiesner erklärte kürzlich:

> »Wenn ich düster sehe, denke ich, die Sowjets werden uns in fünf Jahren auf allen möglichen Gebieten überflügelt haben; wenn ich optimistisch bin, meine ich, sie werden zehn Jahre brauchen.«

Wir können das nur bestätigen. Ob so oder so, überflügelt werden sie auf jeden Fall.[14]

Natürlich können theoretische Fehler, Formulierungen, Begriffe und Worte keinen bestimmenden Einfluß auf das Sein und Werden der Gesellschaft ausüben. Sicher wird es auch bestimmten Gesellschaftswissenschaftlern nicht schwer fallen, diese und andere Probleme durch entsprechende Konstruktionen wissenschaftlich zu verwerfen oder aufzuheben. Dies ist aber nicht das Anliegen meiner Kritik. Es geht mir um den Menschen. Ich wehre mich dagegen, wenn man glaubt, die Wahrheit schon gefunden und die Richtigkeit der Theorie schon bewiesen zu haben:

> »Hohe Anforderungen sind an Presse, Rundfunk und Fernsehen gestellt. Sie werden ihren wachsenden Aufgaben gerecht, indem sie die Wahrheit als scharfe Waffe gebrauchen, das Richtige verständlich, mit beweiskräftigen Argumenten zum Ausdruck bringen. Die sozialistischen Massenmedien werden ihren Einfluß weiter erhöhen; die Macht ihres Wortes erwächst aus der Richtigkeit unserer Theorie und Politik, die sich im Leben, in den Erfahrungen des Volkes bestätigt.«[15]

Das heißt, wenn man glaubt, das Sein und Werden der menschlichen Gesellschaft einer Theorie oder Ideologie anpassen, das Bewußtsein des Menschen nach einer politisch-ideologischen Theorie formen zu können, deren Ausarbeitung am grünen Tisch ohne tagtägliche Einbeziehung der breiten Masse erfolgt. Unter diesen Bedingungen können selbst theoretische Fehler die Bewußtseinsbildung der Werktätigen negativ beeinflussen, zumal bestimmte Begriffe bei Diskussionen nicht selten als bloße Schlagwörter und als Kriterium für den politisch-ideologischen Standpunkt (Freund oder Feind) benutzt werden (»Sie haben keinen Klassenstandpunkt, kein Klassenbewußtsein!« – Ja, woher soll ich ihn denn nehmen, wenn mein Bewußtsein diesem Sein der Klassenauseinandersetzung nicht ausgesetzt wurde. Kann ich ihn mir über die Theorie erarbeiten?)

Zwar kann man hin und wieder lesen und hören, daß Fehler gemacht wurden (in diesem Zusammenhang wird bezeichnenderweise immer nur die Vergangenheitsform gebraucht), jedoch werden ihre Namen, ihre Ursachen und Verursacher dem Aug und Ohr des Volkes nicht zugänglich gemacht. Da andererseits die Partei den Anspruch erhebt, daß ihre Aussagen streng wissenschaftlich sind und daß ihre Taten mit ihren Worten immer übereinstimmen, so werden verständlicherweise der Glaube des Volkes an die Wahrhaftigkeit der Partei erschüttert und das gegenseitige Vertrauensverhältnis belastet. Dies wirkt sich in der Praxis so aus, daß ein Mensch, der Fehler und ihre Ursachen rechtzeitig zu erkennen glaubt und mit gutem Willen in der Öffentlichkeit gegen die Verfechter der Fehler auftritt, zum Märtyrer oder Feind des Volkes abgestempelt wird. Ihm bleibt oft nur noch ein Ausweg - die Flucht in den Kapitalismus (häufig über das Gefängnis). Es dürfte auch für die Partei kein Geheimnis sein, daß für weniger aktive Menschen, die jedoch aus Gewissenszwang und ehrlicher Überzeugung Kritik (unter Ausschluß der breiten Öffentlichkeit) an der Politik der Partei und Regierung üben, in ihren Entwicklungsmöglichkeiten im Vergleich selbst zu politisch passiven Bürgern bewußt benachteiligt werden (was dem grundlegenden Prinzip der sozialistischen Gesellschaft »Jeder nach seinen Fähigkeiten, jeder nach seiner Leistung« widerspricht).

Die Mehrheit des Volkes verläßt unter diesen Bedingungen das Feld des offenen politisch-ideologischen Meinungsstreites (»es hat ja doch keinen Zweck«, »ich habe ja nur Nachteile«), sie zieht sich verängstigt zurück und überläßt ihr Gewissen, die Politik und letztlich die Fragen der gesellschaftlichen Entwicklung einer bestimmten Gruppe von Menschen. Gleichzeitig werden Voraussetzungen für Heuchlertum und Karrierismus geschaffen. Dieser alarmierende gesellschaftliche Zustand dürfte für alle DDR-Bürger augenscheinlich sein, auch für diejenigen, die aufgrund demokratischer Privilegien oder durch Entfremdung vom Volk nicht direkt mit dem Problem der Demokratie (Freiheit) konfrontiert werden. Seine Entschärfung und Auflösung macht einen entscheidenden Schritt in Richtung Demokratisierung der Gesellschaft auf allen Gebieten erforderlich.

Im weiteren versuche ich nun, bis zur Wurzel der genannten und anderer Erscheinungen des gesellschaftlichen Lebens vorzustoßen.

Leider sehe ich mich als normaler Tagelöhner zeitlich überfordert, eine allseitig fundierte Analyse vorzunehmen. Dies dürfte aber dem Anliegen dieses Beitrages, lediglich auf Probleme hinzuweisen, die einer Lösung durch offene Diskussion zuzuführen sind, nicht zuwiderlaufen. Es versteht sich deshalb von selbst, daß ich keinen Anspruch auf die absolute Wahrheitsfindung erhebe. Ich wäre dem Leser schon dankbar, wenn ihm meine groben Gedankengänge zur tiefgründigeren Klärung von Erscheinungen des gesellschaftlichen Lebens und zur besseren Selbstverständigung des dialektischen und historischen Materialismus anregen würden.

Dem Leser wird im weiteren auffallen, daß ich bei der Behandlung des Problems Lenin nicht einbeziehe. Dies geschieht hauptsächlich aus zwei Gründen: erstens, um das Gedankengut von Marx und Engels zu dieser Frage klarer herauszustellen, zweitens bin ich der Auffassung, daß Lenin den Marxismus zu dieser Frage entsprechend den Bedingungen eines unterentwickelten Rußlands auslegte.

Bei der Diskussion gehe ich von folgenden als Einheit gedachten Grundsätzen der marxistischen Weltanschauung aus:

- dialektischer Materialismus (das gesellschaftliche Sein bestimmt letztlich das Bewußtsein),
- historischer Materialismus (das materielle Leben der Gesellschaft bedingt letztlich das geistige Leben der Gesellschaft).

  Zugleich glaube ich dem Geist der Väter dieser Weltanschauung gerecht zu werden, wenn ich ihre Lehre wir folgt verstehe:

- Sie ist in erster Linie Anleitung zum Handeln. »Die Philosophen haben die Welt nur verschieden interpretiert; es kommt aber darauf an, sie zu verändern.«[16]
- Sie ist kein Dogma mit endgültigen Wahrheiten, sondern Anleitung zur Wahrheitsfindung. »Was Ihren Versuch, die Sache materialistisch zu behandeln, angeht, so muß ich vor allem sagen, daß die materialistische Methode in ihr Gegenteil umschlägt, wenn sie nicht als Leitfaden beim historischen Studium behandelt wird, sondern als fertige Schablone, wonach man sich die historischen Tatsachen zurecht schneidert.«[17]
- Sie fordert eine kritische Einstellung am Bestehenden.

  »Unfertig wie sie sind, bieten sie unendlich Wertvolleres als jede fertige Wahrheit: Ansporn zum Denken, zur Kritik und zur Selbstkritik, die das ureigenste Element der Lehre ist, die uns Marx hinterlassen hat.«[18]
- Sie kennt kein Endziel.

  »Aber wir haben kein Endziel. Wir sind Evolutionisten, wir haben nicht die Absicht, der Menschheit endgültige Gesetze zu diktieren.«[19]

  »Der Kommunismus ist für uns nicht ein Zustand, der hergestellt werden soll, ein Ideal, wonach die Wirklichkeit sich zu richten haben wird. Wir nennen Kommunismus die *wirkliche* Bewegung, welche den jetzigen Zustand aufhebt.«[20]

- Sie klärt uns über die allgemeinen Entwicklungsgesetze der Menschheit auf und formuliert die allgemeinen Voraussetzungen, die zur Befreiung des Menschen von geistiger und materieller Unterdrükkung und zu seiner Selbstverwirklichung führen.
  »An die Stelle der alten bürgerlichen Gesellschaft mit ihren Klassen und Klassengegensätzen tritt eine Assoziation, worin die freie Entwicklung eines jeden die Bedingung für die freie Entwicklung aller ist.«[21]

Sie ist als solche zutiefst human, weil sie einerseits tätigkeitsbedingt und kritisch, andererseits zielbewußt und optimistisch, zugleich nicht aggressiv ist.

Unter Berücksichtigung der marxistischen Grundsätze der Beziehung des Seins zum Bewußtsein gilt es bei der Analyse eines Problems, z. B. der Demokratie, die materiellen Bedingungen des Lebens bzw. die konkreten Produktionsverhältnisse des konkreten Landes zu untersuchen. Andererseits lassen sich aus den Erscheinungen des geistigen Lebens der Gesellschaft Schlußfolgerungen über die in ihr vorgegebenen materiellen Bedingungen ziehen. Diese Wechselbeziehung vom gesellschaftlichen Sein (Werden) und Bewußtsein muß ich in meinem Fall auf Generationen beschränken, deren Bewußtsein und Ideen vor allem aus den veränderten gesellschaftlichen Verhältnissen nach 1945 hervorgehen. Indem ich sozusagen vom Geist der Zeit ausgehe, ergeben sich für mich beispielsweise folgende konkrete Fragen, die eine Vielzahl von Teilfragen einschließen.

1. Warum ist die Arbeitsproduktivität oder der Lebensstandard in der BRD (trotz »Vergeudung der Produktivkräfte«, »Inflation«, »Arbeitslosigkeit«, »wachsender sozialer Unsicherheit der Werktätigen«, »Raubbau an der Umwelt«, »Niedergang der bürgerlichen Demokratie«, »politischer und geistiger Unterdrückung«, »daß nicht der Mensch, sondern der Profit im Mittelpunkt steht« usw. - s. Programmentwurf) nach 30jährigem Wettbewerb der Systeme noch immer höher als in der DDR?
2. Warum ist der Wunsch und die Forderung nach den sogenannten bürgerlichen demokratischen Freiheiten, wie Informations-, Reise-, öffentliche Meinungsfreiheit usw. in der DDR für den überwiegenden Teil der Bevölkerung weiterhin aktuell?
3. Warum ist in der DDR ein Entwicklungstrend in Richtung Leistungsgesellschaft gepaart mit Wohlstandsdenken und Egoismus ih-

rer Menschen (wie dies in den hochentwickelten kapitalistischen Ländern ausgeprägt ist) deutlich erkennbar?

Diese Fragen könnten als manipuliert abgetan werden, da sie, wie dies oft praktiziert, keine Alternativen zulassen. (Entsprechende soziologische Untersuchungen würden ausreichen, die Richtigkeit der Fragestellung zu prüfen.)

Jedoch sind auch Alternativfragen zu diesem Komplex denkbar, die Vorurteile ausschließen:

1. Sind sozialistische Produktionsverhältnisse im Vergleich zu den kapitalistischen ausschlaggebend für höhere Arbeitsproduktivität und besseren Lebensstandard des Volkes (DDR / BRD)?
2. Sind die erwähnten bürgerlichen Freiheiten in der DDR überlebt?
3. Ist das Wohlstandsdenken an den industriellen Entwicklungsstand des Landes und an den Standard des Lebensniveaus des Volkes, unabhängig ihrer Produktionsverhältnisse, gebunden?

Während man die letztgenannten Fragen auf der Grundlage des Marxismus theoretisch ziemlich eindeutig beantworten kann (1. ja; 2. ja – im Falle der Aufhebung der Demokratie überhaupt durch die Aufhebung des Klassenstaates; 3. nein), so sind die erstgenannten mit den Lehren des Marxismus scheinbar nicht in Einklang zu bringen. Es macht sich hierbei eine Hinterfragung der Produktionsverhältnisse erforderlich.

Im Entwurf des Programms heißt es:

> »Der Sozialismus beruht auf dem gesellschaftlichen Eigentum an Produktionsmitteln, dem gesamtgesellschaftlichen Volkseigentum und dem genossenschaftlichen Gemeineigentum.«

Was ist aber nun konkret dieses gesellschaftliche Eigentum, insbesondere das gesamtgesellschaftliche Volkseigentum (das genossenschaftliche Gemeineigentum soll hier und im weiteren unberücksichtigt bleiben)?

An dieser Stelle lassen wir zunächst die Klassiker des Marxismus zu dieser Frage ausführlich zu Wort kommen:

- »Das Privateigentum wird also ebenfalls abgeschafft werden müssen, und an seine Stelle wird die gemeinsame Benutzung aller Produktionsinstrumente und die Verteilung aller Produkte nach gemeinsamer Übereinkunft oder die sogenannte Gütergemeinschaft treten.«[22]

- »Indem sich die Gesellschaft zur Herrin der sämtlichen Produktionsmittel macht, um sie gesellschaftlich planmäßig zu verwenden, vernichtet sie die bisherige Knechtung der Menschen unter ihre eigenen Produktionsmittel. Die Gesellschaft kann sich selbstredend nicht befreien, ohne daß jeder einzelne befreit wird.«[23]
- »Damit wird die kapitalistische Aneignungsweise, in der das Produkt zuerst den Produzenten, dann aber auch den Aneigner knechtet, ersetzt durch die in der Natur der modernen Produktionsmittel selbst begründete Aneignungsweise der Produkte: einerseits direkt gesellschaftliche Aneignung als Mittel der Erhaltung und Erweiterung der Produktion, andererseits direkt individuelle Aneignung als Lebens- und Genußmittel.«[24]
- »Dadurch, daß die Gesellschaft die Benutzung sämtlicher Produktionskräfte und Verkehrsmittel sowie den Austausch und die Verteilung der Produkte den Händen der Privatkapitalisten entnimmt und nach einem aus den vorhandenen Mitteln und Bedürfnissen der ganzen Gesellschaft sich ergebenden Plan verwaltet, werden vor allen Dingen alle die schlimmen Folgen beseitigt, welche jetzt noch mit dem Betrieb der großen Industrie verknüpft sind.«[25]
- »Mit der Besitzergreifung der Produktionsmittel durch die Gesellschaft ist die Warenproduktion beseitigt und damit die Herrschaft des Produktes über den Produzenten.«[26]
- »Bei allen bisherigen Aneignungen blieb eine Masse von Individuen unter ein einziges Produktionsinstrument subsumiert; bei der Aneignung der Proletarier müssen eine Masse von Produktionsinstrumenten unter jedes Individuum und das Eigentum unter Alle subsumiert werden.«[27]

Es scheint mir zunächst wichtig, auf folgendes hinzuweisen. Erstens wird bei Marx und Engels der Terminus Sozialismus in diesem Zusammenhang nicht benutzt. Nach ihnen geht der Kommunismus direkt aus dem Kapitalismus hervor, und zwar in Form seiner ersten Phase, die später aus nicht verständlichen Gründen als Sozialismus bezeichnet wurde (eine Analyse dieser Gründe würde höchstwahrscheinlich wichtige Aussagen zur gegebenen Problematik liefern). Da der Kommunismus von Marx und Engels nicht als Zustand, sondern als Bewegung verstanden wurde (s. Zitat 20), macht die Einführung und der Gebrauch der Begriffe Sozialismus und Kommunismus die dialektische Einheit dieser Bewegung schwer verständlich. Gleichzeitig wird dadurch bei der Charakterisierung des Sozialismus und Kommunismus (in der Fragestellung was sie sind) das Gedankengut von Marx und Engels zur Auffassung vom Kommunismus willkürlich, je nach Bedarf, dem Sozialismus oder Kommunismus zugeordnet. Zweitens fällt auf, daß Marx und Engels in diesem Zusammenhang von der Gesellschaft, von vereinigten Individuen sowie von gesellschaftlicher Aneignung sprechen, daß sie dieses gesellschaftliche Eigentum an Produktionsmitteln als dem Produzenten *direkt* zugehörig begreifen. Der Staat, staatliche organisiertes Eigentum, also vom Staat verwaltetes Eigentum bleiben hier unerwähnt, und dies bewußt, wenn man bedenkt, welche Rolle Marx und Engels dem Staat als solchem und bei der Lösung des Konfliktes beim Übergang von kapitalistischen zu sozialistischen Produktionsverhältnissen beigemessen haben:

- »Der erste Akt, worin der Staat wirklich als Repräsentant der ganzen Gesellschaft auftritt, die Besitzergreifung der Produktionsmittel im Namen der Gesellschaft - ist zugleich sein letzter selbständiger Akt als Staat. An die Stelle der Regierung über Personen tritt die Verwaltung von Sachen und die Leitung von Produktionsprozessen. Der Staat wird nicht ‚abgeschafft', er stirbt ab.«[28]
- »Das Proletariat ergreift die Staatsgewalt und verwandelt die Produktionsmittel zunächst in Staatseigentum. Aber damit hebt es sich selbst als Proletariat, damit hebt es alle Klassenunterschiede und Klassengegensätze auf, und damit den Staat als Staat.«[29]

Und zur leidlichen Frage über den Zeitraum der Realisierung dieses Prozesses (und damit auch über den Zeitraum der Diktatur des Proletariats) erfahren wir etwas später:

> »Und in der Tat hat die Abschaffung der gesellschaftlichen Klassen zur Voraussetzung einen geschichtlichen Entwicklungsgrad, auf dem das Bestehen nicht bloß dieser oder jener bestimmten herrschenden Klasse, sondern einer herrschenden Klasse überhaupt, also des Klassenunterschieds selbst, ein Anachronismus geworden, veraltet ist. Sie hat also zur Voraussetzung einen Höhegrad der Entwicklung der Produktion, auf dem Aneignung der Produktionsmittel und Produkte, und damit der politischen Herrschaft, des

> Monopols der Bildung und geistigen Leitung durch eine besondere Gesellschaftsklasse nicht nur überflüssig, sondern auch ökonomisch, politisch und intellektuell ein Hindernis der Entwicklung geworden ist. Dieser Punkt ist jetzt erreicht.«[30]

Doch will ich Marx und Engels nicht zu sehr strapazieren, zumal Zitate einer universellen Lehre, wie sie der Marxismus darstellt, verschieden, ja widersprüchlich ausgelegt (alle personenbezogenen Ismen sind Auslegungen) werden können (vgl. z. B. China, Sowjetunion, Jugoslawien). Ich glaube jedoch den Geist dieser Lehre zu einem Grundproblem deutlich genug herausgestellt zu haben, um behaupten zu können, daß Marx und Engels weit davon entfernt waren, das gesellschaftliche Eigentum mit dem staatlichen gleichzusetzen.

Wenden wir uns nun den konkreten Verhältnissen in der DDR zu.

Hier wurde das Privateigentum an Produktionsmitteln in staatliches Eigentum (auch als staatlich sozialistisches bezeichnet) überführt, das von gewählten Vertretern (Staats- und Parteivollzugsorgane) des Staates zentralisiert verwaltet, verteilt und kontrolliert wird, wobei das ZK der SED das politische Zentrum darstellt, während der Ministerrat die Funktion des ökonomischen Zentrums ausübt. Nicht der Produzent selbst ist also in erster Linie direkt Besitzer der Produktionsmittel, Aneigner und Verteiler der Produktion, sondern seine Vertreter. Er ist zwar über das Prinzip des demokratischen Zentralismus in gewissem Maße (Produktionsberatungen, Plandiskussionen, Gegenplan, Verbesserungsvorschläge) an der von oben nach unten realisierten Planung beteiligt, hat aber keinen Einfluß auf die Verteilung der von ihm geschaffenen Werte. Er kennt weder seinen Arbeitswert noch den von ihm erzeugten Mehrwert. Unter diesen Bedingungen steht der Produzent seinem Produkt fremd gegenüber und betrachtet »seine« Maschine und seine Arbeitskraft lediglich als Lohnbringer. Es haben sich also Produktionsverhältnisse herausgebildet, die durch ein Vertretungssystem charakterisiert werden (Produzent – Vertreter), also eine Art Arbeitsteilung, der die Beziehung von zwei Menschengruppen zu den Produktionsmitteln zugrunde liegt.

Dieses staatliche Eigentum an Produktionsmitteln wird nun ohne Einschränkung dem gesamtgesellschaftlichen Eigentum gleichgesetzt. Diese Gleichsetzung ist m. E. ein grundlegender Fehler der Gesellschaftswissenschaft in den entsprechenden sozialistischen Ländern und bedeutet eine vulgäre Auslegung des Marxismus. Hier scheinen auch die Ursachen darin zu liegen, daß die Probleme der gesellschaftlichen Entwicklung nur oberflächlich und scheinbar gelöst werden können.

Wäre es nicht besser, wenn die Lösungen zu Problemen der gesellschaftlichen Entwicklung auf der Grundlage der genannten Produktionsverhältnisse gesucht werden würden? Liegen in diesen Beziehungen vielleicht die Ursachen begraben, die einerseits den Wunsch nach Freiheit und Demokratie immer mehr aufkommen und andererseits die Menschen im Wohlstandsdenken verharren lassen? Kann man die Menschen zu ihrem Glück zwingen? Kann Demokratie und Freiheit der werktätigen Masse ratenweise verabreicht werden?

Auf diese und ähnliche Fragen gibt uns R. Luxemburg eine Antwort. Ich möchte sie zu Wort kommen lassen, weil sie m. E. nicht nur das Problem erkannt hatte, sondern weil sie ein deutscher Kommunist der ersten Stunde und der Verfasser des ersten Parteiprogramms der KPD war:

- »Das Wesen der sozialistischen Gesellschaft besteht darin, daß die große arbeitende Masse aufhört, eine regierte Masse zu sein, vielmehr das ganze politische und wirtschaftliche Leben selbst lebt und in bewußter freier Selbstbestimmung lenkt.«[31]
- »Sozialistische Demokratie beginnt aber nicht erst im gelobten Land, wenn der Unterbau der sozialistischen Wirtschaft geschaffen ist, als fertiges Weihnachtsgeschenk für das brave Volk, das inzwischen treu die Handvoll sozialistischer Diktatoren unterstützt hat. Sozialistische Demokratie beginnt zugleich mit dem Abbau der Klassenherrschaft und dem Aufbau des Sozialismus. Sie beginnt mit dem Moment der Machtergreifung durch die sozialistische Partei. Sie ist nichts anderes als Diktator des Proletariats. Jawohl: Diktator! Aber diese Diktatur besteht in der Art der Verwendung der Demokratie, nicht in ihrer Abschaffung, in energischen, entschlossenen Eingriffen in die wohl erworbenen Rechte und wirtschaftlichen Verhältnisse der bürgerlichen Gesellschaft, ohne welche sich die sozialistische Umwälzung nicht verwirklichen läßt. Aber diese Diktatur muß das Werk der Klasse und nicht einer kleinen führenden Minderheit im Namen der Klasse sein, d. h. sie muß auf Schritt und Tritt aus der aktiven Teilnahme der Massen hervorgehen, unter ihrer unmittelbaren Beeinflussung stehen, der Kontrolle der gesamten Öffentlichkeit unterstehen, aus der wachsenden politischen Schulung der Volksmassen hervorgehen.«

Daß der Nährboden für diese Gedanken auch nach 1949 noch vorhanden war, belegen beispielsweise folgende Worte J. R. Bechers:

> »Man muß *für* die Menschen *mit* den Menschen kämpfen, aber mancher Sozialist mißversteht diesen Satz und kämpft *ohne* die Menschen oder *gegen* die Menschen *für* die Menschen, und eines Tages wenden die Menschen sich gegen denjenigen, der für sie gekämpft hat, ohne sie in diesen Kampf mit einzubeziehen. Der Mensch will mitbeteiligt sein an dem Kampf um sein Glück, er will nicht, daß andere ihm sein Glück bescheren oder aufzwingen.«[33]

Diese Zitate lassen die Frage aufkommen, ob der Entwurf des Parteiprogramms, in dem die Verstärkung der Rolle des Staates (was seine innere Funktion betrifft) und des demokratischen Zentralismus einerseits der Führungsrolle der Partei in Aussicht gestellt wird, dem Geist dieser Worte entspricht. Durch zunehmende zentral gesteuerte Bewußtseinsbildung der werktätigen Massen werden eher die Aktionsfähigkeit und das politische Selbstbewußtsein der Staatsbürger gelähmt sowie die negativen Erscheinungen des Vertretungssystems wie Bürokratie, Angst vor Verantwortung, formale Planerfüllung, Übertreibung der von oben angeordneten Maßnahmen, Irreführung und Schwächen der Vertreter, Heuchelei usw. vertieft.

Man kann die Probleme m. E. nur dann lösen, wenn davon ausgegangen wird, daß dem Menschen sein Sein nur durch seine Tat bewußt gemacht werden kann, daß die genannten Freiheiten nur die Freiheiten derjenigen sein können, die sie nutzen dürfen, daß der Mensch dem Wohlstandsdenken solange ausgesetzt ist, solange er der Knecht seines geschaffenen Produktes ist, solange er dieses nicht direkt selbst verwaltet, verteilt und seiner Warenform beraubt, solange also dem Individuum keine Nacht mehr gegenübersteht.

Nur in dieser Richtung kann die Zukunft des Menschen eine glücksbringende sein, kann sich der Mensch und damit die Menschheit verwirklichen.

Literaturnachweise

[1] Das Programm der SED und die geschichtliche Aufgabe der SED, 1961, S. 279.

[2] Ebenda, S. 384.

[3] Ebenda, S. 382.

[4] Ebenda, S. 380.

[5] Ebenda, S. 383.

[6] Ebenda, S. 314.

[7] Ebenda, S. 388.

[8] S. Programmentwurf 1976.

[9] K. Hager: Die entwickelte sozialistische Gesellschaft, Berlin 1972, S. 25.

[10] Ebenda.

[11] Ebenda, S. 25f.

[12] W. Ulbricht: Neue Probleme der Übergangsperiode vom Kapitalismus zum Sozialismus in der DDR, Berlin 1959, S. 36.

[13] Ebenda, S. 11.

[14] Für den Sieg der sozialistischen Revolution auf dem Gebiet der Ideologie und Kultur, Dietzverlag, Berlin 1958, S. 173f.

[15] S. Programmentwurf der SED 1976, Abschnitt IV.

[16] Marx/Engels: Werke, Bd. 3, S. 7 (Thesen über Feuerbach).

[17] Marx/Engels: Werke, Bd. 37, S. 411 (Engels an P. Ernst).

[18] Rosa Luxemburg: Gesammelte Werke, Berlin 1974, Bd. 4, S. 301 (zu den letzten Bänden des »Kapitals«).

[19] Marx/Engels: Werke, Bd. 22, S. 542.

[20] Marx/Engels: Werke, Bd. 3, S. 35.

[21] Marx/Engels: Werke, Bd. 4, S. 482.

[22] Ebenda, S. 3.

[23] F. Engels: Herrn Eugen Dührings Umwälzung der Wissenschaft, S. 365f.

[24] Ebenda, S. 346f.

[25] Marx/Engels: Werke, Bd. 4, S. 375.

[26] Marx/Engels: Werke, Bd. 19, S. 226.

[27] Marx/Engels: Werke, Bd. 3, S. 68.

[28] Marx/Engels: Werke, Bd. 19, S. 224.

[29] F. Engels: Herrn Eugen Dührings Umwälzung der Wissenschaft, S. 347.

[30] Ebenda, S. 349.

[31] Rosa Luxemburg: Gesammelte Werke, Berlin 1974, Bd. 4, S. 444.

[32] Ebenda, S. 363f.

[33] J. R. Becher: Vom Mut des Künstlers, Reclam 15953, S. 53.

Dokument 3

»Menschenrechte und Klassenrechte«,
Brief von Peter Eisenfeld an Jürgen Kuczynski
vom 1. Mai 1983

Prof. Jürgen Kuszynski
112 Berlin Weißensee
Parkstr. 94

Peter Eisenfeld
8053 Dresden
Schubertstr. 30

Werter Herr Prof. Kuczynski!

Die in Ihrer Schrift "Menschenrechte und Klassenrechte"[1] geäußerten Gedanken sind Anstoß zu diesem von mir als Streitschrift konzipierten Beitrages zum Menschenrechtsproblem.
Mich beschäftigt dieses Problem schon seit längerer Zeit. Bewußt geworden ist es mir durch den Mangel an vom Staat zugebilligter Freiheit und Gerechtigkeit sowie im Spannungsfeld zwischen der von mir aktiv erlebten und reflektierten Wirklichkeit einerseits und der offiziell verbreiteten Theorie andererseits. Dieser Disput soll nun ein Versuch sein, die Menschenrechtsproblematik unter Zugrundelegung des Wesens und der Würde des Menschen gedanklich zu erfassen, wobei ich mir über die Schwierigkeit dieses Unterfangens und die Beschränktheit der Ergebnisse bewußt bin; dies umso mehr, weil ich als Autodidakt agiere - Bemühungen um ein entsprechendes Fernstudium scheiterten an der Realität - und weil das Recht auf freien Zugang zum Literaturbestand der Bibliotheken ohne Nachweis eines Forschungszweckes nicht voll gewährt wird (auch ein Menschenrechtsproblem). Dies dürfte jedoch meinem Anliegen, keine Lehren, sondern vor allem Anregungen und Erfahrungen zwecks Förderung des Menschenrechtsgedankens und seiner praktischen Umwertung zu vermitteln, keinen Abbruch tun, zumal ich mir zugute halte, daß ich als kritisch engagierter parteiloser Werktätige einen Realitätsbezug vorfinde, den sich ein Gesellschaftswissenschaftler in Amt und Würden nur wünschen kann. Was jedoch die Belebung meines Ansinnens angeht, so gebe ich mich keinen Illusionen hin. Ich möchte deshalb auch nicht verhehlen, daß ich mit dieser kritisch angelegten Diskussion meine Stellung in diesem Staat näher zu bestimmen und meinem Dasein im Rahmen der gegebenen Möglichkeiten einen subjektiven Sinn abzuringen gedenke, der allerdings nach 15jährigen ideologisch verbrämten Verlockungen und vergeblichen Versuchen der Inanspruchnahme von Mitsprache- und Mitgestaltungsrechten fraglich geworden ist.

Gleichzeitig soll dieser Disput mein Beitrag zum Karl-Marx-Jahr in Hinblick auf die Geschichtsbewältigung der in diesem Jahr anstehenden Jubiläen repräsentativer Vertreter gesellschaftlich-historisch bedeutsamen geistigen Bewegungen (500. Geburtstag Luthers,

100. Todestag von Karl Marx, 50. Jahrestag der Machtergreifung Hitlers, 30. Todestag Stalins) und deren Folgeerscheinungen sein.

Zur besseren Verständigung sei zunächst vorausgeschickt, daß ich mich der Begriffsbestimmung F.R. Behrendts zur "Würde des Menschen" anschließe. Nach ihm ist der Begriff diesseitig und "bezieht sich auf gesellschaftlich bedeutsame, zwischenmenschliche Beziehungen und manifestiert sich in der Schaffung eines möglichst weiten individuellen Autonomiebereichs und in seiner aktiven Nutzung für die Erhaltung der schöpferischen Potentialitäten des Menschen"[2]. Er unterscheidet dabei zwei Komponenten: die personelle - individualspezifische Begabungen, Eigenheiten und Neigungen des Menschen, die ihn als einmaliges Lebewesen kennzeichnen, und die Bereitschaft, diese in der Auseinandersetzung und Zusammenarbeit mit anderen Menschen zum Ausdruck zu bringen und selbstverantwortlich im Sinne der Lebenserhaltung und -bereicherung zu entfalten; die gesellschaftliche - Bereitschaft und Fähigkeit der für den Menschen jeweils bedeutsamen gesellschaftlichen Umgebung, ihm dies nicht nur zu ermöglichen, sondern ihn dabei zu fördern.

Dieses Verständnis von der Würde geht vom Eigenwert jedes Menschen in der Gesellschaft aus und setzt unter anderem die Fähigkeit des Individuums voraus, selbständig Probleme erkennen, zwischen Alternativen wählen und im Sinne der Lebenserhaltung und -bereicherung eigenverantwortlich Entscheidungen treffen zu können, und bedingt eine Gesellschaft, die diese Fähigkeit durch einen entsprechenden Lebensstandard und durch die Freiheit der Wahrheitsfindung begünstigt und aktiviert.

Die öffentliche Diskussion um die Menschenrechte hat in der DDR 1975 hörbar eingesetzt und 1977/1978 ihren Höhepunkt erreicht. Bedenkt man, daß der Begriff "Menschenrecht" im Philosophischen Wörterbuch der DDR von 1965 noch nicht einmal gesondert angeführt ist, so muß als erfreulich angesehen werden, daß die Diskussion nach 1975 durch entsprechende Publikationen und Foren auch in die breite Öffentlichkeit getragen wurde[x].

Jedoch leidet das hierzu in der DDR Gesagte trotz der neuen Erkenntnisse vom Menschen und seiner Stellung in der Gesellschaft (Forschungsergebnisse der Genetik, Soziologie, Psychologie, Gehirn- und Verhaltensforschung) sowie der historischen und praktischen Erfahrungen an Blutarmut. Sowohl in den Standardwerken und Beiträgen von Poppe, Klenner, Büchner-Uhder und Graefrath als auch in den im Fahrwasser dieser Autoren angesiedelten Abhandlungen über die Menschenrechte wird der Mensch nicht nur auf ein Rechtssubjekt (Subjekt der Rechtsverhältnisse), sondern letztlich auf ein Rechtsobjekt in einem stark begrenzten geistigen Raum-Zeit-System reduziert sowie sein gegenwärtiges und zukünftiges Verhalten (Menschenrechte "sind juristische Normen, die prospektiv mitwirken sollen, kommunistische Verhaltensweisen schrittweise auszuprägen"[3]) durch einen undurchdringlichen Berg von Rechtsregelungen - angefangen von der programmatisch abgefaßten Verfassung über Gesetze, Beschlüsse, Direktiven, Verordnungen bis zu Verfügungen, Sonderbestimmungen, Betriebsanweisungen, Weisungsrechten der Leiter und Anforderungsbestimmungen für bestimmte Berufe - festgeschrieben, die zudem noch verschiedene Auslegungsmöglichkeiten zulassen. Dabei wird von der Prämisse ausgegangen, daß diese Normen gleichzeitig objektive, im Sozialismus wirkende Gesetzmäßigkeiten zum Ausdruck bringen und die objektiven Erfordernisse des gegenwärtigen und zukünftigen gesellschaftlichen Zustandes von der Partei unfehlbar erkannt sind (die Partei hat zu gegebener Zeit immer Recht).

Diese Stellung des Menschen in der Gesellschaft kommt in der offi-

---

x) Das Aufleben der Diskussion um die Menschenrechte steht dabei in engem Zusammenhang mit den Ergebnissen und Folgen der KSZE in Helsinki. Seit 1979 wird diese Diskussion von der Diskussion um Frieden und Abrüstung weitgehend verdrängt (Recht auf Frieden wird als oberstes Menschenrecht proklamiert). Hierzu vertrete ich die Auffassung, daß die Verwirklichung der Menschenrechte und Erhaltung des Friedens einander bedingen.

ziellen Definition des Menschenrechts klar zum Ausdruck:

> "Die sozialistischen Grundrechte und Grundpflichten verkörpern objektive, gesellschaftliche Gesetzmäßigkeiten, sind objektives Recht, weil sie die Bürger auf ein gesellschaftlich notwendiges Handeln orientieren, auf ein Verhalten, das unerläßlich ist für die Entwicklung der Gesellschaft und für die Entwicklung des Bürgers"[4]

Die in der DDR-Literatur unternommenen Versuche, Menschenrechte auch als subjektive Rechte des Bürgers zu interpretieren ("Die Bejahung der Grundrechte als subjektive Rechte dient der positiven Verhaltensorientierung des einzelnen staatlichen und gesellschaftlichen Organs, Mitarbeiters oder auch einzelnen Bürgers und dient damit auch der Lösung partieller Widersprüche, einzelner Konflikte zwischen Partnern, die an der Grundrechtsverwirklichung beteiligt sind"[5]) münden - zumindest was die politischen Rechte und Freiheiten betrifft - letztlich im objektiven Recht, weil die persönlichen Interessen, Bedürfnisse und Zielsetzungen unter den gegebenen ökonomischen Verhältnissen den staatlichen Interessen und Erfordernissen entsprechen müssen, die von der marxistisch-leninistischen Partei vorgegeben werden. Darauf soll aber erst später näher eingegangen werden. Ich möchte an dieser Stelle lediglich das in der offiziellen DDR-Literatur vertretene Menschenrechtsverständnis vorwegnehmen, das sich aus theoretischer Sicht in folgenden Leitsätzen erschöpft:

Als Teil des innerstaatlichen Rechts

1. Menschenrecht ist positives Recht, d.h. immer vom Staat gesetztes Recht und kein von Natur aus gegebenes Recht. Menschenrecht ist ein "Katalog verbindlicher Verfassungsrechte auf Anerkennung wesentlicher Entwicklungsbedingungen eines jeden Menschen"[6].

2. Menschenrechte sind Klassenrechte. Sie werden von dem ökonomischen Interesse der herrschenden Klasse bestimmt, sie sind Kategorien des Überbaus und damit ausschließlich an die ökonomischen Verhältnisse gebunden. Menschenrechte "sind Forderungen, die sich aus den materiellen Existenzbedingungen einer bestimmten Klasse in einer historisch bestimmten Situation zur Verwirklichung ihrer Klassenziele ergeben"[7].

3. Es gibt keine Kontinuität in der Entwicklung von Menschenrechten, d.h., bürgerliche Rechte (sogenannte bürgerliche Menschenrech-

te) sind Rechte ausschließlich der bürgerlichen Gesellschaft. "Zwischen sozialistischen und bürgerlichen Rechten des Menschen gibt es keine Kontinuität. Sozialistische Grundrechte sind keine bloße Fortentwicklung oder bessere Verwirklichung vorgefundener bzw. überkommener Rechte des Menschen. Sie erwachsen aus den gesellschaftlichen Verhältnissen des Sozialismus"[8].

4. Menschenrechte sind Mitmenschenrechte, Rechte zur Mitgestaltung und Leitung des Staates sowie zur Entwicklung der Persönlichkeit des Bürgers. Sind keine Rechte der Bürger zum Schutz gegen den Staat, da es keinen Gegensatz zwischen Individuum und Staat mehr gibt. "Sie (die sozialistischen Rechte und Freiheiten - P.E.) sind nicht gegen den Staat gerichtet, sondern widerspiegeln die Interessenübereinstimmung von Gesellschaft, Staat und Bürger"[9]. "Für den Werktätigen in der DDR gibt es keinen Widerspruch zwischen den ihr Handeln bestimmenden Moralnormen und den gesellschaftlichen Anforderungen des sozialistischen Staates"[10]. Sie sind zugleich "programmatische Normen für die sozialistische Zukunft der Menschheit und des Menschen"[11] und orientieren auf ein "der gesellschaftlichen Notwendigkeit gemäßes Handeln"[12].

5. Menschenrechte als Einheit und Gleichwertigkeit der wirtschaftlichen, sozialen, kulturellen und politischen Rechte, wobei letztlich die sozialökonomischen die Voraussetzung und das Fundament für die anderen darstellen. "Die Grundlage dafür, daß die politischen Rechte aller garantiert werden können, ist die Gewährleistung der ökonomischen, sozialen und kulturellen Rechte"[13].

6. Menschenrechte als Einheit von Rechten und Pflichten. Die Rechte sind an Pflichten gegenüber der Gesellschaft (dem Staat) gebunden. "In der sozialistischen Gesellschaft ist es jedem Bürger objektiv möglich, eine Einstellung und Haltung zu entwickeln, die vom Bewußtsein der Verantwortung für den Mitmenschen, die Gesellschaft und den Staat getragen sind"[14]. Die Nutzung der Rechte und Freiheiten dürfen "weder den Interessen der Gesellschaft und des Staates noch den Rechten der anderen Bürger schaden"[15].

7. Erst im Sozialismus sind die Menschenrechte verwirklicht, da die erforderlichen ökonomischen (sozialistisches Eigentum an Produktionsmitteln, sozialistische Produktionsverhältnisse), politischen (politische Macht der Arbeiterklasse unter Führung der SED,

Staatsgewalt steht dem Bürger nicht gegenüber, da sich der Bürger mit diesem Staat identifiziert), ideologischen (wissenschaftliche Weltanschauung des Marxismus-Leninismus, sozialistisches ~~Bewußt~~ Staatsbewußtsein) und juristischen (Verfassung und Gesetzgebung, alle Bürger fühlen sich für die Einhaltung des Rechts verantwortlich und verwirklichen es aktiv) Garantien gegeben sind. "Sozialistische Grundrechte als sozialistische Menschenrechte ... sind geltende und verwirklichte Rechte und Freiheiten aller Bürger der DDR"[16].

<u>Als Teil des Völkerrechts</u>

1. Es gilt zu unterscheiden "zwischen den bourgeoisen, den sozialistischen und den vom demokratischen Völkerrecht geregelten Rechten und Freiheiten des Individuums"[17], wobei das demokratische Völkerrecht ein Recht ist, "das zwischen Staaten unterschiedlichen Klassencharakters auf der Grundlage der Souveränität, der Gleichberechtigung und Nichteinmischung in die inneren Angelegenheiten vereinbart wird"[18]. So sind z.B. die in den UNO-Konventionen fixierten Menschenrechte "ein ausgehandelter Vereinbarungskompromiß zwischen Staaten unterschiedlicher Gesellschaftsordnungen"[19].

2. Das Selbstbestimmungsrecht des Volkes ist das grundlegende aller Menschenrechte. Es "erscheint als Bindeglied zwischen den Menschenrechten des einzelnen und der staatlichen Souveränität"[20] und "impliziert das Recht auf reale Demokratie nach innen und das Recht auf Frieden nach außen"[21]. Einen internationalen Schutz für die Menschenrechte darf es nicht geben, da er eine Einmischung in die inneren Angelegenheiten der Staaten bedeutet. "Die Vereinten Nationen oder irgendwelche anderen internationalen Organe können nie zum Schutz oder zur Durchsetzung der Menschenrechte in irgendeinem Land konkrete Maßnahmen ergreifen, ohne sich damit in die inneren Angelegenheiten dieses Landes einzumischen, ohne das nationale Selbstbestimmungsrecht der betreffenden Nation zu verletzen"[22].

3. Nur massenweise und grobe Verletzungen des Menschenrechts stellen Probleme von internationalem Charakter dar (Apartheid; Rassendiskriminierung; Kolonialismus; Fremdherrschaft und Okkupation; Aggression und Bedrohung der nationalen Souveränität, der nationalen Einheit und Integrität; Weigerung, die Grundrechte der Völker auf Selbstbestimmung sowie der Nation auf die Ausübung uneingeschränkter Souveränität über ihre Reichtümer und natürlichen Ressourcen).

4.Menschenrechte sind Rechte, die "das Individuum auf eine demokratische und humanistische Gesellschaftsordnung, auf den gesellschaftlichen Fortschritt orientieren"[23], sind Rechte, die "den Menschen helfen, unter den Bedingungen eines gesicherten internationalen Friedens das Joch kapitalistischer Ausbeutung und Unterdrückung zu beseitigen und eine Gesellschaftsordnung aufzubauen, die es ihnen erlaubt, frei von kapitalistischer Ausbeutung und Unterdrückung ihr Leben zu gestalten"[24].

5.In der DDR sind die völkerechtlich fixierten Menschenrechte voll verwirklicht. "Die Allgemeine Erklärung der MR der Vereinten Nationen von 1948 und die Menschenrechtskonventionen von 1966 werden in der Deutschen Demokratischen Republik verwirklicht"[25]. "In der DDR sind die Forderungen dieser Konventionen erfüllt, wir sind in der Menschenrechtsverwirklichung weit über die Konventionen hinausgegangen, empfinden diese Verpflichtungen der Konventionen nicht als eine Belastung, müssen die Kontrolle der Weltöffentlichkeit nicht scheuen"[25a].

Bei J. Kuczynski

In Ihrer Schrift glaube ich den ersten Versuch zu erkennen, dieses armseelige Denkschema vom Recht des Menschen und vom Menschen selbst - mehr kann es angesichts der augenscheinlich entäußerten Wesenskräfte des Menschen und der historisch belegten Bewegungskräfte gesellschaftlicher Entwicklungen nicht sein - in einem anderen extremen Denkschema aufzuheben. Dabei halten Sie unter konsequenter Ablehnung eines Rechts auf objektive Gesetzmäßigkeiten und unter Anrufung der in der ersten Hälfte des 19. Jahrhunderts geborenen und in die Zukunft entworfenen Lehre von Marx und Engels eine Zauberformel bereit, die das Menschenrechtsproblem in ein Nichts auflösen soll.
Die Menschenrechte sind Ihrer Ansicht nach "nur falsche ideologische Verbrämungen für eine nicht vorhandene Realität". Die Verneinung der Existenz sowohl bürgerlicher als auch sozialistischer Menschenrechte verdient eigentlich den Applaus der Autoren, die sich beredt mühen, den jeder gesellschaftlichen Entwicklung immanenten Widerspruch zwischen den Interessen/Bedürfnissen des Individuums (Bürgers) und der Gesellschaft (Staat) unter den Produktionsverhältnissen des real existierenden Sozialismus mit dem Instrumentarium der politischen Macht und rechtlicher Bestimmungen in volle Interessen- und Bedürfnisübereinstimmung aufzulösen. Andererseits schlagen Sie jedoch als Alter-

nativlösung - soweit es der Selbstverwirklichung des Menschen dient - ein "System von Grundrechten" vor, das "allmählich im Sozialismus mehr und mehr verwirklicht wird" und im Laufe der Zeit "in ein System von Grundbedürfnissen, deren Befriedigung die Gesellschaft im Kommunismus sichert", übergeht. Zugleich gehen Sie davon aus, daß in jedem Menschen die Würde, ein Mensch zu sein, anzuerkennende Realität ist. Mit dieser Tatsache und dem von Ihnen selbst proklamierten Gesetz der Selbstverwirklichung des Menschen als Ziel menschlicher Entwicklung ("Aber seitdem - seit dreitausend Jahren, hat die Idee der Selbstverwirklichung des Menschen die besten Geister bewegt. Werde wer du bist - zunächst noch eine Lösung für die herrschende Klasse, wurde im Laufe der Zeit zu einem Ziel für die Massen der Werktätigen") weisen Sie auf etwas hin, worum sich Menschen über Jahrtausende bemühen und was sie über ihre zeitlich-räumliche Klassen- und Gesellschaftszugehörigkeit hinaus verbindet.

Der Gedanke von der Würde und vom Eigenwert jedes Menschen, einschließlich seiner Selbstverwirklichung, lebt schon seit der Antike im Bewußtsein der Menschen und erfuhr in Verbindung mit dem christlichen Denken in der Zeit der Aufklärung seinen Ausdruck in proklamierten Menschenrechten, deren Durchsetzung mit dem aufsteigenden Bürgertum und der damit verbundenen Entwicklung der Produktivkräfte erforderlich wurde.

Es dürfte auch unbestritten sein, daß es ohne generations-, gesellschafts- und ideologieüberschreitende gemeinsame Werte des Menschen und menschlichen Zusammenlebens keine Grundlage für die Verständigung zwischen historisch gewordenen und werdenden unterschiedlichen Kulturen, Gesellschaften und Menschen gäbe. Was sonst auch sollte in uns mitschwingen, wenn Sagen, Mythen und Märchen, ja überhaupt Belletristik, Kunst und Musik vergangener Zeiten uns noch immer etwas zu sagen haben, d.h. in uns Gefühle und schöpferische Kräfte wecken? Wie sonst ist die nun auch in der DDR beschworene Aneignung des geistig-kulturellen Erbes x) überhaupt denkbar? Wie sonst wären die Erhaltung und Sicherung des Friedens möglich?

---

x) Unter Aneignung des geistig-kulturellen Erbes verstehe ich in erster Linie die bereitwillige kritische Aufnahme der Sinn- und Gedankenbilder seiner Vertreter, das sich Wiederfinden in ihnen sowie die seins- und sinngemäße schöpferische Umsetzung dieser Bilder in der Gegenwart

Die Erfahrung und Erkenntnis von diesen sich erhaltenen Grundwerten der sich in Widersprüchen fortschreitenden Menschheitsgeschichte liefern ja erst den Nährstoff für die Hoffnung auf mehr Menschlichkeit und Frieden.

Auch aus der Sicht der Staatenbildung lassen sich übergreifende Bezüge zum Menschenrecht ableiten. So sollten die vorstaatlichen Rechte der Menschen (Gesellschaftsrechte) auf Freiheit, Gleichheit und Wohlergehen durch den gebildeten Staat geschützt werden. Die aus der Gesellschaft hervorgehenden und ursprünglich als Schutzmacht der Bürger freigewählte Staatsmacht verliert jedoch in ihrer Machtstellung diesen gesellschaftlichen Auftrag, erhebt sich über die Gesellschaft und untergräbt damit Würde und Wert der Menschen, die an dieser Macht und den mit ihr verbundenen Privilegien nicht teilhaben können. Der Konflikt äußert sich dann auch als Kritik am Staatsrecht unter Berufung auf ein Recht, das allen Menschen zusteht (Naturrecht). So kann man in historischer Abfolge, angefangen von der Antike ("Die starken sozialen Spannungen, die am Ende des Pelopennesischen Krieges ihren Höhepunkt fanden, schufen jedenfalls das geistige Klima, in dem eine scharfe, auf naturrechtlichen Anschauungen gegründete Kritik wie die eines Antiphon erwachsen konnte"[26]) bis in die ferne (Allgemeine Erklärung der Menschenrechte als Folge der Hitlerdiktatur) und nahe Gegenwart (z.B. El Salvador, VR Polen) nachweisen, daß der Ruf nach mehr Freiheiten und Rechten des Menschen immer dann laut und eindringlich wird, wenn sie durch das staatlich gesetzte Recht verletzt werden.

Der sich somit herausgebildete Begriff "Menschenrecht" ist also natürlicher Ausdruck gesellschaftlicher Realität, Ausdruck der Wechselbeziehung und des Widerspruchs zwischen Individuum und Gemeinschaft, Bürger und Staat. In Anlehnung an A-F. Utz zum Begriff des Sozialen kann auch hier gesagt werden, daß "in der bereits bestehenden Namensgebung und in dem ununterbrochenen Gebrauch des Namens eine Quelle von Erfahrungskenntnis und Wirklichkeitsbestimmung liegt"[27].
Kuczynski zu, wenn er schreibt:
Dabei stimme ich ~~Ihnen~~ im Grunde genommen zu, wenn Sie schreiben: "Sobald es sich um das Verhältnis der Menschen zum Staat handelt, sollte man von Bürgerrechten sprechen, sobald es sich um die Stellung des Menschen allgemein in der Gesellschaft handelt, geht es um Menschenrechte".

Auch bei Karl Marx klingt diese Unterscheidung von Staatsbürger- und Menschenrechten an, wenn er davon spricht, daß die Rückkehr des Menschen vom Staatsbürger zum Gesellschaftsmenschen mit der Aufhebung des Privateigentums erfolgt:

> "Die positive Aufhebung des Privateigentums, als Aneignung des menschlichen Wesens, ist daher die positive Aufhebung aller Entfremdung, also die Rückkehr des Menschen aus Religion, Familie, Staat etc. in sein menschliches, d.h. gesellschaftliches Dasein"[28].

Marx denkt hierbei an eine "Gemeinschaft der revolutionären Proletarier, die ihre und aller Gesellschaftsmitglieder Existenzbedingungen unter ihrer Kontrolle nehmen" und an der "die Individuen als Individuen" und nicht als "Klassenmitglieder" teilhaben[29].

> "Sobald es also nicht mehr nötig ist, ein besonderes Interesse als allgemeines oder das 'Allgemeine' als herrschend darzustellen"[30].

In diesem Zusammenhang ist auch die Aussage von Marx: "die Freiheit besteht darin, den Staat aus einem der Gesellschaft übergeordneten Organ in ein ihr durchaus untergeordnetes Organ zu verwandeln"[31], von aktueller Bedeutung.

Die Unterscheidung von Staatsbürger- und Menschenrechten ist m.E. wichtig, weil der Mensch im Rechtssubjekt nicht voll aufgeht und seine Beziehung zum Staat, konkret zu den Funktionsträgern der Staatsmacht, einerseits und zur Gesellschaft andererseits nicht identisch ist (was natürlich auch eine Gleichsetzung von Staat und Gesellschaft ausschließt). Das Menschenrecht muß den Menschen in seiner Totalität und sein Verhältnis zur Umwelt (Natur und Menschheit) in einer offenen räumlich-zeitlichen Dimension erfassen. Ich bin deshalb der Meinung, daß die Staatsbürgerrechte, d.h. die vom Staat gesetzten Rechte lediglich beschränktes Menschenrecht sind, solange sie inhaltlich im Menschenrecht nicht voll aufgehen. Das so verstandene Menschenrecht geht von einem Rechtsbewußtsein aus, das alle Menschen von Geburt an ~~gleich~~ als gleich und jeden mit ihm eigenen Wert anerkennt. Diesem Menschenrechtsverständnis liegt der Mensch als Produkt erbgenetischer und Umweltfaktoren zugrunde. Das erbgenetisch bedingte Recht spiegelt die biologische Komponente des Wesens des Menschen (biologische Wesen des Menschen) und seine Stellung in der Natur wider. Es umfaßt die Rechte, die dem Menschen seiner biologischen Natur nach zustehen, also biologisch bedingt sind. Dieses Recht bleibt als Basiswert des Menschseins erhalten und ist für alle Menschen (gesamte Menschheit) und für alle Zeiten mehr oder weniger modifiziert gültig. Die andere Seite des Menschenrechts wird von der sozialen Komponente des Menschen (soziales Wesen des Menschen) bestimmt und gibt die Stellung des Menschen im Staat und in der Gesellschaft wieder[x)]. Diese sozial determinierten Rechte sind historisch bedingt und an den konkreten gesellschaftlichen Zustand, dem Entwicklungsniveau und den Produktionsverhältnissen des jeweiligen Landes gebunden, schließen damit aber die weniger veränderlichen Rechte nicht aus, die sich im Sinne der Erhaltung und Bereicherung des Lebens und Zusammenlebens der Menschen, Gesellschaften und Völker kontinuierlich herausgebildet und bewährt haben. Letztere liegen offensichtlich dem gesellschaftlichem Gesetz der Entwicklung der Produktivkräfte zugrunde, das auch das biologisch bedingte Recht tangiert, und sind, wie dieses, zu den Rechten zu zählen, die allgemein anerkannt und in den Verfassungen der meisten Staaten, im Völkerrecht, in den Menschenrechtsdeklarationen und -konventionen als grundlegende Rechte des Menschen fixiert sind.

Dem Menschenrecht liegen somit das biologische und soziale Wesen des Menschen als dialektische Einheit zugrunde. Es erfaßt den Menschen in seiner physischen, physiologischen, psychischen, sittlichen, kreativen und sozialen Existenz sowie drückt seine Beziehung zur Umwelt im weitesten Sinne dieses Wortes (unbelebte und belebte Außenwelt) aus. "Der Mensch eignet sich sein allseitiges Wesen auf eine allseitige Art an, also als ein totaler Mensch"[32].

Im so verstandenem Menschenrecht äußert sich auch die Dialektik vom Absoluten und Konkreten, Allgemeinen und Besonderen, Einheit und Vielfalt, Kontinuität und Diskontinuität sowie das Gesetz des Widerspruchs.

Wenn ich im folgenden auf das biologische und soziale Wesen des Menschen im einzelnen kurz eingehe, so soll dies lediglich die Besonderheiten der beiden Seiten menschlicher Existenz verdeutlichen, um sie aus gewonnener Sicht als dialektische Einheit im Menschenrecht besser und konkreter fassen zu können.

---

x) M.E. gilt es dabei zu unterscheiden zwischen dem Recht, das dem Menschen seinem sozialen Wesen nach zusteht und dem gesellschaftlichen Rechtsbewußtsein entspricht (Gesellschaftsrecht) und dem Recht, das dem Bürger vom Staat zugebilligt wird (Staatsrecht). Gesellschafts- und Staatsrecht sind erst identisch, wenn die Gesellschaft im Marxschen Sinne über dem Staat steht (Form des Selbstbestimmungsrechts) oder der Staat als solcher aufgehoben ist.

Das biologische Wesen im Menschen wird durch seine körperlich-geistige, einschließlich physiologisch-psychische, Ausstattung bestimmt. Diese bildet die Gesamtheit der erbgenetischen Information, die ein Individuum von seinen Eltern/Vorfahren erhalten hat. Das genetische Erbgut, dessen materielle Träger die im Zellkern enthaltenen Nukleinsäuren sind, ist in jedem Menschen einmalig angelegt. Es ist der Grundstoff der Triebe und Anlagen, darunter der Gehirnstrukturen, die ihrerseits bedingen, wie der Mensch auf Umweltreize reagiert und seine Nachahmungs-, Erinnerungs-, Lern- und Reflexionsfähigkeit sowie sein Bedürfnis nach sozialen Bezügen aktiviert.

> "Kruschinski weist darauf hin, daß die Neuronen bei den einzelnen Menschen unterschiedlich genetisch determiniert sind, 'woraus sich die spezifischen (künstlerischen, musikalischen usw.) Fähigkeiten erklären', und daß 'bei den einzelnen Bewußtseinsakten jeweils Gruppen von Neuronen bestimmte, funktionelle Konstellationen einnehmen'"[33].

> "Die Auswertung und statistische Bearbeitung der 'Olympiade Junger Mathematiker' aus dem Jahre 1970 durch Weiss (1972) erbrachte einen hohen Beweiswert für die Annahme der Erbbedingtheit der mathematisch-technischen Begabung"[34].

Die Resultate der Zwillingsforschung erbrachten nicht nur den Beweis des Vorherrschens der Erblichkeit bei anatomischen Merkmalen (Körpergewicht und -größe, Irisstruktur, Haarform und -farbe, Gesichts-, Nasen- und Ohrform [35]), sondern auch bei physiologischen (Blut- und Serumgruppen, Blutdruck, Puls[36]) und geistig-psychischen Besonderheiten (soziale Introversion[37], Intelligenz[38]).

Das biologische Erbgut wird passiv von den Eltern übernommen und stellt die subjektive, d.h. die innen angelegte und nach außen wirkende Komponente der menschlichen Existenz dar. Von ihm hängen wesentlich körperliche, handwerkliche, intelektuelle und künstlerische Fähigkeiten, Neigungen, Sensibilitäten, Charakter und Temperament des Individuums ab.

> "Familienforschung, Zwillingsforschung und Populationsgenetik haben heute zahlreiches empirisches Material zusammentragen können, das - exakt erhoben - Aussagen über genetisch bedingte Unterschiede nicht nur hinsichtlich der körperlichen Eigenschaften, sondern im Bereich der Begabungen erlaubt"[39].

Diese durch das Leben bestätigten Erkenntnisse erfahren aus philosophischer Sicht in der Wechselbeziehung von Form und Inhalt sowie Körper und Geist ihre Bekräftigung.

Im biologischen Wesen des Menschen sind somit innere Autonomie des Fühlens, Denkens und der schöpferischen Aktivität (Grundlagen persönlicher Freiheit und Eigenverantwortung) und damit Einmaligkeit des Individuums, die personelle Komponente seiner Würde und Eigenwert jedes Menschen sowie seine Subjektivität[x)] begründet.

> "Die Natur des Menschen als einer Spezies löst sich selbst in eine große Vielheit von menschlichen Naturen auf. Ein jeder ist mit einer Natur geboren, die absolut neu im Universum ist und niemals wieder auftreten wird"[40].

Ausgestattet mit dem biologischen Erbgut nimmt der Mensch mit der Geburt seine ersten Kontakte - abgesehen von möglichen sozialen Bezügen schon im Mutterleib - zur Umwelt auf. Hiermit setzt die Existenz des sozialen bzw. gesellschaftlichen Wesens des Menschen ein. Es folgt dem biologischen Wesen und gibt im Sinne des Autors nicht nur Auskunft über den Einfluß der Produktionsverhältnisse auf ihn, sondern umfaßt den gesamten Komplex der unbelebten und belebten Außenwelt, die der Mensch in seinem Leben antrifft und in Abhängigkeit von seinem biologischen Wesen mehr oder weniger stark introjeziert und reflektiert. Dieser als soziales Erbe bezeichnete Grundstoff des sozialen Wesens wirkt aktivierend auf das biologische Erbe und stellt die objektive, d.h. die von außen nach innen wirkende Komponente dar.

Zu den Umweltfaktoren, die auf den Menschen einwirken, gehört auch die im Säuglingsalter durch die Sinne und das Gefühl reflektierte unmittelbar vorgefundene Umgebung (Mutter, Vater, Geschwister, Verwandte, Bekannte, Pflanzen, Tiere, Gegenstände etc.), die sich mit zunehmenden Alter aufgrund des Zuwachses an Informationsträgern, Erfahrungen und Selbstbewußtsein quantitativ (Raum und Zeit) und qualitativ (Erkenntnistiefe) ständig erweitert. Der Mensch findet somit im Werden ein kompliziertes vielschichtiges zeitlich und räumlich offenes Bezügssystem vor, in dem das Erzieher-Kollektiv-Teilsystem mit jeweils besonderem Interesse (Idividual-, Familien-, Gemeinschafts-, Gesellschafts- und Staatsinteresse) die dominierende Rolle spielt, wobei zunächst das Elternhaus und die kollektiven Sozial- und Bildungseinrichtungen (Kindergrippe, Kindergarten, Schulen u.a.) den bestimmenden Einfluß auf das Individuum ausüben, der später von der

---

x) "Unter Subjektivität ist die Fähigkeit relativ eigenständiger Wirksamkeit in der Gesellschaft zu verstehen"[41]

spezifischen produktiven Tätigkeit des Menschen unter bestimmten Produktionsverhältnissen überprägt wird. Hierbei ist jedoch die Stellung des Menschen als gesellschaftliches Wesen nicht in erster Linie von der Form seiner Tätigkeit abhängig[x)].

> "Das Individuum ist das gesellschaftliche Wesen. Seine Lebensäußerung - erscheint sie auch nicht in unmittelbarer Form ~~der~~ einer gemeinschaftlichen, mit andern zugleich vollbrachten Lebensäußerung - ist daher eine Äußerung und Bestätigung des gesellschaftlichen Wesens"[42].

Das soziale Erbe umfaßt somit die gesamten materiellen und geistig-kulturellen Güter der Gesellschaft, einschließlich das geistig-kulturelle Erbe.

> "Das materielle Erbgut der biologischen Vererbung ist die DNS, das der sozialen Vererbung die materiellen Güter (Produktionsstätten, Grund und Boden, Häuser etc.) sowie die materiellen Formen geistig-kultureller Werte (Manuskripte, Bücher, Bilder, Museen, Schallplatten etc.). Die soziale Vererbung erfolgt indessen nicht nur über die Weitergabe materieller Güter sowie der materiellen Formen der geistig-kulturellen Werte, sondern auch durch die mündliche Weitergabe von Berichten, Erkenntnissen, Erfahrungen, Wertungen und dgl., also auch durch die persönliche Erziehung in allen Lebensstufen"[43].

Hierzu gehören auch die ethnischen Charakterzüge einer Gemeinschaft, die jedoch im Unterschie zu den anderen Formen des sozialen Erbes beständiger sind.

> "Der Wandel der Gesellschaftsformationen verändert die Völker nicht in ihren ethnischen Merkmalen. Die gesellschaftlichen und ethnischen Prozesse laufen im wesentlichen unabhängig voneinander ab"[44].

Da die auf den Menschen einwirkende konkrete Umwelt letztlich immer spezifisch ist, kann davon ausgegangen werden, daß - abgesehen von den genetisch bedingten unterschiedlichen Reaktionen des Individuums auf Umweltreize - jeder Mensch ebenfalls "als Träger des sozialen Erbes unikal ist"[45], was ihm auch als soziales Wesen Einmaligkeit, eigene Würde (ihre gesellschaftliche Komponente) und eigenen Wert verleiht.

Das biologische und soziale Wesen in dialektischer Wechselwirkung vereint ergeben somit den biosozial determinierten Menschen.

---

x) In diesem Zusammenhang erscheint mir der Verweis auf Marx von Bedeutung, nach dem das wahre Reich der Freiheit jenseits der eigentlichen materiellen Produktion beginnt[46].

Die biosoziale Wesenshaftigkeit des Menschen (Seinsordnung des Menschen) schließt dabei sein sittliches Bewußtsein (Sollordnung des Menschen) ein, da er zur Entfaltung seiner Wesenskräfte außer auf die Natur auch durch die sich historisch herausgebildete Arbeitsteilung und Spezialisierung in materieller und geistig-kultureller Hinsicht auf andere Menschen angewiesen ist.

> "Erst in der Gemeinschaft [mit Andern hat jedes] Individuum die Mittel, seine Anlagen nach allen Seiten hin auszubilden, erst in der Gemeinschaft wird also die persönliche Freiheit möglich"[47]

Dabei werden nach Marx "die einzelnen Individuen erst hierdurch von den verschiedenen nationalen und lokalen Schranken befreit, mit der Produktion (auch mit der geistigen) der ganzen Welt in praktische Beziehung gesetzt und in den Stand gesetzt, sich die Genußfähigkeit für diese allseitige Produktion der ganzen Erde (Schöpfungen der Menschen) zu erwerben"[48].

Die Natur, die Gesellschaft und das Individuum bedingen einander, sind aufeinander angewiesen und voneinander abhängig, wobei jedes Individuum als integrierter Teil der Ganzheit betrachtet und geachtet werden muß.

> "Es wäre nicht sinnvoll, mit Hilfe irgendwelcher Maßnahmen den durch das Zusammenspiel von Erbanlagen und Umweltfaktoren beim Menschen entstandenen Polymorphismus entgegenzuwirken, sondern man sollte alles tun, um ihn zu erhalten"[49]

Aus dem gleichzeitigen Angewiesen- und Eingebundensein des Individuums auf die bzw. in der Natur und Gesellschaft erwächst die sittliche Aufgabe (moralische Pflicht) des einzelnen, seine angelegten und erworbenen Fähigkeiten im Sinne der Erhaltung und Bereicherung des Lebens voll zu entfalten, was wiederum im tiefen Grund der Wesensart und Würde des Individuums und damit der Sinngebung seines Lebens entgegenkommt. Erst in dieser dialektischen Vereinigung des Individuums mit der Natur und Gesellschaft ist eine harmonische Übereinstimmung der integrierenden Bestandteile des Lebens gegeben. Das Bewußtsein von der Einmaligkeit und vom Eingebundensein des Individuums in dieser Seinsordnung der Welt ist ein sich Wiederfinden des Konkreten im Allgemeinen, ein sich im Einsbefinden mit der Natur, ja mit dem Kosmos, mit dem Naturgesetz, dessen Grenzen die schöpferischen Leistungen und Phantasie des Menschen anregen, aber auch die Maßlosigkeit seines Denkens und Handelns im Umgang mit der Natur und menschlischem Leben bewußt machen.

Hinzu kommt die Erkenntnis aus der Verhaltensforschung und Psychologie, daß das Verhalten des Menschen nicht nur vom Verstand diktiert wird, sondern auch irrational geprägt ist, was in den Begriffen Liebe, Güte und Wärme, Mitleid, Phantasie, Poesie usw. und deren Gegenpole mitschwingen.

Alles in allem "bewirkt, daß jeder Mensch zu einer geistig einzigartigen Persönlichkeit wird. Gerade dieser Umstand ist die grandiose und durch nichts zu ersetzende Grundlage für die moralische und sittliche Existenz der Menschheit"[50].

Befragt bleibt die Instanz im Menschen, die sein Verhalten im Umgang mit der Natur und anderen Menschen wertet und seine sittliche Autonomie gewährleistet. Meines Erachtens ist dies das kritische Gewissen des Menschen, das die Selbstbewußtheit, Selbstbeurteilung und Selbstverantwortung in seinem Verhalten gegenüber anderen Menschen, der Gesellschaft und Natur, d.h. der Ordnung der Welt, in der er als Individuum einmalig eingebunden ist, zum Ausdruck bringt. Es ist die innere Norm im Menschen, die sich an der äußeren mißt. "Für Kant war das Gewissen das Bewußtsein eines inneren Gerichtshofes im Menschen"[51]. Es reflektiert das Rationale (Wissen im Gewissen, das nach Hegel zur Überzeugung werden muß) und das Emotionale (Gefühl im Gewissen) und erfaßt als sittliche Kategorie den Menschen in seiner Totalität und sein Verhältnis zur Umwelt im weitesten Sinne.

> "Marx hebt hervor, daß das Gewissen nicht allein vom Wissen bestimmt wird, sondern von der ganzen Daseinsweise der Menschen"[52]
> ("Das Gewissen hängt mit dem Wissen und der ganzen Daseinsweise eines Menschen zusammen" - Marx, in: MEW, Bd.6,S.129/130

Das Gewissen vereint in sich das biologische und soziale Wesen des Menschen und wird damit sowohl vom biologischen als auch vom sozialen Erbgut determiniert.

> "Verschiedene Beobachtungen, vor allem auch bei meinen eigenen Kindern, weisen aber darauf hin, daß außer den individuellen Unterschieden der Gewissensreaktionen, die durch die verschiedenen Entwicklungsbedingungen und die verschiedenen ethischen Wertmaßstäbe und andere Einflüsse aus der Umwelt des Kindes bedingt sind, doch auch ausgesprochene Anlagenunterschiede und vererbte Faktoren eine Rolle spielen. Es muß angenommen werden, daß es auch im Bereiche des Gewissens eine Art Begabungsunterschied gibt, ähnlich wie bei der Intelligenzbegabung, Gefühlsbegabung, Willensbegabung und Gemütsbegabung"[53].

Die genetische Disposition des Menschen zur Gewissensbildung "beruht einerseits auf dem vitalen Bedürfnis nach sozialen Bezügen und andererseits auf der humanspezifischen Fähigkeit zur Reflexion. Beides sind Voraussetzungen, die aus der Natur des Menschen abgeleitet sind und zum derzeitigen Forschungsstand als unbestritten gelten"[54].

> "Zusammenfassend kann man sagen, daß eine genetische Disposition des Menschen zur Gewissensbildung nachzuweisen ist. Das inhaltlich kaum struktuierte Potential bedarf einer Aktivierung und Differenzierung durch soziale Bezüge, deren Art die je individuelle Besetzung dieses Potentials bedingt"[55].

Das Gewissen ist somit nicht endgültig gegeben, sondern muß durch Erziehungs-, Bildungs- und Ich-Leistungen ständig kultiviert werden, wenn es nicht verkümmern soll. Dabei muß die Richtigkeit der übernommenen Normen immerwieder kritisch befragt und in der harmonischen Einheit von Fühlen, Denken und Handeln an der Realität überprüft werden.

> "Aber erst eine seelische Instanz, die sich auch des Gewissens in kritischer Weise vergewissern kann, schafft so etwas wie eine seelisch organisierte Kulturaneignung, das Heißt, es entsteht erst hier die Fähigkeit, in erregenden, verwirrenden Lebenslagen, im Zusammenbruch der äußeren Gewalten und Vorurteilssysteme, die unser Gewissen lenken, den Verstand und das mitmenschliche Gefühl zu bewahren"[56].

Meinem kritischen Gewissen folgend leben heißt also, mein Fühlen und Denken, das das Wissen um die historische Erfahrung der Menschheitsgeschichte in bezug auf die Kräfte, die zur Erhaltung und Bereicherung bzw. zur Vernichtung des Lebens wirksam wurden, und das Bewußtsein vom Aufeinanderangewiesen- und Eingebundensein des Menschen in der Natur und Gesellschaft einschließen muß, durch souveräne schöpferische Aktion (Handeln) zu bekunden.

Aus dem Gesagten geht hervor, daß das Gewissen an das Individuum mit seinen Besonderheiten gebunden und Ausdruck der inneren Freiheit des Menschen ist. Ich kann deshalb auch nicht die Auffassung teilen, wonach das Gewissen des Menschen in kollektiven Gewissensformen (Klassengewissen, Parteigewissen, sozialistisches Gewissen bzw. bürgerliches Gewissen usw.) auftritt. Das Recht auf Gewissenfreiheit, das zu den Rechten gehört, die seit der Zeit der Aufklärung in den Verfassungen der Staaten unterschiedlicher Ordnungen, in den internationalen Deklarationen und Konventionen zu den Menschenrechten einen festen Platz einnehmen, steht dem Imperativ folgend "Werde du selbst" im engen Zusammenhang mit dem allgemein anerkannten Recht des Menschen auf Selbstverwirklichung und Selbstvervollkommnung. Als solches bildet das Gewissen die sittliche Grundsubstanz der Würde des Menschen und damit des Menschenrechts.

Bevor ich auf einige grundsätzliche Probleme des Menschenrechtsverständnisses und der Menschenrechtsverwirklichung in der DDR näher eingehe, sollen mein dargelegte Menschenrechtsverständnis und die daraus folgenden gesellschaftspolitischen und staatsrechtlichen Konsequenzen thesenhaft zusammengefaßt werden.

1. Dem Menschenrecht liegt die Idee von der Würde des Menschen zugrunde. Diese Idee hat in dem durch erbgenetische und Umweltfaktoren determinierten biosozialen Wesen des Menschen, das das kreative Verlangen des Menschen nach Selbstvervollkommnung und Selbstverwirklichung einschließt, ihren realen Bezugspunkt.

2. Der Begriff "Menschenrecht" hat sich mit qualitativ und quantitativ wachsendem Bewußtsein von der Würde und dem damit verbundenen Eigenwert jedes Menschen, mit der Verletzung der Würde durch den Staat sowie mit dem Bedürfnis nach ihrem Schutz historisch herausgebildet. Als solcher ist der Begriff natürlicher Ausdruck für die Wechselbeziehung und den Widerspruch der Interessen/Bedürfnisse zwischen Individuum und Gemeinschaft, Bürger und Staat und damit Ausdruck gesellschaftlicher Realität.

3. Das Menschenrecht ist zu unterscheiden vom Staatsbürgerrecht. Ersteres erfaßt den Menschen in seiner Totalität und sein Verhältnis zur Umwelt (Natur, Menschengemeinschaft), letzteres betrachtet den Menschen als Rechtssubjekt und seine Stellung im Staat. Solange Staatsbürgerrecht im Menschenrecht nicht voll aufgeht, ist es lediglich beschränktes Menschenrecht. Völkerrechtlich ist der Gebrauch des Wortes Menschenrecht durchaus angebracht, da es sich hierbei um die allmähliche weltweite Durchsetzung von Rechten und Freiheiten handelt, die in der Würde des Menschen ihren Ausgangspunkt finden.

4. Das Menschenrecht bildet dem Inhalt nach die Einheit der Rechte und moralischen Pflichten des Menschen, die von seinem biosozialen

Wesen abgeleitet sind und zur Lebenserhaltung und -bereicherung beitragen. Es sind die Rechte, die alle Menschen von Geburt an als gleichberechtigt und jeden Menschen aufgrund seiner spezifischen biologischen und sozialen Wesensart als einmaliges Individuum mit eigenem Wert anerkennen, und die moralischen Pflichten, die ihm als integrierter Teil des Ganzen aus seinem Eingebunden- und Angewiesensein in/auf Natur und Menschengemeinschaft erwachsen.

5. Die sittliche Instanz im Menschen, die sein Wesen in der Totalität erfaßt sowie sein Verhalten und Handeln im Umgang mit der Natur, der Gemeinschaft und anderen Menschen auf der Grundlage seiner Erfahrungen und Erkenntnisse zur Seins- und Sollordnung der Welt kritisch wertet und in harmonischer Einheit von Fühlen und Denken verantwortet, ist das kritische Gewissen. Es ist an das Individuum gebunden und bildet die sittliche Grundlage des Menschenrechts.

6. Die Rechte, die im biologischen Wesen des Menschen (autonome Seite des Individuums) ihren Ausgangspunkt haben, bilden in erster Linie die zivilen und politischen Rechte und Freiheiten des Individuums (persönliche Schutzrechte, Gewissens-, Glaubens-, Überzeugungs-, Meinungs-, Vereins- und Versammlungs-, Presse-, Informations-, Reise- und Auswanderungsfreiheit, Recht auf Gleichheit vor dem Gesetz u.a.). Die Rechte, die in erster Linie im sozialen Wesen des Menschen ~~gründen~~ (heteronome Seite des Individuums) gründen, sind mit dem Recht auf soziale Gerechtigkeit verbunden (wirtschaftliche, soziale und kulturelle Rechte, darunter das Recht auf Arbeit, auf Bildung und Weiterbildung, auf Schutz der Gesundheit und Arbeitskraft, auf Fürsorge im Alter und bei Invalidität usw.). Erstere sind statischer Art und stehen ihrem Ursprung nach allen Menschen der Erde im gleichen Maße zu, letztere sind dynamischer Art und werden hauptsächlich in Abhängigkeit vom Entwicklungsniveau des jeweiligen Landes, darunter von den Produktionsverhältnissen, vom Staat gewährt. Beide Rechte bilden eine dialektische Einheit und bedingen einander.

7. Die Rechte des Menschen als Träger des biologischen Erbes und die sich historisch bewährten Rechte des Menschen als Träger des von den vorhergehenden Gesellschaften übernommenen sozialen Erbes

(Gesamtheit der materiellen und geistig-kulturellen Güter) sind Ausdruck für die Kontinuität des Menschenrechts. Sie sind systemübergreifend und bilden die Voraussetzung für universale Menschenrechte, die allen Menschen der Erde zukommen, Es handelt sich hierbei um Rechte, denen allgemeine und ständig auftretende materielle und geistig-kulturelle Interessen/Bedürfnisse des Menschen zugrunde liegen, die zur Selbstverwirklichung und -vervollkommnung des Individuums, aber auch für die Verständigung der Menschen unterschiedlicher Kulturen und Gesellschaften sowie zur Erhaltung des Friedens notwendig sind.

8. Die Anerkennung des biosozialen Wesens des Menschens (Würde und Freiheit des Bürgers) fordert die Anerkennung des Polymorphismus und in der gesellschaftspolitischen Konsequenz die Anerkennung eines Gesellschaftssystems, in dem ein freies Spiel der kreativen Kräfte und Möglichkeiten (einschließlich der Meinungen, politischen Überzeugungen und weltanschaulichen Positionen) der Individuen sowie der durch die spezifischen Produktionsverhältnisse, die Arbeitsteilung und individuellen Besonderheiten bedingte Widerspruch ihrer Bedürfnisse/Interessen als Triebkräfte der gesellschaftlichen Entwicklung offengelegt und wirksam werden können.

9. Der Staat als freigewählte Schutzmacht der Bürger und als Institution des Interessenausgleichs zwischen Individuum und Gesellschaft muß ausgehend vom biosozialen Wesen des Menschen die zivilen und politischen Grundrechte und Freiheiten des Bürgers schützen sowie als Verwalter der materiellen und geistig-kulturellen Werte der Gesellschaft die soziale Gleichheit (in dem Sinne, daß für alle Bürger die gleichen Bedingungen für die Entfaltung ihrer Fähigkeiten bestehen) und soziale Gerechtigkeit seiner Bürger gewährleisten. Dazu gehört, daß der Staat keinerlei Privilegien billigt und jedem Bürger das Recht einräumt, an den materiellen und geistig-kulturellen Leistungen der Menschheit teilzuhaben und diese im Sinne der Lebenserhaltung und -bereicherung zu vermehren.

Diskussion grundsätzlicher Probleme zur Verwirklichung des Menschenrechts in der DDR

Laut offiziellen Menschenrechtsverständnis sind im real existierenden Sozialismus mit den neuen Produktionsverhältnissen die Bürgerrechte als Menschenrechte verwirklicht und garantiert, stimmen das gesellschaftliche (staatliche) und persönliche Interesse grundsätzlich überein, kann es keine Kontinuität zwischen sozialistischen und bürgerlichen (bourgeoisen) Rechten und Freiheiten des Menschen geben.
Dieses Menschenrechtsverständnis geht somit von einem Menschenbild aus, nach dem der Mensch letztlich das Produkt der - für die Verwirklichung der Menschenrechte durchaus bedeutsamen - unmittelbar gegebenen Produktionsverhältnisse ist, was wissenschaftlich untermauert wird:

> "Die gesellschaftliche Seite ist die übergreifende und bestimmende Seite, da von ihrer eigengesetzlichen Entwicklung die konkrete Existenz des Menschen als Individuum und Art abhängt und von ihr die Realisierung von biologisch Möglichen bestimmt wird. Denn letztlich sind es immer Auswirkungen der gesellschaftlichen Arbeit, die die biologische Natur des Menschen modifizieren. Sie sind vermittelt durch die konkret-historischen Bedingungen, die mit den Gesellschaften der verschiedenen sozialökonomischen Formationen gegeben sind. Diese Dialektik von Biologischem und Gesellschaftlichem geht zurück auf die dialektische Negation oder Aufhebung der biologischen Bewegungsform der Materie mit ihren Gesetzen durch die höhere, gesellschaftliche Bewegungsform der Materie..."[57] x)

Damit scheinen tatsächlich auch die grundsätzlichen Probleme der Menschenrechtsverwirklichung in der DDR gelöst zu sein, ja auch die Einhelligkeit der Auffassungen der dazu erschienen Publikationen fände eine Erklärung, wenn, ja wenn auch die historischen Erfahrungen und realen Erscheinungen lediglich auf einen Konfliktstoff hinweisen würden, der sich allein aus Interessenunterschieden sozialer Schichten erklären ließe. Ich möchte deshalb zunächst

---

x) Eine so verstandene Dialektik von Biologischem und Gesellschaftlichem ist jedoch selbst in der DDR-Literatur nicht unbestritten: "Das Biologische des Menschen wird nicht negiert, es existiert weiter, und zwar nicht nur im Sinne von 'dialektisch aufgehoben'. Denn es ist neben dem Gesellschaftlichen, dem Sozialen und dem Psychischem eine der Grundbedingungen der Existenz des Menschen"[58].

auf einige Phänomene in den Ländern mit Staatseigentum an Produktionsmitteln anhand der hierzu gemachten widersprüchlichen offiziellen Äußerungen verweisen, die diesen Konfliktstoff und den damit verbundenen Widerspruch zwischen theoretischem Anspruch und Wirklichkeit besonders unter dem Gesichtspunkt der sozialistischen Demokratie und Menschenrechte verdeutlichen sollen.

Personenkult mit besonderer Ausprägung in der Stalinzeit:

"Anders ist es in einer Gesellschaft, in der es keine antigonistischen Klassen gibt. Dort gibt es natürlich keinen Gegensatz zwischen dem Staat und dem Menschen, dort kann es keinen solchen Gegensatz geben, denn der Staat ist in einer solchen Gesellschaft der kollektive Mensch. Der historische Widerspruch verschwindet in einer solchen Gesellschaft, er existiert einfach nicht, er wird durch die Entwicklung der Gesellschaft beseitigt, die schon dahin gelangt ist, daß es keine Aufteilung dieser Gesellschaft in gegensätzliche Klassen, in die Klasse der Ausbeuter und die Klasse der Ausgebeuteten mehr gibt. Deshalb gibt es hier kein Problem der Beziehungen zwischen Staat und Persönlichkeit im historischen Sinne. Dieses Problem ist durch die geschichtliche Entwicklung, insbesondere in unserem Vaterland, aufgehoben worden.
Daran sollten verschiedene Redner denken, die sich ausdenken, in der UdSSR wolle man die Persönlichkeit dem Staat unterordnen. In der UdSSR befinden sich die Beziehungen zwischen dem Staat und der Persönlichkeit im Zustand voller Harmonie. Beider Interessen stimmen überein"[59].

"Die Delegation der UdSSR schlägt außerdem vor, anschließend an den Artikel 30 des Entwurfs der Deklaration der Menschenrechte einen neuen Artikel mit folgendem Inhalt einzufügen:
'Die in dieser Deklaration aufgestellten Rechte und Grundfreiheiten des Menschen und Staatsbürgers werden durch die Gesetze der Staaten garantiert. Jede direkte oder indirekte Verletzung und Beschränkung dieser Rechte ist eine Verletzung dieser Deklaration und ist unvereinbar mit den im Statut der Organisation der Vereinten Nationen proklamierten hohen Prinzipien'"[60].

"Wie der Frieden erhalten und die demokratischen Freiheiten gewährleistet und entwickelt werden können, zeigen uns die Berichte der Delegierten der Sowjetunion und der volksdemokratischen Länder. Hier, wo die Werktätigen selbst die politische Macht ausüben, sind alle Garantien für die völlige Gleichberechtigung der Bürger, die ungehinderte Ausübung der staatsbürgerlichen Rechte, die Verwirklichung der gewerkschaftlichen Freiheiten, die Rechte der Verteidigung und die Sicherheit der Einzelperson gegeben. Hier herrscht das Prinzip der Gesetzlichkeit, das jeden Mißbrauch des Rechts oder von rechtlichen Institutionen ausschließt, dessen Beachtung oberstes Gesetz im Staate ist und dessen Mißachtung eines der schwersten Vergehen gegen die Gesellschaft darstellt"[61].

"Hier offenbart sich besonders eindringlich, worin die große Bedeutung Wyschinski's wurzelt, was die Grundlage, der Knotenpunkt für die imponierende Einheit seines praktischen Wirkens und wissenschaftlichen Schaffens war: Sein bis in das letzte Durchdrungensein von der lebendigen Lehre des Marxismus-Leninismus - das ist die Quelle seiner Universalität"[61a].

"Die Größe seiner Persönlichkeit, die Tiefe und Klarheit seines Denkens, sein umfassendes Wissen, die Leidenschaft, mit der er die Grundsätze der Vereinten Nationen verteidigte, mußten selbst seine Gegner in den ihm gewidmeten Nachrufen anerkennen" ... er ist darum der größte Rechts- und Staatstheoretiker unserer Epoche, der Epoche des Aufstiegs der sozialistischen und des rapiden Zerfalls der bürgerlichen Gesellschaft"[62].

"Seine Bedeutung für uns besteht sicher einmal darin, daß es auf engstem Raum eine bis heute unerreicht gute Darstellung der wissenschaftlichen Erkenntnisse von Marx (und Engels) zu den Problemen des Staats und des Rechts gibt. Es ist schon aus diesem Grunde allen Juristen zum Studium zu empfehlen."[63]
"Die gleiche Arbeit Wyschinski's ist uns auch deshalb so wertvoll, weil in ihr erstmals jede Definition des Rechts ~~anerkannt~~ entwikkelt und verteidigt wird, die seitdem von allen fortschrittlichen Juristen als die allein wissenschaftliche Begriffsbestimmung des Rechts anerkannt wird und die unserer gesamten rechtswissenschaftlichen Arbeit zugrunde liegt".[64]

Kritik am Personenkult nach Stalins Tod:

"Auf dem Gebiet der Ideologie verursachte der Personenkult eine Kluft zwischen der Theorie und dem Leben, der Praxis des sozialistischen Aufbaus, und engte den Bereich des ideologischen Einflusses der Partei auf die Massen ein. Das gilt auch für das Sowjetrecht. Der Personenkult förderte eine Atmosphäre der Mißachtung gegenüber dem Gesetz. Die Rechtsnormen wurden häufig skrupellos verletzt. Die Garantien für die Rechte der Persönlichkeit wurden nicht gewahrt, was zu Willkür und zur Verurteilung ehrlicher Menschen führte. Stalin hat wiederholt von der strikten Einhaltung der Gesetze, von der Festigung der Gesetzlichkeit gesprochen, tatsächlich aber gröbste Verletzungen der Gesetze zugelassen."[65]

"Die verhängnisvollste Rolle in der sowjetischen Rechtswissenschaft spielten während der Jahre des Personenkults in dieser Hinsicht die theoretischen Werke und die Tätigkeit Wyschinskis. L.F. Iljitschew charakterisiert die Erscheinungsformen des Personenkults auf dem Gebiet der Rechtswissenschaft folgendermaßen:
'Auf dem Gebiet der Rechtswissenschaft ist Stalin selbst bekanntlich so gut wie gar nicht mit Spezialarbeiten hervorgetreten und überließ die Rolle des 'theoretischen Orakels' Wyschinski, der sein Sprachrohr war und viele Jahre lang als führender Theoretiker in Fragen des ~~Rechts~~ Staates und Rechts galt. Es ist gut bekannt, zu welchen Überspitzungen der theoretischen Willkür Wyschinski sich verstieg, als er die fehlerhafte und schädliche These Stalins von der Verschärfung des Klassenkampfes im Verlaufe der Festigung der Positionen des Sozialismus in unserem Lande juristisch zu untermauern versuchte und sich bemühte, die Rechtswissenschaft zur Rechtfertigung der Verletzung der sozialistischen Gesetzlichkeit zu benutzen'"[66].

"Die von uns angeführten und erläuterten Äußerungen A.J. Wyschinskis lassen mit aller Deutlichkeit erkennen, daß seine ganze 'Theorie', deren Wurzeln in der Entstellung des Wesens und der Aufgaben der Diktatur des Proletariats, des Sowjetrechts und der sozialistischen Gesetzlichkeit sowie in der fehlerhaften unmarxistischen Erfassung der Hauptkategorien des dialektischen und historischen Materialismus zu suchen sind, antiwissenschaftlich und falsch gewesen ist und die Gerichtspraxis schwer geschädigt hat."[66a]

"Diese dogmatischen Auffassungen, die in dem Protokollband über die 1956 geführte Diskussion Klassenkampf und Strafrecht - namentlich in den dazu vorgelegten Referaten und Thesen - nochmals eine konzentrierte Zusammenfassung und Begründung erfuhren, wurden in den späteren Arbeiten der Strafrechtswissenschaft in dieser oder jener Spielart weitergeschleppt und in jüngster Zeit sogar aktiviert.... Es ist deshalb hoch an der Zeit, die zitierten Auffassungen - in allen ihren Erscheinungsformen und samt den hinter ihnen stehenden, theoretischen im Dogmatismus wurzelnden Positionen! - als mit dem Marxismus-Leninismus unvereinbar und für die Praxis unseres sozialistischen Aufbaus schädlich zu erkennen und in aller Offenheit zu verwerfen."[67]

CSSR 1968:

Ursachen die zur gesellschaftlichen Krise führten und eine Erneuerung notwendig machten:

"Konservierung von Methoden aus der Zeit des Klassenkampfes...
Die dogmatischen Anschauungen standen einer uneingeschränkten und raschen Umwertung der Vorstellungen über den Charakter des sozialistischen Aufbaus im Wege ...
Die tiefere Ursache der Tatsache, daß sich überlebte Methoden der Wirtschaftsleitung halten konnten, bestand in der Deformation des politischen Systems. Die sozialistische Demokratie wurde nicht rechtzeitig erweitert, die Methoden der revolutionären Diktatur entarteten zu Bürokratismus und wurden zum Hindernis der Entwicklung auf allen Abschnitten unseres Lebens...
Die führende Rolle der Partei wurde in der Vergangenheit oft als Monopol, als Konzentration der Macht in der Hand der Parteiorgane aufgefaßt. Das entsprach der falschen These, daß die Partei das Instrument der Diktator des Proletariats sei...
Die verschiedenen, durch das System des direkten Entscheidens nicht vorausgesetzten Interessen und Bedürfnisse der Menschen wurden als unerwünschte Hindernisse angesehen und nicht als neue Bedürfnisse des Lebens der Menschen, die die Politik respektieren muß ...
Deshalb wurden immer wieder Anschauungen, Maßnahmen und Eingriffe durchgesetzt, die willkürlich waren und weder der wissenschaftlichen Erkenntnis noch den Interessen der einzelnen Volksschichten und einzelnen Bürgern entsprachen ..."[68]

Schlußfolgerungen aus den Fehlern der Vergangenheit:

"Ziel der Partei ist es nicht, ein universeller 'Verwalter' der Gesellschaft zu werden, alle Organisationen und jeden Schritt im Leben durch ihre Direktiven zu binden ...
Sie (die ~~Führungsrolle der~~ Partei - P.E.) verwirklicht ihre führende Rolle nicht dadurch, daß sie die Gesellschaft beherrscht, sondern dadurch, daß sie der freien, fortschrittlichen und sozialistischen Entwicklung am treuesten dient. Sie kann sich ihre Autorität nicht erzwingen, sondern muß sie immer aufs neue durch Taten gewinnen ...
Die Politik der Partei darf nicht dazu führen, daß die nichtkommunistischen Bürger das Gefühl haben, in ihren Rechten und Freiheiten durch die Partei eingeschränkt zu werden, sondern daß sie vielmehr

in der Tätigkeit der Partei die Garantie ihrer Rechte, Freiheiten und Interessen sehen...
Es ist unbedingt notwendig, die Praxis der Diskriminierung und einer 'Kaderecke' für jene, die nicht Mitglieder der Partei sind, abzuschaffen...
Die Menschen müssen mehr Möglichkeit haben, selbst zu erwägen und ihre Meinung zum Ausdruck zu bringen, wir müssen radikal Schluß machen mit den Praktiken, die die Initiative des Volkes und die kritischen Anregungen von unten in das sprichwörtliche 'Erbsen an die Wand werfen' verwandeln."[68]

Volksrepublik Polen: 1980/1981

Vor der Krise:

" 'Die Unterstützung der Arbeiterklasse für das Parteiprogramm, ihre patriotische Opferbereitschaft und Aktivität', so heißt es im Beschluß des Parteitages, 'sind die Hauptquelle für die Stärke Polens und die Garantie für die weitere erfolgreiche Realisierung der Aufgaben des sozialistischen Aufbaus in unserem Land'... Zugleich wird betont: 'Grundlage der allseitigen Entwicklung des Landes ist die politisch-moralische Einheit des Volkes'. Sie basiert auf der grundlegenden Übereinstimmung der Interessen aller Polen mit den wichtigsten Anliegen des Vaterlandes, des sozialistischen Staates."[69]

"Die polnische Bruderpartei besitzt das feste Vertrauen und die allseitige Unterstützung des ganzen Volkes.".
Schon jetzt, einige Wochen nach den bedeutenden Beschlüssen des Parteitages, zeigen die vielzähligen gesellschaftlichen und Produktionsverpflichtungen der Werktätigen des Landes, daß die Entwicklungsvorhaben der Partei den Lebensinteressen des Volkes entsprechen, richtig verstanden und in konstruktive Initiativen umgesetzt werden ...
... besonders aber die Wiederwahl des Gen. Edward Gierek als ersten Sekretär des ZK dokumentiert den festen Willen der PVAR, mit Elan und Schöpferkraft an die Lösung der nicht leichter ~~gewordenen~~ werdenden Aufgaben heranzugehen."[70]

"Der Beschluß der Nationalen Einheitsfront, die Beschlüsse des VIII Parteitages der PVAR zur Grundlage für die Plattform der Wahlen zum Sejm und zu den Wojewodschaftsnationalräten zu machen, wurde durch das eindeutige Votum der Millionen Wähler vom 23. März 1980 bestätigt."[71]

Nach Ausbruch der Krise:

"Unsere wichtigste Aufgabe ist die Wiederherstellung des gesellschaftlichen Vertrauens zur Volksmacht, des Vertrauens der Arbeiterklasse, aller Werktätigen zur Partei. Wir müssen die starken Bande der Organe zum Volke sichern. Sie fehlten, und das führte zum Ausbruch der Unzufriedenheit in einem breiten und in ihren Folgen bedrohlichen Ausmaße"...
Wir gehen von dem Grundsatz aus und müssen diesen als Richtlinie unserer Partei ansehen, daß die Demokratie keine Geste der Staatsmacht gegenüber der Gesellschaft ist, sondern ein großes und wachsendes Bedürfnis des Sozialismus ...

Deshalb sind wir entschieden für die Einhaltung der verfassungsmäßigen Kompetenzen des Sejm, für die Erweiterung der Befugnisse der Volksräte, für eine wirkliche Erneuerung der Gewerkschaften, damit sie ein vollkommen selbständiger und erfolgreicher Verteidiger der Interessen und Rechte der Arbeiter, ein Partner für die Verwaltung sind."[72]

"Auf der ZK-Tagung berichtete Grabski über die Ergebnisse der Kommission zur Untersuchung der Verantwortung für die Krise, Grabski erklärte unter anderem, gegenüber 12 000 Personen - darunter 3400 leitende Persönlichkeiten - seien schwere Vorwürfe zu erheben ...
Gegen eine ganze Reihe ehemaliger Mitglieder der Partei- und Staatsführung wurden Parteiverfahren eingeleitet und Verfahren bei der Staatsanwaltschaft beantragt. Ihre Orden und Ehrenzeichen werden zurückgezogen."[73]

Außerdem zeigen die Ereignisse in der VR China ("Die jüngste Entwicklung bestätigt die in der Chronik getroffene Feststellung, daß sich der Widerspruch zwischen der großchauvinistischen, hegemonialen Politik der Führung Chinas einerseits, den Interessen des chinesischen Volkes und den objektiven Erfordernissen der Entwicklung des Landes andererseits weiter vertieft."[74]), besonders während der sogenannten Kulturrevolution, die Ereignisse in Kambuchea 1975-1978 ("Die Verbrechen der Clique Pol Pot/Ieng Sary können bestimmt nicht mehr gezählt werden! Überall wurde unser Volk Zeuge grausamster Schlächtereien - noch barbarischer als im Mittelalter oder unter den Hitlerfaschisten."[75]), Grenzkonflikte zwischen der UdSSR und VR China, die Kriege zwischen China und Vietnam sowie Kambuchea und Vietnam, aber auch bestimmte Erscheinungen in der DDR (Grenzanlagen, politische Häftlinge, Privilegien für bestimmte Bürger, z.B. Reise- und Informationsfreiheit, der Umgang des Staates mit Menschen, die ein von der Parteilinie abweichendes Verständnis von Kunst, Literatur, Philosophie, Demokratie, Freiheit und Frieden haben, Programmcharakter der Verfassung mit Einschränkung und Auslegungsmöglichkeit besonders der die politischen Rechte und Freiheiten betreffenden Artikel) und nicht zuletzt die eigenen Erfahrungen nur allzu deutlich die Unhaltbarkeit des theoretischen Anspruchs auf grundsätzliche Interessenübereinstimmung zwischen Staat und Gesellschaft, Bürger und Staat. Eine den genannten historischen Erfahrungen und Erscheinungen nicht Rechnung tragende verbale Menschenrechtsargumentation kann m.E. keinen überzeugenden Beitrag zur Förderung des Menschenrechtsgedankens leisten, da ihre Aufgabe lediglich darin besteht, den jeweiligen Zustand kritiklos nach der Devise: ~~Was~~ Das ~~auf~~

nicht sein ~~darf~~ kann, ~~kann~~ ~~darf~~ was nicht sein darf - zu rechtfertigen.
Das Defizit an tatsächlicher grundsätzlicher Interessenübereinstimmung läßt sich also - wie historisch belegbar - durch ideologische Rechtfertigung und rechtliche Zwangsmittel über einen mehr oder weniger langen Zeitraum verdunkeln. Erst nach dem Aufbrechen des Konflikts werden auch die Fehler der Partei und Staatsgewalt offenkundig, die zur Vertrauenskrise zwischen Volk und Partei geführt haben, wobei die Verletzung der sozialistischen Demokratie und damit der Bürgerrechte (mit den Begleiterscheinungen Heuchelei, Karrierismus, Passivität etc.) als Grundübel erkannt und genannt werden. Hiermit dürfte hinreichend belegt sein, daß im real existierenden Sozialismus Grundrechte und -freiheiten die Bürger nicht nur nicht besitzen, sondern auch vom Staat nicht immer gewährt und garantiert werden können.

> "Die Vorstellung, sozialistische Grundrechte seien dem Bürger staatlich gewährt, beinhaltet die Entgegensetzung von Staat und Bürger. Der Wirklichkeit entspricht etwas anderes, nämlich: Die Bürger besitzen ihre Grundrechte und Freiheiten entsprechend dem Grad des durch sie selbst unter Führung der Arbeiterklasse und ihrer marxistisch-leninistischen Partei vollzogenen und im hohen Maße mit Hilfe des sozialistischen Staates organisierten gesellschaftlichen Umwälzungsprozesses."[76]

Dabei möchte ich den ermächtigten Funktionsträgern keine Böswilligkeit in den Absichten unterstellen. Ihr Ziel - der Kommunismus und die damit verbundene Befreiung des Menschen von Mächten, denen er bislang noch ausgeliefert ist - hat auch für mich Anziehungskraft. Nur verstehe ich dieses Ziel nicht als einen zu erreichenden Zustand, nicht als ein Endziel ("Im Interesse der Werktätigen und ihres revolutionären Endziels wird die Arbeiterklasse gegen alle Versuche der Ultras kämpfen, die bürgerlichen Rechte zu zerstören"[77]), sondern als Bewegung selbst, in der die Mittel und der Zweck - Lebenserhaltung und -bereicherung - eine dialektische Einheit bilden müssen. Entsprechend der Doktrin des real existierenden Sozialismus sollen die Diktatur des Proletariats und die Führungsrolle der marxistisch-leninistischen Partei die allgemein notwendigen Mittel sein, um das schon erkannte Ziel zu erreichen. Dies ~~allein~~ besagt noch nicht viel, wichtig ist ~~allein~~, wie diese Mittel gebraucht werden.

"Gerade für die bewußt zu gestaltende sozialistische Gesellschaft ist es besonders wichtig, daß die einzelnen Gesellschaftsmitglieder das als für sich selbst erstrebenswert ansehen, was der Arbeiterklasse nutzt, was sie geschichtlich tun muß"[78]

"Unter allen Faktoren, die in dieser Richtung wirken, nimmt die bewußtseinsbildende, lenkende und führende Tätigkeit der marxistisch-leninistischen Partei den exponierten Platz ein"[79]

"Folglich sind die Repräsentanten dieses Staates auf allen Ebenen des staatlichen Apparates Interessenvertreter der Arbeiterklasse und ihrer Verbündeten, so daß zwischen Staat und Gesellschaft, zwischen Staatsfunktionär und einzelnen Werktätigen kein Gegensatz besteht"[80]

"Und das sozialistische Recht gewährt keine Freistätte für die Absonderung einzelner vom Wege der Geschichte"[81].

Der einzelne Bürger muß also die Höhe des von der marxistisch-leninistischen Partei vorgegebenen und repräsentierten gesellschaftlichen Interesses erlangen. Hier wird vom konkreten Menschen abstrahiert, was der dialektischen Einheit vom Allgemeinen und Besonderen widerspricht, wonach das Allgemeine nur durch das Besondere und Einzelne existieren kann. Das gesellschaftliche Interesse kann also nur durch die individuellen Interessen existieren, wie eben auch eine soziale Ethik nur durch individuell-ethische Entscheidungen und Menschenrechte nur durch individuelle Rechte verwirklicht werden können. In diesem Zusammenhang sind die Seins- und Bewußtseinsbeziehungen im real existierenden Sozialismus befragt.

"Das theoretische und politische Bewußtsein der in der marxistisch-leninistischen Partei als freiwilliger Kampfbund, als Avantgarde der Arbeiterklasse und aller Werktätigen organisierten Mitglieder ist höher als das der Masse der Werktätigen. Diesen Unterschied darf man nicht verwischen. In der Perspektive geht es darum, alle Werktätigen auf den Bewußtseinsstand der Partei zu heben ..."[82]

"Diese widerspruchsvolle 'Objektstellung' solcher Arbeiter (einerseits als Angehöriger ihrer Klasse objektiv Subjekt der Politik, andererseits als Individuum 'Objekt' der Politik ihrer Klasse zu sein - P.E.) ... bringt zum Ausdruck, daß sie die objektiven Interessen ihrer Klasse, der sie selbst angehören, noch nicht begriffen haben und sich dadurch individuell als politische Subjekte auch noch nicht verwirklichen können"[83].

Das Erheben des theoretischen und politischen Bewußtseins der Parteimitglieder (die ja auch in der Partei selbst einer entsprechenden Bewußtseinshierarchie unterliegen dürften, woraus sich ja schon die geforderte Parteidisziplin ergibt) über die Masse der Werktätigen läßt in seiner Konsequenz die Möglichkeit zu, allen Werktätigen, die eine von der Parteilinie abweichende Meinung vertreten, ein unterentwickeltes bzw. falsches Bewußtsein anzulasten, was in Zei-

ten der Verschärfung des Klassenkampfes (die ja, so überhaupt, mit einer Schwächung der Positionen des Sozialismus allgemein und im eigenen Land einhergehen müßte) Macht- und Amtsmißbrauch nicht ausschließt. Wenn hierbei von der revolutionären Gewalt gesprochen wird, die notwendig ist, um die Revolution zu verteidigen, so mag das unter bestimmten Bedingungen nach der Machtübernahme legitim sein. Wird aber davon ausgegangen, daß "sie es immer dort ist, wo Feinde der Arbeiterklasse deren politische Macht zu untergraben/oder zu stürzen versuchen"[84], so kann diese Bewußtseinsbeziehung zwischen Parteimitglied und der Masse der Werktätigen eine gefährliche Dimension annehmen, weil es die revolutionäre Gewalt zur Verteidigung der Revolution erforderlich machen kann, "die Gegner der Revolution niederzuhalten, indem Feinde der Arbeiterklasse verhaftet, eingekerkert und unter Umständen sogar physisch liquidiert werden"[85].
Eine solche Bewußtseinsbeziehung zwischen Partei und Volksmasse und die daraus folgenden politisch-ideologischen und rechtlichen Konsequenzen lassen sich m.E. mit dem Gedankengut von Marx und Engels nicht in Einklang bringen. Nach Marx/Engels entsprechen die gesellschaftlichen Bewußtseinsformen der ökonomischen Struktur der Gesellschaft. Andererseits beeinflussen die Formen des gesellschaftlichen Bewußtseins rückwirkend den geschichtlichen Prozeß, wobei die Idee erst dann zur materiellen Gewalt wird, wenn sie die Wirklichkeit richtig widerspiegelt und die Massen ergreift. Hierbei entstehen die Ideen der neuen Gesellschaft durchaus schon in der alten Gesellschaft

> "Man spricht von Ideen, welche eine ganze Gesellschaft revolutionieren; man spricht damit nur die Tatsache aus, daß sich innerhalb der alten Gesellschaft die Elemente einer neuen gebildet haben, daß mit den alten Lebensverhältnissen die Auflösung der alten Ideen gleichen Schritt hält"[86]

Hier wird ein Verständnis von Sein und Bewußtsein deutlich, das nur schwer mit einem Verständnis in Beziehung gebracht werden kann, wonach "sozialistische Produktionsverhältnisse sich wegen ihres qualitativ neuen Charakters nicht im Schoße der kapitalistischen Produktionsverhältnisse herausbilden können"[87], was auch ausschließt, daß die entsprechenden Produktionsverhältnisse und die damit verbundenen Bewußtseinsformen in sich, wie alles Sein und Bewußtsein, Kontinuität und Diskontinuität vereinen. Dagegen schließt die Bejahung der Entwicklung der neuen Produktionsverhältnisse aus den alten die Entwicklung des ihnen entsprechenden Bewußtseins, d.h. der Hauptproduktivkraft Mensch ein, die zur Überwindung der alten und gleichzeitig zur Durchsetzung der neuen Produktionsverhältnisse erforderlich ist, "denn die gesellschaftlichen Verhältnisse können nicht anders verwirklicht werden, als über bewußte, willensmäßige Handlungen des Menschen"[88]. Dies bedeutet aber letztlich, daß auch unter sozialistischen Produktionsverhältnissen die Rechte und Freiheiten erhalten bleiben müssen, die die Produktivkräfte und damit vor allem die Potenzen der Individuen freisetzen, während z.B. das zum Hemmschuh der Entwicklung der Produktivkräfte gewordene Recht auf Privateigentum an Produktionsmitteln seine geschichtliche Rolle erfüllt hat und abstirbt, um Rechten und Freiheiten Platz zu machen, die durch dieses Recht eine Beschränkung erfuhren. Die so gewahrte Kontinuität der Menschenrechte dürfte auch im real existierenden Sozialismus unter den spezifischen tatsächlichen Produktionsverhältnissen fortbestehen, die m.E. allerdings im Widerspruch zum theoretischen Anspruch der marxistisch-leninistischen Partei (Staateigentum an Produktionsmitteln = gesellschaftliches Eigentum an Produktionsmitteln) stehen, was Machtmittel des Staates in Form entsprechender Zwangsmaßnahmen zur Durchsetzung dieses theoretischen Anspruchs erforderlich macht. Bekanntlich kommen die Produktionsverhältnisse in den tatsächlichen Beziehungen der Menschen zu den Produktionsmitteln zum Ausdruck. In der DDR sind diese Bedingungen dadurch charakterisiert, daß der Staat über das Eigentum an Produktionsmitteln verfügt und den damit erzielten Reichtum verwaltet und verteilt, während der Produzent selbst den Produktionsmitteln weiterhin fremd gegenübersteht, weder den Wert seiner Arbeitskraft noch den damit produzierten Mehrwert kennt. Es bestehen also Produktionsverhältnisse, denen die Beziehung von zwei Menschengruppen zu den Produktionsmitteln zugrunde liegt. Unter diesen Voraussetzungen kann von gesellschaftlichem Eigentum an Produktionsmitteln im Sinne von Marx und Engels keine Rede sein.

> "Indem sich die Gesellschaft zur Herrin der sämtlichen Produktionsmittel macht, um sie gesellschaftlich planmäßig zu verwenden, vernichtet sie die bisherige Knechtung des Menschen unter ihre eigenen Produktionsmittel. Die Gesellschaft kann sich selbstredend nicht befreien, ohne daß jeder einzelne befreit wird"[89]

Was nun das besondere Bewußtsein der in der marxistisch-leninistischen Partei vereinigten Mitglieder angeht, so läßt es sich ausgehend von der materialistischen Seins-Bewußtseins-Dialektik eigentlich nur so deuten, daß die im real existierenden Sozialismus bestehenden unterschiedlichen Bewußtseinsformen aus einem unterschiedlichen Sein, wohl auch und in nicht geringem Maße aus den unterschiedlichen Beziehungen zu den Produktionsmitteln hervorgehen. Es kann sich hierbei aber nur um ein anderes, nicht um ein höheres Bewußtsein handeln. Ein höheres Bewußtsein läßt sich, so es kein elitäres sein will, nach dem oben Gesagten auch nicht damit begründen, daß sich das gesellschaftliche Bewußtsein langsamer als die neuen Produktionsverhältnisse wandelt, die Mitglieder der marxistisch-leninistischen Partei jedoch aufgrund der marxistisch-leninistischen Theorie die Gesetze der gesellschaftlichen Entwicklung schon erkannt haben, die der Masse der Bevölkerung durch die Partei erst noch bewußt gemacht werden müssen. Dies auch deshalb, weil m.E. die Gesetze der gesellschaftlichen Entwicklung unter den genannten tatsächlichen (wirklichen) Produktionsverhältnissen wirken und erst erkannt werden können, wenn an der gesellschaftlichen Bewußtseinsbildung alle Mitglieder der Gesellschaft gleichberechtigt teilhaben können. So gesehen müssen der Volkswille (das Volksbewußtsein) und das damit verbundene gesellschaftliche Rechtsbewußtsein nicht auf das Niveau des Parteiwillens angehoben werden, sondern zum Parteiwillen selbst werden, den Parteiwillen beeinflussen und kontrollieren können.
Der im Gesamtzusammenhang auftretenden Problematik des Rechts auf gewaltsame revolutionäre Umwälzungen bei unterentwickelten Produktionsverhältnissen und der daraus entstehenden möglichen Folgeerscheinungen soll hier nicht nachgegangen werden. Ich möchte lediglich die Art und Weise der Machtausübung in Form der Diktatur des Proletariats mit dem damit verbundenen Verständnis vom Menschen und von seinen Rechten und Freiheiten in Frage stellen, da, wie schon gesagt, die im Prozeß der bürgerlich-demokratischen Revolution freigesetzten politischen Rechte und Freiheiten der Bürger auch im real existierenden Sozialismus für die Entwicklung der Produktivkräfte wirksam werden müssen. Erst dadurch können die wirklichen, darunter die den spezifischen Produktionsverhältnissen entsprechenden Interessen und Bedürfnisse der Menschen erkannt sowie

die den Interessenwidersprüchen innewohnenden Konflikte rechtzeitig und friedlich beigelegt werden.
Die Bedingungen für die allseitige Verwirklichung der Menschenrechte sind erst dann gegeben, wenn die Partei- und Staatsorgane zum Diener der Gesellschaft werden, wenn sie sich der Gesellschaft unterordnen und dafür einsetzen,"daß die große arbeitende Masse aufhört eine regierte Masse zu sein, vielmehr das ganze politische und wirtschaftliche Leben selbst lebt und in bewußter Selbstbestimmung lenkt"[90], daß allen Bürgern die reale Möglichkeit eingeräumt wird, die in seinem biosozialen Wesen wurzelnden Fähigkeiten aus eigener Kraft und Vernunft sowie in sittlicher Selbstbestimmung zu entfalten.
Der Grad der Verwirklichung der Menschenrechte muß deshalb daran gemessen werden, inwieweit das Bürgerrecht in dem aus der Würde und dem biosozialen Wesen des Menschen abgeleiteten Menschenrecht aufgeht. Er kann nicht aus den Verfassungsnormen allein abgelesen werden, da diese durch unklar definierte Einschränkungen und Auslegungsmöglichkeiten nur eine nebulöse Vorstellung von ihrem tatsächlichen Gebrauch in der Praxis vermitteln. Ein auf entsprechender Zuordnung basierender Vergleich zwischen Verfassungsnormen und den gesetzlichen sowie sonstigen Bestimmungen (Gesetze, Durchführungsbestimmungen, rechtsverbindliche Beschlüsse und Direktiven, Verordnungen, Verfügungen, Sonderbestimmungen, Betriebsanweisungen, Weisungsrechten von Leitern, Anforderungsbestimmungen für bestimmte Berufe u.a.) könnte diese Unverbindlichkeit der in der Verfassung angeführten Grundrechte und Freiheiten (besonders der politischen) belegen. Da aber ein solcher Vergleich den Umfang dieser Arbeit beträchtlich erweitern würde, möchte ich lediglich einige bedenkliche Begriffsauslegungen und Kommentare zur Verfassung wiedergeben, die aussagekräftig genug sein dürften, um das Gesagte zu erhärten.

<u>Grundrechtseinschränkung allgemeiner Art</u>

"Selbstverständlich können wir es nicht dulden, daß Grundrechte gegen die sozialistische Moral mißbraucht werden sollen, um Gesellschaft, Staat oder auch einen anderen Bürger zu übervorteilen beziehungsweise zu schädigen"[91]
"Selbstverständlich zählen zu den Garantien auch Festlegungen der Verfassung sowie Rechtsvorschriften, die einen Mißbrauch von Rechten und Freiheiten zur Wühlarbeit und Propagandatätigkeit gegen die so-

zialistische Gesellschaft verhindern"[92]

"Das ethische Fundament unserer Grundrechte und Grundpflichten ist die sozialistische Moral, das heißt 'die Gesamtheit der sittlichen Werte und Normen, die aus dem Befreiungskampf der Arbeiterklasse, aus den Erfordernissen und Bedürfnissen des sozialistischen Aufbaus, insbesondere der sozialistischen Arbeit und des neuen sozialistischen Gemeinschaftslebens erwachsen sind und die auf die Festigung und ständige Höherentwicklung der sozialistischen Gesellschaft, auf die Vervollkommnung der sozialistischen Gemeinschaftsbeziehungen und der sozialistischen Persönlichkeit, auf den Sieg des Friedens in der Welt, gerichtet sind'"[93]

"Für die Werktätigen in der DDR gibt es keinen Widerspruch zwischen de ihr Handeln bestimmenden Moralnormen und den gesellschaftlichen Anforderungen des sozialistischen Staates"[94]

"Niemand aber kann aus der moralischen Verpflichtung entlassen werden ... dem Frieden und dem gesellschaftlichen Fortschritt zu dienen"[9

<u>Würde und Freiheit der Persönlichkeit</u>

Artikel 19/2 und 19/3 der Verfassung:

> Achtung und Schutz der Würde und Freiheit der Persönlichkeit sind Gebot für alle gesellschaftlichen Kräfte und jeden einzelnen Bürger
>
> Frei von Ausbeutung, Unterdrückung und wirtschaftlicher Abhängigkeit hat jeder Bürger gleiche Rechte und vielfältige Möglichkeiten, seine Fähigkeiten in vollem Umfange zu entwickeln und seine Kräfte aus freiem Entschluß zum Wohle der Gesellschaft und zu seinem eigenen Nutzen in der sozialistischen Gemeinschaft ungehindert zu entfalten

"Mit der Freiheit wachsen Pflicht und Verantwortung. Ein Leben in Freiheit und Menschenwürde setzt also nicht nur objektive, sondern auch subjektive Bedingungen voraus, sozialistisches Bewußtsein und Verhalten"[96]

"Die persönliche Freiheit muß daher stets in ihrem Zusammenhang mit der gesellschaftlichen Freiheit, mit dem Schutz des Sozialismus, mit der Festigung der sozialistischen Ordnung und Disziplin, mit dem Wachstum der materiellen und geistig-kulturellen Kräfte des Sozialismus und mit der Vervollkommnung der gesellschaftlichen Verhältnisse gesehen werden"[97]

"Wenn wir sagen, daß in der Gegenwart Freiheit bewußte gesellschaftliche Aktivität für die Verwirklichung des Sozialismus ist, so steht das im vollen Einklang mit der objektiven Gesetzmäßigkeit des historischen Prozesses"[98]
"Die wachsende Führungsrolle der Partei ist Kennzeichen des Wachstums der Freiheit der Gesellschaft und jedes einzelnen"[99]

Gewissen und Gewissensfreiheit

Artikel 20/1 der Verfassung:

Gewissens- und Glaubensfreiheit sind gewährleistet.
Alle Bürger sind vor dem Gesetz gleich.

"Mögen auch die individuellen Entscheidungen dem Gewissen des einzelnen entspringen, der Gewissensinhalt ist schließlich gesellschaftlich determiniert"[100]
"Gewissensfreiheit, das ist 'die vom Bewußtsein der Verantwortung für den Mitmenschen, die Gesellschaft und den Staat getragene Einstellung und Haltung' "[101]
"In der sozialistischen Gesellschaft ist es jedem Bürger objektiv möglich, eine Einstellung und Haltung zu entwickeln, die vom Bewußtsein der Verantwortung für den Mitmenschen, die Gesellschaft und den Staat getragen sind"[102]
"Wenn man also die verfassungsmäßig verbriefte Gewissensfreiheit statt zum Recht auf Bildung, wohin sie gehört, zu den persönlichen Freiheitsrechten zählt, welch anderen Sinn mißt man ihr dann bei als den, verkehrtes Weltbewußtsein verewigen zu helfen?"[103]

Mitgestaltungs- und Mitbestimmungsrechte

Artikel 21/1 der Verfassung:

Jeder Bürger der Deutschen Demokratischen Republik hat das Recht, das politische, wirtschaftliche, soziale und kulturelle Leben der sozialistischen Gemeinschaft und des sozialistischen Staates umfassend mitzugestalten

"Die Verwirklichung dieses Rechts der Mitbestimmung und Mitgestaltung ist zugleich eine hohe moralische Verpflichtung für jeden Bürger"[104]
"Das Grundrecht auf Mitbestimmung und Mitgestaltung ist unmittelbar darauf gerichtet, die politische Macht der Arbeiterklasse zu verwirklichen und die sozialistische Demokratie als Hauptentwick-

lungsrichtung der sozialistischen Staatsmacht weiter zu entfalten"[105]
"Es besteht ein dialektischer Widerspruch zwischen dem objektiven Zwang zu größerer Sachkunde und der erforderlichen Breite der Mitwirkung. Verschärft wird das Problem noch durch die offenkundige Notwendigkeit, dem Klassengegner Einblick in bestimmte staatliche Entscheidungsprozesse zu verwehren"[106]

Recht auf Bildung

> Artikel 25/1 der Verfassung:
> Jeder Bürger der Deutschen Demokratischen Republik hat das gleiche Recht auf Bildung. Die Bildungsstätten stehen jedermann offen. Das einheitliche sozialistische Bildungssystem gewährleistet jedem Bürger eine kontinuierliche sozialistische Erziehung, Bildung und Weiterbildung

"Die Anwendung des Leistungsprinzips gewährleistet, daß diejenigen Bewerber zum Besuch der Bildungseinrichtungen zugelassen werden, die über die besten Voraussetzungen verfügen, das heißt Bewerber mit sehr guten und guten Leistungen, positiver Leistungstendenz, vorbildlicher staatsbürgerlicher Haltung und gesellschaftlicher Aktivität"[107]
"Die Zusammensetzung der Schüler der erweiterten Oberschulen und der Studenten an den Universitäten, Hoch- und Fachschulen muß unbedingt der sozialen Struktur unserer Bevölkerung entsprechen"[108]
"Aus der Grundkonzeption der sozialistischen Verfassung ergibt sich, daß das Recht und die Pflicht der Eltern zur Erziehung der Kinder im Interesse der sozialistischen Gesellschaft eine Einheit bilden"[109]
"Dazu gehören politisch-ideologische Überzeugtheit, Prinzipientreue zur Sache der Arbeiterklasse, Unversöhnlichkeit gegenüber dem Klassengegner ebenso wie Erkenntnisdrang, gesellschaftliche Aktivität, Willensstärke und Pflichtbewußtsein, Achtung vor dem Leben, vor den arbeitenden Menschen und den Älteren, Mut, Ehrlichkeit, Kameradschaftlichkeit, Hilfsbereitschaft, Bescheidenheit und Zuverlässigkeit"[110]

Meinungsfreiheit

Artikel 27 der Verfassung:

> Jeder Bürger der Deutschen Demokratischen Republik hat das Recht, den Grundsätzen dieser Verfassung gemäß seine

> Meinung frei und öffentlich zu äußern. Dieses Recht wird durch kein Dienst- oder Arbeitsverhältnis beschränkt. Niemand darf benachteiligt werden, wenn er von diesem Recht Gebrauch macht.
> Die Freiheit der Presse, des Rundfunks und des Fernsehens ist gewährleistet

"Die sozialistische Gesellschaftsordnung garantiert eine freie Meinungsäußerung, die nicht beeinträchtigt wird ... durch die Existenz von Meinungsmonopolen, durch unwissenschaftliche, revanchistische, chauvinistische, revisionistische, konterrevolutionäre Propaganda"[111]
"Alle Versuche, unter dem Deckmantel der freien Meinungsäußerung antisozialistische Propaganda zu betreiben bzw. zu initiieren, haben jedoch mit dem Grundrecht auf freie Meinungsäußerung nichts gemein"[112]
"Der Schutz der sozialistischen Gesellschaft wie der Schutz ~~ihre~~ jedes ihrer Bürger gebieten es auch, jegliche öffentliche Herabwürdigung der staatlichen Ordnung, der staatlichen Organe, Einrichtungen, gesellschaftlichen Organisationen usw. sowie die Verächtlichmachung oder Verleumdung eines Bürgers entschieden vom Grundrecht auf freie Meinungsäußerung abzugrenzen"[113]
"Die Freiheit der Presse, des Rundfunks und des Fernsehens bedeutet, daß die Publikationsorgane ungehindert im Dienste des werktätigen Volkes wirken können"[114]
"Die Buch- und Zeitschriftenverlage sowie die Verlage der Tages- und Wochenzeitungen arbeiten auf der Grundlage der Beschlüsse des Zentralkomitees der SED und des Ministerrates sowie entsprechend den vom Ministerium für Kultur bestätigten Aufgabengebieten"[115]

Mit diesen Zitaten sollen die angeführten Grundrechte und Freiheiten der Bürger nicht grundsätzlich in Frage gestellt werden. Es dürfte aber schwer zu bestreiten sein, daß eine solche Deutung dieser Rechte und Freiheiten, besonders der politischen, einen breiten Spielraum bereithält, um die Grundrechte und Freiheiten derjenigen zu beschränken, die eine von der Parteilinie abweichende Überzeugung offen vertreten. Meine eigenen Erfahrungen, die ausschnittsweise aus den dieser Schrift beigefügten Unterlagen hervorgehen, sollen hierfür einen konkreten Beweis erbringen.

Ein erster Schritt zur Verbesserung der gegenwärtigen gesellschaftlichen Verhältnisse in der DDR, unter denen Amts- und Machtmißbrauch im Umgang mit andersdenkenden Menschen nicht ausgeschlossen und das Vertrauensverhältnis zwischen Partei-, Staats- und Rechtsorganen einerseits und der werktätigen Masse andererseits belastet sind, könnte darin bestehen, ein unabhängiges gesellschaftliches Organ zu schaffen, das über die Rechtswirksamkeit der Verfassung wacht und denjenigen Bürgern Rechtsschutz gewährt, die in ihren Grundrechten und Freiheiten beeinträchtigt werden.

X Dieser Beitrag zur Menschenrechtsverwirklichung in der DDR soll wiederum thesenhaft zusammengefaßt werden.

1. Entsprechend dem in der DDR offiziell vertretenen Menschenrechtsverständnis stimmen unter Berufung auf die neuen Produktionsverhältnisse und das dadurch determinierte Wesen des Menschen die Interessen zwischen Bürger und Staat grundsätzlich überein, sind die Menschenrechte verwirklicht und gewährleistet.
Die historischen Erfahrungen (Stalinzeit, Ereignisse in der CSSR 1968 Gesellschaftskrise in der VR Polen und die damit verbundenen offengelegten allgemeinen Erscheinungen, wie Verletzung der Demokratie im allgemeinen und der Bürgerrechte im besonderen, Vertrauenskrise zwischen Volk und Partei, Bürokratismus, Karrierismus, Konformismus, Passivität etc.; Kulturrevolution in der VR China, Ereignisse in Kambuchea1975-1978, Grenzkonflikte zwischen der UdSSR und der VR China, kriegerische Konflikte zwischen der VR Vietnam und Kambuchea sowie zwischen der VR Vietnam und China), aber auch die offenkundigen Erscheinungen in der DDR (Grenzanlagen, politische Häftlinge, Umgang mit Andersdenkenden, Privilegien wie Reise- und Informationsfreiheit für bestimmte Bürger, Intershopgeschäfte etc.) sowie der eigene Erlebnisbereich zeigen jedoch, daß dieser theoretische Anspruch der marxistisch-leninistischen Partei in Wirklichkeit nicht gegeben ist.

2. Die in erster Linie gesellschaftlich determinierten Interessenunterschiede zwischen Bürger und Staat sind m.E. in den für die Verwirklichung der Menschenrechte bedeutsamen Produktionsverhältnissen

zu suchen, die im Staateigentum an Produktionsmitteln und den damit verbundenen unterschiedlichen Bewußtseinsbezie-hungen von zwei Menschengruppen (Produzenten des gesellschaftlichen Reichtums einerseits und Verwalter/Verteiler dieses Reichtums andererseits) zu den Produktionsmitteln zum Ausdruck kommen. Die Aufgabe der marxistisch-leninistischen Partei, die ein höheres theoretisches und politisches Bewußtsein ihrer Mitglieder im Vergleich zur Masse der Werktätigen geltend macht, besteht nun darin, das von ihr erkannte und gesetzmäßig eintretende Ziel - den Kommunismus - über die Diktatur des Proletariats mit Führungsrolle der Partei durch politisch-ideologische Erziehungs- und Überzeugungsarbeit sowie durch entsprechende Rechtsakte und -mittel gegen den Widerspruch, der den unterschiedlichen Bewußtseinsformen innewohnt, durchzusetzen.

3. Solange der Staat als zentralisierter Verwalter und Verteiler des von der Gesellschaft übernommenen und erzeugten Reichtums sowie als politisches Machtinstrument einer führenden Partei auftritt, sind die aus den Produktionsverhältnissen hervorgehenden Interessenunterschiede zwischen Bürger und Staat nicht automatisch aufgehoben, was auch weiterhin Macht über Menschen bedeutet und eine falsche Auslegung des Machtinteresses, den Amts- und Machtmißbrauch und somit die Verletzung der Bürgerrechte und Freiheiten nicht ausschließt. Die Verletzung dieser Rechte kann nur dann weitgehendst verhindert werden, wenn sich die aus den neuen Produktionsverhältnissen hervorgehenden unterschiedlichen Interessen und Bedürfnisse der Bürger im Widerstreit der Meinungen öffentlich äußern und vertreten, d.h. die im Prozeß der bürgerlichen Revolution freigesetzten sogenannten bürgerlichen Rechte und Freiheiten (mit der Einschränkung des Rechts auf Eigentum an Produktionsmitteln), einschließlich gesellschaftliche Kontrolle der Funktionsträger des Staates durch entsprechende Mechanismen und vom Staat unabhängige Institutionen, darunter des Rechts, wirksam werden können.

4. Der Grad der Verwirklichung der Menschenrechte im jeweiligen Staat ist daran zu messen, inwieweit das Staatsbürgerrecht im Menschenrecht aufgeht, d.h. in welchem Maße der Staat den Bürgern die reale Möglichkeit einräumt, die in seinem biosozialen Wesen wurzelnden Fähig-

keiten in sittlicher Selbstbestimmung sowie aus eigener Kraft und Vernunft frei zu entfalten. Die hierzu erforderlichen Grundrechte und Freiheiten lassen "sich aber nicht aus den betreffenden Verfassungsnormen ablesen. Man kann sie nur aufgrund der Praxis ihrer Realisation, also der tatsächlichen Anwendung und Befolgung durch Verwaltungs- und Gerichtsorgane feststellen"[116].

5. Erst mit der auf Selbstbestimmungsrecht des Volkes beruhenden wirklichen Vergesellschaftung der Produktionsmittel sind die natürlichen Bedingungen für die allseitige Verwirklichung der sozialen Gerechtigkeit und politischen Gleichheit und somit für die Freisetzung der durch das sich historisch herausgebildete Privateigentum an Produktionsmitteln beschränkten Rechte und Freiheiten der Bürger gegeben. Diese neuen Produktionsverhältnisse werden jedoch nur dann im Sinne der Lebenserhaltung und -bereicherung wirksam, wenn sich die Produktionskräfte und damit die Potenzen der in der Gesellschaft vereinigten Individuen besser als im alten Zustand entfalten können. Dies setzt ein System voraus, in dem die Gesellschaft über dem Staat steht und das Prinzip der Selbstverwaltung permanent verwirklicht wird. Ein erster Schritt in diese Richtung unter den gegenwärtigen Verhältnissen wäre nach Ansicht des Autors die Schaffung eines wirklich unabhängigen gesellschaftlichen Organs, das über die Rechtswirksamkeit jeder Verfassungs [illegible] in ihrer Volksrechtlichkeit wacht und die [illegible] anerkannten und verfassungsmäßigen Grundrechte und Freiheiten schützt.

- - - - - - - -

Abschließend bleibt mir nur noch der Wunsch, daß die vorliegende Arbeit mehr erreicht, als nur eine Schublade zum Ablegen.
Ich bin an einer breiten öffentlichen Diskussion der von mir unterbreiteten Positionen zum Menschenrecht interessiert, um im lebendigen Meinungsstreit dem Kern der Wahrheit zu einem den Menschen unmittelbar und ständig betreffenden Problem, die behutsame Bewahrung seiner Würde und seines Wertes, näherzukommen und praktikable Lösungen zur Einschränkung ihrer Verletzung aufzufinden.
Dieses Ansinnen muß ich jedoch ganz Ihrem Ermessen überlassen.
Sollten Sie - aus welchen Gründen auch immer - keine Notwendig-

keit oder Möglichkeit in einer Veröffentlichung oder sonstigen sinnvollen Verwendung sehen, so bitte ich Sie, mir das Material alsbald zurückzuschicken, wobei ich Ihnen für eine kritische Bewertung meines Menschenrechtsverständnisses dankbar wäre.

Mit freundlichen Grüßen

Peter Eisenfeld

Dresden, d. 1.5. 1983

Anbei folgende Unterlagen:

1 - Lebenslauf zum Personalbogen (21.11. 79)
2 - 1 Beitrag zum 9. Parteitag der SED (10.5. 76)
3 - 4 Schreiben zu meiner Tätigkeitseinschränkung als Sprachmittler (28.1.77, 30.8.77, 14.5.78, 6.6.78)
4 - 1 Schreiben an das ZK der SED (18.11.76)
5 - 2 Schreiben an den Schriftstellerverband (11.11.76, 27.5.79)
6 - 2 Schreiben zur 8. Kunstausstellung (1.1.78, 20.1.78)
7 - 2 Schreiben zum Wehrkundeunterricht (2.7.78, 1.5.79)
8 - 2 Schreiben an den Nationalrat der Nationalen Front der DDR (10.11.79, 9.3.80)
9 - 1 Meldung an die Volkspolizei (22.6.79)
10 - 2 Schreiben zur Beantragung eines Fernstudiums (17.11.78,3.8.7
11 - 1 Petition (vom 9.5.79)
12 - 4 Schreiben zum Einreiseverbot in die CSSR (22.10.79, 25.11.79 (20.1.80, 25.3.80)
13 - 3 Schreiben zum 10. Parteitag der SED (1.1.81, 21.3.81, 10.5.8
14 - 1 Anfrage (9.3.81)

Literaturverzeichnis

1 - E. Kuczynski, "Menschenrechte und Klassenrechte", Berlin 1978

2 - R.F. Behrendt, "Menschenrechte als Problem der sozialen Wirklichkeit" in: Die Würde des Menschen, Heft 1, Hannover 1967

3 - E.Poppe, "Die 'Allgemeine Erklärung der Menschenrechte' in der Gegenwart", Berlin 1979, Nr. 6/G, S.4

4 - E.Poppe, "Die Rolle der Arbeiterklasse bei der Verwirklichung de sozialistischen Menschenrechte in der DDR", herausgegeben von der Parteihochschule "Karl Marx" beim ZK der SED, Referat im September 1969, S. 17

5 - E.Poppe, "Die Selbstbestimmung der Deutschen und die Verwirklichung der Menschenrechte in der DDR",
in: Selbstbestimmung und Menschenrechte, Bilanz 1968 in beiden deutschen Staaten (Beiträge zum Internationalen Kolloquium 1968), Berlin 1968, S. 30/31

6 - H.Klenner, G.Klenner "Menschenrechte unter den Bedingungen des wissenschaftlich-technischen Fortschritts",
in : Schriften und Informationen des DDR-Komitees für Menschenrechte, Heft 1/76, S. 53

7 - W. Weichelt, "Bemerkungen zum Begriff Menschenrechte",
in: Schriften und ...,a.a.O., Heft 2/79, S.4

8 - Autorenkollektiv "Grundrechte des Bürgers in der sozialistischen Gesellschaft", Berlin 1980, S. 64

9 - G.Schüßler, Beitrag in: Aktuelle Beiträge der Rechts- und Staats wissenschaft, Potsdam-Babelsberg 1980, Band I, Heft 207, S. 42

10 - E.Poppe, "Menschenrechte - eine Klassenfrage", Berlin 1971, S. 39/40

11.- E.Poppe, "Die 'Allgemeine ...,a.a.O., S. 16

12 - E.Poppe, Ebenda, S. 18

13 - B.Graefrath, "Gegen kalten Krieg - für die Förderung der Menschenrechte",
in: Schriften und ...,a.a.O., Heft 3/78, S. 18

14 - Autorenkollektiv "Grundrechte ...,a.a.O., S. 155

15 - W.A. Kutschinski, "Persönlichkeit Freiheit Recht", Berlin 1980, S. 8

16 - E.Poppe, "Die 'Allgemeine ..., a.a.O., S. 16

17 - E.Poppe, Ebenda, S. 12 ff

18 - E.Poppe, Ebenda, S. 11

19 - H.Klenner, "Menschenrechte, materialistisch hinterfragt",
in: Schriften und ..., a.a.O., S. 23/24

20 - B.Graefrath, "Internationale Zusammenarbeit der Staaten zur Förderung und Wahrung der Menschenrechte",
in: Schriften und ..., a.a.O., Heft 1/77, S. 7

21 - H.Klenner, "Menschenrechte, friedliche Koexistenz und das Völkerrecht der Gegenwart", in: Schriften und ..., a.a.O., Heft 2/79, S. 29

22 - B.Graefrath, "Die Vereinten Nationen und die Menschenrechte", Berlin 1956, S. 114/115

23 - E.Poppe, "Die 'Allgemeine ..., a.a.O., S. 15

24 - W.Weichelt, "Bemerkungen ..., a.a.O., S. 11

25 - E.Poppe, "Die Selbstbestimmung ..., a.a.O., S. 33/34

25a- E.Poppe, "Menschenrechte - eine Klassenfrage", a.a.O., S.129/130

26 - R.Müller "Menschenbild und Humanismus der Antike", Reclam, 1980, S. 92

27 - A.-F.Utz, Sozialethik (1. Teil), Heidelberg 1963-1964, S. 17

28 - MEW, EB Teil I, S. 537

29 - MEW, Bd. 3, S. 74/75

30 - MEW, Bd. 3, S. 48

31 - MEW, Bd. 19, S. 27

32 - MEW, EB, S. 539

33 - R.Feustel, "Abstammungsgeschichte des Menschen", Jena 1979, S. 190

34 - H.Böhme, R.Hagemann, R.Löther, "Beiträge zur Genetik und Abstammungslehre, Berlin 1976, S. 239

35 - Vgl. W.Sauer "Zwillinge und Zwillingsforschung in pädagogischer Sicht", Reutlingen 1973

36 - Ebenda

37 - Th.Dobzhansky, "Vererbung und Menschenbild", München 1966, S. 76

38 - Vgl. W.Sauer "Zwillingen ..., a.a.O.

39 - H.Böhme, R.Hagemann, R.Löther, "Beiträge ..., a.a.O., S. 239

40 - Th.Dobzhansky, "Vererbung ..., a.a.O., S. 59

41 - G.Stiehler, "Über den Wert der Individualität im Sozialismus", Berlin 1978, S. 24

42 - MEW, EB, S. 538

43 - M.Steenbeck, W.Scheler, "Essay über den Einfluß von genetischem und gesellschaftlichem Erbe auf das Verhältnis Mensch-Gesellschaft", in: Deutsche Zeitschrift für Philosophie 7/1973, S.792

44 - St.Burkhard, "Die Evolution der Sozialstrukturen", Berlin 1977, S. 35

45 - M.Steenbeck, W.Scheler, "Essay ..., a.a.O., S. 793

46 - MEW, Bd. 25, S.828

47 - MEW, Bd. 3, S. 74

48 - MEW, Bd. 3, S. 37

49 - H.Bach, "Biologische Aspekte der Mensch-Umwelt-Beziehungen", in: Pädiatrie und Grenzgebiete, 1977, Bd. 16, Heft 4, S. 196

50 - N.P.Dubinin, "Die Genetik und die Zukunft der Menschheit", Berlin 1972, S. 8

51 - E.Beutler, "Vom Gewissen und von der Ehrfurcht", Pforzheim, 1956, S. 10

52 - G.Herlt, "Zur Bestimmung des Wesens des Gewissens in der klassischen deutschen Philosophie und durch die Klassiker des Marxismus-Leninismus", in: Wissenschaftliche Zeitschrift 22/1978, Heft 4, S. 450

53 - R.Scholl, "Das Gewissen des Kindes", Stuttgart 1975, S. 85/86

54 - S.Coulin, "Die Einflüsse der Gesellschaft auf die Gewissensbildung ", Wien-München 1977, S. 8

55 - Ebenda, S. 14

56 - A.undM.Mitscherlich "Die Unfähigkeit zu trauern", München 1967, S. 97

57 - R.Löther, "Dialektik von Biologischem und Gesellschaftlichem im wissenschaftlichen Menschenbild", in: Einheit 7-74, S. 790

58 - St.Burkhard, "Die Evolution ..., a.a.O., S. 8

59 - "Die UdSSR auf der Wacht für den Frieden und die Sicherheit der Völker - Reden des Leiters der sowjetischen Delegation A.J. Wyschinskij auf der UN-Vollversammlung"(September bis Dezember 1948 in Paris), Verlag "Tägliche Rundschau", Berlin 1949, S. 28

60 - Ebenda, S. 282

61 - Neue Justiz, Nr. 19, Jhrg. 8, Berlin 1954, S. 554/555

61a- Neue Justiz, Nr. 23, Jhrg. 8, Berlin 1954, S. 678

62 - Neue Justiz, Nr. 3, Jhrg. 9, Berlin 1955, S. 65

63 - Neue Justiz, Nr. 13/14, Jhrg. 8, Berlin 1954, S. 410

64 - Ebenda, S. 411

65 - "Die schädlichen Folgen des Personenkults in der sowjetischen Rechtswissenschaft müssen endgültig beseitigt werden", in:Staat und Recht, Heft 9, 1962, S. 1623
(Übersetzung aus: Sovetskoe ~~xxxx~~ gos. i pravo, 1962, Nr. 4)

66 - "Die schädlichen ..., a.a.O., S. 1625

66a- Ebenda, S. 1635/1636

67 - Staat und Recht, Heft 7/8, 1962, S. 1203/1204

68 - Aus dem Aktionsprogramm der KPTsch vom 5. April 1968

69 - K.-H.Philipp, "VIII Parteitag der Kommunisten Volkspolens", in: Einheit 5-80, S. 538

70 - K.-H.Philipp, "VIII Parteitag der PVAP", in: Deutsche Außenpolitik, Heft 5, 1980, S. 30-31

71 - K.-H.Philipp, "VIII Parteitag der Kommunsiten ..., a.a.O., S.53

72 - Stanislaw Kania auf dem 6. Plenum des ZK der PVAP, in: ND, d. 8.9. 1980

73 - in: Volksstimme (Zentralorgan der KP Österreichs) vom 12.7.1981

74 - in: Einheit 3-81, S. 317

75 - Erklärung der "Nationalen Einheitsfront Kampucheas für Nationale Rettung", in: ND, d. 6.12. 1978

76 - Autorenkollektiv "Grundrechte ..., a.a.O., S. 43

77 - E.Poppe, "Die Rolle ..., a.a.O., S. 9

78 - Autorenkollektiv "Grundrechte ..., a.a.O., S.48

79 - Ebenda, S. 48

80 - G.Stiehler, "Über den Wert ..., a.a.O., S. 136

81 - H.Klenner, "Studien über Grundrechte", Berlin 1964, S. 68

82 - U.Huar, "Mensch und Politik in Geschichte und Gegenwart", Berlin 1978, S. 144

83 - Ebenda, S. 145

84 - G.Stiehler, "Über den Wert ..., a.a.O., S. 140/141

85 - G.Stiehler, "Über den Wert ..., a.a.O., S. 140

86 - MEW, Bd. 4, S. 48

87 - Autorenkollektiv "Grundrechte ..., a.a.O., S. 16

88 - W.A.Kutschinski "Persönlichkeit ..., a.a.O., S. 20

89 - MEW, Bd. 20, S. 273

90 - R. Luxenburg, in: Gesammelte Werke, Bd. 4, S. 444

91 - E.Poppe, "Die Rolle ..., a.a.O., S. 21

92 - G.Schüßler, "Der sozialistische Staat - Garant für die Rechte und Freiheiten seiner Bürger", in: Schriften und ..., a.a.O., Heft 3/79, S. 10

93 - E.Poppe, "Menschenrechte - eine Klassenfrage", a.a.O., S. 39

94 - Ebenda, S. 39/40

95 - Ebenda, S. 41

96 - in: Sozialismus Menschlichkeit, Freiheit und Demokratie, Berlin 1977, S. 91

97 - Ebenda, S. 147

98 - in: Freiheit und Gesellschaft - Die Freiheitsauffassung im Marxismus-Leninismus, Berlin 1973, S. 89

99 - Ebenda, S. 328

100 - H.Klenner, "Menschenrechte, materialistisch ..., a.a.O., S. 9

101 - E.Poppe, "Menschenrechte - eine Klassenfrage", a.a.O., S. 122

102 - Ebenda, S. 155

103 - H.Klenner, "Stüdien über ..., a.a.O., S. 120

104 - Verfassung der DDR, Art. 21/3

105 - Autorenkollektiv "Grundrechte ..., a.a.O., S. 129

106 - Ebenda, S. 137

107 - E.Poppe, "Menschenrechte - eine Klassenfrage", a.a.O., S. 115

108 - Ebenda, S. 115

109 - Autorenkollektiv "Grundrechte ..., a.a.O., S. 161

110 - Ebenda, S. 162

111 - E.Poppe, "Menschenrechte - eine Klassenfrage", a.a.O., S. 87

112 - Autorenkollektiv "Grundrechte ..., a.a.O., S. 143

113 - Ebenda, S. 143

114 - Autorenkollektiv "Grundrechte ..., a.a.O., S. 146

115 - Ebenda, S. 147

116 - A.Burda, Beitrag in "Aktuelle Beiträge der Rechts- und Staatswissenschaft, Potsdam-Babelsberg 1980, Band I, Heft 207, S. 57

Dokument 4

Peter Eisenfeld:
DDR beim Wort genommen.
Briefe mit und ohne Antwort, 1984 (Auszug)

Grafik für Einbandgestaltung zu „DDR beim Wort genommen" v. P. Eisenfeld Ulrich Eisenfeld 1984

Peter Eisenfeld (z.Z. Dresden)

D D R b e i m W o r t g e n o m m e n

Briefe mit und ohne Antwort

"Jeder Bürger der Deutschen Demokratischen Republik hat das Recht, das politische, wirtschaftliche, soziale und kulturelle Leben der sozialistischen Gemeinschaft und des sozialistischen Staates umfassend mitzugestalten. Es gilt der Grundsatz Arbeite mit, plane mit, regiere mit" (Artikel 21 der Verfassung der DDR)

" ... In der Offenbarung meiner Erfahrungen und meines Bewußtseins möchte ich auf Erscheinungen des gesellschaftlichen Lebens hinweisen, die vom Widerspruch zwischen Anspruch und Wirklichkeit des real existierenden Sozialismus zeugen... "

I n h a l t

Bernd Eisenfeld

V o r w o r t

In jüngerer Zeit offenbart die DDR einige eruptivförmige Erscheinungen, die vielerorts Überraschung und Erstaunen auslösten.
Da ist eine von Staat und Partei weitestgehend unabhängige Friedensbewegung [1], die über das Portal der Kirchen hinaus in die Öffentlichkeit drängt; und da ist jene zunehmende Zahl von Bürgern, die mehr oder weniger offen und spektakulär ihren Bruch mit dem System durch Ausreiseanträge dokumentieren.
Die Gründe für diese Entwicklung sind vielschichtig; ein verallgemeinerungsfähiger aber scheint gewiß: das besonders infolge der deutsch-deutschen und europäischen (Helsinki-Akte) Vertragspolitik geförderte und gewachsene Selbstbewußtsein von mehr und mehr Bürgern der DDR und ihr zunehmender Wille, dieses Selbstbewußtsein auch zu beanspruchen, stoßen nach wie vor auf eine Realität, die eine Umsetzung vor Ort behindert und verhindert, statt begünstigt.
So sind die eruptivförmigen Erscheinungen kein über Nacht hervorgebrachtes Wunder, sondern das Ergebnis eines aufgestauten unterdrückten und offensichtlich nicht mehr ab-und einschließbaren Prozesses.

Die vom Staat unabhängige Friedensbewegung und die offen bekundete Ausreisewilligkeit tragen die Spuren dieses Prozesses.

Was diese beiden Erscheinungen allgemein und teils öffentlich spektakulär widerspiegeln, das findet seinen Ursprung, seinen Nährboden und sein Gleichnis auch beim einzelnen Bürger: in seinem Versuch, die Losung des DDR-Systems "Arbeite mit, plane mit, regiere mit!" ernsthaft aufzugreifen und nach seinen persönlichen Vorstellungen herauszufordern.
Soweit diese Vorstellungen mit der offiziellen Politik in Widerstreit und Konflikt geraten; sie sich auch nicht in die von der SED zugelassenen Parteien, Organisationen und Institutionen einbinden lassen, verbleiben diesem Bürger der DDR als einzige Möglichkeit einer legalen Einmischung sogenannte "Eingaben" oder ähnlich zielorientierte Schritte.
Nach dem offiziellen Verständnis sind Eingaben "Vorschläge, Hinweise, Anliegen und Beschwerden, die von Bürgern, Arbeitskol-

-2-

lektiven, Gemeinschaften oder gesellschaftlichen Organisationen an staatliche und wirtschaftsleitende Organe, volkseigene Betriebe und Kombinate, sozialistische Genossenschaften und Einrichtungen sowie an Abgeordnete herangetragen werden... Sie können sich auf alle Fragen des gesellschaftlichen Lebens, auf die Tätigkeit staatlicher und wirtschaftsleitender Organe sowie gesellschaftliche Einrichtungen und auf persönliche Angelegenheiten erstrecken..."[2)]
Wenn nach der offiziellen Interpretation auch davon ausgegangen wird, daß Eingaben "vor allem auf der Übereinstimmung persönlicher und kollektiver Interessen mit den grundlegenden gesellschaftlichen Erfordernissen (beruhen)"[3)] und "das Vertrauen der Bürger in die Politik der Partei (widerspiegeln)"[4)], so trifft dennoch zweifelsfrei zu, daß Eingaben und ähnliche Schritte insbesondere Konflikte zwischen persönlichen und kollektiven (sprich: SED-bestimmten) Interessen reflektieren.
Dies ist auch insofern unumgänglich, als in der DDR keine Gewaltenteilung, auch keine Verfassungs-und Verwaltungsgerichtsbarkeit existieren; das heißt: der einzelne Bürger hat keine Chance, seine Konflikte mit staatlichen/parteipolitischen Entscheidungen einer gerichtlichen (und gleich gar nicht einer politisch unabhängigen) Prüfung und Klärung auszusetzen.

Da Eingaben und ähnlich zielorientierte Schritte offiziell als wichtiger Bestandteil der sozialistischen Demokratie und als wirkungsvolle Form der gesellschaftlichen Mitbest immung und Mitwirkung hervorgehoben werden[5)], liefern ihr Inhalt und der Umgang mit ihnen wenigstens zwei Aufschlüsse:
Erstens, inwieweit der einzelne Bürger dieses legale Instrument einer gesellschaftspolitischen Willensäußerung und Einmischung nutzt oder nutzen kann; zweitens, wie ernst es Staat und Partei mit diesen deklarierten Rechten wirklich meinen.

Die folgende Dokumentation kann dazu als die Probe auf's Exempel gelten.
In Form von Eingaben, Erklärungen, Vorschlägen und Leserbriefen zu den verschiedensten Anlässen und zu den Themenbereichen "Frieden", "Kultur", "Parteipolitik" und "Recht" nimmt der Autor, Peter Eisenfeld, die DDR beim Wort.
Herausgefordert werden insbesondere staatliche und parteipo-

-3-

litische Instanzen, aber auch einige Repräsentanten vor allem aus dem kulturellen Leben der DDR.
Über ein Jahrzehnt hinweg versucht der Autor "schwarz auf weiß" und namentlich offen den schmalen legalen Grad einer Mitwirkung und Mitbestimmung abzutasten, auszuloten und wahrzunehmen.
Das Ergebnis ist freilich nicht ermutigend:
Fast die Hälfte aller Briefe erfährt keine Antwort. Oft löst erst ein mehrfaches Nachstoßen Reaktionen aus, die sich hernach im Kreis bewegen. Und bis zum eigentlichen Kern der Gedanken, der Kritik und der Anliegen des Autors vorgestoßen wird, steht meist schon der Schlußstrich.
In einigen Fällen kommt es zu Gesprächsangeboten und zu Gesprächen, aber auch sie enden in einer Sackgasse.
Moderate Töne, freundliche Gesten sowie punktuelle Offenheit und Zugeständnisse unter vier Augen können nichts daran ändern, daß dem Autor die in der Regel ausdrücklich betonte, gewünschte und geforderte öffentliche Auseinandersetzung verwehrt wird.

Die persönlichen Entfaltungsmöglichkeiten des Autors werden hingegen zunehmend eingeschränkt und unter Kontrolle gestellt. Das belegen ganz besonders die beruflichen Konflikte, zu verfolgen bis zum Obersten Gericht und zur Volkskammer der DDR. Auch der Versuch, diese Mühen um die eigene und öffentliche Aufklärung in Form einer Publikation des Schriftwechsels in der DDR doch noch auszugleichen, ist - wie die entsprechenden Dokumente belegen - zum Scheitern verurteilt.

Im Antwortbrief einer Verlagsredaktion muß der Autor dieser Dokumentation eine Anspielung auf Heinrich von Kleists "Michael Kohlhaas" hinnehmen; die Anspielung auf eine literarische Figur, die des Rechts und der Gerechtigkeit willen zum sinnlosen, selbstmörderischen Amokläufer auswächst.
Doch selbst wer diesen Vergleich symbolisch heranzieht, er erweist sich und dem System der DDR keineswegs Ehre; eher trifft das Gegenteil zu.

Der Autor dieser Dokumentation jedenfalls ist weder um die Sinnlosigkeit, noch um Rechthaberei oder gar - wie im Falle Michael Kohlhaas - um Rache besorgt; seinem Credo zu Beginn der Dokumentation und seinen Briefen ist das leicht zu ent-

-4-

nehmen.
Vornan stehen nicht gerade häufig anzutreffende Tugenden bei den Bürgern der DDR: Die Selbstreinigung des politischen Gewissens, der Versuch aufzuklären, sich und andere und den Spielraum legaler Widerstandsmöglichkeiten auszuschöpfen. Und wenn die Aufklärung durch systematische Blockaden auch kaum nach "draußen", in die Öffentlichkeit dringt, so darf ein anderer, ein "interner" Aspekt nicht vergessen werden: Die Systemträger der DDR fürchten, aber auch respektieren nichts mehr als die offenen Bekenner.
Mit Opportunisten und Heuchlern, Apolitischen und Angepaßten und selbst mit den Konspirativen ist der Umgang in einer geschlossenen Gesellschaft allemal weit leichter als mit jenen, die die sogenannte "Schere im Kopf" auflösen und die offizielle DDR offen und noch dazu kritisch beim Wort nehmen.
Durch diesen Bekennermut werden das System, ihre Träger und Repräsentanten - freilich auch manche Opportunisten - in besonderer Weise durchsichtig, auf Wahrhaftigkeit geprüft und/ oder bloßgelegt. Durch ihn werden Absolutheitsansprüche von Ideen und Macht hinterfragt und in Grenzen gewiesen, Ängste relativiert und Zivilcourage ausgesäet; durch ihn erhält das System aber auch ein Angebot und eine reelle Chance einer Öffnung nach innen und außen, nach Stabilität.

Wenn - wie die Dokumente zeigen - diese Chance auch noch gescheut und die Durchsichtigkeit häufig durch Schweigen und Ausweichen oder einfach durch Entstellung und Diskriminierung umgangen werden, daß Eingaben und ähnliche Formen des offenen kritischen Bekenntnisses in das politische Kalkül der Angesprochenen und Herausgeforderten einfließen, dürfte nicht von der Hand zu weisen sein.
Dort, wo sich Mündigkeit und Widerstand offen melden, reagieren Regierende allesamt eher und meist kompromißbereiter. Auch die SED kann davon nicht ausgeschlossen werden.
Selbst im Umgang mit dem Autor der Dokumentation lassen sich dafür Indizien ausmachen. Nicht nur, daß der dem DDR-System äußerst kritisch gegenüberstehende Autor schon eine Reihe von Jahren die ehrenamtliche Funktion eines Gewerkschaftsvertrauensmannes ausübt, ist bemerkenswert, sondern auch der Tatbestand, daß alle Versuche betrieblicher Funktionäre

-5-

der SED, ihn aus dieser Funktion zu verdrängen, bisher ohne Erfolg blieben.

Die folgende Dokumentation kann zwar keine Verallgemeinerung beanspruchen, sie läßt jedoch ahnen, welche politische Brisanz solche Art Versuche der Einmischung in der DDR besitzen, wenn sie nur halbwegs so intensiv, umfassend und konsequent genutzt und durchgefochten werden, wie im vorliegenden Fall.

Nach allem, was bisher über Eingaben in der DDR offiziell zu erfahren ist, nimmt ihre Zahl ständig zu [6] und ihr Inhalt konzentriert sich mehr und mehr auf gesellschaftliche Probleme. [7]
Gerichtet gegen die Einführung des obligatorischen Wehrunterrichtes signalisierten im Vorfeld dieser staatlichen Maßnahme 1978 über 4ooo Eingaben diesen Trend.
Daß die SED dennoch grundlegenden Zugeständnissen widerstand, spricht nicht gegen die Verfasser und nicht für die SED.
Nicht zuletzt dieser Umgang mit der beanspruchten Mündigkeit von Bürgern der DDR trieb sie aus Enttäuschung und Ohnmacht in die Kirche oder/und auf die Straße und viele andere oder dieselben auch später in den Westen ... und sie treiben noch ...

Mit den vorliegenden Dokumenten erfahren die Enttäuschung und Ohnmacht ihre exemplarische Herkunft und mit ihrer Veröffentlichung außerhalb der DDR eine dem Autor gemäße, unausweichlich erscheinende Antwort: Ultimo ratio.

Anmerkungen zum Vorwort

1) Vergl. "Schwerter zu Pflugscharen", rororo aktuell Nr. 5o19, Reinbeck 1982

2) Vergl. Klemm/Naumann "Zur Arbeit mit den Eingaben der Bürger", S. 36, Staatsverlag der DDR, 1977 und "Lehrbuch Verwaltungsrecht", S. 2o2, Staatsverlag der DDR 1979

3) ebenda Klemm/Naumann, S.7

4) ebenda, S. 7

5) ebenda, S. 15: "Eingaben sind - wie bereits festgestellt - eine Form der sozialistischen Demokratie. Mit ihnen nimmt der Bürger sein Grundrecht auf Mitbestimmung und Mitgestaltung wahr, wendet er sich vertrauensvoll an die staatlichen und wirtschaftsleitenden Organe, damit seine Vorschläge, Hinweise, Anliegen oder Beschwerden verantwortungsbewußt geprüft und entschieden werden."

6) ebenda, S. 9: "In dem Maße, wie die sozialistische Demokratie vielfältig wirksam wird ... nehmen erfahrungsgemäß die Fragen und Probleme zu und demzufolge auch die Eingaben"

7) ebenda, S 9: "Die wachsende Teilnahme der Bürger an der Verwirklichung der Aufgaben des Staates und der Wirtschaft drückt sich bei Eingaben darin aus, daß immer mehr gesellschaftliche Probleme aufgeworfen oder persönliche mit gesellschaftlichen Anliegen verknüpft werden"

Ü b e r d e n F r i e d e n

" Die politisch-ideologische Konzeption von der Unversöhnlichkeit der beiden Gesellschaftssysteme und die damit verbundene militärisch-strategische Konzeption von der Friedenssicherung durch mehr und bessere Rüstung hat für alle Menschen den Frieden nicht sicherer gemacht ...

Ein Engagement für den Frieden schließt auch den Willen ein, vor Ort öffentlich für ihn zu streiten und sich überall dort einzusetzen, wo innerer Frieden gefährdet ist. Innerer und äußerer Frieden bilden eine dialektische Einheit, bedingen einander. "

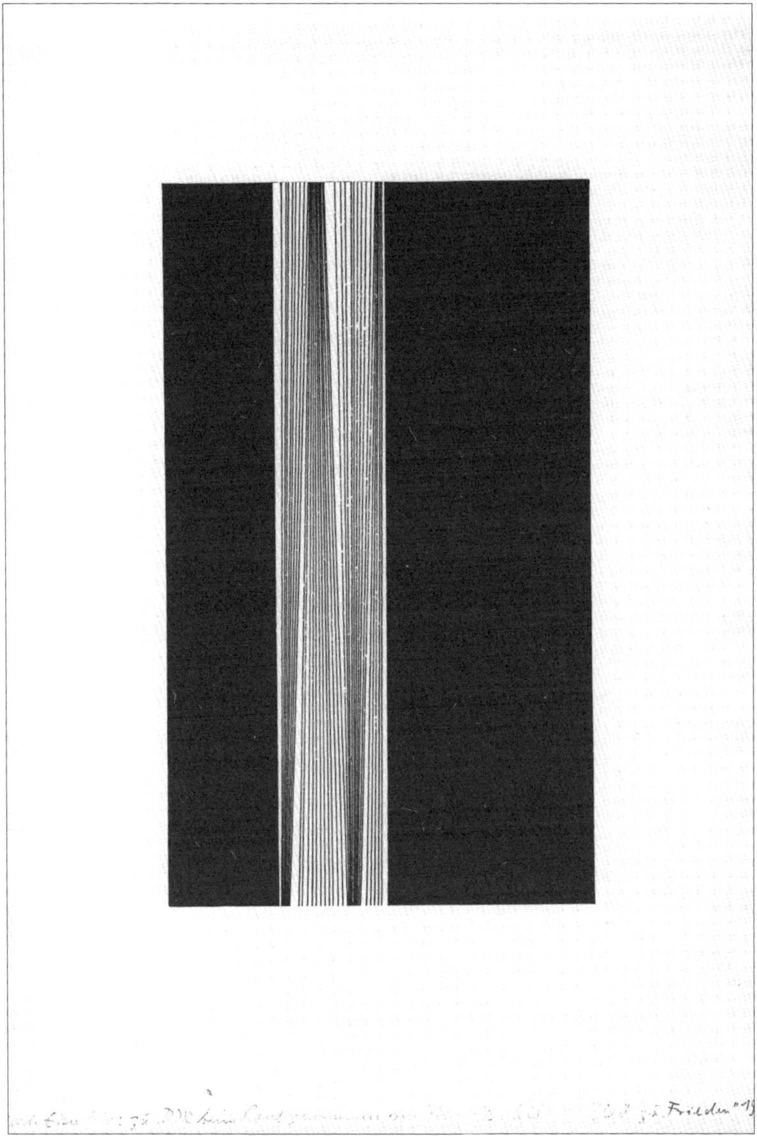

Ü b e r   K u l t u r

" Grundsätzlich bin ich der Auffassung, daß sich die Kunst und andere schöpferische Formen des gesellschaftlichen Bewußtseins frei entwickeln und der Gesellschaft zugänglich gemacht werden müssen, nicht aber von einer kleinen elitären Menschengruppe gesteuert werden dürfen ... "

Ü b e r P a r t e i p o l i t i k

" Will eine Partei der Führungsrolle in der Gesellschaft gerecht werden, so muß sie sich der Gesellschaft unterordnen und den politischen Menschen, wie es Karl Marx forderte, in den 'Menschen zu sich selbst als Gesellschaftsmenschen' zurückführen.
Sie muß ihm seine Würde in seiner begrenzeten - biologisch, psychisch und sozial bedingten - Einmaligkeit durch Wahrung der Achtung und Gleichberechtigung der Bürger -unabhängig ihrer politischen Überzeugung und seiner grenzüberschreitenden gesellschaftlich determinierten Vielheit - durch den allseitigen und freien Zugang zu anderen Menschen und Völkern wiedergeben. "

Ü b e r   d a s   R e c h t

" Der Grad der Verwirklichung der Menschenrechte im jeweiligen Staat ist daran zu messen, inwieweit das Staatsbürgerrecht im Menschenrecht aufgeht, das heißt, in welchem Maße der Staat den Bürgern die reale Möglichkeit einräumt, die in seinem biosozialem Wesen wurzelnden Fähigkeiten in sittlicher Selbstbestimmung sowie aus eigener Kraft und Vernunft frei zu entfalten. "

Dokument 5

Friedenskreis Dresden-Johannstadt: Konzeption der Sicherheitspartnerschaft - Versuch einer kritischen Auseinandersetzung vom Januar 1986 (Abschrift)

Zielsetzung

- Befragung bzw. Hinterfragung von Notwendigkeit und Realisierbarkeit dieses alternativen Sicherheitskonzeptes auf der Grundlage einer Wertung der gegenwärtigen politischen Bedingungen;
- Kennzeichnen der Bedingungen und Grundhaltungen, die Sicherheitspartnerschaft möglich werden zu lassen;
- Formulieren von Konsequenzen für das gesellschaftliche Engagement von Kirchen und kirchlichen Friedensgruppen;
- Anregung zum Dialog zwischen Kirche und kirchlichen Friedensgruppen sowie zum Dialog innerhalb der Basis.

1. Zur Problematik und Wertung des Konzepts der Sicherheitspartnerschaft

Zum ersten Male wird der Begriff der Sicherheitspartnerschaft im Palme-Bericht (erarbeitet von der »Unabhängigen Kommission für Abrüstung und Sicherheit«, die 1980 ins Leben gerufen wurde), vom April 1982 erwähnt.

In den Grundgedanken dieses Berichtes ist enthalten:

- die Doktrin der Abschreckung soll durch die Doktrin der gemeinsamen Sicherheit (gemeinsames Interesse am Überleben) abgelöst werden;
- Sicherheitspartnerschaft in Europa bedeutet die gegenseitige ökonomische und politische Stabilisierung. d. h. das Bestreben, Sicherheit nicht vor dem Gegner, sondern gemeinsam mit ihm zu erreichen und im Gegner den Partner zu erkennen;
- das bedeutet die Absage an das Prinzip, Gedanken der Rüstungsbegrenzung und Abrüstung mit politischen Fragen zu koppeln und gleichzeitig die Notwendigkeit einer konstruktiven Wechselbeziehung zwischen der Bevölkerung und den Verantwortlichen.

Das Konzept der Sicherheitspartnerschaft ist durch ein Herangehen an deren Probleme ausschließlich unter dem Gesichtspunkt der Rüstung und Entmilitarisierung gekennzeichnet. Es enthält einen Handlungskatalog zur Rüstungskontrolle und Abrüstung sowie Eindämmung des qualitativen Rüstungswettlaufs, der eine militärische Entspannung zur Folge haben soll.

Jedoch ist die Echtheit des politischen Willens zur militärischen Entspannung zu bezweifeln. Bekanntlich besteht zwischen Ost und West ein verbaler Konsens, daß mit mehr Waffen nicht mehr Sicherheit erreicht wird und Frieden mit immer weniger Waffen zu schaffen ist. Trotzdem dreht sich die Rüstungsspirale weiter. Auch die im Palme-Bericht ausbedingte konstruktive Wechselbeziehung zwischen Bevölkerung und jenen, die Verantwortung tragen, ist real nicht gegeben.

Grundsätzlich anzufragen ist jedoch die Prämisse des Konzepts der Sicherheitspartnerschaft. Theoretischer Ausgangspunkt dieses Konzepts ist laut Palme-Bericht die Gefahr des Atomkrieges, bei dem keinerlei Aussichten auf einen Sieg bestehen. Dies bedeutet u. E., daß

1. eine der beiden Seiten (Subjekte der Kriegsgefahr) den Krieg will (Rüstung als Mittel zum Zweck) oder
2. Krieg durch Rüstungsanhäufung (Objekte der Kriegsgefahr) entsteht (Rüstung als Selbstzweck).

Die erste Voraussetzung ist in sich widersprüchlich, weil lt. Ausgangspunkt mit Krieg nichts zu gewinnen ist und damit keine Seite an einem Krieg interessiert sein kann.

Die zweite Voraussetzung schließt die Subjekte der Kriegsgefahr aus, fragt nicht nach den geistigen Verursachern der Aufrüstung und setzt demnach die Friedens- und Entspannungsbereitschaft beider Seiten voraus, wobei zugleich die Bedeutung der militärischen Stärke als Mittel zur Durchsetzung politischer Ziele (Rüstung als Fortsetzung der Politik mit anderen Mitteln) nicht bedacht wird.

Das SPD-Konzept von Sicherheitspartnerschaft geht offensichtlich von der zweiten Voraussetzung und dem Grundvertrauen aus, daß die Gegenseite tatsächlich an Frieden und Entspannung interessiert ist, läßt dabei aber außer acht, daß der Partner dieses Grundvertrauen in die Gegenseite nicht hat.

1984 hat die SED den Begriff »Sicherheitspartnerschaft« in Gebrauch genommen und wie folgt interpretiert:

> »Egon Bahr begründet vom bürgerlichen Klassenstandpunkt aus die Unausweichlichkeit der Sicherheitspartnerschaft mit dem Argument, es sei notwendig, den Gegner als Partner zu akzeptieren, weil er durch Gewaltanwendung nicht mehr zu besiegen ist. Die realistische Politik gemeinsamer Sicherheit hat daher zur Voraussetzung, daß wir unsere Fähigkeit aufrechterhalten, uns nicht durch Gewaltanwendung besiegen zu lassen.«[1]
>
> »Dieser große Sprung im bürgerlichen Denken zur ›gemeinsamen‹ Sicherheit ist nichts anderes, als die Konzeption der friedlichen Koexistenz.«[2]

»Eine solche realistische militärstrategische Komponente bürgerlicher Entspannungspolitik gibt es jedoch vor allem deshalb, weil die Herstellung des militärischen Gleichgewichts durch den Sozialismus, seine Gegner zum Umdenken zwingt.«[3]

»Die SED stimmt dem von den Sozialdemokraten gebrauchten Begriff der Sicherheitspartnerschaft zu, sagte Hermann Axen auf eine entsprechende Anfrage. Er entspreche dem, was die DDR unter Gleichheit und gleicher Sicherheit verstehe. Heute könne es keine Sicherheit gegeneinander, sondern nur miteinander geben.«[4]

Im DDR-offiziellen Verständnis wird der Begriff »Sicherheitspartnerschaft« gleichgesetzt mit dem Prinzip der friedlichen Koexistenz und dem Prinzip der Gleichheit und gleichen Sicherheit. Wir finden darin auch eine Entsprechung der Formel von der »Koalition der Vernunft und des Realismus«, wobei unter der Vernunft verstanden wird:

»... das Vermögen, die Zusammenhänge und Gefahren, die sich aus der vom Imperialismus betriebenen Politik der Hochrüstung und Konfrontation ergeben, zu erkennen und Realität als das Vermögen, entsprechend dieser Erkenntnis aktiv für die Sicherung des Friedens zu handeln.«[5]

Betrachten wir - und das scheint uns als vordringliche Aufgabe gegeben zu sein - die Haltung der DDR zur Sicherheitspartnerschaft, so fällt einerseits ein vorsichtiges, distanziertes Umgehen mit diesem Begriff auf und andererseits das Bemühen, die Forderungen dieses Begriffs zu verdrängen durch »Einverleibung« in die bisher gebräuchliche Terminologie. Das geschieht in der Haltung, was jetzt manche glauben, neu erfunden zu haben, versuchen wir schon längst zu praktizieren, die andere Seite geht nur nicht darauf ein.

Zudem liegt der theoretische Ausgangspunkt der DDR zur Sicherheitspartnerschaft in der Grundthese, daß die Kriegsgefahr allein von der Gegenseite (also vom »Partner«) ausgehe, und zwar historisch gesetzmäßig.[6]

Es handelt sich bei der Sicherheitspartnerschaft also durchaus nicht um ein Problem sprachlicher Definition. Es geht vielmehr darum, der

Forderung nach einer kritischen Selbstbefragung auszuweichen, die in zwei wesentlichen Richtungen liegt:

1. Ist die DDR wirklich bereit, im Gegner auch den Partner zu erkennen, d. h., ihn als friedfertig neben sich existent zu respektieren?
2. Inwiefern erschwert bzw. verhindert die DDR durch die Beschaffenheit ihrer innergesellschaftlichen Machtausübung und ihres außenpolitischen Verhaltens, daß der Gegner in ihr einen solchen Partner erkennen kann?

Die in den Kirchen der DDR (insbesondere den evangelischen Kirchen) zum Ausdruck gebrachte Absage an Geist, Logik und Praxis der Abschreckung findet im Konzept der Sicherheitspartnerschaft ihre politische Umsetzung. Dabei wird der Verantwortung beider deutscher Staaten und Kirchen besondere Bedeutung zugemessen. Ost und West müssen ihr gegenseitiges Sicherheitsbedürfnis so wahrnehmen, daß die dafür gewählten Mittel bedrohungsärmer werden. Aufgrund des Ausmaßes der nuklearen Bedrohung besteht die zwingende Notwendigkeit, in einer Sicherheitspartnerschaft und Risikogemeinschaft Sicherheit gemeinsam statt gegeneinander zu organisieren.

Diesem Konzept liegt also die gleiche Prämisse wie im Palme-Bericht zugrunde. Er schließt jedoch in der Absage an Geist, Logik und Praxis der Abschreckung eine gewisse Vertiefung des Denkansatzes ein, auf den hier kurz eingegangen werden soll.

Unter Geist, Logik und Praxis der Abschreckung verstehen wir:

Geist:	d. h., die eigene Sicherheit durch militärische Überlegenheit oder ein selbst definiertes Gleichgewicht ohne Beachtung der Sicherheitsinteressen des Gegners vor dem Gegner erreichen zu wollen;
Logik:	d. h., »wie du mir, so ich dir« oder »Auge um Auge - Zahn um Zahn« - die Drohung mit der gegenseitigen Vernichtung;
Praxis:	d. h., Rüstungswahnsinn in allen Bereichen; Militarisierung von Wirtschaft und Gesellschaft.

Den *Geist der Abschreckung* überwinden, heißt aber letztlich, auf den eigenen Vorteil zu verzichten. Das Denken und Handeln zum eigenen Vorteil ist mit dem Streben nach Geltung auf der Grundlage von Macht, Besitz und Höchstleistungen auf Kosten anderer verbunden. Diese Geltung muß jedoch erkämpft, verteidigt und gesichert werden.

Durch eine solche Werteordnung entstehen Neid, Mißtrauen, Zwietracht und Hass.

Die *Logik der Abschreckung* aber ist so tief im Menschen verwurzelt, daß nur ein starker Glaube die Hoffnung auf Veränderbarkeit des Menschen rechtfertigt. Diese Logik ist so alt wie es Menschen gibt (vgl. 1. Mose 3 und 4).

Heute ist sie in ihrer Konsequenz potentiell menschheitsvernichtend. Dies allein bedeutet jedoch keine Garantie für eine Abkehr von dieser Logik, denn ohne gleichzeitige Überwindung des Geistes dieser Logik und damit der Abschreckung würde selbst bei einer angenommenen Denuklearisierung die alte Logik erhalten bleiben. Es stellt sich sogar die Frage, ob dann die Kriegsgefahr nicht noch größer würde, weil Kriege wieder möglich und gewinnbar erscheinen und auch die Auffassung vom gerechten Krieg wieder festen Boden gewinnt.

Aus dem Gesagten geht hervor, daß Geist, Logik und Praxis der Abschreckung an Grundstrukturen des Menschen und der menschlichen Gemeinschaft gebunden sind, die, wenn überhaupt, nur langfristig überwunden werden können. Deshalb halten wir die Umsetzung eines solchen alternativen Sicherheitskonzeptes kurz- oder mittelfristig für nicht realisierbar.

2. Zur Notwendigkeit und Realisierbarkeit eines alternativen Konzepts der Sicherheitspartnerschaft

Die Notwendigkeit eines alternativen Sicherheitskonzeptes ergibt sich aus den militärstrategischen, wirtschaftlichen und politischen Folgen der gegenwärtig herrschenden Strategie der Abschreckung. Diese stellen sich wie folgt dar:

- erschreckender Ist-Stand an Rüstung, bei einer innewohnenden Tendenz zur weiteren Eskalation mit einem vielfach menschheitsvernichtendem Potential, das eine permanente Gefahr für die Menschheit darstellt;
- zunehmende wirtschaftliche »Ausblutung« der Volkswirtschaften (insbesondere auch der unterentwickelten Staaten) unter den Rüstungslasten und damit Verhinderung wirksamer Entwicklungshilfe und Wirtschaftsentwicklung sowie Blockierung weltweiten ökologiegerechten Verhaltens;
- weitere Abgrenzung und Konfrontationshaltung zwischen gegnerischen und feindlich gesinnten Staaten sowie Blöcken, fortgesetzte Bestätigung des politischen Mißtrauens.

Da die Konsequenzen der derzeitigen Abschreckungsstrategie letztlich fortwährend friedensgefährdend und potentiell lebensvernichtend sind, muß ein durchsetzbares alternatives Sicherheitskonzept gefunden werden. Dies ist in jedem Fall nötiger denn je und zu unterstützen.

U. E. macht sich heute ein Sicherheitskonzeptes erforderlich, das von den gegebenen politischen Realitäten ausgeht und politisch umsetzbare Zielstellungen für ein friedvolleres Zusammenleben der Staaten und Völker unter aktiver Einbeziehung der Menschen an der Basis aufzeigt. Ein solches Konzept könnte der notwendige Zwischenschritt in Richtung des allmählichen Abrückens von der Abschreckungsstrategie sein.

Den Ausgangspunkt eines solchen Sicherheitskonzeptes sehen wir in einer politischen Entspannung und damit im Abbau des politischen Mißtrauens zwischen den Staaten der unterschiedlichen Gesellschaftssysteme, das sich aufgrund der unterschiedlichen Wirtschafts- und Machtstrukturen, Grundwerte und politisch-ideologischen Zielsetzungen sowie historischen Erfahrungen herausgebildet hat.

Dieses politische Mißtrauen kommt zum Ausdruck durch:
- Großmachtansprüche der jeweiligen Supermacht,
- Verhalten der Großmächte in regionalen Konflikten,
- mangelnde Vertrauenswürdigkeit der gesellschaftlichen und internationalen Strukturen,
- Legitimität der gegensätzlichen Systeme in ihrer Widersprüchlichkeit der sozialen Ordnungen,
- politisch-ideologischer Anspruch mit eigenen Herrschaftssystemen und missionarischer Auftrag,
- ideologisch begründete Feindbilder und Verteufelung des Gegners,
- Verletzung der Menschenrechte.

Ohne daß diese Bedingungen für das tiefe politische Mißtrauen beseitigt werden bzw. wenigstens Bemühungen dahingehend unternommen werden, wird u. E. ein Abrücken von der Abschreckungsstrategie nicht möglich sein. Das bedeutet auch, daß die derzeitigen Strukturen, Wertordnungen und Ideologien, die nach innen und außen destabilisierend wirken, überprüft und zumindest teilweise aufgegeben werden müssen.

Bevor es zu einer militärischen Entspannung kommen kann, ist also eine politische Entspannung notwendig. Die sogenannte Entspannungspolitik der 70er Jahre hat nicht zu einer adäquaten militärischen Entspannung geführt. Der Grund hierfür ist jedoch nicht in einer mangelnden militärischen Entspannung zu suchen, sondern im mangelnden Interesse an einer wirklichen politischen Entspannung.

Es ist eine Entspannungspolitik erforderlich, die Voraussetzungen schafft, daß sich die gegenüberstehenden politisch-sozialen Systeme in Richtung friedensfördernder Strukturen hinbewegen können.

Entspannung zu wollen, bedeutet mehr, als eine bestimmte Umgangsform zwischen Regierungen verschiedener Gesellschaftssysteme zu pflegen. Entspannung zu wollen, schließt ein, emanzipatorische Bestrebungen in den jeweiligen gesellschaftlichen System zu respektieren und zu akzeptieren.

Politische Entspannung erfordert ein internationales Vertragssystem, das auch für Bürger und Gruppen einklagbare Rechte enthalten muß, um die Bestrebungen der Menschen und Gruppen zu stärken, die nach überlebensfähigen Formen sozialen und politischen Zusammenlebens suchen mit der Perspektive einer echten Stabilität, die auf Solidarität und Kooperation gegründet ist.

Im kontinuierlichen Sog einer politischen Entspannung ist unserer Auffassung nach eine allmähliche militärische Entspannung wie folgt zu erreichen:

- Übergang vom Prinzip der Maximal- zum Prinzip der Minimalabschreckung und auf dieser Grundlage Neudefinition von »Gleichgewicht«,
- neben drastischer Reduzierung von Nuklearwaffen und Abschaffung der anderen Massenvernichtungsmittel auch drastische Reduzierung der konventionellen Rüstung,
- Gewaltverzicht und damit Änderung der praktisch bestehenden Offensivstrategie in Defensivstrategie,
- Entmilitarisierung der Wirtschaft und des gesellschaftlichen Lebens.

3. Schlußfolgerungen für die Friedensarbeit und das gesellschaftliche Engagement von Kirche und kirchlichen Friedensgruppen

Es erscheint uns dringend notwendig, den Dialog zwischen den Kirchenleitungen und Friedensgruppen an der Basis effektiver und konstruktiver zu gestalten. Vieles von dem, was »unten« gedacht und getan wird, gelangt nicht »nach oben« oder nur auf indirekten Wegen, so daß es nicht adäquat aufgenommen und verarbeitet werden kann. Andererseits erscheint vieles von dem, was »oben« geschieht, abgehoben von Erlebtem und Erfahrungen an der Basis. An der Basis wird aber auch oft das, was oben verhandelt wird, bzw. von »oben« kommt, nicht genügend reflektiert und dies zunehmend weniger vorurteilsfrei. Dies ist eben auch ein Ergebnis des mangelhaften Dialogs.

Innerhalb der Friedensgruppen an der Basis ist zu bemerken, daß zuviel für sich allein gedacht und gehandelt wird. Es gibt keine hinreichenden Vorstellungen über gemeinsame Zielsetzungen und darüber, wie unterschiedliche Akzente in den Zielsetzungen fruchtbar miteinander verknüpft werden könnten. Wir halten die Belebung eines Dialogs in beiden Richtungen deshalb für notwendig, weil sich für uns aus dem Vorangegangenen die Kernfrage ableitet:

Wie können christliche Friedensgruppen und Kirchenleitungen durch ihr Engagement dazu beitragen, die gesellschaftlichen Strukturen und Wertordnungen in der DDR so zu gestalten, daß sie nach außen und nach innen einen echten Beitrag im friedensfördernden Sinn bringen, so daß vom »Gegner der DDR« die Vertrauenswürdigkeit ausgeht, die in ihm den Partner erkennbar macht, mit dem man Sicherheitspartnerschaft praktizieren kann und will?

Abschließend sollen uns wichtig erscheinende Schwerpunkte des Friedensengagements in der DDR formuliert werden. Schwerpunkte, die wir insbesondere für christliche Friedensgruppen sehen, liegen im biblisch begründeten Engagement für:

- Stabilität durch mehr Demokratie,
- Demokratiefähigkeit der Bürger,
- die Würde des Menschen auf der Grundlage der Menschenrechte und internationaler Konventionen und Deklarationen,
- Abbau der ideologisch bedingten Feindbilder,
- Entmilitarisierung der Wirtschaft und Gesellschaft,
- zeichenhaftes gewaltfreies Leben,
- drastische Reduzierung des Abschreckungspotentials einschließlich der konventionellen Rüstung,
- alternative Verteidigungsstrategien.

Wirkungsbereiche der Öffentlichkeit sind dafür:

- Kirchengemeinden mit ihren verschiedenen Zielgruppen,
- die konkrete soziale Umwelt des Einzelnen (Bekanntschaften, Betriebskollektive, Schulen, gesellschaftliche Organisationen),
- öffentliche Foren und Podien,
- staatliche und gesellschaftliche Organisationen, an die man sich als Gruppe oder Bürger wenden kann.

Schwerpunkte, die wir für das Engagement der Kirchenleitungen und nachfolgender Ebenen sehen für die evangelischen und römisch-kath. gleichermaßen:

- Analyse der Ursachen von Geist, Logik und Praxis der Abschreckung;
- Erarbeitung eines Sicherheitskonzeptes, das die Überwindung dieser Ursachen berücksichtigt;
- Mitarbeit an einer Theorie politisch relevanten kirchlichen Friedensengagements (Friedenshandelns);
- Prüfen von Vorschlägen für militärische Entspannung hinsichtlich ihrer Wirksamkeit und Vertrauenswürdigkeit;
- kritische Stellungnahme zu innergesellschaftlichen und internationalen Strukturen, die den Unfrieden fördern;
- Unterstützung und Förderung eines Demokratisierungsprozesses im real existierenden Sozialismus;
- Mithilfe bei der Überwindung der Resignation und Sprachlosigkeit;
- Unterstützung zeichenhaften Handels einzelner und von Gruppen;
- Einsatz für politisch Verfolgte und Gefangene.

Diese von uns getroffenen Schlußfolgerungen, wie die vorliegende Arbeit insgesamt soll eine Brücke sein zum intensiven gemeinsamen Suchen nach realen Möglichkeiten im Anspruch der Nachfolge Jesu Mitgestalter einer neuen Welt zu sein.

Tr. 5080186-50 II - innerkirchlicher Gebrauch! -

Quellenachweis

[1] W. Scheler : Militärpolitik aktuell - Friedenskampf und sozialistische Landesverteidigung, Militärverlag der DDR, Berlin 1984, S. 22.

[2] Philosophie des Friedens im Kampf gegen die Ideologie des Krieges, Dietz-Verlag, Berlin 1984, S. 161.

[3] Ebenda, S. 162.

[4] Neues Deutschland vom 20.6.1985 zu H. Axens Ausführungen auf der Pressekonferenz SED-SPD zum Rahmen für ein Abkommen zur Bildung einer von chemischen Waffen freien Zone in Europa.

[5] Kurt Hager in: Philosophie des Friedens im Kampf gegen die Ideologie des Krieges, S. 111.

[6] Politik und Landesverteidigung, Militärverlag der DDR, Berlin 1985.

Dokument 6

Peter Eisenfeld:
Vortrag zum Thema »Neues Denken in der Politik«
vom 11. April 1987, gehalten zum Meißener
Friedensseminar

Peter Eisenfeld

Vortrag zum Thema "Neues Denken in der Politik"

(gehalten am 11.04.87 zum Meißener Friedensseminar)

Das Thema unserer Begegnung heißt laut Einladung "Neues Denken in der Politik". Ich möchte dieses Thema heute um eine wichtige Kleinigkeit ergänzen, und zwar um ein Fragezeichen. So kann ich mich beruhigt dem eigentlichen Thema zuwenden:

"Neues Denken in der Politik?"

Ich habe den Vortrag in drei Teile untergliedert.

Der erste Teil beinhaltet allgemeine Gedanken zum Thema.

Der zweite und längste Teil ist ein informationspolitischer und aufklärerischer Bericht über das sogenannte Umdenken in der SU und der dritte Teil wird sich mit dem Umgang des sogenannten neuen Denkens in der DDR beschäftigen.

Zum ersten Teil

Wer in der Erwartung hierher gekommen ist, daß das Thema in den Höhen des philosophischen, religiösen und wissenschaftspolitischen Denkens angesiedelt ist, etwa angefangen von Plato, über die Bergpredigt, Albert Einstein bis zu den sogenannten Vordenkern (z.B. Arbatow, Gromyko, Lomejko - vgl. dazu "Neues Denken im Atomzeitalter" von A.Gromyko und W. Lomejko, Urania-Verlag, 1986) des Gorbatschowschen Denkens, den muß ich leider enttäuschen.

Was ich zu bieten habe, ist sozusagen eine Sicht von unten, was aber nun nicht besagen soll, daß sie deshalb politunfähig sein muß. Ich möchte das sogenannte neue Denken auf die konkrete Daseinsweise des Denkens, auf den von der Politik betroffenen Menschen herunterholen. Hierbei denke ich besonders an den Bürger, der die Erfahrung macht, daß sein Denken mit dem Denkmuster der Funktionsträger von Partei und Staat in Widerspruch gerät, und insbesondere an den Fall, wenn sich da ein engagierter Parteiloser bei einem Gespräch mit Funktionären in politischen Angelegenheiten dazu bekennt, daß er weder zur Partei, noch zur Kirche gehört, daß die Instanz seines Denkens das eigene Gewissen ist, geprägt durch seine ganze Daseinsweise, durch seine eigene Gefühlswelt, Erfahrung und Denkarbeit. Da ist dann beim Gesprächspartner plötzlich kein Schubfach da, das darüber Auskunft gibt, wer wie denkt und an welche Institution des Denkens er sich zu wenden habe, um notwendigenfalls im Sinne der Vernunft, des Realismus und der Sicherheitspartnerschaft, und natürlich zum Wohle, manchmal auch zum Privileg des Andersdenkenden dieses Denken zu disziplinieren, ohne daß sich an den eingespielten Denk- und Handlungsmustern in der Gesellschaft etwas ändert.

Bei einem solchen Gespräch vor Ort wird einem bewußt oder bewußt gemacht, daß die Sprache, das eigentliche Denk- und Verständigungsmitte des Menschen, zwar gleiche Wörter gebraucht, die aber unterschiedlich verstanden und verhängnisvoll ausgelegt werden können. Da werden z.B. aus dem Wort Frieden das Wort Stärke oder Krieg, aus Sozialismus - Kapitalismus, aus Koexistenz - Klassenkampf, aus Menschenrecht -Arbeitsrecht, aus dem Wort Wahrheit das Wort Rechthaben oder gar Lüge, aus Gewissen - Klassenbewußtsein, aus Meinungsfreiheit - antisozialistische Propaganda oder Hetze oder Verleumdung, aus dem Wort politisch - das Wort kriminell, aus Freund oder Partner - Feind, aus Marx - Lenin usw. Und spätestens hier wird einem klar, daß ein politisch und ideologisch ungeschulter Bürger mit noch erhaltengebliebenem natürlichen Wort- und Sprachgefühl für die ihn umgebende Welt der offiziellen Aufklärungs- und Informationspolitik nicht mehr folgen kann und will und somit im gesellschaftlichen Meinungsbildungs- und Mitspracheprozeß zur Sprachlosigkeit verurteilt wird. Dies führt nun wiederum häufig zu der unerbitterlichen Konsequenz, daß ein Andersdenkender zum Anpasser oder Aussteiger, zum Zyniker, Kriminellen, Feind oder Märtyrer werden kann.

Wen wunderts da, wenn ich mich frage, welche Sprache denn da gesprochen wird, wo über ideologische Grenzen hinweg mit dem offiziell erklärten Gegner, ja Feind, über Frieden, Abrüstung, Grundwerte und Sicherheitspartnerschaft im Sinne der Vernunft und des Realismus erfolgreich Dialoge geführt werden. Ist dies das neue, das realistische und vernünftige Denken unserer Zeit? Aber schließlich, sage ich mir, hat doch die Ideologie nicht nur etwas, sondern ausschließlich mit dem Denken zu tun, was ja Kurt Hager auch deutlich macht, wenn er Vernunft und Realität wie folgt definiert:

> "Vernunft als das Vermögen, die Zusammenhänge und die Gefahren, die sich aus der vom Imperialismus betriebenen Politik der Hochrüstung und Konfrontation ergeben, zu erkennen, und die Realität als das Vermögen, entsprechend dieser Erkenntnis aktiv für die Sicherung des Friedens zu handeln"
> (in: Philosophie des Friedens, Dietz Verlag 1984, S. 111)

Nun, so tröste ich mich, offensichtlich mißt man auf dem diplomatischen Parkett solchen Äußerungen keine Bedeutung bei. Und schließlich so weiß ich, ist es ja kein Geheimnis, daß auf hoher Ebene jede Seite immerwieder behauptet, sie wolle Frieden und Abrüstung, aber gleichzeitig auch jede Seite vor einem baldigen alles vernichtenden Kriegsausbruch warnt. Wer will es mir da verübeln, wenn ich mich von einem solchen Denken nicht vereinnahmen lassen will, wenn ich objektivierte

- 3 -

und abstrakte Schlagwörter nach konkreten Inhalten und Wahrheiten befrage und diese an der subjektiven Erfahrung messe? Wie sieht es da mit dem Begriff "Neues Denken" aus, der seit Gorbatschows Machtantritt durch die Welt geistert?

Die Anforderung an uns, neu zu denken, umzudenken, ist ja ungeheuer anspruchsvoll, wenn man bedenkt, daß unser Denken in nicht geringem Maße durch unser Sein bestimmt ist, das übernommene Traditionen, vererbte materielle und geistige Güter und die eigenen existentiellen Erfahrungen einschließt. Ja, können wir das überhaupt, was da von uns verlangt wird? Haben wir es hier wiederum nur mit einem neuen Wort zu tun, das von unserem wirklichen Denken abzulenken versucht, unser Denken auf von außen aufgedrängte Denkmodelle richtet, ohne daß es unseren Bedürfnissen und Erfahrungen danach verlangt, sie zu verinnerlichen und im Leben zu erproben?
Ich neige eher zu der Auffassung, daß im Grunde genommen nicht ein neues Denken notwendig ist, um die Welt zu retten, sondern die Verbindlichkeit des Denkens. Was wirklich schwerfällt, ist doch nicht ein neues Denken zu denken, sondern das Vermögen, eigens Denken in eigene angemessene Worte zu fassen, der Mut und die Kraft, eigenes Denken verantwortungsbewußt und uneigennützig gegen Anfechtungen von außen durch Handlungen zu bezeugen, kurzum die Kraft und der Mut, im Umgang mit dem Menschen und der Natur sich seines kritischen Gewissens zu bedienen.

Zwar bringt einem die erfahrene Realität manchmal zum Verzweifeln, aber es gibt auch immer wieder Lichtblicke der Hoffnung, wo sich die Wahrheit - wenn auch häufig nur für kurze Zeit - offenbart, wo die Begriffe und Worte das schon verschlissene ideologische Mäntelchen ablegen und sie sich wieder mit Leben füllen. Das war z.B. so, als Chruschtschow 1956 auf dem 20. Parteitag die Stalinzeit entlarvte, das war so 1968 in der CSSR und 1980/81 in Polen und das ist jetzt in der SU der Fall.

Zweiter Teil

Nun zum zweiten Teil. Dazu sei folgendes vorausgeschickt.
Das von Gorbatschow vertretene Denken beruht weltanschaulich auf der sozialistischen Gesellschafts- und Menschenlehre des Leninismus, und er selbst ist natürlich ein Kind seines Landes und seiner Zeit, als eines Landes, in dem auf den despotischen Zarismus die Diktatur des Proletariats mit dem Phänomen eines bis zum Exzeß geführten Persone kults, des despotischen Stalinismus, folgte, und einer Zeit, in der laut Gorbatschow (vgl. Rede auf dem Januar-Plenum) seit den dreißige bis vierziger Jahren eine weitgehende Stagnation des Denkens herrschen. In der SU fehlt also eine tiefgehende Tradition des aufklärerischen bürgerlich-demokratischen Denkens, das mit der bürgerlichen Revolution und der aus ihr hervorgehenden Staatsform der pluralistischen Demokratie verbunden ist. Zudem ist die sowjetische Gesellschaft auch heute noch eine in vieler Hinsicht geschlossene, d.h. von anderen Zivilisation tionen und Kulturen wenig tangierte Ordnung. Diese Gegebenheiten führten einerseits zu einer stark gedemütigten, im Obrigkeitsdenken erzogenen breiten Volksmasse, brachten aber andererseits eine relativ kleine soziale Schicht schöpferischer und stark ethisch motivierter Persönlichkeiten hervor, die sozusagen das Gewissen des Volkes repräsentieren. Diese kleine soziale Schicht, wozu vor allem Schriftsteller und Künstler, aber auch - wie inzwischen deutlich wurde - Journalisten zählen, ist m.E. heute der Motor des von Gorbatschow machtpolitisch abgesicherten Umgestaltungsprozesses der sowjetischen Gesellschaft, wobei sich Gorbatschow immer mehr als die eigentliche Integrationsfigur für die unterschiedlichen Interessengruppen erweist.

Nun zum eigentlichen sogenannten neuen Denken oder Umdenken in der SU. Hierzu habe ich schon zur Friedensdekade 1986 einen Kurzvortrag gehalten, den ich heute um neue Aspekte des schnell voranschreitende Erneuerungsprozesses erweitern will. Es ging mir dabei vor allem um die Suche nach konkreten Inhalten, die sich mit dem Begriff des "neuen Denkens" in der SU verbinden. Hierzu habe ich fast alle Gorbatschow--Reden und anderes Material, darunter sowjetische Zeitungen und Zeit schriften gelesen. Ich habe mich aber auch nochmals mit den Reden Breshnews auf dem 25. und 26. Parteitag 1976 bzw. 1981 und Chruschtschows auf dem 22. Parteitag 1961 beschäftigt, um die historische Dimension des sogenannten neuen Denkens zu erfassen.

Dabei soll die Betrachtung gesondert für den außen- und innenpolitischen Bereich geschehen.

Zunächst zum außenpolitischen sogenannten neuen Denken.
Der Begriff "neues Denken" bzw. "Umdenken" wurde, soweit mir bekannt ist, von Gorbatschow im Oktober 1985 in Paris vor französischen Parlamentariern zum erstenmal in die reale Politik eingebracht:

> "Der menschliche Geist paßt sich an Neues nicht sofort an. Das gilt für alle. Wir spüren das. Wir haben begonnen umzudenken und viele gewohnte Dinge voll und ganz in Übereinstimmung mit den neuen Realitäten zu bringen, darunter im militärischen und natürlich im politischen Bereich. Es wäre wünschenswert, daß sich ein solches Umdenken sowohl in Westeuropa als auch über seine Grenzen hinaus vollzieht ... " (ND, d. 4.10.1985)

Der Inhalt des "neuen Denkens" ist hier sehr allgemein gefaßt und gründet angesichts des ungeheuren nuklearen Waffenpotentials auf dem Gedanken der gegenwärtigen Abhängigkeit des Überlebens der Staaten. Danach soll das Konzept der militärischen Abschreckung durch ein allumfassendes System der internationalen Sicherheit, das alle Hauptbereiche der Weltpolitik umfaßt, ersetzt werden.
Nun, so neu ist dieses Denken nicht. Konkret befragt geht es auf die Politik der friedlichen Koexistenz zurück, die von Chruschtschow und Breshnew gleichermaßen verfochten wurde.
Chruschtschow-Zitat auf dem 22. Parteitag 1961:

> " Heutzutage ist eine Politik der Stärke gefährlich"

> "Friedliche Koexistenz ... bedeutet die Koexistenz zweier entgegengesetzter sozialer Systeme, fußend auf dem beiderseitigen Verzicht auf einen Krieg als Mittel zur Beilegung zwischenstaatlicher Streitigkeiten"

Und Breshnew sagte auf dem 25. und 26. Parteitag:

> "Der Verzicht auf Gewaltanwendung und Gewaltandrohung zur Lösung strittiger Fragen muß zu einem Gesetz des internationalen Geschehens werden" (1976)

> "Die UdSSR will normale Beziehungen zu den USA. Vom Standpunkt der Interessen sowohl der Völker unserer beiden Länder als auch der gesamten Menschheit gibt es einfach keinen anderen vernünftigen Weg" (1981)

Zwischen Chruschtschows und Breshnews Doktrin der friedlichen Koexistenz gibt es allerdings insofern einen Unterschied, da Chruschtschow diese Koexistenz mit militärischem Überlegenheitsdenken kombinierte und dies auch in seiner etwas drastischen und urwüchsigen Sprache unverhohlt zum Ausdruck brachte:

> "Deshalb darf man den Aggressoren nicht nachgeben, sondern muß sie an die Kandare nehmen!" (1961)

Und wie dies geschehen soll, das sagt er 1963 auf dem 6. Parteitag der SED:

"Ich werde Ihnen ein Geheimnis verraten: Unsere Wissenschaftler haben eine 100-Megatonnen-Bombe entwickelt"

"Die Imperialisten haben das Kernwaffenpotential unwiderbringlich verloren und ihre Überlegenheit in bezug auf die Beförderungsmittel für die Kernwaffen schon längst eingebüßt"

Aber zurück zu Gorbatschow. Einen etwas neuen Akzent gewinnt die auf dem 27. Parteitag verkündete Konzeption des allumfassenden Systems der Sicherheit in der Erkenntnis, daß "wirklich zuverlässige Sicherheit für alle nur dann erreicht werden kann, wenn die Ursacher die Quellen für Mißtrauen, Spannung und Feindseligkeit in der Welt von heute beseitigt werden" (A. Dobrynin, in Einheit 9-86).
Hier gibt es Ansatzpunkte für neues Denken, leider fehlt noch immer die konkrete Benennung der Quellen der genannten Übel. Zieht man hier zu den ideologischen Kontext des sogenannten neuen Denkens zu Rate, so kann m.E. von einem Umdenken keine Rede sein. Ja, im Gegenteil, was hierzu von Gorbatschow/auf dem 27. Parteitag gesagt wird, klingt um ein ganzes Maß schärfer als unter Breshnew. Da ist der Sozialismus die einzige Gesellschaftsform mit Zukunft und der Kapitalismus eine von der Geschichte selbst verurteilte Gesellschaft "sozialer Senilität" in der "absteigenden Entwicklungsphase", die die "Verantwortung für die Entstehung, Fortdauer und Verschärfung sämtlicher Hauptprobleme der Gegenwart trägt" (aus der Entschließung des 27. Parteitages). Da ist die Rede von einem "ganzen Arsenal" der vom Kapitalismus verwendeten Mittel: "Arbeitsfeindliche Gesetzgebung", "Verfolgung der linken und fortschrittlichen Kräfte", "Überwachung der geistigen Haltung und des Verhaltens der Menschen", "zielgerichtete Züchtung des Individualismus", "Unmoral und Haß auf alles Demokratische", während im Sozialismus "der Triumph der Freiheitsideen", "die Würde der Persönlichkeit und der wahre Humanismus", "Kollektivität" und "kameradschaftliche Hilfe" die "kennzeichnenden Merkmale der Lebensweise" sind.
Das alles war auf dem 27. Parteitag der KPdSU zu hören und spiegelt sich auch in der ausländischen Berichterstattung der sowjetischen Zeitungen wider.
So gesehen kann von einem neuen Denken im außenpolitischen Bereich nicht gesprochen werden, da Klassenkampfideologie und einseitige Schuldzuweisung für alle Gebrechen dieser Welt eben auch eine nicht gerade unbedeutende Quelle für Mißtrauen, Spannung und Feindseligkei sind. Immerhin muß sich Gorbatschows Denken zunächst einmal in der

Verwirklichung der schon von Breshnew initiierten Helsinki-Akte von 1975 bewahrheiten.

In letzter Zeit gibt es jedoch auch Hinweise zu mehr Flexibilität auf dem Gebiet der Ideologie, die über rein taktische Manöver hinausgehen. Dies wird schon in der Deklaration von Delhi deutlich, die von Gorbatschow und Gandhi am 27. November 1986 unterzeichnet wurde:

> "Mißtrauen, Angst und Argwohn zwischen den Ländern und Völkern verzerren die Wahrnehmung der realen Welt. Sie bringen Spannung hervor und fügen letzten Endes der gesamten Weltgemeinschaft Schaden zu" (Pkt. 4. der Deklaration, ND,2.12.86)

In seiner Rede auf dem Internationalen Friedensforum in Moskau will Gorbatschow das auf dem 27. Parteitag verkündete umfassende System der internationalen Sicherheit nunmehr auch auf Vertrauen aufgebaut wissen. Das klingt nicht deshalb überzeugend, weil es Gorbatschow sagt, sondern weil seine Worte für den Hörer konkret belegt sind, schon allein durch den Umstand, daß der bislang in der SU von offiziellen Kreisen verfemte Friedensnobelpreisträger Andrej Sacharow als Symbolfigur für politisch Verfolgte nicht nur auf dem Forum anwesend war, sondern auch eine Rede halten durfte. Und immerhin gibt Gorbatschow auf diesem Forum zu Protokoll, daß die "Strategie der Umgestaltung" nicht nur von marxistisch-leninistischen, sondern auch von humanistischen Positionen aus erarbeitet wurde und daß das neue Herangehen an die humanitären Fragen ein Ergebnis des neuen Denkens ist. So wurde ja auch von Gorbatschow angekündigt, "daß die UdSSR die von der USA blockierte Schlußerklärung des Berner KSZE-Nachfolgetreffens zu humanitären Fragen für sich einseitig als verbindlich betrachtet und danach handeln wird" (Einheit 9-86, S. 802).

In diesem Zusammenhang wird von Gorbatschow ein bislang in den realsozialistischen Ländern ungenügend gewürdigtes Problem des Sicherheitsdenkens aufgenommen: Die Wechselwirkung zwischen Außen- und Innenpolitik unter dem Gesichtspunkt der Vertrauensbildung, was er auf dem Forum deutlich ausspricht:

> "Eine der gewichtigsten Folgen der Umgestaltung in der Sowjetunion ist die allseitige Festigung des Vertrauens überall in unserer Gesellschaft. Das stärkt unsere Überzeugung, daß es möglich ist, das notwendige Vertrauen auch in die internationalen Beziehungen zu tragen" (ND, d. 17.2.87)

In meinem Vortrag zur Friedensdekade 1986 habe ich die Hoffnung ausgesprochen, daß sich das innenpolitische Denken, für das die

Wörter "neues Denken" bzw. "Umdenken" durchaus angebracht sind, schließlich auf das ideologisch überformte außenpolitische Denken günstig auswirkt. In dieser Meinung bin ich in letzter Zeit bestärkt worden, auch durch die neuerliche Bereitschaft x) Gorbatschows (Erklärung von Gorbatschow am 28.2.87 - ND, d. 2.3.87), über die Mittelstreckenraketen gesondert zu verhandeln.
Nachzutragen ist hierzu die Äußerung Gorbatschows beim Treffen mit Margaret Thatcher, daß man "in der anderen Seite keinen Feind, sondern einen Partner zu sehen"hat (ND, d.2.4.87). Neu ist in diesem Zusammenhang, daß die ungeschminkte Rede von Thatcher in der SU ungekürzt abgedruckt und ein freimütiges Interview mit ihr im sowjetischen Fernsehen übertragen wurden.

---

x) Bekanntlich hatte sich Gorbatschow für ein gesondertes Abkommen über die Mittelstreckenraketen, ohne Zusammenhang mit dem Problem der Weltraum- und strategischen Rüstungen, schon in seiner Rede in Paris (ND, d.5./6.10.85), in Genf (Gemeinsame sowjetisch-amerikanische Erklärung zum Abschluß des Gipfeltreffens in Genf: beiderseitige Bereitschaftserklärung für eine Zwischenlösung der Mittelstreckenraketen, ND, d. 22.11.85) und auf dem 27. Parteitag der KPdSU im Februar 1986 ("Deshalb ist die Sowjetunion bereit, einen realen Schritt in dieser Richtung zu tun und die Frage der Mittelstreckenraketen in der europäischen Zone gesondert - ohne unmittelbaren Zusammenhang mit den Problemen der strategischen Rüstungen und des Weltraums - zu lösen" - Politischer Bericht des ZK der KPdSU - Verlag Progress, Moskau 1986, S. 111) ausgesprochen, so daß die erneute Bündelung des Rüstungspakets durch Gorbatschow in Reykjavik (Oktober 1986) eigentlich einen Rückschritt bedeutet hat

Nun zum innenpolitischen Umdenken in der SU. Ich vermute stark, daß der Begriff "Neues Denken" seinen Ursprung in den gesellschaftlichen Verhältnissen der Sowjetunion hat. Der Widerspruch zwischen dem theoretischen Anspruch des Sozialismus und der Realität, zwischen Ideal und Wirklichkeit hat sich in den 70er und Anfang der 80er Jahre für den Mann auf der Straße so offenkundig zugespitzt, daß die weitere Verschleierung der gesellschaftlichen Zustände in eine für das Land gefährliche Sackgasse führen mußte. Die Ideologie mit ihren stereotypen Zukunftsverheißungen für das einfache Volk sind weitgehend ausgeblieben.

Ich selbst habe 1961 in der SU ein Studium aufgenommen, also zu einer Zeit, da Chruschtschow auf dem 22. Parteitag die Welt mit einem Programm in Erstaunen setzte, demgemäß die SU heute eine geistig-moralische und materielle Lebensqualität der Menschen erreicht haben müßte, die die Völker in den entwickelten kapitalistischen Ländern vor Neid erblassen ließe. Nun, Chruschtschow hat als Generalsekretär der KPdSU meine Studiumzeit nicht überlebt. 1964 wurde er von Breshnew in Rente geschickt, und zwar angeblich wegen Personenkults, also wegen eines Delikts, das von eben diesem Chruschtschow als Grundübel für die Erscheinungen erkannt wurde, die heute von Gorbatschow so energisch bekämpft werden. Und wenn der Personenkult nicht aufgedeckt worden wäre, so wären laut Chruschtschow Verletzungen der sowjetischen Demokratie und Gesetzlichkeit, Verlangsamung der Wirtschaftsentwicklung und des Volkswohlstandes die unausbleiblichen Folgen gewesen. Wenn bei Chruschtschow das Wunschdenken auch stark überwog, so muß man ihm doch zubilligen, daß in seiner Zeit relativ offen diskutiert werden konnte.

Als ich 1967 meine Tätigkeit als Wissenschaftler in der DDR aufnahm, geriet ich mit diesem Denken schnell an eine Grenze. Mir wurde damals ein Diskussionsveebot in meiner Gewerkschaftsgruppe ausgesprochen. Ich sage dies deshalb, um den von mir gezogenen historischen Bogen zu verdeutlichen, aber auch um auf etwas aufmerksam zu machen, was heutzutage wieder aktuelle Bezüge annehmen könnte.

Aber auch unter Breshnew wurden Mängel offen benannt. Von ihm wurden schon 1976 Gesetze angekündigt, die "den Fällen von Betrug am Staat, falschen Angaben über die Planerfüllung , Diebstahl am sozialistischen Eigentum usw. entschiedener entgegenwirken" (Breshnew auf dem 25. Parteitag). Auf dem 26. Parteitag 1981 sprach er von der Entwicklung eines solchen Arbeitsstils, "bei dem Gewissenhaftigkeit und Diszipliniertheit mit kühner Initiative und Unternehmungsgeist, praktisches Denken und Sachverstand mit dem Streben nach hohen Zielen und kritischer Einstellung gegenüber Mängeln verschmelzen", sprach davon, daß "kein einziger Verstoß, kein einziger Fall von Amtsmißbrauch, Verschwendung und Disziplinlosigkeit der auf das Wohl des Landes bedachten Volkskontrolleure entgehen darf" und sagte den Versuchen, jemanden wegen Kritik zu verfolgen, den Kampf an:

> "Unser Standpunkt in dieser Frage ist im Parteistatut exakt formuliert. Auch in der Verfassung der UdSSR hat er seinen Niederschlag gefunden. Keine Nachsicht gegenüber denjenigen, die die Kritik unterdrücken - diese Forderung ist ein Gesetz in Partei und Staat!"

Wenden wir uns aber wieder Gorbatschow zu. Ich bin also der Auffassung, daß das Leben selbst, ja die Wahrheit, einen Mann an die Spitze brachte, der nunmehr allumfassend und energischer das offen ausspricht was einfach notwendig geworden ist. Für Gorbatschow gibt es offensichtlich keinen anderen Weg. Er braucht das Umdenken, um der Gesellschaft wieder eine Perspektive zu geben. Schon auf dem April--Plenum 1985 sprach er von der Notwendigkeit einer neuen Qualität der gesellschaftlichen Beziehungen im umfassendsten Sinne. Auf dem 27. Parteitag (Februar 1986) ist von einer erforderlichen Wende in den inneren Angelegenheiten die Rede und werden die Gründe genannt:

> "Im Leben der Gesellschaft zeigten sich allmählich Stagnationserscheinungen" (Politischer Bericht des ZK der KPdSU an den 27. Parteitag)
> "Indes nahmen die Schwierigkeiten in der Volkswirtschaft in den siebziger Jahren zu, ging das Tempo des Wirtschaftswachstums merklich zurück" (Politischer Bericht)

Dies paßt nun ganz und gar nicht in das Bild, das Breshnew 1981 auf dem 26. Parteitag von diesem Zeitraum gemalt hat:

> "Die Ergebnisse der Entwicklung der Volkswirtschaft bestätigen überzeugend die Richtigkeit der Wirtschaftsstrategie"

Hier deuten sich Widersprüche und damit verbunden Erscheinungen im gesellschaftlichen Leben an, die von Gorbatschow ohne Schminke beim Namen genannt werden.

Auf dem Gebiet der Wirtschafts- und Sozialpolitik:

Schematismus und Papierkrieg, Ressortgeist und Lokalegoismus, Verantwortungslosigkeit und Schlamperei, Fehlen von Kritik und Selbstkritik, Liebdienerei, Schmarotzerideologie, Denkklischees, Privateigentümler- und Verbrauchermentalität, Tendenzen zur Gleichmacherei korrupte Elemente, Raffer, Schluderer, Faulenzer, Diebe am sozialistischen Eigentum, Schmiergelderpresser, Augenwischer

Auf dem Januar-Plenum dieses Jahres faßt er zusammen:

> "Die Welt der alltäglichen Realitäten und die Welt des zur Schau gestellten Wohlergehens klafften immer mehr auseinander"

Auf politisch-ideologischem Gebiet:

Verlogene Phrasen, Geschwätz, hohle Prahlereien, Scholastik, Buchstabengelehrsamkeit, Angst vor der Wahrheit, Selbstgefälligkeit, Gleichgültigkeit gegenüber den Menschen, Grobheit in den Dienststellen, auf der Straße und in Geschäften, Mangel an Realismus

Auf dem Januar-Plenum geht er diesen Übeln auf den Grund:

> "Die Ursachen für diese Lage liegen weit zurück. Sie wurzeln noch in jener konkreten historischen Situation, in der aufgrund bekannter Umstände aus der Theorie und Gesellschaftswissenschaft die lebendige Diskussion und das schöpferische Denken verschwanden und autoritäre Einschätzungen und Betrachtungen zu unantastbaren Wahrheiten wurden, die man noch kommentieren konnte" (M. Gorbatschow - Rede und Schlußwort auf dem Plenum des ZK der KPdSU - Moskau am 27./28.1.87 - Dietz Verlag Berlin 1987)

Mit den bekannten Umständen meint Gorbatschow offensichtlich die Stalinzeit, zumal er vorher von den dreißiger und vierziger Jahren spricht, seit denen seiner Meinung nach die theoretischen Vorstellungen vom Sozialismus stehengeblieben sind. Dies war bekanntlich die Zeit der großangelegten Schauprozesse gegen treue Leninisten und des Terrors gegen viele unschuldige Menschen.

Von der Partei fordert Gorbatschow eine kritische Analyse und Erneuerung der eigenen Tätigkeit, fordert er Wahrhaftigkeit, Offenheit, Kritik und Selbstkritik, die Einheit von Wort und Tat, Menschlichkeit. Er fordert, daß die Partei sich endlich vom Unfehlbarkeits-Komplex freimachen muß. Dazu hat er allerdings auch allen Grund. Hören wir uns einmal an, wie es z.B. und nicht nur in Usbekistan zuging:

> "In der Parteiorganisation der Republik lockerte sich die Disziplin, gelangten Personen zu Ehren, deren einziges Prinzip die Prinzipienlosigkeit, das eigene Wohlergehen und karrieristische Motive waren, Verbreitung fanden Kriecherei und maßlose Lobhudeleien auf Vorgesetzte. All das mußte sich zwangsläufig auf die Arbeit auswirken. Die Lage im wirtschaftlichen und sozialen Bereich verschlechterte sich zusehends, Verbreitung fanden allerlei Machenschaften, Veruntreuung und Korruption, in flagranter Weise wurde die sozialistische Gesetzlichkeit verletzt" (Politischer Bericht auf dem 27. Parteitag)

Die auf dem Januar-Plenum von Gorbatschow vorgeschlagene Unionsparteikonferenz wird über die Rolle der Partei in der sozialistischen Gesellschaft sicher noch wichtige Aufschlüsse bringen.

Gorbatschow rechnet also mit der Vergangenheit ab und zieht daraus folgende Lehren:

1. Lehre von der Wahrheit. Er fordert die ganze Wahrheit

> "Die Partei und das Volk brauchen die ganze Wahrheit - im großen und im kleinen. Allein sie erzieht den Menschen ein entwickeltes staatsbürgerliches Pflichtgefühl an, aber die Lüge und Halbwahrheit verderben das Bewußtsein, deformieren die Persönlichkeit, stören das Erkennen realistischer Folgerungen und Ein-

schätzungen, ohne die es eine aktive Parteipolitik nicht geben kann" (Gorbatschow - Juni-Plenum 1986)

Zu dieser Wahrheit gehört die schonungslose Analyse der Vergangenheit, um die Wiederholung der Fehler zu vermeiden und das Vertrauen des Volkes in die Politik und Zielstellung der Partei wiederzugewinnen. Dazu gehört auch die Lösung der Schuldfrage zu den gemachten Fehlern ("Für all dies, Genossen, tragen die führenden Organe der Partei und des Staates die Verantwortung" - Gorbatschow auf dem Januar-Plenum 1987) und vor allem die Erkenntnis, daß keiner das Recht auf Wahrheit gepachtet hat (Gorbatschow - bei einem Treffen mit Vertretern der Massenmedien - ND, d. 18.2.87). Der Weg zur Wahrheit kann heute in der SU mit dem russischen Wort Glasnost, auf deutsch Offenheit, Öffentlichkeit, Publizität, beschrieben werden. Offenheit ist laut Gorbatschow die unbedingte Voraussetzung für den Prozeß der Demokratisierung und eine bedeutende Garantie für die Unumkehrbarkeit der begonnenen Umgestaltung. Das sind nicht nur schöne Worte. Was heute z.B. in den sowjetischen Tageszeitungen und Zeitschriften alles geschrieben steht, und mit welcher Offenheit die Probleme aller Bereiche des gesellschaftlichen Lebens diskutiert werden, muß dem Leser des ND wie ein Wunder erscheinen.
Da vollzieht sich der öffentliche gesellschaftliche Erfahrungsaustausch nicht ausschließlich darüber, "wie die Werktätigen Großes vollbringen" (E. Honecker vor den 1. Sekretären der Kreisleitungen, ND, d.7./8.2. 1987), da geht es nicht nur um "politische Orientierung", "Bildung und Gestaltung" (E. Honecker ebd.), um Friedenskampf, sondern auch um Schmiergel-, Korruptions-, Rauschgift- und Schmuggelaffären (z.B. in Iswestije, d.6.2., 10.4., 5.8., 5.9.; Ogonjok Nr. 37+38, September 1986), um widerrechtlich erworbene Landhäuser, kleine Hotels, Jagdhütten und Wohnungen durch einen engen Kreis von Funktionären für eigennützige Zwecke (Isw.,d.15.3.87) um Diebstahl am sozialistischen Eigentum (Isw., d. 21.3.86), um den ehrlich und unehrlich erworbenen Rubel (Isw.,d.28.5., 2.6. 86), um Übergriffe der Staatssicherheit und Gerichtsbarkeit, Verfolgung ehrlicher Bürger wegen Kritik an Partei- und Staatsfunktionären, unschuldig Verurteilte, bedrohte und mißhandelte Bürger durch Partei- und Staatsorgane (z.B. in Prawda,d.4.1.87; Literaturnaja Gaseta Nr.51 17.12.86; Ogonjok Nr. 7, Februar 1987), um mehr Selbstverwaltungs- und Selbstbestimmungsrechte mit alternativer Wählbarkeit der Leiter aller Ebenen in Betrieben, Verbänden und anderen gesellschaftlichen

Organisationen, da geht es auch und insbesondere um ethisch-moralische Grundfragen über das Wesen des Menschen und seine Stellung in der Gesellschaft, um verwahrloste Seelen junger Menschen und Seelenlosigkeit in der sozialistischen Gesellschaft (z.B. in Ogonjok Nr. Dezember 1986), um Toleranz, Meinungsvielfalt und Einheitsdenken (Isw., d. 23.10.86), um die Unruhe des Gewissens und die sittliche Kultur als größtes Kapital des Volkes (Aitmatow in der Prawda, d. 14.2.87), um die Ursachen des Schweigens des Gewissens, über die Unvereinbarkeit von Wahrheit und Angst, über die Ehre und Würde des Schriftstellers (Dmitri Lichatschow, Mitglied der Kademie der Wissenschaften der UdSSR, Vorsitzender der Leitung des Sowjetischen Kulturfonds, in Literaturnaja Gaseta Nr. 1, 1.1.87; Walentin Rasputin in Isw., d. 15.3.87), da lesen wird, daß der 1958 getroffene Beschluß über den Ausschluß Pasternaks aus dem Schriftstellerverband widerrufen ist und sein Roman "Doktor Schiwago", der der Grund für sein Ausschluß war, schon bald gedruckt wird (Literaturnaja Gaseta Nr. 25.2.87), da lesen wir aber auch etwas über die Überwindung der sozialen Wurzeln der Religion, über Atheismus und Kultur (Prawda, d. 16.1.87) und da finden wir z.B. in der Komsomolskaja Prawda vom 5.3. 87 Beiträge mit Solidaritätsbekundungen für die verwundeten Afghanistankämpfer als wahre Internationalisten und eine Wortmeldung des Schriftstellers Watscheslaw Kondratjew über den Bürgerkrieg in der SU nach der Revolution, der seiner Meinung nach eigentlich Brudermord war, und in der Prawda vom 30.3.87 einen Text mit der Überschrift "Warum bin ich aus dem Komsomol ausgetreten?" und mit der Antwort: "Nehmen nur Beiträge und gehen einem darüberhinaus noch auf die Nerven" usw.

Es lohnt sich also wieder für den DDR-Bürger, die russische Sprache zu lernen oder aufzufrischen.

"Einem Menschen mit einem gespaltenen Bewußtsein fällt es schwer, zu leben und zu arbeiten", sagt Gorbatschow auf einem Treffen mit Vertretern von Massenmedien und der Propaganda (ND., d. 18.2.87). Aber nicht nur das Volk braucht diese Offenheit, sondern auch und insbesondere die Partei, weil

> "die KPdSU die führende Partei ist. Und sie ist an Offenheit, an Kritik und Selbstkritik interessiert, weil dies reale und zuverlässige Formen eines normalen Funktionierens der KPdSU sind. Das sind gerade jene Mittel, die die Partei befähigen, Fehler in der Politik zu vermeiden"
> (Gorbatschow auf dem Januar-Plenum, ND, d. 30.1.87)

Aber auch Gorbatschow selbst braucht die Öffentlichkeit, denn er beruft sich nicht selten auf sie, wenn es gilt, den Umgestaltungsprozeß gesetzlich und damit verbindlich für alle zu verankern. Manche Zungen behaupten sogar, er würde bei Leserbriefen organisatorisch nachhelfen. Dies ist nun schon eine Konsequenz aus der zweiten Lehre.

2. Lehre - Zielstrebigkeit und Entschlossenheit im praktischen Handeln

> "Es gilt konsequent und energisch vorzugehen, ohne vor kühnsten Schritten zurückzuweichen" (Gorb. Politischer Bericht auf dem 27. Parteitag)

Daß es Gorbatschow nicht an Entschlossenheit mangelt, zeigt schon die Entschließung des 27. Parteitages, die im Gegensatz zu den anderen Parteitagen die Schlußfolgerungen des Politischen Berichts zu einem Pflichtkatalog für alle Parteimitglieder erhebt. Das gleiche trifft auch für das ZK-Plenum im Januar 1987 zu, auf dem ebenfalls ein entsprechender Beschluß angenommen wurde. Dieses Plenum sollte sich ja ursprünglich nur mit Kaderfragen beschäftigen, tatsächlich aber ging es auf diesem Plenum des ZK um viel mehr - um die weitere Demokratisierung aller Bereiche des gesellschaftlichen Lebens und damit auch um eine Stärkung des Vertrauens in den Erneuerungsprozeß. Wie Gorbatschow im nachhinein auf dem Kongreß der sowjetischen Gewerkschaften bekennt, gibt es nämlich in der SU nicht nur durch den Umgestaltungsprozeß inspirierte und Kraft schöpfende Menschen, sondern auch Menschen, die verwirrt sind, und Kräfte, denen diese Veränderungen nicht passen. Ja selbst in der Parteispitze war offensichtlich das Grundanliegen des Plenums nicht unumstritten, denn Gorbatschow gesteht offen:

> "Seine Vorbereitung erwies sich als schwierig. Es braucht nur gesagt werden, daß wir dreimal den Zeitpunkt des Beginns des Plenums verschoben haben" (ND, d. 26.2.87)

Überhaupt ringt Gorbatschow mit seiner ganzen Person um Verbündete, auch will er "diejenigen reaktivieren, die zu Unrecht vergessen worden sind". Als dies Gorbatschow auf dem Internationalen Friedensforum in Moskau sagte (ND, d. 17.2.87), soll die Kamera des sowjetischen Fernsehens Sacharow ins Bild genommen haben, dies sicher nicht ohne entsprechende Regieanweisung von ganz oben. Gleichzeitig müssen all die ihren Posten verlassen, die die Gesetzlichkeit verletzt und das neue Denken nicht begriffen haben. Es findet ein Kaderwechsel auf allen Ebenen statt. Auch darüber berichtet man offen in der Presse. Soweit mir bekannt ist, sind schon vier Todesurteile vollstreckt - drei wegen Korruption im großen Stiel und eines wegen Spionagetätigkeit - und sehr viele ehemalige Funktionsträger von Staat und Partei zu langjährigen Haftstrafen verteilt worden. In der Parteispitze erfolgte eine Grunderneuerung. Von den ehemaligen 8 Kandidaten des Politbüros sind 4 (Alijew, D tschew, Solomenzew, Schewardnadse) ins neue Politbüro aufgestiegen. Ihm gehören vom alten 1981 gewählten außer Gorbatschow nur noch myko und Tscherbizki an. Die heutigen Kandidatensitze des Politb sind durchweg neu besetzt. Laut Gorbatschow sind seit dem April plenum 1985 ein großer Teil der Mitarbeiter des Sekretariats und Leiter der Abteilungen des ZK der KPdSU erneuert und praktisch d gesamte Zusammensetzung des Präsidiums des Ministerrats ausgetau worden.

Entschlossenheit im praktischen Handeln zeigt sich aber auch auf dem rechtsstaatlichen Gebiet. So sind schon Maßnahmen und gesetz Regelungen gegen Trunksucht und Alkoholismus, gegen nichterarbei Einkünfte sowie Beschlüsse zur weiteren Festigung der sozialisti Gesetzlichkeit und Rechtsordnung, zur Verstärkung des Schutzes d Rechte und gesetzlichen Interessen der Bürger als verbindlich er worden. Eine Neuregelung der staatlichen Kontrolle der Erzeugnis qualität ist in 15 000 führenden Betrieben in Kraft, wobei die A nahme der Erzeugnisse durch ein staatliches Kontrollorgan streng nach Qualitätsvorschriften erfolgt. Geplant sind ebenfalls neue liche Bestimmungen über die Publizität und ein neues Strafgesetz in dem das Unabhängigkeitsprinzip der Gerichte neu verankert wer soll.

Nun zur 3. Lehre, die Gorbatschow aus der Vergangheit zieht.

3. Lehre - "der Erfolg eines jeden Unternehmens wird in entsche dem Maße davon bestimmt, wie aktiv und bewußt sich di Massen daran beteiligen" (Politischer Bericht auf dem 27. Parteitag)

Gorbatschow geht diesem Gedanken auf dem Januar-Plenum 1987 wei nach und faßt ihn in folgende Worte:

> "Im gesellschaftlichen Bewußtsein setzt sich immer mehr der e fache und klare Gedanke durch, daß ein Mensch nur dann in se nem Haus Ordnung schaffen kann, wenn er sich dort als Haushe fühlt. Diese Wahrheit gilt nicht nur für das tägliche Leben, sondern auch für den gesellschaftspolitischen Bereich"
> (Dietz Verlag 1987)

Gorbatschow hat in diesem Zusammenhang sehr viel über den Zusammenhang zwischen Sozialismus und Demokratie gesagt. Ich möchte mich aber der Verführung schöner Worte nicht hingeben, sondern mich auf die Taten beschränken, die ja letztlich den Worten das Gewicht der Wahrheit verleihen. Auf sozialökonomischen Gebiet ist dies vor allem die Durchsetzung des Selbstverwaltungsprinzips in den Betrieben. So wird zur Zeit in der sowjetischen Presse der Entwurf eines neuen Gesetzes über den staatlichen Betrieb diskutiert, in dem es um mehr Einflußnahme der Belegschaften auf die Organisation der Produktion, auf die gerechte Verteilung und Nutzung der Arbeitsergebnisse geht. Laut diesem Entwurf werden z.B. die Betriebsleiter von den Belegschaftsversammlungen für 5 Jahre und die Leiter der Abteilungen bis zu den Brigaden von den entsprechenden Kollektiven für 2-3 Jahre gewählt, wobei von mehreren Bewerbern letztlich zwei Kandidaten für den Leiterposten übrigbleiben (Vorwahl durch eine Expertengruppe), von denen einer durch die Wahl im entsprechenden Kollektiv bestätigt wird. Hierfür gibt es schon Beispiele.
Außerdem sind ein Entwurf für ein neues Wahlsystem sowie Vorschläge zu einer neuen Wahlordnung für die Partei und andere gesellschaftliche Organisationen in Arbeit. Hierher gehört nicht zuletzt die schon erwähnte praktizierte Offenheit. Das Volk muß wieder alles wissen, sehen und am gesellschaftlichen Leben teilnehmen können, sagt Gorbatschow in Lettland und auf die Frage, wie dies zu machen ist, antwortet er:

> "Es gibt nichts einfacheres, als alle Türen für eine breite Demokratisierung aller Lebensbereiche der sowjetischen Gesellschaft zu öffnen" (Prawda, d. 20.2.87)

Auf dem Gewerkschaftskongreß fordert er gar, daß sich die Gewerkschaften notwendigenfalls auch mal querstellen sollen, wenn es darum geht, richtige Entscheidungen herbeizuführen. Auf diesem Kongreß spricht er noch einen Satz, den ich hier gerne noch anfügen möchte, weil er m.E. viel Wahrheit enthält:

> "Ich sage offen, daß jeder, bei dem Zweifel an der Zweckmäßigkeit der weiteren Demokratisierung entstehen, offensichtlich an einem ernsthaften Mangel leidet, der von großer politischer Bedeutung ist - er glaubt nicht an unser Volk" (ND, d.26.2.87)

Ja, so denke ich, ein solcher Mensch kann auch nicht an die Würde des einfachen Menschen glauben, an dessen Fähigkeit, eigenständig und eigenverantwortlich Entscheidungen treffen zu können. Das Umdenken in Gorbatschows Denken zielt auf jeden einzelnen. Er spricht von Mängeln in der Tätigkeit, angefangen von den leitenden Funktionä-

ren bis zum einfachen Arbeiter und Bauern. Er will, ja er fordert, daß sich jeder ändern muß. Der ganze Prozeß der Umgestaltung soll gleichzeitig von oben und unten vor sich gehen. Er setzt das Wort Umgestaltung mit dem Wort Revolution gleich, "eine wahre Revolution im ganzen System der gesellschaftlichen Beziehungen, in den Hirnen und Herzen der Menschen, in der Psychologie und im Verständnis der heutigen Zeit" (Rede Gorbatschows in Chaborowsk, ND, d. 4.8.86), um die "ganze 'Muschelschicht', die sich abgesetzt hat, abkratzen, uns säubern" (ebd.) zu können.
Wahrlich ein kühnes Unterfangen. In welcher schwierigen Situation sich Gorbatschow mit seiner Revolution von unten und oben befindet, soll ein gekürzter Beitrag aus der sowjetischen Tageszeitung Iswestija (7.8.86) verdeutlichen, in dem die Verwicklung persönlicher Schuld mit den gesellschaftlichen Zuständen klar zum Ausdruck kommt.

Gekürztes Gespräch eines Journalisten der sowjetischen Tageszeitung Iswestija mit der ehemaligen Direktorin Anna Semjonowna Garina einer Kaufhalle im Beisein eines Staatsanwalts:

Journalist (J.): Wir begannen unser Gespräch mit der von mir vorgebrachten These: "Im Handel wird unbedingt gestohlen; zumindest ist diese Meinung weit verbreitet. Ist dies so? Und was hält meine Gesprächspartnerin von diesem kategorischen Urteil?"
"Aber was verstehen Sie überhaupt unter Diebstahl?" fragte mich Anna Semjonowna.
"Wie bitte?" - fragte ich verwundert über die unerwartete Antwort.
"Ja genau. Was verstehen Sie unter Diebstahl im Handel?" Ihre Frage, die mir zunächst seltsam schien, war aber bei weitem nicht zufällig gestellt. Garina (G.) denkt in letzter Zeit viel darüber nach. Einige Gedanken von ihr mögen nicht alle teilen, sie sind aber nicht gerade uninteressant.

G. Ich habe im Handel als junges Mädchen angefangen, in der Handelsvereinigung für Milchprodukte "Mosmoloko". Mein erster Direktor war ein kluger Mensch. Er belehrte mich: "2 bis 3 Gramm pro Wägung , 5 ist die Grenze, und wenn Du nichts mitgehen läßt, so wirst Du bis zum Grab ohne ernsthafte Schwierigkeiten leben können. Paläste kannst Du Dir davon natürlich nicht kaufen, aber für Butter und Brot reicht es"

J. Und haben Sie die klugen Ratschläge des Direktors befolgt?

G. Als er mich dann in sein Kabinett rief und mir 50 Rubel, das sind heute 5, in die Hand drückte, brauste ich auf. "Wofür denn?". Gehst mal aus, da kann man es gut brauchen", sagte er. Dieses unverdiente Geld brannte wie Feuer in meiner Hand.

J. Und was ist mit den 2 bis 3 Gramm geworden ?

G. Wir haben alle aufrichtig gedacht, daß dies unser ehrlich erarbeiteter Lohn ist. Wir haben uns übrigens damals nicht geschont, von früh 7 Uhr bis spät abends gearbeitet. Es stimmt, wir haben dort zu Mittag und Abend gegessen und natürlich die Produkte nicht gekauft. Haben sie mit nach Hause genommen. Aber Geld dafür nehmen ...

J. Sie haben es nicht genommen. Und der kluge Direktor?

G. Wahrscheinlich hat er es genommen, ja gewiß. Aber nicht mehr als bis zur Grenze. Dadurch hat er Unannehmlichkeiten vermieden.

J. Anna Semjonowna, mit 17 Jahren kann man Diebstahl nicht als Diebstahl betrachten, obwohl selbst die kleinen Kinder den Unterschied zwischen Räuberspiel und Stehlen von Bonbons aus Mamis Schrank verstehen. Es geht doch hierbei nicht um die paar Gramm, hier geht es um prinzipielle Wertungen.
Garina schwieg. Sie zupfte die ganze Zeit über an mehreren Heften, die sie in den Händen hielt. Dann sagte sie:

G. Sie und ich leben einfach in verschiedenen psychologischen Sphären. Die Ablespunkte auf der Werteskala "was man darf - was man nicht darf" sind bei uns zu verschieden. Deshalb werden Sie mich wohl kaum verstehen. Wie ich eben auch Sie.
Wissen Sie, was es bedeutet, eine große Kaufhalle zu eröffnen? Noch dazu zur geplanten Frist? Ja als Vorführungsobjekt für Ausländer? Ich habe die Kaufhalle zu den Olympischen Spielen eröffnet. Das ist kein Spaß!
Haben Sie schon einmal eine Neubauwohnung bezogen? Können Sie gleich darin wohnen? Na, sehen Sie! Aber ich mußte einen großen Handelsbetrieb in Gang bringen!. Die Ausrüstung mußte verladen werden. Wer soll das denn tun? Ich habe gesehen, was die Bauarbeiter hinterlassen haben - schauderhaft. Der ganze Raum mußte neu gestrichen werden. Das war aber im Plan nicht vorgesehen. Es fehlte ein Aufenthaltsraum. Er mußte aus Nebenräumen umgestaltet werden. Aber für all dies mußte man zahlen, zahlen, zahlen. Wovon aber? Für die Eröffnung der Kaufhalle hatte ich laut Plan 200 Rbl., tatsächlich aber brauchte ich 1000.
Das Geld hat man mir gebracht, habe ich von meinen Unterstellten erhalten. Sie haben es mir der Sache halber gebracht. Was hat das mit Diebstahl zu tun? Bei uns kann man doch keinen Schritt tun, ohne etwas zu geben.
Wir mußten z.B. Holzkisten für die Waren abliefern. Da kommt der Spediteur und sondert die Hälfte aus. Geben wir aber keine ab, dann wird die Prämie gestrichen. Also. Eine Flasche für den Spediteur, 5 Rubel für den Fahrer und alles wird verladen. Ja schon für die Warenlieferung muß man dem Fahrer einen 3-Rubel-Schein zustecken.

J. Und wo bleiben da die Kontrolleure?

G. Die finden immer etwas, auch wenn alles in Ordnung ist. Da hat die Verkäuferin kein Abzeichen dran, keine Haube auf, das Beschwerdebuch liegt nicht am vorgesehenen Platz. Heute bekommt man einen Verweis, und wer weiß schon, was morgen passiert. Und schon verlierst du den guten Platz im Wettbewerb, das heißt aber auch die Prämie für das Kollektiv. Nein, da ist es schon billiger, eine Flasche zuzustecken, damit die Kontrolle "nichts bemerkt hat". Und dann noch eins: Ein erfahrener Revisor findet immer etwas. Macht 100 Wägungen und wenn die Ware etwas gelegen hat, wird immer ein Unterschied sein. Schon gibts ein Protokoll. Nein! Besser etwas geben.

Und außerdem. Die meisten Verkäuferinnen kamen zu uns, um Vorteile zu haben. Brauchen nicht anstehen, besitzen inoffizielles Berufsprestige - es kaufen ja auch Ärzte, Mitarbeiter von Industriewarenläden, des Dienstleistungswesens usw.
Die Höhe des Schmiergelds hat sich in den letzten 5 Jahren meiner Arbeit solide erhöht. 10 Rubel guckt ein Revisor schon gar nicht mehr an, 1 Rubel für den Spediteur - das ist kein Geld. 5, 50, 500 Rubel - das sind heute die Sätze.
Ich habe in 5 Jahren ungefähr 10 000 Rbl. erhalten - alle habe ich wieder verteilt.

J. Warum aber dieses Risiko?

G. Ein Risiko gibt es erst jetzt. Wen hat man denn von den Direktoren der großen Verkaufseinrichtungen in Moskau in den 70er Jahren ins Gefängnis gesteckt? Nicht einen!
Schlie-ßlich geht es um das Prestige der Verkaufseinrichtung. Wird der Plan nicht erfüllt, so bekommt das Kollektiv keine Prämie. Dann wird man von oben und unten schräg angesehen.
Zuerst wollte ich alles so machen, wie es durch das Gesetz vorgeschrieben ist. Man hat mich als Dummkopf betrachtet!
"Du bist der Direktor - sieh zu, wie Du es schaffst", sagte man mir im Handel, dies geschah, als ich noch ohne Briefumschlag kam. Aber danach ... wurden sie gutmütiger. In diesen Fällen werden alle liebenswürdig.
...
Jetzt hofft man darauf, daß man noch jemanden festnimmt. Man wird wohl auch noch den einen oder anderen festnehmen - aber es wird sich sowieso nichts ändern.

Dieses Interview sollte etwas vermitteln von der Offenheit, mit der heute in der SU alle Probleme des gesellschaftlichen Lebens diskutiert werden, aber auch von den Schwierigkeiten des in Gang gekommenen Umgestaltungsprozesses. Euphorie ist da nicht angebracht, denn die Strukturen haben sich in den vielen Jahren stark verfestigt, so daß ein langwieriger und komplizierter Prozeß zu erwarten ist, zumal es eben auch Kräfte gibt, die diesen Prozeß durch Verfolgung und Unterdrückung kritischer Äußerungen (vgl. Gorbatschow auf dem Januar-Plenum 1987), durch Zurückhaltung von Informationen (Prawda, d. 14.2. bzw. ND, d. 18.2.87 - Gorbatschows Treffen mit Leitern der Massenmedien und der Propaganda) u.a. offensichtlich zu unterlaufen versuchen. In diesem Zusammenhang spricht Gorbatschow in Lettland (Prawda, d. 20.2.87) von einer Beunruhigung vieler Menschen und warnt auf dem Kongreß der sowjetischen Gewerkschaften :

> "Wenn die Umgestaltung ins Stocken gerät, werden die Folgen um so ernster sein, sowohl für die Gesellschaft insgesamt als auch für jeden Sowjetbürger" (ND, d. 26.2.87)

Zaghaftigkeit und Abwarten sind in dieser Zeit also keine guten Ratgeber. Wir haben allen Grund zu wünschen, daß sich der eingesetzte Prozeß in der SU zum Wohle des leidgeprüften sowjetischen Volkes und ohne Verletzung der Würde des einzelnen entwickelt, ja wir sollten ihn auf unsere Weise unterstützen, denn schließlich ist es kein Geheimnis, daß die gesellschaftliche Entwicklung der DDR mit dem Schicksal des sowjetischen Volkes eng verbunden ist.

Bevor ich zum dritten Teil komme, sollen noch einige kritische Äußerungen sowjetischer Schriftsteller angefügt werden, um das Bild vom innenpolitischen Denken in der SU etwas abzurunden.

Andrej Wosnesenski (Moskau):

"Man soll nicht glauben, daß schon alles in Bewegung geraten und gelöst ist. Unser Vaterland kann auch heute in Gefahr sein, wenn keine volle Demokratisierung, Reorganisation vor sich geht, wenn das neue Denken nicht siegt. Ich wiederhole: Unser Hauptfeind befindet sich im Innern - nicht das bissige Buch, sondern das Ungeheuer des Bürokratismus und die Trägheit des alten Denkens, die das neue aufhält"
(aus: Literaturnaja Gaseta Nr. 27, 2.7.86 - Schriftstellerkongreß in der SU Ende Juni 1986)

Wiktor Rosow (Moskau):

"Der Hauptkonflikt in unserer nächstliegenden Literatur wird der Konflikt sein, der durch den Charakter des Menschen hervorgebracht wird, der nach seinem Gewissen leben will. Es beginnt in seiner Seele der Kampf zwischen dem gefaßten Beschluß und der gewohnten Schutzreaktion: Besser schweigen, besser - sozusagen - nicht hinauslehnen. Auf dieser blutenden infarktträchtigen Kreuzung wird unsere Feder stocken. Hier wird in Zukunft der Hauptnervenknotenpunkt des Dramas der Zivilcourage sein"
(ebd.)

Dmitri Lichatschow (Leningrad, Mitglied der AdW der UdSSR, Vorsitzender der Leitung des Sowjetischen Kulturfonds):

"Wir haben uns an ein Doppelleben gewöhnt: Wir sagen das eine und denken das andere. Wir haben verlernt, die volle Wahrheit zu sagen, aber die Halbwahrheit ist die schlechteste Form der Lüge: In der Halbwahrheit wird die Lüge als Wahrheit ausgegeben, durch das Schild der Teilwahrheit verdeckt ...
In den letzten Jahren haben wir einen Mangel, ein Defizit an staatsbürgerlichen Gewissen besonders stark gespürt ...
Wir spürten den Mangel am bürgerlichen Gewissen deshalb, weil wir geschwiegen haben"
(aus: Literaturnaja Gaseta Nr. 1, 1987, 1. Januar)

Dritter Teil

Den dritten Teil möchte ich mit folgenden Worten Gorbatschows einleiten:

> "Die Worte 'Umgestaltung' und 'Offenheit' werden - insbesondere nach dem Januar-Plenum des ZK - überall im Ausland gleichsam als Synonyme für 'Fortschritt' und 'Frieden' aufgefaßt. Freilich ist es so: Die einen - unsere Verbündeten, unsere Freunde, Menschen mit demokratischen Anschauungen - verfolgen mit Hoffnung, Vertrauen und großen Erwartungen, wie sich das Antlitz unserer Gesellschaft, der Stil und die Atmosphäre unseres Alltags selbst wandeln. Die anderen - die politischen Gegner - betrachten diese Prozesse nicht ohne gewisse Befürchtungen und Skepsis, mitunter auch mit Verärgerung"
> (Gorbatschow auf dem Kongreß der sowjetischen Gewerkschaften, ND, d. 26.2.87)

Gorbatschow fordert damit jeden Menschen zu einem Bekenntnis heraus. Zumindest fragt sich der interessierte DDR-Bürger, wo er sich denn da, wenn auch bedingt, eingereiht wissen will. Und natürlich möchte er auch gerne wissen, wie denn die anderen DDR-Bürger über diesen Erneuerungsprozeß in der UdSSR denken. Immerhin sind fast alle Reden Gorbatschows, sozusagen objektiv und selten ordentlich gekürzt (wie z.B. die Rede Gorbatschows auf dem Januar-Plenum 1987) im ND abgedruckt, so daß sich auch der DDR-Bürger ein ungefähres Bild vom Geschehen in der UdSSR machen kann, das durch Bild und Ton aus dem Westen bereichert wird. So möchte ich z.B. gerne wissen, wie die Genossen des eigenen Landes, die Schriftsteller und Künstler, die Gesellschaftswissenschaftler, die Kirchenvertreter und der einfache Bürger diese Herausforderung aufnehmen. Ich schlage also täglich die Zeitung auf und suche, suche und nochmals suche die DDR-Stimmen, die dazu etwas zu vermelden haben, und das Ergebnis dieser mühevollen Arbeit ist - so empfinde ich das - beschämend. Da müht sich ein noch bis vor kurzem für uns vorbildliches und über alles gelobtes Land um die Überwindung von uns mitgetragener schwerer Fehler und um Entscheidungen von wahrlich historischer Tragweite, wir aber, die wir bislang immer so artig mitgegangen sind, wir haben dazu nicht viel mehr zu sagen, als uns zu loben. Und vor die ca. 15 Jahre, die wir laut ehemaligen wissenschaftlich begründeten Aussagen unserer Gesellschaftswissenschaftler in der gesellschaftlichen Entwicklung hinter der UdSSR zurücklagen, setzen wir einfach das andere Vorzeichen. Endlich, denkt sich da manch einer und atmet erleichtert auf. Erhaben blickt er auf seinen großen Bruder herab, gibt ihm genüßlich so manchen heißen Tip in Sachen

Wirtschafts- und Sozialpolitik und praktiziert ansonsten wohlwollend das Nichteinmischungsprinzip in die inneren Angelegenheiten der UdSSR, zumal die Richtschnur seines Denkens und Handelns das 1976 angenommene Parteiprogramm und die Beschlüsse des 11. Parteitages 1986 (vgl. K. Hager auf der wissenschaftlich-methodischen Konferenz des marxistisch-leninistischen Grundlagenstudiums am 24.10. 1986, ND, d. 6.11.86) sind, zumal ja Wort und Tat zumindest seit 1970 immer übereinstimmen, zumal "alle anstehenden Fragen gründlich mit ihnen (den Werktätigen) beraten werden" (s. ND, d. 3.2. 1987), es bei uns selbstverständlich ist, "daß die Partei Fragen der Entwicklung unserer Gesellschaft mit dem ganzen Volk berät" (E. Honecker - Interview für die Zeitschrift "Al Nahj" - ND, d. 5.2.87), zumal die sozialistische Demokratie in der DDR "durch nichts zu ersetzen" ist, die Partei den verantwortungsvollen Aufgaben ihrer politischen Führungstätigkeit und die Massenmedien der großen gesellschaftlichen Verantwortung gerecht werden (vgl. E. Honecker vor 1. Sekretären der Kreisleitungen, ND, d. 7./8.2.87).
Was soll da beschämend sein, da kann man sich doch ruhig mal an die Brust schlagen und dem Mitbürger auf die Schulter klopfen. Was sollen da Kritik und Selbstkritik, Offenheit und Wahrhaftigkeit. Da schlägt man doch offene Türen ein. Und wenn es auch vieles im Leben gibt, was im Widerspruch zu den Idealen und Zielsetzungen des Sozialismus steht, so gilt doch letztlich die lakonische Wahrheit: "Doch bekanntlich finden wir uns mit diesem Widerspruch nicht ab" (K. Hager, ND, d. 6.11.86). So einfach ist das in der DDR mit dem Umdenken. Ich will mich aber nicht weiter in der Polemik aufhalten, sie wird von gewissen Menschen sehr ernst genommen, und das zwingt zur Sachlichkeit.
Also: Es stimmt natürlich, daß die in der UdSSR offensichtlich gewordenen Probleme der gesellschaftlichen Entwicklung in der DDR weniger groß und spektakulär sind. Dies mag aber zum großen Teil daran liegen, daß die DDR räumlich und zeitlich (historisch) ganz andere Voraussetzungen, besonders auf sozialökonomischen Gebiet hatte und hat. Wer nun aber denkt, daß sich damit auch ein öffentliches Nachdenken und Umdenken zu den eigenen gesellschaftlichen Problemen im Gorbatschowschen Geist erübrigen, der muß sich von eben diesem Gorbatschow sagen lassen, daß ein solcher Mensch nur selbstgefällig sein kann (Gorbatschow: "Nur selbstgefällige Menschen können anneh-

men, daß dieses Problem einfach ist, daß es bei uns im Grunde genommen gelöst und hier nur noch das eine oder andere zu verbessern ist" - aus der Rede in der Estnischen Republik, Prawda, d. 22.2.87).

Bei der Analyse des Umgangs mit dem sogenannten neuen Denken in der DDR ergeben sich folgende Beobachtungen und Aussagen:

1. Der Begriff "neues Denken" wird in der DDR ausschließlich im Kontext mit der Außen- und Sicherheitspolitik gebraucht, wo er in den Wörtern "Vernunft", "Realismus" und "Sicherheitspartnerschaft" aufgehoben ist. Konkret befragt geht dieses Denken über das Konzept der friedlichen Koexistenz nicht hinaus, nur wird es heute aktiver in der Politik umgesetzt. Dies zeigt sich in den vielen Begegnungen und Gesprächen mit der gegnerischen Seite auf hoher, mittlerer und unterer staatlicher Ebene, wozu auch die Städtepartnerschaften zu zählen sind. Zu beobachten sind auch Erleichterungen im privaten Reiseverkehr, im Bereich Kunst und Kultur und punktuell auch bei der Lösung humanitärer Probleme, was allerdings auch auf innen- und außenpolitische Zwänge zurückgeführt werden kann. All dies ist zu begrüßen und stimmt hoffnungsvoll. Da jedoch diese Konzeption der friedlichen Koexistenz das ideologische Unversöhnlichkeits- und modifizierte Feindbilddenken (so ist in der Fachsprache nicht mehr der Imperialismus insgesamt der Feind Nr. 1, sondern die aggressiven oder aggressivsten Kräfte des Imperialismus) einschließt und den offenen Dialog in der Gesellschaft selbst ausschließt, kann das von der DDR angebotene sogenannte neue Denken weniger überzeugen als in der UdSSR. Schließlich erhebt die DDR ja gar keinen Anspruch auf das neue Denken, denn es steht geschrieben:

> "Dieser Sprung im bürgerlichen Denken zur 'gemeinsamen Sicherheit' ist nichts anderes als die Konzeption der friedlichen Koexistenz" (in: Philosophie des Friedens, Dietz Verlag Berlin 1984, S. 161)

Und wenn Kurt Hager den Sinn der Koalition der Vernunft darin sieht,

> "daß keine Klasse mehr ihr spezifisches Interesse verfolgen kann, ohne das zentrale Menschheitsproblem am Überleben in Rechnung zu stellen" (K. Hager auf der Konferenz zum marx.-len. Grundlagenstudium, ND, d. 6.11.86)

so schließt diese Art Vernunft folgende Klarheit im Denken nicht aus:

> "Man muß sich darüber im klaren sein, daß die Sicherung des Friedens nur im harten Kampf - im Klassenkampf - gegen die aggressivsten militaristischen Kräfte des USA-Imperialismus durchgesetzt werden" (K. Hager ebd.)

2. Das innenpolitische Umdenken in der UdSSR wird in der DDR nur unter dem sozialökonomischen Gesichtspunkt, also unter dem Gesichtspunkt einer realsozialistischen Leistungs- bzw. Arbeitsplatzgesellschaft bewertet und als ein Denken behandelt, mit dem die DDR schon seit Anfang der 70er Jahre erfolgreich operiert. Das wirklich Neue, die Offenheit, also die lebendige und freie und öffentliche Meinungsbildung und Wahrheitsfindung mit schonungsloser Offenlegung der Fehler der Vergangenheit und der heutigen Probleme auf allen Ebenen und in allen Lebensbereichen der Gesellschaft als Grundbedingung

- für die moralisch ethische Aufwertung des ehrlichen und guten Menschen,
- für die Aufhebung der Schizophrenie, des Widerspruchs zwischen Denken und Handeln, .
- für die Freilegung des gesellschaftlichen Bewußtseins,
- für das Vertrauen zwischen den Bürgern sowie zwischen Partei und Volk,

ja als Grundbedingung für jeden Demokratisierungsprozeß in einer sozialistischen Gesellschaft sowie der mit der Glasnost verbundene praktizierte Umgestaltungsprozeß in Richtung der Absicherung von mehr sozialer Gerechtigkeit, mehr Rechtssicherheit der Bürger, mehr Selbstverwaltung und Eigenverantwortung in allen gesellschaftlichen Bereichen, einschließlich der Wählbarkeit der Funktionsträger von Staat und Partei durch die Basiskollektive finden bislang in der offiziellen Informations- und Innenpolitik der DDR weder eine entsprechende Würdigung noch gar einen positiven Widerhall. Und wenn Kurt Hager als Gleichnis für den Erneuerungsprozeß in der UdSSR einen Tapetenwechsel wählt (vgl. K. Hager in ND, d. 10. 4. 87), so ist eigentlich alles gesagt.

Bedauerlich ist in diesem Zusammenhang die sichtliche Zurückhaltung von Schriftstellern und anderen Kulturschaffenden der DDR, die diese Dimension des geistigen Erneuerungsprozesses in der SU nicht wahrzunehmen scheinen und im ressortgebundenen Denken verhaftet bleiben.

3. Setzt man eine höhere sozialökonomische Entwicklungsstufe der DDR im Vergleich zur UdSSR voraus, so ist damit die Frage nicht beantwortet, warum hier ein Demokratisierungsprozeß im Geiste von

Offenheit, Kritik und Selbstkritik weniger dringlich ist. Ich bin mir darüber im klaren, daß ein solcher Prozeß in der DDR nicht einfacher verlaufen wird als in der UdSSR. Während nämlich der Sowjetbürger in einem historisch kontinuierlichen Prozeß allmählich immer mehr Teilhabe an der Emanzipation, also an der Befreiung aus entwürdigender gesellschaftlicher und rechtlicher Abhängigkeit erlangt, und deshalb auch weniger ideologisch belastet ist, könnte möglicherweise in der DDR offenkundig werden, daß viele Bürger die in den 50er Jahren abgebrochene Kontinuität des bürgerlich-demokratischen Denkens im relativ offenen europäischen Kultur- und Zivilisationsraum und die damit eingesetzte und ständig zunehmende Abforderung des ideologisch-politischen Bekenntnisses zum realen Sozialismus zunehmend als einen Mangel an Emanzipation empfinden. Wenn dies zutreffen sollte, so wäre die Offenlegung dieses Bewußtseins erst recht eine große Chance für die Gesundung des gesellschaftlichen Lebens in der DDR und ein überzeugender Beweis für das Vertrauen der Partei in das Volk und in die Kraft der kommunistischen Ideenlehre.

Die Notwendigkeit einer Erneuerung des politischen Systems, der Kultur und Denkweise auch in den europäischen sozialistischen Ländern scheint, zumindest verbal, gar nicht mehr so sehr bestritten zu sein, wenn wir den im ND abgedruckten Beitrag eines ZK-Sekretärs der Ungarischen Sozialistischen Arbeiterpartei lesen, wo es u.a. heißt:

> "Wir sind uns auch dessen bewußt, daß wir zur Verbesserung der internationalen Lage vor allem mit den Ergebnissen des sozialistischen Aufbaus, mit der Stabilität und Demokratie unserer inneren Verhältnisse und mit unserer offenen Denkweise am wirksamsten beitragen können"...
> "Dabei müssen wir uns von veralteten politisch-ideologischen Dogmen und auch von theoretischen Thesen befreien, die sich als unrichtig erwiesen haben, oder die früher zwar richtig waren, heute aber schon überholt sind"
> (ND, d. 14./15.3.87)

4. In der evangelischen Kirche der DDR hat das sogenannte neue Denken in der Absage an Geist, Logik und Praxis der Abschreckung seinen Ausdruck gefunden. Dieser Denkansatz der Friedensverantwortung wurde schon auf der Bundessynode 1982 in Halle formuliert. Konkret befragt findet sich diese Aussage in der Konzeption der Sicherheitspartnerschaft wieder, was aber m.E. nur auf eine schein-

bare grundlegende Übereinstimmung zwischen kirchlich und staatlich vertretenem Sicherheitsdenken verweist, was im Zusammenhang mit der Stationierung der Kurzstreckenraketen auf dem Territorium der DDR schon deutlich wurde.
Die innenpolitische Konsequenz, die aus der Absage an Geist, Logik und Praxis der Abschreckung folgt, sind die auf der Synode 1986 in Erfurt aufgestellten Forderungen nach
- einer Friedenserziehung in den Schulen unter Absage des noch immer praktizierten Freund-Feind-Denkens,
- einer Möglichkeit für den Dienst im sozialen und humanitären Bereich der Waffendienstverweigerer,
- einer Möglichkeit der Verweigerung des Waffendienstes für gediente Reservisten
- der Abschaffung von Gefängnisstrafen für Militärdienstverweigerer.

Wichtig finde ich die auf der Synode geforderte Einheit von Friedenserziehung, Vertrauensbildung und Verwirklichung von Menschenrechten sowie von außenpolitischer Wirksamkeit und innenpolitischer Erfahrbarkeit.
Das offizielle staatliche Friedensdenken zeigt bislang wenig Verständnis für diese Konsequenz des sogenannten neuen Denkens. Hier offenbart sich wieder einmal, daß ein nach außen gemeinsam bekundetes Friedensdenken bei konkreter Abforderung auf unüberwindliche Denkgegensätze stößt. Dies bekommen die unter dem Dach der Kirche arbeitenden Basisgruppen besonders zu spüren.
Was nun die Einstellung der evangelischen Kirche zum Umdenken in der SU angeht, so habe ich auf dem kürzlich in Leipzig stattgefundenen Forum "Konkret für den Frieden" den Eindruck gewonnen, daß nicht nur die offiziellen Vertreter der Kirche, sondern ebenso die meisten Vertreter der Basisgruppen eine abwartende Haltung einnehmen. Es geht jedoch bei einem solchen Umgestaltungsprozeß - auf die DDR bezogen - nicht nur darum, daß in einem vertraulichen Gespräch zwischen Kirchenleitung und Staat das eine oder andere ungelöste Spannungsfeld der Glaubensfreiheit zur Sprache kommt und einzelne Konfliktfälle gelöst werden. Da geht es auch um mehr, als um die staatlich stillschweigend geduldete, mühevolle und von der Öffentlichkeit ausgeschlossene Kleinarbeit der verständlicherweise häufig von Resignation und Verunsicherung befallenen Basisgruppen. Da geht es um nicht mehr und nicht weniger, als um die geistige Er-

neuerung des gesellschaftlichen Lebens, um die öffentlich betriebene Wahrheitsfindung, um die Respektierung der Mündigkeit des Bürgers. Und dies sind ja sogleich die Voraussetzungen für jedes mit Anspruch auf Wahrhaftigkeit und Redlichkeit verbundene gesellschaftliche Engagement der Kirche und Basisgruppen, weil es erst durch das öffentlich bekundete Votum der mündigen Bürger seine Berechtigung erfährt.

Wenn man die lebendigen Beiträge in den sowjetischen Zeitungen und Zeitschriften liest, da spürt man, daß das wirklich Neue an der geistigen Erneuerung - und hier möchte ich meine einführenden Gedanken wieder aufnehmen - nicht in den Höhen des sich häufig elitär gebärenden sogenannten neuen Denkens seine Erfüllung findet, sondern in den Ebenen des ehrlichen und wahrhaftigen Denkens, das sich anschickt, die Lüge und Halbwahrheit aus dem mehrdimensionalen Beziehungsgeflecht der Menschen zu vertreiben. Wir sollten da nicht abwartend abseits stehen, denn auch die DDR wird sich auf Dauer der Herausforderung der Zeit nicht entziehen können.

Peter Eisenfeld

Abkürzungsverzeichnis

ABV	Abschnittsbevollmächtigter
AdW	Akademie der Wissenschaften (der DDR)
AGB	Arbeitsgesetzbuch
AKP	Auskunftsperson
ASt	Außenstelle
BA	Bohrabteilung
BAD	Bohrabteilung Dresden
BGL	Betriebsgewerkschaftsleitung
BKV	Betriebskollektivvertrag
BL	Bezirksleitung
BND	Bundesnachrichtendienst
BRD	Bundesrepublik Deutschland
BStU	Die Bundesbeauftragte für die Unterlagen des Staatssicherheitsdienstes der ehemaligen Deutschen Demokratischen Republik
BV	Bezirksverwaltung des MfS
ČSSR	Tschechoslowakei
DDR	Deutsche Demokratische Republik
DE	Diensteinheit
DSF	Gesellschaft für deutsch-sowjetische Freundschaft
FDGB	Freier Deutscher Gewerkschaftsbund
FDJ	Freie Deutsche Jugend
Gbl.	Gesetzblatt
GD	Generaldirektion
GMS	Gesellschaftlicher Mitarbeiter für Sicherheit
GO	Grundorganisation
GPL	Gruppenparteileitung
GVS	Geheime Verschlußsache
HA	Hauptabteilung
HIM	Hauptamtlicher inoffizieller Mitarbeiter
IH	Interhotel
IM	Inoffizieller Mitarbeiter
IMB	Inoffizieller Mitarbeiter der Abwehr mit Feindverbindung bzw. zur unmittelbaren Bearbeitung in Verdacht der Feindtätigkeit stehenden Personen

IMS	Inoffizieller Mitarbeiter, der mit der Sicherung eines gesellschaftlichen Bereiches oder Objektes beauftragt ist
IMV	Inoffizieller Mitarbeiter, der unmittelbar an der Bearbeitung und Entlarvung im Verdacht der Feindtätigkeit stehender Personen mitarbeitet
ITP	Ingenieur-technisches Personal
KD	Kreisdienststelle (des MfS)
KGB	Komitet gossudarstwennoi besopasnosti (pri Sowete Ministrow SSSR) - (russ.) Komitee für Staatssicherheit (beim Ministerrat der UdSSR)
KP	Kommunistische Partei
KP	Kontaktperson
KPD	Kommunistische Partei Deutschlands
KPdSU	Kommunistische Partei der Sowjetunion
KPÖ	Kommunistische Partei Österreichs
KSZE	Konferenz über Sicherheit und Zusammenarbeit in Europa
LKA	Landeskirchenamt
LVO	Landesverteidigungsobjekt
MA	Mitarbeiter
MfS	Ministerium für Staatssicherheit
NATO	North Atlantic Treaty Organization (Nordatlantikpakt)
ND	Neues Deutschland - Zentralorgan der SED
NSW	Nichtsozialistisches Wirtschaftsgebiet
OPK	Operative Personenkontrolle
OV	Operativer Vorgang - Erfassungsart gemäß Richtlinie 1/76 (aktive Erfassung auf der Grundlage eines registrierten Vorganges)
OVA	Operativ-Vorlaufakte
PiD	Politisch ideologische Diversion
POS	Polytechnische Oberschule
PUT	Person, die im Zusammenhang mit politischer Untergrundtätigkeit operativ angefallen ist
RGW	Rat für gegenseitige Wirtschaftshilfe
RKV	Rahmenkollektivvertrag
SBL	Stadtbezirksleitung
SDAG	Sowjetisch-deutsche Aktiengesellschaft (für Uranbergbau)
SED	Sozialistische Einheitspartei Deutschlands

SOV	Sondervorgang
SPD	Sozialdemokratische Partei Deutschlands
Stasi	Staatssicherheit
StEG	Strafrechtsergänzungsgesetz
StGB	Strafgesetzbuch
SU	Sowjetunion
SZ	Sächsische Zeitung
TU	Technische Universität
UdSSR	Union der Sozialistischen Sowjetrepubliken
UH	Unterhaltung
U-Haft	Untersuchungshaft
UNICEF	United Nations International Children's Emergency Fund (Weltkinderhilfswerk der UNO)
UNO	United Nations Organization (Organisation der Vereinten Nationen)
USA	Vereinigte Staaten von Amerika
VP	Volkspolizei
VPKA	Volkspolizeikreisamt
VR	Volksrepublik
VRP	Volksrepublik Polen
VSH	Vorverdichtungs-, Such- und Hinweiskartei
VVS	Vertrauliche Verschlußsache
»W«	Wismut
WB	Westberlin
WD	Westdeutschland
ZA	Zentralarchiv
ZGB	Zentraler Geologischer Betrieb
ZI	Zelleninformator
ZK	Zentralkomitee
ZWO	Zwischenobjekt

Personenregister

F

G

H

J